Fresenius · Niklas · Schilcher
Freiverkäufliche Arzneimittel

Freiverkäufliche Arzneimittel

Vorbereitung auf die Sachkenntnis-Prüfung
und Leitfaden für die Praxis im Einzelhandel

von
Dr. Werner Fresenius, Wiesbaden
Dr. Herbert Niklas, Stuttgart
Prof. Dr. Heinz Schilcher, München

4., völlig neu bearbeitete Auflage

WVG

Wissenschaftliche Verlagsgesellschaft mbH Stuttgart 1998

Die Deutsche Bibliothek – CIP-Einheitsaufnahme

Freiverkäufliche Arzneimittel: Vorbereitung auf die Sachkenntnis-Prüfung und Leitfaden für die Praxis im Einzelhandel / von Werner Fresenius ; Herbert Niklas ; Heinz Schilcher. – 4., völlig neu bearb. Aufl. – Stuttgart : Wiss. Verl.-Ges., 1998
ISBN 3-8047-1534-6

Printed in Germany
Satz: Mitterweger Werksatz GmbH, Plankstadt bei Heidelberg
Druck: Karl Hofmann, Schorndorf
Umschlaggestaltung: Atelier Schäfer, Esslingen

Vorwort

Nach weiteren arzneimittelrechtlichen Änderungen legen wir nunmehr die 4. Auflage des Lehrbuches zum Erwerb der Sachkenntnis im Einzelhandel mit freiverkäuflichen Arzneimitteln vor. Das Buch ist das Ergebnis von Überarbeitungen und Aktualisierungen aller drei Autoren. Neben Anregungen aus der Praxis sind insbesondere das DAB 1997 und die Ph. Eur. 1997 sowie die neuen arzneimittelrechtlichen Regelungen, darunter die Neufassung der Verordnung über apothekenpflichtige und freiverkäufliche Arzneimittel, berücksichtigt.

Teil 1: Anleitung zum Erwerb der Sachkenntnis im Einzelhandel für freiverkäufliche Arzneimittel

Schrittweise wird mit den 7 Prüfungsgebieten, die in § 4 der Verordnung über den Nachweis der Sachkenntnis im Einzelhandel mit freiverkäuflichen Arzneimitteln festgelegt sind, vertraut gemacht.

Teil 2: Arzneimittelkunde (Fertigarzneimittel)

Darreichungsformen, Zubereitungen und die wichtigsten im Einzelhandel außerhalb der Apotheken zugelassenen Arzneimittel werden besprochen. Dabei wird Wert gelegt auf häufig vorkommende wirksame Bestandteile, deren mögliche Gegenanzeigen und Nebenwirkungen.

Teil 3: Rechtliche Grundlagen (Rechtsvorschriften mit Erläuterungen)

Die rechtlichen Grundlagen werden in diesem Teil ausführlich dargestellt. Die wichtigsten Gesetzestexte werden im Anhang wörtlich wiedergegeben, wobei auch das Heilmittelwerbegesetz Berücksichtigung findet.

Das vorliegende Lehrbuch bietet sämtliche Grundlagen, die zum Erwerb der Sachkenntnis im Einzelhandel **mit freikäuflichen Arzneimitteln** nötig sind. Darüber hinaus dient es zur Vertiefung des Wissens all derjeniger, die bereits die Sachkenntnis besitzen, sich aber im Sinne einer Fortbildung näher mit der Materie befassen wollen. Dieses Buch ist zudem ein Nachschlagewerk für die tägliche Praxis.

Die Autoren bedanken sich für ggf. erforderliche weitere Anregungen auch zu dieser Auflage, um das Lehrbuch in Zukunft ebenfalls praxisgerecht und aktuell vorlegen zu können.

Wiesbaden, Stuttgart, München,
im September 1997

Werner Fresenius
Herbert Niklas
Heinz Schilcher

Inhaltsverzeichnis

Teil I · Anleitung zum Erwerb der Sachkenntnis im Einzelhandel für freiverkäufliche Arzneimittel

von Prof. Dr. Heinz Schilcher, München

Einleitung 3

Gesetzliche Grundlage für den Nachweis der Sachkenntnis im Einzelhandel mit freiverkäuflichen Arzneimitteln 4

Durchführungsbestimmung für den Nachweis der Sachkenntnis. 4

---

1. **Wissensgebiet:** (§ 4 (2) der Prüfungsanforderungen)
Es ist festzustellen, ob der Prüfungsteilnehmer das Sortiment freiverkäuflicher Arzneimittel übersieht 5

---

2. **Wissensgebiet:** (§ 4 (2) der Prüfungsanforderungen)
Es ist festzustellen, ob der Prüfungsteilnehmer die in freiverkäuflichen Arzneimitteln üblicherweise verwendeten Pflanzen und Chemikalien sowie die Darreichungsformen kennt 9

2.1 Freiverkäufliche Pflanzen und Pflanzenteile (Drogenkunde) 9
Begriffsdefinition 9
Drogengewinnung-Drogenherkunft 9
Drogenprüfung 9
Drogenwirkstoffe und deren Eigenschaften 10
1. Ätherische Öle 10
2. Bitterstoffe 10
3. Schleimstoffe 11
4. Gerbstoffe 11
5. Anthranoide 12
6. Flavonoide 12
7. Saponine 13
Weitere Wirkstoffgruppen 13

2.2 Wichtige freiverkäufliche Drogen 14
1. Abführdrogen bzw. Drogen, welche die Darmtätigkeit regulieren 14
a) Physiologisch wirksame Mittel zur Anregung der Darmperistaltik (= Quellmittel) 14
b) Chemisch wirksame Mittel (= sog. „echte“ Laxantien) 16
2. Beruhigungsmittel (Tranquillantien und Sedativa) 17
3. Gegen Erkältungskrankheiten 18
a) Gegen Husten (Expektorantien und Antitussiva) 18
b) Als Begleitmittel (sog. Adjuvantien) bei Erkältungskrankheiten 21
4. Herz- und Kreislaufmittel (= Kardiaka und durchblutungsfördernde Arzneipflanzen) 22
a) Drogen zur Anwendung bei beginnender Herzleistungsschwäche . . . 22
b) Einfluß auf das Gefäßsystem bzw. prophylaktische Anwendung gegen allgemeine Arteriosklerose 23
5. Kräftigungsmittel (= Tonika) 25
6. Magen-, Leber-, Galle-Mittel (= Stomachika und Cholagoga) 25
7. Nieren- und Blasenmittel (Urologika und Diuretika bzw. Aquaretika) . . 31
a) Harntreibende (= diuretisch wirksame) Mittel 31
b) Desinfizierende Drogen (desinfizierend in den Harnwegen) 33
c) Drogen, die das Harnlassen beeinflussen (= miktionsbeeinflussende Drogen) 33
8. Mittel zur Wundbehandlung und bei unblutigen Verletzungen 34
9. Mittel zur kurzfristigen Behandlung unspezifischer Durchfallerkrankungen 36
10. Bewährte Heilkräuter zur Selbstmedikation, geordnet nach Anwendungsgebieten 37

2.3 Pflanzenbestandteile und Zubereitungen aus Pflanzen in freiverkäuflichen Arzneimitteln 39
a) Ätherische Öle 39
b) Sonstige Bestandteile und Zubereitungen aus Pflanzen 43
Weiterführende Literatur zur Vertiefung des Wissens 50

2.4 Chemische Verbindungen und deren Verwendung in freiverkäuflichen Arzneimitteln 50

2.5 Darreichungsformen freiverkäuflicher Arzneimittel 64

---

3. **Wissensgebiet:** (§ 4 (2) der Prüfungsanforderungen)
Es ist festzustellen, ob der Prüfungsteilnehmer offensichtlich verwechselte, verfälschte oder verdorbene freiverkäufliche Arzneimittel erkennen kann . . 70
a) Verwechselte Arzneimittel 70
b) Verfälschte Arzneimittel 70
c) Verdorbene Arzneimittel 71

4. Wissensgebiet: (§ 4 (2) der Prüfungsanforderungen)
Es ist festzustellen, ob der Prüfungsteilnehmer freiverkäufliche Arzneimittel ordnungsgemäß, insbesondere unter Berücksichtigung der Lagertemperatur und des Verfalldatums, lagern kann . . . 73
a) Lagerung von Arzneimitteln . . . 73
b) Beachtung des Verfalldatums . . . 74

5. Wissensgebiet: (§ 4 (2) der Prüfungsanforderungen)
Es ist festzustellen, ob der Prüfungsteilnehmer über die für das ordnungsgemäße Abfüllen, Abpacken und die Abgabe freiverkäuflicher Arzneimittel erforderlichen Kenntnisse verfügt . . . 75
a) Abfüllen, Umfüllen, Abpacken, Kennzeichnen . . . 75
b) Abgabe von Arzneimitteln . . . 80

6. Wissensgebiet: (§ 4 (2) der Prüfungsanforderungen)
Es ist festzustellen, ob der Prüfungsteilnehmer die mit dem unsachgemäßen Umgang mit freiverkäuflichen Arzneimitteln verbundenen Gefahren kennt . . . 81
a) Arzneimittelmißbrauch . . . 81
b) Gefahren bei unsachgemäßen Umgang mit Arzneimitteln . . . 81

7. Wissensgebiet: (§ 4 (2) der Prüfungsanforderungen)
Es ist festzustellen, ob der Prüfungsteilnehmer die für freiverkäufliche Arzneimittel geltenden Vorschriften des Arzneimittelrechts und des Rechtes der Werbung auf dem Gebiete des Heilwesens kennt . . . 83
a) Gesetz über den Verkehr mit Arzneimitteln (Arzneimittelgesetz) . . . 83
b) Gesetz über die Werbung auf dem Gebiet des Heilwesens (Heilmittelwerbegesetz) . . . 85
1. Werbung außerhalb der Fachkreise § 4 HWG . . . 85
2. Werbung innerhalb der Fachkreise § 4 HWG . . . 85
3. Erinnerungswerbung . . . 86
4. Unzulässige Werbung . . . 86

Teil II · Arzneimittelkunde (Fertigarzneimittel)

von Dr. Herbert Niklas, Stuttgart

Einleitung . . . 89

Allgemeine Erläuterungen zur Arzneimittelanwendung . . . 90

1. Appetitfördernde und verdauungsanregende Mittel . . . 94
2. Bronchien- und Hustenmittel . . . 96
3. Leber- und Gallemittel . . . 99
4. Blasen- und Nierenmittel . . . 101
5. Mittel gegen Eisenmangelanämie . . . 104
6. Mittel gegen Übersäuerung des Magens (Antazida) . . . 105
7. Herz- und Kreislaufmittel . . . 108
8. Beruhigungsmittel . . . 110
9. Abführmittel . . . 112
10. Stoffwechsel- und Entschlackungsmittel . . . 115
11. Vitaminpräparate . . . 116
12. Tonika und Roborantien . . . 121
13. Mittel gegen Arteriosklerose . . . 124
14. Sexualtonika . . . 126
15. Mund- und Rachendesinfektionsmittel . . . 128
16. Durchblutungsfördernde Einreibemittel . . . 130
17. Heilwässer . . . 132
18. Empfängnisverhütende Mittel . . . 134
19. Mittel gegen Hühneraugen und Hornhaut . . . 136
20. Mittel zur Wundversorgung, Pflaster . . . 138
21. Fein- und Grobdesinfektionsmittel . . . 141
22. Tierarzneimittel . . . 143
23. Zahnersatzhaftmittel . . . 146
24. Bäder . . . 148
25. Verschiedenes . . . 149

Teil III · Rechtliche Grundlagen
Rechtsvorschriften mit Erläuterungen

von Dr. Werner Fresenius, Wiesbaden

A Arzneimittelgesetz

Einleitung 155

1. Der Arzneimittelbegriff 157
1.1 Abgrenzung Arzneimittelrecht/Lebensmittelrecht – Arzneimittelrecht/Futtermittelrecht 159
1.1.1 Arzneimittel/Lebensmittel 159
1.1.2 Arzneimittel/Kosmetikum 159
1.1.3 Arzneimittel/Tabakerzeugnis 159
1.1.4 Arzneimittel/Diätetikum/Nahrungsergänzungsmittel 160
1.1.5 Arzneimittel/Futtermittel 160
1.2 Medizinprodukte 160

2. Anforderungen an Arzneimittel 164
2.1 Verbot bedenklicher Arzneimittel 164
2.2 Radioaktive Arzneimittel 164
2.3 Verbote zum Schutz vor Täuschung 165
2.3.1 Qualitätsminderung 165
2.3.2 Irreführung 165
2.4 Der Verantwortliche für das Inverkehrbringen 166
2.5 Kennzeichnung 166
2.5.1 Zusätzliche Kennzeichnung für Tierarzneimittel 168
2.6 Packungsbeilage 169
2.7 Fachinformation 170
2.8 Übergangsvorschriften für die Kennzeichnung und Packungsbeilage . . . 170

3. Herstellung von Arzneimitteln 171
3.1 Herstellungserlaubnis 171
3.1.1 Ausnahme für Einzelhändler 171
3.2 Sachkundige Personen für die erlaubnispflichtige Herstellung von Arzneimitteln 172
3.2.1 Ausnahmen bei begrenzten Herstellungstätigkeiten 173
3.2.2 Ausnahmen für die Herstellung bestimmter Tierarzneimittel (Heimtiere) 173
3.3 Weitere Voraussetzungen für die Herstellung von Arzneimitteln 173
3.4 Übergangsvorschriften 174
3.4.1 Erlaubnispflichtige Arzneimittelherstellung 174
3.4.2 Arzneimittelherstellung ohne Erlaubnis durch sachkundige Einzelhändler 174

4. Zulassung und Registrierung von Arzneimitteln . . . 175
4.1 Ausnahme von der Zulassungspflicht . . . 175
4.2 Antragsteller für die Zulassung . . . 175
4.3 Zulassungsunterlagen . . . 176
4.4 Entscheidung über die Zulassung . . . 177
4.5 Erlöschen der Zulassung . . . 177
4.6 Erweiterung der Zulassung und Freistellung von der Zulassung . . . 177
4.7 Registrierung . . . 179
4.8 Übergangsvorschriften . . . 179

5. Schutz des Menschen bei der klinischen Prüfung . . . 180

6. Abgabe von Arzneimitteln . . . 182
6.1 Freiverkäuflichkeit . . . 182
6.1.1 Sogenannte Vorbeugungsmittel . . . 182
6.1.2 Weitere Ausnahmen von der Apothekenpflicht . . . 182
6.2 Freiverkäufliche Heilmittel . . . 186
6.2.1 Als Heilmittel freiverkäufliche Stoffe und Zubereitungen aus Stoffen . . . 187
6.2.2 Heilmittel als Destillate . . . 197
6.2.3 Heilmittel als Dragees, Kapseln oder Tabletten . . . 197
6.2.4 Heilmittel als lösliche Teeaufgußpulver . . . 199
6.2.5 Heilmittel gegen Husten oder Heiserkeit . . . 201
6.2.6 Heilmittel als Abführmittel . . . 201
6.2.7 Heilmittel gegen Hühneraugen und Hornhaut . . . 201
6.2.8 Heilmittel zur Anwendung bei Heimtieren . . . 202
6.2.9 Einschränkungen für die Freiverkäuflichkeit von Heilmitteln . . . 202
6.2.9.1 Verbot bestimmter Darreichungsformen . . . 202
6.2.9.2 Verbot bestimmter Anwendungsgebiete . . . 202
6.2.9.3 Verbot bestimmter Pflanzen . . . 203
6.3 Ausschluß von der Freiverkäuflichkeit (Apothekenpflicht) . . . 205
6.3.1 Ausnahmen von der Krankheitsliste . . . 210
6.3.2 Apothekenpflicht bei bestimmten Arzneimittelwirkungen . . . 210
6.3.3 Apothekenpflicht bei bestimmten Darreichungsformen . . . 210
6.4 Sachverständige für die Abgrenzung Freiverkäuflichkeit/Apothekenpflicht . . . 210
6.5 Vertriebswege . . . 211
6.6 Verschreibungspflicht . . . 211
6.7 Einzelhandel mit freiverkäuflichen Arzneimitteln (Sachkenntnis) . . . 212
6.8 Einzelhandel mit freiverkäuflichen Arzneimitteln (ohne Sachkenntnis) . . . 215
6.9 Abgabe im Reisegewerbe . . . 215
6.10 Selbstbedienung mit Arzneimitteln . . . 216
6.11 Übergangsvorschriften . . . 216
6.11.1 Einzelhandel mit freiverkäuflichen Arzneimitteln . . . 216
6.11.2 Anzeigepflicht . . . 217

7. Sicherung und Kontrolle der Qualität 218
7.1 Betriebsordnung 218

8. Arzneibuch 219

9. Sondervorschrift für Arzneimittel, die zur Anwendung bei Tieren bestimmt sind 220
9.1 Fütterungsarzneimittel 220
9.2 Erwerb apothekenpflichtiger Arzneimittel zur Anwendung bei Tieren . . 220
9.3 Ausnahmeregelungen für Arzneimittel zur Anwendung bei Heimtieren 221

10. Beobachtung, Sammlung und Auswertung von Arzneimittelrisiken 222

11. Überwachung 223

12. Anzeigepflicht 225

13. Einfuhr 226

14. Informationsbeauftrager, Pharmaberater 228
14.1 Übergangsvorschrift 228

15. Preise 229

16. Haftung für Arzneimittelschäden 230

17. Straf- und Bußgeldvorschriften 232

18. Übergangsregelungen nach dem Einigungsvertrag 234

B Gesetz über die Werbung auf dem Gebiet des Heilwesens (Heilmittelwerbegesetz)

Einleitung 236
1. Geltungsbereich 237
2. Fachwerbung – Laienwerbung 238
3. Irreführende Werbung 238
4. Mindestinformationen – Informationsumfang 239
5. Unzulässige Werbung 239
6. Krankheitskatalog 240
7. Residenzpflicht 240
8. Überwachung 241
9. Zuwiderhandlungen 241

Anhang

Anlagen

1. Neufassung des Gesetzes über den Verkehr mit Arzneimitteln 242
2. Verordnung über den Nachweis der Sachkenntnis im Einzelhandel mit freiverkäuflichen Arzneimitteln 273
3. Verordnung über apothekenpflichtige und freiverkäufliche Arzneimittel 280
4. Gesetz über die Werbung auf dem Gebiet des Heilwesens (Heilmittelwerbegesetz) 296
5. Empfehlung des Bundesministeriums für Jugend, Familie und Gesundheit über Lagerungshinweise für Fertigarzneimittel 302

Stichwortverzeichnis 305

Teil I

Anleitung zum Erwerb der Sachkenntnis im Einzelhandel für freiverkäufliche Arzneimittel

Von Prof. Dr. Heinz Schilcher, München

Einleitung

Im Teil I wird der Studierende schrittweise mit den sieben Prüfungsgebieten, die in § 4 der Verordnung über den Nachweis der Sachkenntnis im Einzelhandel mit freiverkäuflichen Arzneimitteln festgelegt sind, vertraut gemacht. Dieser Teil lehnt sich somit eng an den bewährten Durchführungsmodus der Sachkundeprüfung an der Industrie- und Handelskammer Frankfurt/Main, derjenigen IHK mit der bisher größten Erfahrung bei der Abnahme dieser Prüfung, an.

Die Anordnung des Stoffes ermöglicht dem Prüfungskandidaten eine optimale Einstellung auf die Prüfung, die, im Sinne der Verordnung, sämtliche sieben Prüfungsgebiete des § 4 (siehe dazu Seite 275) der Reihe nach berücksichtigen sollte. Der Gesetzgeber legte nach langwierigen Verhandlungen mit den verschiedenen Interessenverbänden ganz bewußt in Ziffer 2 der Prüfungsanforderungen im Detail fest, was unter Sachkenntnis im Einzelhandel mit freiverkäuflichen Arzneimitteln zu verstehen ist. Es entspricht nicht der gesetzlichen Anforderung, wenn gelegentlich (bei verschiedenen Kammern) nur einzelne Schwerpunkte der sieben Sachgebiete geprüft werden.

Teil I ist aufgrund der über 30jährigen Erfahrung des Autors im Umgang mit freiverkäuflichen Arzneimitteln betont auf die Realitäten der Praxis abgestimmt. Auf den ersten Blick mögen dem Studierenden oder auch einem Prüfer, der in der Praxis wenig mit freiverkäuflichen Arzneimitteln zu tun hat, die Ausführungen in den Kapiteln 2–6 zu ausführlich erscheinen. In Wirklichkeit werden hier aber viele Details behandelt, die in der täglichen Praxis ständig vorkommen. *So betrachtet stellen die Ausführungen im Teil I (ergänzt durch die Teile II und III) nicht nur eine Anleitung zum Erwerb der Sachkenntnis dar, sondern dienen gleichzeitig der Vertiefung des Wissens all derjeniger, die bereits die Sachkenntnis besitzen, sich aber im Sinne einer Fortbildung näher mit der Materie befassen wollen. Letzteres gilt besonders für die Textpassagen, die in Kleinschrift gesetzt sind.*

Die Prüfungsanforderungen 1 und 7 des § 4 werden im Teil I nur kurz und in Form von Übersichten besprochen. Sie sind im Wesentlichen Gegenstand der Teile II und III. Bezüglich der genauen Gesetzestexte und der Kommentare dazu wird im Teil I auf die entsprechenden Seiten des Teiles III (Rechtliche Grundlagen) verwiesen. Da viele Prüfungskandidaten Schwierigkeiten bei der Auslegung und Anwendung von Gesetzestexten haben, wird im Teil I weitgehend darauf verzichtet. Der Kandidat wird somit stufenweise an die juristische Materie herangeführt, indem er zunächst mit den die tägliche Praxis betreffenden Gebieten vertraut gemacht wird.

Gesetzliche Grundlage

für den Nachweis der Sachkenntnis im Einzelhandel mit freiverkäuflichen Arzneimitteln

Das am 1. Januar 1978 in Kraft getretene 2. Arzneimittelgesetz (häufig nur als AMG 76 bezeichnet, da dieses Gesetz am 24. Aug. 1976 verabschiedet und am 1. Sept. 1976 im Bundesgesetzblatt verkündet wurde) regelt im § 50 den **Einzelhandel mit freiverkäuflichen Arzneimitteln**. Die wichtigste Passage im § 50 lautet (den Gesamttext siehe Teil III, Seite 261):

„Die erforderliche Sachkenntnis besitzt, wer Kenntnisse und Fertigkeiten über das ordnungsgemäße Abfüllen, Abpacken, Kennzeichnen, Lagern und Inverkehrbringen von Arzneimitteln, die zum Verkehr außerhalb der Apotheke freigegeben sind, sowie Kenntnisse über die für diese Arzneimittel geltenden Vorschriften nachweist."

Durchführungsbestimmung für den Nachweis der Sachkenntnis

Was im Detail unter der Sachkenntnis verstanden wird und wie der Nachweis der erforderlichen Sachkenntnis konkret zu erbringen ist, wird durch die „Verordnung über den Nachweis der Sachkenntnis im Einzelhandel mit freiverkäuflichen Arzneimitteln", die am 20. Juni 1978 erlassen wurde, geregelt. In § 4 dieser Rechtsverordnung wird die erforderliche Sachkenntnis im einzelnen in 7 Wissensgebiete aufgeschlüsselt. Diese lauten:

(2) Im einzelnen ist festzustellen, ob der Prüfungsteilnehmer

1. *das Sortiment freiverkäuflicher Arzneimittel übersieht,*
2. *die in freiverkäuflichen Arzneimitteln üblicherweise verwendeten Pflanzen und Chemikalien sowie die Darreichungsformen kennt,*
3. *offensichtlich verwechselte, verfälschte oder verdorbene freiverkäufliche Arzneimittel erkennen kann,*
4. *freiverkäufliche Arzneimittel ordnungsgemäß, insbesondere unter Berücksichtigung der Lagertemperatur und des Verfalldatums lagern kann,*
5. *über die für das ordnungsgemäße Abfüllen, Abpacken und die Abgabe freiverkäuflicher Arzneimittel erforderlichen Kenntnisse verfügt,*
6. *die mit dem unsachgemäßen Umgang mit freiverkäuflichen Arzneimitteln verbundenen Gefahren kennt,*
7. *die für freiverkäufliche Arzneimittel geltenden Vorschriften des Arzneimittelrechts und des Rechts der Werbung auf dem Gebiet des Heilwesens kennt.*

1. Wissensgebiet: (§ 4 (2) der Prüfungsanforderungen)

Es ist festzustellen, ob der Prüfungsteilnehmer das Sortiment freiverkäuflicher Arzneimittel übersieht

Um das Sortiment der freiverkäuflichen Arzneimittel, das im Arzneimittelgesetz in den §§ 44, 45 und 46 festgelegt ist, verstehen zu können, muß sich der Prüfungsteilnehmer vorher mit den §§ 2, 3 und 4 des Arzneimittelgesetzes befassen. Die folgende Übersicht nennt nur schlagwortartig die **wichtigsten Begriffe**, deren Kenntnis unerläßlich ist! Der genaue Gesetztestext und der Kommentar dazu sind im Teil III nachzulesen und zu studieren (siehe Übersicht in Tabelle 1).

Das *Sortiment* freiverkäuflicher Arzneimittel, unabhängig davon ob es sich um Arzneimittel im Sinne des § 2 AMG 76 oder um Fertigarzneimittel im Sinne des § 4 (1) AMG 76 handelt, ist in den §§ 44, 45, und 46 gesetzlich verankert (siehe Übersicht in Tabelle 2).

Gemäß § 4 der VO über den Nachweis der Sachkenntnis bedarf es eines **gründlichen Studiums** der drei genannten Paragraphen nebst den Anlagen zu den Rechtsverordnungen nach §§ 45 und 46. Das zweite Arzneimittelgesetz vom 24. August 1976 hat, abgesehen von einigen Abänderungen, die Rechtsverordnungen des ersten Arzneimittelgesetzes, die am 1. Oktober 1969 in Kraft getreten sind, übernommen. Einzelheiten über das Sortiment von Fertigarzneimitteln sind im Teil II und im Teil III (Gesetzes- und Verordnungstexte, Anlagen) nachzulesen.

Beim Studium ist vor allem darauf zu achten, daß es neben den sog. **Positivlisten** einschränkende Listen, die sog. **Negativlisten**, gibt.

Tab. 1: Übersicht über wichtige Begriffe des Arzneimittelgesetzes

Arzneimittelbegriff § 2 AMG 76	**Stoffbegriff** § 3 AMG 76	**Fertigarzneimittel** § 4 AMG 76
Arzneimittel sind Stoffe und Zubereitungen, die dazu bestimmt sind … Krankheiten, Leiden … **zu heilen** u. **zu lindern,** = „Heilmittel“ **zu verhüten,** = „Vorbeugungsmittel“ (= Prophylaktika) zu **erkennen,** = Diagnostika Krankheitserreger … **abzuwehren, zu beseitigen** = Desinfektionsmittel, die am oder im Körper angewendet werden (Näheres dazu s. Teil III, S. 158f.)	Stoffe im Sinne des Arzneimittelgesetzes sind: 1. chemische Elemente und chemische Verbindungen … 2. Pflanzen, Pflanzenteile und Pflanzenbestandteile … 3. Tierkörper … und … Stoffwechselprodukte von Mensch oder Tier … 4. Mikroorganismen … sowie deren Stoffwechselprodukte	Fertigarzneimittel sind Arzneimittel, die im **voraus hergestellt** (z. B. im voraus in Tüten abgefüllte Lindenblüten) und in einer zur **Abgabe** an den Verbraucher **bestimmten Packung** in den Verkehr gebracht werden. Zulassung bei der Bundesbehörde ist notwendig, sofern nicht durch eine Standardzulassung die Einzelzulassung entfällt.
Als Arzneimittel gelten ferner **Gegenstände,** die ein Arzneimittel **enthalten** bzw. auf die ein Arzneimittel **aufgebracht** ist, sowie Grobdesinfektionsmittel = sog. „fiktive“ Arzneimittel (Näheres dazu s. Teil III, S. 158f.)	(Näheres dazu s. Teil III, S. 157)	Medizinprodukte sind Instrumente, Apparate, Stoffe und Zubereitungen aus Stoffen, die zur Anwendung für Menschen zur Erkennung, Verhütung, Überwachung, Behandlung von Krankheiten oder Kompensierung von Behinderungen sowie zur Empfängnisregelung bestimmt sind (Näheres dazu s. Teil III, S. 160ff.

Tab. 1: Übersicht über wichtige Begriffe des Arzneimittelgesetzes (Fortsetzung)

Keine Arzneimittel sind:

Lebensmittel	Diätetische Lebensmittel	Kosmetika	Futtermittel
… dienen der Ernährung und besitzen keine überwiegend arzneiliche Zweckbestimmung …	… dienen besonderen **Ernährungserfordernissen**	werden äußerlich angewendet und dienen überwiegend der Reinigung, Pflege, Beeinflussung des Aussehens oder des Körpergeruchs; Medizinprodukte sind Instrumente, Apparate, Stoffe und Zubereitungen aus Stoffen, die zur Anwendung für Menschen zur Erkennung, Verhütung, Überwachung, Behandlung von Krankheiten oder Kompensierung von Behinderungen sowie zur Empfängnisregelung bestimmt sind (Näheres dazu Teil III, S. 159 ff.).	… dienen überwiegend der Tierernährung

(Näheres zu der Abgrenzung Arzneimittel/Lebensmittel/Kosmetikum/Futtermittel s. Teil III, S. 159 ff.)

Tab. 2: Sortiment freiverkäuflicher Arzneimittel

§ 44 Ausnahme von der Apothekenpflicht	§ 45 Ermächtigung zu weiteren Ausnahmen von der Apothekenpflicht	§ 46 Ermächtigung zur Ausweitung der Apothekenpflicht
Abs. 1: Zu anderen Zwecken als zur Beseitigung oder Linderung von Krankheiten dienend (z. B. Mittel zur – Stärkung, Kräftigung – Besserung des Befindens – Unterstützung der Organfunktion – Vorbeugung) Abs. 2: Bestimmte „Heilmittel"-**Gruppen**, z. B. Pflanzen und Pflanzenteile, Mischungen aus ... Pflanzen und Pflanzenteilen als **Fertigarzneimittel**, Preßsäfte aus frischen Pflanzen ..., Destillate aus Einzelpflanzen ..., natürliche und künstliche Heilwässer sowie deren Salze ..., medizinische Bäder, Desinfektionsmittel zum äußeren Gebrauch sowie Mund- und Rachendesinfektionsmittel usw. (komplette Liste s. Teil III, S. 259) Charakteristisch für § 44 ist die Aufzählung von Arzneimittelgruppen (z. B. Pflanzenpreßsäfte, Teemischungen) und nicht die Auflistung einzelner konkreter Arzneimittel **Einschränkungen!** Die oben genannten Arzneimittel können durch Rechtsverordnung zu § 46 (in sog. Negativlisten) vom Verkehr außerhalb der Apotheke ausgeschlossen werden (siehe dazu § 46).	Durch Rechtsverordnung (vom 28. Sept. 1993) werden in einer sog. Positivliste (= **Anlage 1 a**) Stoffe und Zubereitungen aus Stoffen **konkret** genannt, welche als „Heilmittel" außerhalb der Apotheke vertrieben werden dürfen. Hierzu zählen: Arnikatinktur zum äußeren Gebrauch, Baldriantinktur, Baldrianwein als Fertigarzneimittel, Fenchelhonig als Fertigarzneimittel, Hefe als Tabletten, Melissengeist als Fertigarzneimittel, Milchzucker, Wacholderextrakt, Zinksalbe usw. (vollständige Liste s. Teil III, S. 187 ff.) Zusätzlich sind noch folgende Arzneimittelgruppen als Heilmittel erlaubt: **Destillate,** auch aus **Mischungen** von Pflanzen, Pflanzenteilen, ätherischen Ölen ... als ... Fertigarzneimittel, **Dragees, Kapseln oder Tabletten**, aus höchstens vier Drogen ..., **Lösliche Teeaufgußpulver** von Einzeldrogen oder Mischungen aus höchstens 7 Drogen und 4 Indikationsgebieten. Erlaubt sind ferner noch drei Anwendungsgebiete: Mittel gegen Husten oder Heiserkeit zum Lutschen, Mittel als Abführmittel, Mittel gegen Hühneraugen und Hornhaut	Durch Rechtsverordnung zu § 46, in sog. Negativlisten, können Arzneimittel im Sinne des § 44 vom Verkehr außerhalb der Apotheke ausgeschlossen werden: * Anlage 1b: = Auflistung „verbotener" Pflanzen Anlage 3: = Auflistung von Krankheiten, die weder vorbeugend noch heilend mit freiverkäuflichen Arzneimitteln behandelt werden dürfen Anlage 4: = Auflistung „verbotener" Stoffe und Zubereitungen In § 9 der Rechtsverordnung vom 28. Sept. 1993: „verbotene" Eigenschaften (z. B. hormonartige Wirkung) In § 3: verbotene Darreichungsformen (z. B. Injektionslösungen) (s. Näheres dazu Teil III, S. 203) * Anmerkung: Die Rechtsvorschriften wurden erlassen auf Grund der §§ 30 und 32 des AMG 61 sowie der §§ 45 und 46 des AMG 76.

(zu § 45): **Einschränkungen!** Anlage 1 b = Auflistung verbotener Pflanzen (s. Teil III, S. 204 ff.)
Anlage 3 = Auflistung von Krankheiten (sog. Krankheitsliste); (s. Näheres dazu Teil III, S. 203 f.)

2. Wissensgebiet: (§ 4 (2) der Prüfungsanforderungen)

Es ist festzustellen, ob der Prüfungsteilnehmer die in freiverkäuflichen Arzneimitteln üblicherweise verwendeten Pflanzen und Chemikalien sowie die Darreichungsformen kennt

2.1 Freiverkäufliche Pflanzen und Pflanzenteile

(= Arzneidrogen, „Heilkräuter"), von denen gemäß § 4 (2) 2 der Prüfungsanforderungen Kenntnisse vorliegen müssen („Drogenkunde")

Begriffsdefinition

Unter **pflanzlichen Drogen** (Vegetabilien) versteht man: **getrocknete** und damit haltbar gemachte **Arzneipflanzen, getrocknete Pflanzenteile** (z. B. Blätter, Blüten, Früchte, Kraut, Rinde, Wurzel, Wurzelstock) und **Pflanzenbestandteile**, die keine Organstruktur mehr aufweisen (z. B. ätherische Öle, fette Öle, Harz, Aloe, Agar-Agar) bzw. **Pflanzeninhaltsstoffe** (z. B. Menthol, Chamazulen, Flavonoide).

Im englischen Sprachgebrauch bezeichnet das Wort „drug" Arzneimittel ganz allgemein, also auch diejenigen synthetischer Herkunft (z. B. Acetylsalicylsäure als Kopfschmerzmittel). Auch im deutschen Sprachgebrauch bürgert sich der Begriff „Droge" im Sinne von „Arzneimittel" immer mehr ein. Zusätzlich entsteht Verwirrung durch die Bezeichnung der **Rauschgifte als „Drogen"**. Wir haben es in unserem Falle ausschließlich mit „Heilkräutern" bzw. mit Arzneimitteln aus Arzneipflanzen, sog. Phytopharmaka (griech. phytón = Pflanze) zu tun.

Drogengewinnung – Drogenherkunft

Rund 60 % der etwa 240 im Drogenhandel befindlichen Drogen werden **wild gesammelt**. Drogen mit großem Umsatz (z. B. Kamillenblüten, Pfefferminzblätter, Fenchelfrüchte, Baldrianwurzeln, Sennesblätter, Hibiscusblüten u. a.) werden **kultiviert**. In der Regel besitzen kultivierte Arzneipflanzen, insbesondere wenn ein integrierter Pflanzenschutz betrieben wird, eine Reihe von Vorteilen gegenüber wildgesammelten Pflanzen. Nicht selten weisen wildgesammelte Drogen höhere Rückstände (Herbizide, Fungizide, Insektizide, Schwermetalle usw.) als kultivierte auf! Der größte Teil der im Handel befindlichen Drogen stammt aus dem **Ausland** (ost- und südeuropäische Länder, Ägypten, Argentinien, überseeische Entwicklungsländer usw.).

Drogenprüfung

Da bei Drogen nicht nur Drogenverfälschungen (insbesondere bei wild gesammelten Drogen), sondern vor allem **min-**

derwertige Partien (– minderwertig z. B. bezüglich des Gehaltes an wichtigen Inhaltsstoffen –) vorkommen und in den Handel gelangen, muß jede Droge, **wenn sie als Arzneimittel abgegeben wird, geprüft** werden. Dabei ist es gleichgültig, ob sie als „Vorbeugungs"- oder als „Heilmittel" verkauft wird. Die Prüfung hat in den meisten Fällen nach einem der zur Zeit gültigen Arzneibücher (siehe Näheres dazu Teil III, S. 220) zu erfolgen. Auch der Einzelhändler ist z. B. bei der Abgabe von Leinsamen als Mittel **zur Behebung einer Darmträgheit** an die Qualitätsprüfung nach dem Europäischen Arzneibuch (Ph. Eur. 1997) gebunden. Eine solche Prüfung kann vom Einzelhändler allerdings weiterdelegiert werden (z. B. an den Lieferanten, der durch die Vorlage eines Zertifikates oder eines Untersuchungsberichtes die Arzneibuchqualität bestätigt), so daß vom Einzelhändler nur noch die **Identität** überprüft werden muß.

Daß freiverkäufliche Einzeldrogen (z. B. abgefüllter Lindenblütentee usw.) auch als Vorbeugungsmittel gemäß § 55 AMG 76 an die entsprechenden Arzneibücher gebunden sind, wird häufig nicht beachtet! (Siehe dazu auch Seite 14).

Drogenwirkstoffe und deren Eigenschaften

Die Wirksamkeit einer Droge bzw. Drogenzubereitung beruht auf dem Vorhandensein einzelner oder mehrerer Inhaltsstoffe mit arzneilicher Wirkung, sog. Wirkstoffe (= pharmakologisch relevante Inhaltsstoffe). Nicht in allen Fällen kennt man die Wirkstoffe bzw. das Wirkprinzip.

In den freiverkäuflichen Drogen kommen hauptsächlich folgende Wirkstoffgruppen vor:

1. Ätherische Öle

Die ätherischen Öle sind überwiegend flüssige Pflanzeninhaltsstoffe, die einen charakteristischen, meist aromatischen Geruch besitzen und in Wasser schwer löslich sind. Wäßrige Arzneipflanzenzubereitungen (z. B. Kräutertee, Pflanzenpreßsaft) enthalten nur Spuren an ätherischem Öl. Gut löslich sind die ätherischen Öle dagegen in Alkohol (z. B. in den sog. „Geistern", wie Melissengeist etc).

Wichtig ist zu wissen, daß diese Naturstoffklasse **leicht flüchtig ist.** Ätherisch-Öldrogen müssen daher möglichst kühl (unter 20 °C) in aromadichten Verpackungen aufbewahrt und dürfen nur mit heißem Wasser **überbrüht** werden. Ätherische Öle sind chemisch uneinheitliche Stoffgemische und besitzen daher ein breites Wirkungsspektrum. Die wichtigsten Wirkungen sind folgende: antibakteriell, entzündungshemmend, sekretionsfördernd (d. h. appetitanregend, galletreibend usw.), blähungstreibend, krampflösend, harntreibend, auswurffördernd.

Folgende Drogen enthalten u. a. ätherische Öle: Anisfrüchte, Baldrianwurzel, Fenchelfrüchte, Johanniskraut, Kamillenblüten, Kalmuswurzelstock, Kümmelfrüchte, Lavendelblüten, Melissenblätter, Pfefferminzblätter, Rosmarin, Salbeiblätter, Schafgarbenblüten, Thymian, Wacholderbeeren, Wermutkraut u. a.

2. Bitterstoffe

Bitterstoffe sind Naturstoffe, die durch Erregung der Bitter-Rezeptoren in den Geschmacksknospen am Zungengrund das physiologische Merkmal „bitter" auslösen. Hierbei werden nicht nur direkt die Speicheldrüsen angeregt, sondern indirekt über den Nervus vagus (= Lungen-Magen-Nerv) auch die Magensaft- und Gallensaftsekretion. Dieser sog. reflektorische Reaktionsmechanismus und die Erregung der Geschmacksnerven machen es notwendig, daß Bitterstoffzubereitungen 20–30 Minuten vor den Mahlzeiten (vor allem bei erwarteter appetitanregender Wirkung) und mit einer längeren Verweildauer im Mund eingenommen werden müssen. Wenn außer der Bitterwirkung noch weitere deutliche physiologische Wirkungen hinzukommen (z. B. die fiebersenkende Wirkung des Chinins), dann zählt man solche Naturstoffe nicht mehr zu den Bitterstoffen. Bitterstoffe können in der Regel mit Wasser gut extrahiert werden, und so ist z. B. ein Teeaufguß oder auch ein Kaltansatz aus Tausendgüldenkraut oder Wermutkraut eine sinnvolle Bitterstoffzubereitung. Die Bitterstoffe sind allerdings hitzeempfindlich und bei längerem Kochen nimmt der Bitterwert ab. Folgende Drogen enthalten u. a. Bitterstoffe: Aloe (z. B. in Schwedenbitter), Artischockenblätter und -wurzeln, Enzianwurzel, Löwenzahnkraut und -wurzeln, Salbeiblätter, Schafgarbenkraut, Tausendgüldenkraut und Wermutkraut.

3. Schleimstoffe

Schleimstoffe sind mit Wasser extrahierbare Kohlenhydrate, die mit Wasser eine zähflüssige (= viskose), kolloidale Lösung bilden. Von Schleimstoffdrogen, die neben dem Pflanzenschleim (= Heteropolysaccharide) noch Stärke und Pektine enthalten (z. B. Eibischwurzeln), müssen Kaltwasserauszüge hergestellt werden. Vor allem bei einer Abkochung entsteht aufgrund des Stärke- und Pektingehaltes ein dicker, leimartiger Schleim.

Schleimstoffe wirken aufgrund ihrer abdeckenden (= Entstehung einer Art Schutzfilmes) und einhüllenden Eigenschaften **reizmildernd**, z. B. bei entzündeter Rachen-, Magen- und Darmschleimhaut. Über den Nervus vagus (= Lungen-Magen-Nerv) kommt es möglicherweise zu einer indirekten reflektorischen **Linderung von Reizhusten**. Schleimstoffe, die im Verdauungstrakt entweder gar nicht (z. B. beim Leinsamenschleim) oder nur sehr langsam zu verdaulichen Kohlenhydratgrundbausteinen (= Zukker) zerlegt werden, besitzen eine **abführende** Wirkung. Diese kommt dadurch zustande, daß es durch die große Wasserbindungsfähhigkeit (= Quelleffekt) der Schleimstoffe zu einer deutlichen Volumenzunahme kommt, die ihrerseits durch den Druck auf die Darmwand die Darmperistaltik (Darmbewegung) auslöst.

Folgende Drogen enthalten u. a. Schleimstoffe: Beinwellwurzel, Eibischwurzel, -blüten und -blätter, Flohsamen, Huflattichblätter und -blüten, Isländisch Moos, Kamillenblüten, Leinsamen und Lindenblüten.

4. Gerbstoffe

Gerbstoffe sind mit heißem Wasser gut extrahierbare Naturstoffe (z. B. Eichenrinde zu Fußbädern) und werden in der Hauptsache äußerlich angewendet (Bäder, Pinselungen). Die Gerbstoffe vermögen mit den Kollagenfasern der Haut zu reagieren, und es kommt dabei zu verfestigten Eiweiß-Gerbstoffverbindungen. Durch die Bildung einer Art „äußeren Schutzschicht“ (= Koagulationsmembran) wirken die Gerbstoffe reizmildernd und entzündungshemmend (z. B.

bei Sonnenbrand). Hinzu kommt noch die abdichtende Wirkung an den kleinsten Blutgefäßen (= Blutkapillaren), z. B. bei Zahnfleischbluten, und ein sekretionshemmender Einfluß auf Schweißdrüsen. Bei den wenigen in Pulverform eingenommenen Gerbstoffdrogen (z. B. Blutwurz) werden die Gerbstoffe erst allmählich aus dem Drogenpulver freigesetzt, so daß die erwünschte Wirkung auch in tieferen Darmabschnitten zum Tragen kommt. Eine Reihe von Arzneipflanzen mit einem Gerbstoffgehalt um rund 2 % finden wegen ihres guten Geschmacks häufig eine Anwendung als Haustees ohne arzneiliche Aufgabe (z. B. Brombeerblätter, Himbeerblätter, Erdbeerblätter, Lindenblätter u. a.). Folgende Drogen enthalten u. a. Gerbstoffe: Blutwurz, Eichenrinde, Rhabarberwurzel, Gänsefingerkraut, Brombeerblätter usw.

5. Anthranoide (früher Anthraglykoside bzw. Anthrachinone)

Die Anthranoide, die in den Drogen meist als Anthrachinonglykoside (= oxidierte Form) vorliegen, sind je nach Droge mehr oder weniger gut in kaltem Wasser löslich. Mit heißem Wasser (– Vermeide Überdosierung bei einem Sennesblätteraufguß! –) oder mit Alkohol sind diese Naturstoffe gut zu extrahieren. Wäßrige Zubereitungen sind sehr instabil; es bilden sich in kurzer Zeit die freien Aglyka, die Darmreizungen verursachen können. Die optimale galenische Zubereitungsform ist ein alkoholischer Trockenextrakt (in Dragees, Tabletten, Früchtewürfeln).

Die Anthranoide sind starke, dickdarmwirksame **Abführmittel** (Laxantien) und dürfen nur kurze Zeit bei einer vorübergehenden Darmträgheit eingenommen werden. Bei chronischer Einnahme kann es nicht nur zu einem gefährlichen Elektrolytverlust (z. B. Kalium!) sondern zum Verlust der motorischen Funktion des Darmes kommen, was schon daran zu erkennen ist, daß die Dosis oft erheblich gesteigert werden muß. Während einer Schwangerschaft und bei Entzündungen im inneren Körperbereich sollen Anthranoid-Drogen nur mit ärztlicher Erlaubnis eingenommen werden. Ferner sei auf die Warnhinweise auf den Packungsinformationen verwiesen. Folgende Drogen enthalten u. a. Anthranoide: Aloe, Faulbaumrinde, Sennesblätter, Sennesschoten, Rhabarberwurzel, Kreuzdornfrüchte u. a.

Anm.: Durch die Verordnung vom 12. Nov. 1988 wurden die Anthranoiddrogen **apothekenpflichtig** und sind **seit November 1990 nicht mehr freiverkäuflich.**

6. Flavonoide

Flavonoide sind meist gelb gefärbte (in vielen Blüten und Blattdrogen enthaltene), mit heißem Wasser, besser mit Alkohol, gut extrahierbare, weit verbreitete Naturstoffe. Der Name dieser Pflanzeninhaltsstoffe leitet sich vom lateinischen flavus (= gelb) ab.

Wegen ihrer Eigenschaft, die Durchlässigkeit (= **Permeabilität**) der Gefäßwände zu normalisieren, werden die Flavonoide auch als **Vitamin-P-Faktoren** bezeichnet. Selbst wenn die Wirkung auf die Kapillarwände zutrifft, so ist die Bezeichnung „Vitamin“ unzutreffend, da es sich bei den Flavonoiden nicht um Substanzen handelt, deren Fehlen zu Mangelerscheinungen führt. Die Flavonoide haben weiter einen präventiven (= vorbeugenden) und zum Teil auch kurativen (= heilenden) Einfluß auf die Brüchigkeit der kleinsten Blutgefäße (= Kapillarfragilität) und Kapillarelastizität. Höhere Dosen bestimmter Flavonoide wirken wassertreibend und krampflösend. Die Flavonoide der Mariendistelfrüchte besitzen eine Art Leberschutzwirkung gegenüber leberschädigenden Substanzen.

Folgende Drogen enthalten u. a. Flavonoide: Arnikablüten, Birkenblätter, Buchweizenkraut, Goldrutenkraut, Holunderblüten, Kamillenblüten, Lindenblüten, Mariendistelfrüchte, Mistelkraut, Passionsblumenkraut, Schachtelhalmkraut, Süßholzwurzel, Weißdornblüten und -blätter.

7. Saponine

Saponine sind wasserlösliche Pflanzeninhaltsstoffe, die sich in Wasser seifenähnlich (sapo = Seife) verhalten, d. h. stark schäumen. In pflanzlichen Gesamtextrakten wirken die Saponine aufgrund ihrer Emulgator- sowie Netz- und Dispergierwirkung als **Lösungsvermittler**, und sie können von Fall zu Fall die biologische Verfügbarkeit schlecht resorbierbarer Naturstoffe verbessern.

In höherer Dosierung wirken Saponine **örtlich gewebereizend**. Beim Pulverisieren von Saponindrogen kommt es am Auge zu Tränenfluß und in der Nase zu Niesreiz und schnupfenartiger Sekretvermehrung. Indirekt über den Nervus vagus (also reflektorisch), aber auch durch eine direkte Einwirkung im Bereich der hinteren Rachenpartien können Saponinzubereitungen den zähen Schleim in den Atemwegen verflüssigen, so daß dieser Schleim leichter abgehustet werden kann (= expektorierende Wirkung). Eine direkte, jedoch vertretbare Reizung des Nierengewebes (der Nierenepithelien), z. B. beim Goldrutenkraut oder ein osmotischer Reaktionsmechanismus verursachen einen wassertreibenden (= diuretischen) Effekt. Als Sonderwirkung des Saponingemisches des Roßkastaniensamens und des Mäusedornes ist die ödemhemmende und venentonisierende Wirkung zu nennen. Die Saponine der Ginseng- und Eleutherokokkuswurzeln wirken streßabschirmend und leistungssteigernd.

Folgende Drogen enthalten u. a. Saponine:

Birkenblätter, Ginsengwurzel, Eleutherokokkuswurzel, Goldrutenkraut, Primelwurzel und -blüten, Roßkastaniensamen, Mäusedornwurzelstock, Süßholzwurzel u. a.

Weitere Wirkstoffgruppen

Alkaloide und die **Herzwirksamen Glykoside** spielen aufgrund der Negativliste 1 b (siehe dazu Teil III, Seite 204 ff.) bei freiverkäuflichen Drogen keine Rolle.

Sämtliche freiverkäufliche Drogen sind den sog. MITE-PHYTOPHARMAKA (= milde pflanzliche Arzneimittel) zuzuordnen, was nicht besagt, daß nicht auch hier unerwünschte Nebenwirkungen, wie z. B. Allergien und Kontaktdermatitiden (örtliche Hautreizung z. B. bei der Anwendung von Arnikablütenzubereitungen) auftreten können. Auch bei unsachgemäßer Einnahme z. B. bei einer Daueranwendung von hoch dosierten Wacholderölkapseln können schädigende Nebenwirkungen auftreten.

Die vielfach in der Werbung oder von Laien geäußerte Behauptung, pflanzliche Arzneimittel (= Phytopharmaka) seien **absolut** *nebenwirkungsfrei und deshalb* **stets** *(auch bei Dauergebrauch) unschädlich, ist falsch, wie z. B. die längere Anwendung von Aloe, Sennesblättern usw. gezeigt hat.*

2.2 Wichtige freiverkäufliche Drogen

geordnet nach Anwendungsgebieten, die außerhalb der Apotheke eine Bedeutung besitzen

Die folgende Besprechung gibt nur einen Teil der tatsächlich auf dem Markt befindlichen und in den Einzelhandelsgeschäften anzutreffenden Drogen wieder. Die Auswahl der ausfürlichen Beschreibung von 36 Drogen basiert auf einer Analyse des Sortiments in Reformhäusern, Kräuterläden und Verbrauchermärkten und stellt ein **Mindestwissen** für einen Sachkundigen dar. Die nur namentlich aufgezählten Drogen wurden nicht in allen oben genannten Betriebsstätten vorgefunden. Umgekehrt wurden aber in Kräuterläden eine Reihe weiterer hier nicht aufgezählter Drogen beobachtet. In einem solchen Einzelhandelsgeschäft ist neben einer erweiterten Drogenkenntnis vor allem Sorge dafür zu tragen, daß ein **wissenschaftliches Nachschlagewerk** stets zur Verfügung steht (siehe dazu Abschnitt „Weiterführende Literatur", Seite 50)!

Bei der Einzeldrogen-Besprechung kommt dem Punkt „QUALITÄTSPRÜFUNGEN" eine besondere Bedeutung zu! Selbst wenn der Einzelhändler die angegebenen Qualitätsprüfungen nicht selbst durchführt, so muß er wissen, daß **minderwertige Drogen** und **Drogenverfälschungen** auf dem Drogenmarkt vorkommen, und **er** hat dafür zu sorgen, daß er eine Droge mit Arzneibuchqualität bzw. eine verkehrsfähige Droge abgibt. Die besprochenen Qualitätsprüfungen sind betont **praxisorientiert**(!) und beziehen sich nur zum Teil auf die in den einzelnen Arzneibüchern (siehe dazu Teil III) vorgeschriebenen Prüfungen.

1. Abführdrogen bzw. Drogen, welche die Darmtätigkeit regulieren

a) Physiologisch wirksame Mittel zur Anregung der Darmperistaltik (= Quellmittel):

LEINSAMEN

Volkstümliche Bezeichnungen: Haarlinsen, Leinbollen.

Latinisierte Arzneibuchbezeichnung: *Lini semen* Ph. Eur. 1997.

Verwendete Pflanzenteile: die reifen, mikrobiologisch einwandfreien, braunen oder gelben Samen des Ölleines.

Qualitätsprüfungen: Das Ph. Eur. 1997 verlangt eine Mindestquellzahl von 4, fremde Bestandteile (z. B. Unkrautsamen) dürfen nur bis zu 1,5 % vorhanden sein. Aus mikrobiologischer Sicht sollte der Samen nicht vom Faserlein stammen, der zur Flachsgewinnung angebaut wird, wobei hygienische Maßnahmen kaum Beachtung finden.

Hauptinhaltsstoffe: bis 25 % Ballaststoffe, darunter etwa 12 % Schleimstoffe; etwa 40 % fettes Öl, davon etwa 70 % Linol- und Linolensäure: etwa 25 % Eiweiß; 8–35 mg % Linustatin, ein cyanogenes (= blausäureabspaltendes) Glykosid, das allerdings bei normalen Magensaftverhältnissen **keine gesundheitsschädigenden** Nebenwirkungen verursacht.

Anwendung: Innerlich als **ganzer** oder nur als leicht gequetschter (nicht geschroteter!) Samen bei chronischer Darmträgheit in einer Dosierung von 2–3 mal täglich 1–2 Eßlöffel zusammen mit viel Flüssigkeit (15 g Leinsamen mit 150 ml Flüssigkeit). Zur Herstellung einer

Schleimabkochung bei Entzündungen der Magen- und Darmschleimhaut auch geschrotet verwendbar.

Äußerlich als geschroteter Leinsamen oder das Pulver des Preßrückstandes nach der Leinölgewinnung als heiße Packungen bei Entzündungen, Schmerz- und Krampfzuständen sowie bei Abszessen und Furunkeln. Das kaltgepreßte Öl als Speiseöl und wegen seines hohen Anteiles an mehrfach ungesättigten Fettsäuren (α-Linolensäure!) als Diätöl in der Herz- und Kreislaufdiät.

FEIGEN

Die Feigen des Handels sind die reifen, getrockneten Fruchtstände von *Ficus carica L.*, einem Baum, der in Ländern mit warmem Klima heimisch ist bzw. dort kultiviert wird. Nach dem Trocknen werden die Feigenfruchtstände scheibenförmig zusammengepreßt. Der Geschmack ist schleimig und angenehm honigsüß.

Die **schwach abführende Wirkung** beruht auf dem hohen Gehalt an Invertzucker (50 bis 70 %) und anderen Zuckern sowie auf Pektine und Fruchtsäuren. Die Darmträgheit wird offensichtlich durch osmotische Vorgänge im Darm in Bewegung gesetzt.

Bei freiverkäuflichen Arzneimitteln muß darauf geachtet werden, daß die Feigen bzw. der Feigensirup nicht mit stärker wirksamen Anthranoid-Drogen kombiniert ist (z. B. Feigenpaste mit pulv. Sennesblätter in Neda®-Früchtewürfel).

TAMARINDENMUS

wird aus den Hülsenfrüchten von *Tamarindus indicus L.*, einem Baum, der in Indien sowie im tropischen Afrika verbreitet ist, gewonnen. Zur Gewinnung des Fruchtmuses werden die zerkleinerten Früchte mit siedendem Wasser versetzt, zu einem dünnen Brei angerührt und durch ein Haarsieb zur Entfernung der Samenteile sowie der groben Fruchtschale getrieben. Der so gereinigte dünnflüssige Brei wird anschließend zu einem dicken Extrakt eingedampft und zur Konservierung mit 20 Teilen Rohrzucker versetzt. Das gereinigte Tamarindenmus (latinisierte Bezeichnung ist *Pulpa Tamarindorum*) riecht angenehm „fruchtig“ und schmeckt süßsauer.

Die **schwach abführende Wirkung** beruht auf dem Gehalt an Fruchtsäuren, darunter hauptsächlich Weinsäure, Pektine und Invertzucker. Die Darmträgheit wird offensichtlich durch osmotische Vorgänge beseitigt.

Bei freiverkäuflichen Arzneimitteln muß darauf geachtet werden, daß das Tamarindenmus nicht mit Sennesblätterextrakt kombiniert ist. Die Kombination mit einer Anthranoid-Droge ist apothekenpflichtig!

Weitere verwendete Quellmittel sind:

Flohsamen (latinisierte Bezeichnung: Psyllii semen DAC)
Tragant (latinisierte Bezeichnung: Tragacantha Ph. Eur. 1997)
Guar-Mehl aus der Guarbohne
Agar-Agar (getrocknete Gallertstücke gewonnen aus Rotalgen)
Weizenkleie, welche allerdings eine relativ niedrige Quellzahl besitzt

b) Chemisch (d.h. durch Hemmung verschiedener aktiver Transportmechanismen in der Darmschleimhaut) wirkende Drogen, sog. „echte" Laxantien zur kurzfristigen Anwendung:

SENNESBLÄTTER UND -FRÜCHTE

Volkstümliche Bezeichnung der Früchte: Sennesbälge, Sennesschoten, Mutterblätter, Muttersennesblätter!

Latinisierte Arzneibuchbezeichnungen: *Sennae folium* Ph. Eur. 1997 (Sennesblätter) und *Sennae fructus acutifoliae* sowie *Sennae fructus angustifoliae* Ph. Eur. 1997 (Früchte der 2 verschiedenen im Arzneibuch erlaubten Sennesarten).

Verwendete Pflanzenteile: die getrockneten Fiederblättchen und die Früchte (= Schoten) des Sennastrauches.

Qualitätsprüfungen: Das Europäische Arzneibuch schreibt einen Mindestgehalt von 2,5 % Anthracenderivaten (siehe dazu Seite 28, Kapitel Anthranoide) vor, Sennesblätter sollten ferner auf den Gehalt an Vorratsschutzmitteln (vor allem auf Insektizide) geprüft sein.

Hauptinhaltsstoffe: 1,5–3 % abführende Inhaltsstoffe, darunter die Sennoside A, B, C und D; ferner Flavonoide, die einem Sennesblättertee die gelbe Farbe geben.

Anwendung: zum kurzfristigen Gebrauch bei Verstopfung, die z. B. durch Bettlägerigkeit, Kostumstellung, Reisen, Streßsituationen u. a. verursacht worden sind. Um die Gefahr einer Überdosierung zu vermeiden, wird am besten ein **Teekaltansatz** zubereitet (1–2 Teelöffel auf 1/4 Liter kaltes Wasser). Zur Vermeidung einer unerwünschten Keimvermehrung während der mehrstündigen (meist über Nacht) Kaltmazeration soll der Auszug möglichst kühl aufbewahrt werden. Ferner kann man nach dem Abseihen der Sennesblätter oder Sennesfrüchte den Auszug aus mikrobiologischen Gründen kurz aufkochen.

Anm.: Sennesblätter und -früchte sind seit November 1990 nicht mehr freiverkäuflich!

FAULBAUMRINDE

Volkstümliche Bezeichnungen: Glatter Wegdorn, Brechwegdorn, Spillbaum, Amselbaum, Gichtholt, Schusterholz, Sprickel.

Latinisierte Arzneibuchbezeichnung: *Frangulae cortex* Ph. Eur. 1997

Verwendeter Pflanzenteil: die im Frühjahr geerntete Rinde jüngerer Faulbaumsträucher, die vor der Anwendung mindestens 1 Jahr gelagert sein muß.

Qualitätsprüfungen: Im Handel sind Drogenpartien anzutreffen, bei denen die vorgeschriebene einjährige Lagerzeit nicht eingehalten wurde, und die somit die darmreizenden, noch nicht durch Luftsauerstoff oxidierten Verbindungen (Anthrone bzw. Anthranole) enthalten. Ferner gibt es Partien, die einen zu geringen Wirkstoffgehalt (unter 6 %) aufweisen oder die von nicht offizinellen Faulbaumarten stammen. Nicht nur die gesetzlichen Forderungen, sondern vor allem die Realitäten des Drogenmarktes machen die Vorlage eines Prüfungszertifikates dringend notwendig!

Hauptinhaltsstoffe: Bis 8 % Anthracenderivate (= Anthrachinone), darunter hauptsächlich Glukofrangulin A und B sowie Frangulin A und B.

Anwendung: Kurzfristig bei Verstopfung (etwas milder wirksam als Aloe oder Sennesblätter). Zur Daueranwendung bei chronischer Darmträgheit nicht geeignet. Als Einzeldosis 0,5–3 g zerkleinerte Faulbaumrinde auf 1/4 Liter Wasser (als Kaltansatz oder als Heißaufguß).

Anm.: Faulbaumrinde ist seit November 1990 nicht mehr freiverkäuflich!

Weitere Anthrachinon-Drogen sind:

Amerikanische Faulbaumrinde (Arzneibuchbez. = Rhamni purshianae cortex Ph. Eur. 1997)
Rhabarberwurzel (Arzneibuchbez. = Rhei radix Ph. Eur. 1997)
Aloe (Arzneibuchbez. = Caraçao-Aloe und Kap-Aloe)
Kreuzdornbeeren (Arzneibuchbez. = Rhamni catharticae fructus)

2. Beruhigungsmittel (Tranquillantien und Sedativa)

BALDRIANWURZEL

Volkstümliche Bezeichnungen: Katzenkraut, Mondwurzel, Stinkwurz, Balderbracken, Balderjahn.

Latinisierte Arzneibuchbezeichnung: *Valerianae radix* Ph. Eur. 1997.

Verwendete Pflanzenteile: die gesamten unterirdischen Pflanzenteile (= Wurzeln und Wurzelstock) des Echten Baldrians.

Qualitätsprüfungen: Prüfungen auf den Gehalt an ätherischem Öl, der zwischen 0,2 und 1,5 % liegen kann und bei einer wirksamen Droge mindestens 0.5 % betragen muß. Neuerdings wird noch auf Valepotriate geprüft. Diese Naturstoffe sind in den offizinellen europäischen Baldrian-Arten in weit geringerer Konzentration als in den überseeischen Baldrian-Arten (Mexiko, Pakistan, Indien) vorhanden. Daher sollten die **nicht-offizinellen Baldrian-Arten** als solche auch deklariert werden.

Hauptinhaltsstoffe: 0,2–1,5 % ätherisches Öl, darunter als charakteristische Verbindung die Valerensäure; 0,3–1,0 % Valepotriate in der Frischdroge (in der mexikanischen Baldrianwurzel bis 9 %).

Anwendung: Als Teeaufguß (2 Teelöffel auf 1 Tasse Wasser), Pflanzenpreßsaft (§ 44,3.d, AMG 76), Baldrianwein oder Baldriantiktur (Positivliste Anlage 1 a zu § 45 AMG 76) als Beruhigungsmittel bei Angst- und Spannungszuständen und bei nervösen Erschöpfungszuständen.

HOPFEN

Volkstümliche Bezeichnungen: Zaunhopfen, Bierhopfen, Hupfen.

Latinisierte Arzneibuchbezeichnung: Lupuli strobulus DAB 1997 = *Hopfenzapfen* und *Glandulae Lupuli* Erg. Bd. 6 = *Hopfendrüsenschuppen.*

Verwendete Pflanzenteile: a) Die getrockneten Fruchstände (= Hopfenzapfen) der weiblichen Pflanze, die im Herbst gesammelt werden. Der „Pharma-Hopfen“ kann im Unterschied zum „Brauerei-Hopfen“ auch länger als 1 Jahr gelagert sein. b) Die von den Fruchtständen abgeklopften und abgesiebten gelblichen Drüsenschuppen.

Qualitätsprüfungen: Prüfung auf „Hopfenaroma“, bestehend aus autoxidierten flüchtigen Hopfenbittersäuren, und auf ätherisches Öl, die beide bei zu heiß getrocknetem Hopfen verloren gehen.

Hauptinhaltsstoffe: 0,05–1,7 % ätherisches Öl mit Myrcen und Humulen; 10–20 % Harze, darunter das sedativ wirksame, flüchtige und durch Autoxidation aus Bittersäuren entstandene 2-Methyl-3-buten-2-ol.

Anwendung: Als Hopfentee, Hopfenkissen (vor allem bei Kleinkindern) und Hopfenbäder bei Unruhezuständen und Schlafstörungen; ferner appetitanregend.

JOHANNISKRAUT

Volkstümliche Bezeichnungen: Hartheu, Tüpfelhartheu, Sonnwendkraut, Konradskraut, Hexenkraut, Herrgottsblut. Johannisblut, Walpurgiskraut.

Latinisierte Arzneibuchbezeichnung: *Hyperici herba* DAC 1986.

Verwendete Pflanzenteile: die getrockneten, während der Blütezeit gesammelten, oberirdischen Pflanzenteile oder besser nur die blühenden Zweigspitzen ohne Stengelteile.

Qualitätsprüfungen: Prüfung auf den Stengelanteil, da die Stengel keine arzneilich relevanten Inhaltsstoffe enthalten. Prüfung auf den Gehalt an Hypericinen.

Hauptinhaltsstoffe: Bis 1 % ätherisches Öl; Hypericine (bewirkten Rotfärbung der Ölauszüge = „Rotöl").

Anwendung: Innerlich als Johanniskrauttee (2 Teelöffel auf 1/4 Liter Wasser, 5 Minuten ziehen lassen) mehrmals täglich bei nervöser Unruhe im Klimakterium und gegen Depressionen. Äußerlich in Form eines Ölauszuges (= Johanniskrautrotöl) bei Durchblutungsstörungen und zur Wundbehandlung.

LAVENDELBLÜTEN

Volkstümliche Bezeichnungen: Lavander, Kleiner Speik.

Latinisierte Bezeichnung: *Lavandulae flos.*

Verwendete Pflanzenteile: Lavendelblüten bestehen aus den kurz vor der völligen Entfaltung gesammelten und getrockneten Blüten von *Lavandula angustifolia* MILLER.

Qualitätsprüfungen: Lavendel-Hybriden oder der Spiklavendel lassen sich leichter kultivieren und kommen dadurch auf den Markt. Diese Lavendelarten sind analytisch an dem geringeren Gehalt an Linalylacetat (unter 30 %) und an dem mehr herben Geruch zu erkennen. Die Arzneibuch-Lavendelblüten enthalten ein fein riechendes ätherisches Öl mit bis zu 60 % Linalylacetat.

Hauptinhaltsstoffe: Eine gute Lavendelblütenqualität enthält bis zu 3 % flüchtiges ätherisches Öl mit den Hauptbestandteilen Linalylacetat (32–60 %) und Linalool (20–35 %).

Anwendung: Laut Monographie der Kommission E können Lavendeltee oder wenige Tropfen ätherisches Lavendelöl (auf einem Stück Zucker) bei Unruhezuständen, Einschlafstörungen und bei funktionellen Oberbauchbeschwerden, verursacht durch einen nervösen Reizmagen oder durch nervöse Darmbeschwerden, eingesetzt werden. In der Balneotherapie dienen Lavendelblüten-Aufgüsse oder emulgiertes ätherisches Lavendelöl zur Behandlung von funktionellen Kreislaufstörungen.

Weitere Drogen, die zur Beruhigung verwendet werden, sind:

Melissenblätter (Arzneibuchbez. = Melissae folium DAB 1997) mit geringer sedierender Wirkung!
Passionsblumenkraut (Arzneibuchbez. = Herba Passiflorae)
Herzgespannkraut (Arzneibuchbez. = Herba Leonuri cardiacae) speziell bei nervösen Herzstörungen (funktionelle Störungen!)
Pomeranzenblüten (Arzneibuchbez. = Flores Aurantii)

3. Gegen Erkältungskrankheiten

a) Gegen Husten mit starker Verschleimung oder Reizhusten (Expektorantien und Antitussiva)

THYMIAN

Volkstümliche Bezeichnungen: Gemeiner Thymian, Römischer Quendel, Immenkraut.

Latinisierte Arzneibuchbezeichnung: *Thymi herba* Ph. Eur. 1997.

Verwendete Pflanzenteile: die während der Blütezeit abgestreiften Blätter und Blüten, sog. „gerebelte" Ware, des Echten Thymians.

Qualitätsprüfungen: Prüfung auf den Stengelanteil, der dann relativ hoch ist, wenn das ganze Kraut geerntet wird. Bestimmung des Gehaltes an ätherischem Öl, der mindestens 1,2 % betragen muß und sehr starken Schwankungen unterworfen ist.

Hauptinhaltsstoffe: 0,4–5,4 % (!) ätherisches Öl, mit Thymol und Carvacrol als Hauptbestandteile. Das Mengenverhältnis beider isomerer Verbindungen hängt nicht nur von der Thymianart, sondern auch von den Standortbedingungen ab. In wäßrigen Zubereitungen ist vor allem Rosmarinsäure vorhanden.

Anwendung: Als Teeaufguß (1 gehäufter Teelöffel und 1/4 Liter Wasser) oder als Thymianöl*) z. B. in Zuckersirup gegeben, bei Husten (speziell Krampfhusten) und Bronchitis; ferner gegen Blähungen und Appetitlosigkeit. Thymian ist daher auch ein beliebtes Gewürz, besonders in der italienischen Küche.

SÜSSHOLZWURZEL

Volkstümliche Bezeichnungen für den Extrakt: Lakritze, Bärendreck.

Latinisierte Arzneibuchbezeichnungen: *Liquiritae radix* Ph. Eur. 1997 (geschält) und *Liquiritiae radix sine cortice* DAB 8 (ungeschält).

Verwendete Pflanzenteile: die **ungeschälten** und die **geschälten** Wurzeln und Ausläufer; der eingedickte und zu Stangen geformte wäßrige Extrakt (= Lakritze) aus den Wurzeln des Süßholzstrauches.

Qualitätsprüfungen: Prüfung auf Drogenteilchen, die von Insekten angefressen sind, ferner auf Teile, die nicht süß bzw. nicht bittersüß schmecken. Das Indische sowie das Jamaikasüßholz sind zwei nicht süß schmeckende Drogenverfälschungen mit gesundheitsschädigenden Nebenwirkungen.

Hauptinhaltsstoffe: Saponine, darunter als charakteristische Verbindung das sehr süß schmeckende Glycyrrhizin, das in Mengen von 2,5–15 % (!) in den Handelsdrogen vorkommt; Flavonoide, die für die gelbe Farbe verantwortlich sind.

Anwendung: Als Tee-Zubereitung (etwa 2 g geschnittene Droge mit 1/4 Liter heißem Wasser übergießen und 15 Minuten ziehen lassen oder mit kaltem Wasser ansetzen und nach 30–40 Minuten abseihen) bei Husten mit starker Verschleimung. Die Verwendung von Süßholzzubereitungen, z. B. von Lakritze zur Behandlung von Magengeschwüren (Ulcustherapie) muß unter ärztlicher Aufsicht erfolgen, und eine derartige Empfehlung ist aufgrund der Krankheitsliste verboten (siehe dazu Teil III, Seite 203). Eine Dauereinnahme von 20–45 g Lakritze pro Tag mit hohem Gehalt an Glycyrrhizin kann zu Wasseransammlungen im Gewebe (= Ödembildung) und zu einem Kaliummangel (= Hypokaliämie) führen.

EIBISCHWURZEL, -BLÜTEN UND -BLÄTTER

Volkstümliche Bezeichnungen: Schleimwurzel, Weiße Malve.

Latinisierte Arzneibuchbezeichnungen: *Althaeae radix* Ph. Eur. 1997, *Folia Althaeae* DAB 6, *Flores Althaeae* DAB 6.

Verwendete Pflanzenteile: Die im Herbst gegrabenen und vorsichtig bei etwa 35 °C getrockenten Wurzeln des Eibisch. Die Blätter werden vor oder während der Blütezeit gesammelt, und die Blüten erntet man, wenn sie voll geöffnet sind

Qualitätsprüfungen: Prüfung auf „geschönte" Wurzeln, die entweder mit Sulfitlauge oder mit Kalk bzw. Gips behandelt worden sind, um schön weiß auszusehen. Prüfung auf die vom Arzneibuch vorgeschriebene Mindestquellzahl 10. Prüfung der Blätter auf Befall mit dem Rostpilz Puccinia malvacearum.

Hauptinhaltsstoffe: Wurzeln bis zu 15 % Schleim, etwa 35 % Stärke und etwa 11 % Pek-

---
*) Anlage 1 a, s. S. 187 ff.

tine; **Blätter** 6–9 % Schleim und etwas ätherisches Öl; **Blüten** 5–9 % Schleim und Blütenfarbstoffe (Anthocyane).

Anwendung: Als wäßriger Kaltansatz von den Wurzeln (wegen des Gehaltes an Stärke und Pektinen) oder als heißer Teeaufguß von den Blättern und Blüten bei Reizhusten und entzündlichen Reizzuständen des Rachenraumes.

HUFLATTICHBLÄTTER UND -BLÜTEN

Volkstümliche Bezeichnungen: Brustlattich, Brandlattich, Pferdefuß.

Latinisierte Arzneibuchbezeichnungen: *Farfarae folium* und *Farfarae flos.*

Verwendete Pflanzenteile: Verwendet werden die frischen oder die meist getrockneten Laubblätter von *Tussilago farfara L.*, die in der Regel erst nach der Blüte gesammelt werden. Die Blüten werden zur Zeit der Vollblüte sehr zeitig im Frühjahr gesammelt.

Qualitätsprüfungen: Direkte Verwechslungen oder zumindest Beimengungen mit den äußerst ähnlich aussehenden Pestwurzblättern sind sehr häufig anzutreffen. Eine makroskopische Unterscheidung als getrocknete und geschnittene Droge ist praktisch nicht möglich. Verfälschungen können nur an dem geringeren Schleimgehalt sowie an einem unterschiedlichen Fingerprint-Chromatogramm mittels Dünnschichtchromatographie nachgewiesen werden.
Der Gehalt an Pyrrolizidinalkaloiden (PA) darf nicht über 0,001 Prozent liegen.

Hauptinhaltsstoffe: Rund 8 % saurer Schleim und bis zu 17 % Gerbstoffe. Der Schleimgehalt in den Blüten ist niedriger. Wechselnde Mengen (in europäischen Herkünften jedoch immer nur Spuren) an Pyrrolizidinalkaloiden (= PA's) veranlaßten die Kommission E zu den Gegenanzeigen: „Schwangerschaft und Stillzeit" sowie zu einer Anwendungsbegrenzung von nicht länger als 4 bis 6 Wochen pro Jahr!

Anwendung: Laut Monographie der Kommission E kann Huflattichtee bei akuten Katarrhen der Luftwege mit Husten und Heiserkeit sowie bei leichten Entzündungen der Mund- und Rachenschleimhaut angewendet werden. Der Teeaufguß bzw. auch der Frischpflanzen-Preßsaft sollen langsam, schluckweise getrunken werden. Die Tagesdosis an Pyrrlizidinalkaloiden darf nicht über 10 Mikogramm (1 Mikrogramm = 1 µg = 1/1000 mg) liegen. Dies bedeutet, daß nur geprüfte Huflattichblätter und -blüten angewendet werden dürfen.

SPITZWEGERICHKRAUT UND -BLÄTTER

Volkstümliche Bezeichnungen: Spitz-Wegeblatt, Spitzfederich, Spießkraut.

Latinisierte Arzneibuchbezeichnungen: *Herba Plantaginis lanceolatae* Erg. Bd. 6 und *Plantaginis lanceolatae herba* DAB 1997.

Verwendete Pflanzenteile: Die zur Blütezeit geernteten oberirdischen Teile (Blätter, Blütenstände, Stengel) des Spitz-Wegerichs.

Qualitätsprüfungen: Prüfung auf übermäßig hohen Stengelanteil, auf unsachgemäß getrocknete und dann dunkel verfärbte Blätter sowie auf Beimengungen von Blättern des Breit-Wegerichs.

Hauptinhaltsstoffe: Bis zu 2 % Aucubin, ein antibakteriell wirksamer Naturstoff (= Iridoidglykosid), ferner Schleim und Gerbstoffe.

Anwendung: Als Teeaufguß, als Spitzwegerich-Frisch-Pflanzenpreßsaft *) oder als Spitzwegerichsirup**) als Fertigarzneimittel bei Husten und Katarrhen der Atmungsorgane. Der Spitzwegerichsirup eignet sich besonders für Kinder.

*) § 44, s. S. 7.
**) Anlage 1 a, s. S. 8.

PRIMELWURZEL UND -BLÜTEN

Volkstümliche Bezeichnungen: Schlüsselblume, Himmelsschlüssel.

Latinisierte Arzneibuchbezeichnungen: *Primulae radix* DAB 1997, *Flores Primulae* Erg. Bd. 6 und *Flores Primulae sine calycibus* Erg. Bd. 6.

Verwendete Pflanzenteile: die im Spätherbst geernteten Wurzeln samt Wurzelstock; die voll aufgeblühten Blüten mit bzw. ohne Kelch (= sine calycibus) der Hohen Primel und der Wiesen-Primel.

Qualitätsprüfungen: Bei den Wurzeln ist auf Beimengungen bzw. auf Verwechslungen mit den sehr ähnlich aussehenden Wurzeln der giftigen (!) Schwalbenwurz (= Cynanchum hirundinaria syn. vincetoxicum) zu achten. Bei den Blüten trifft man neben anderen Primelarten vor allem dunkelgrüne oder bräunlich verfärbte minderwertige Blüten an.

Hauptinhaltsstoffe: Saponine (in den Wurzeln 5–10 %, in den Blüten nur bis 3 %), darunter als Hauptsaponin die Primulasäure A. In den Blüten sind noch Flavonoide und wenig ätherisches Öl enthalten.

Anwendung: Als Teeaufguß oder als Kaltansatz bei Husten mit starker Verschleimung sowie bei Bronchitis.

Weitere Drogen, die bei Husten und Bronchitis angewendet werden, sind:

Huflattichblätter und -blüten (Arzneibuchbez. = Farfarae folium DAB 1996 und Flores Farfarae DAB 6)
Anisfrüchte (Arzneibuchbez. = Anisi fructus 1997)
Fenchelfrüchte, Bittere (Arzneibuchbez. = Foeniculi amari fructus Ph. Eur. 1997)
Fenchelfrüchte, Süße (Arzneibuchbez. = Foeniculi dulcis fructus Ph. Eur. 1997)
Kümmelfrüchte (Arzneibuchbez. = Carvi fructus DAB 1996)

b) Als Begleitmittel (sog. Adjuvantien) bei Erkältungskrankheiten

LINDENBLÜTEN

Volkstümliche Bezeichnungen: Sommerlinde, Winterlinde, Steinlinde.

Latinisierte Arzneibuchbezeichnung: *Tiliae flos* Ph. Eur. 1997.

Verwendete Pflanzenteile: Die vollentwickelten ganzen Blütenstände mit dem Hochblatt der Sommer- und Winterlinde.

Qualitätsprüfungen: Im Handel sind häufig die billigeren Blüten der Silberlinde (ein Alleebaum) anzutreffen. Die Silberlindenblüten, die auch als Lebensmittel gehandelt werden, besitzen eine geringere arzneiliche Wirkung. Minderwertig sind auch Drogen, die vom Rußtaupilz befallen sind.

Hauptinhaltsstoffe: Schleim mit der hohen Quellungszahl 12; bis 2 % Flavonoide; etwas ätherisches Öl.

Anwendung: Als Teeaufguß (es sollte etwa 1/2 Liter heiß getrunken werden), als schweißtreibendes Mittel bei fieberhaften Erkrankungen und bei hartnäckigem Husten.

HOLUNDERBLÜTEN

Volkstümliche Bezeichnungen: Fliedertee, Schwarzer Holunder.

Latinisierte Arzneibuchbezeichnung: *Sambuci flos* DAB 1997.

Verwendeter Pflanzenteil: Die im Juni/Juli gesammelten, in einer Trugdolde angeordneten Blüten des schwarzen Holunders.

Qualitätsprüfungen: Prüfung auf einen zu hohen Anteil (über 10 %) an „Blütenstengeln" (Blütenstandsachsen) und Prüfung auf Drogenverfälschungen, wie z. B. auf Blüten des Mädesüß (Filipendula ulmaria).

Hauptinhaltsstoffe: Über 1 % Flavonoide; ätherisches Öl und Gerbstoffe.

Anwendung: Als schweißtreibendes Mittel in Form eines Teeaufgusses bei Erkältungskrankheiten. Es sollte eine reichliche Menge möglichst heiß getrunken werden.

SONNENHUTWURZEL

Volkstümliche Bezeichnungen: Kegelblume, Kleine Sonnenblume.

Latinisierte Arzneibuchbezeichnungen: *Echinaceae radix purpureae* DAC und *Echinaceae radix angustifoliae* DAB 9 (1989 ersatzlos aus dem Arzneibuch gestrichen).

Verwendete Pflanzenteile: Die Wurzeln und der gesamte Wurzelstock des purpurfarbenen und des schmalblättrigen Sonnenhutes. In der Homöopathie wird das blühende Kraut beider Echinacea-Arten verwendet.

Qualitätsprüfungen: Prüfung auf Beimengungen von Rudbeckia-Arten, einer engverwandten Zierpflanzengattung. Prüfung auf den Gehalt an Echinacosid und Heteroxylanen.

Hauptinhaltsstoffe: Bis 0,2 % Echinacosid (= Verbindung zwischen Kaffeesäureestern und Zuckern); immunstimulierende Polysaccharide (Heteroxylane und Arabinorhamnogalaktane) sog. „Paraimmunitätsinducer"; im Kraut über 1 % ätherisches Öl und in den frischen Blättern etwa 215 mg % Vitamin C.

Anwendung: Alkoholische Auszüge als Fertigarzneimittel prophylaktisch zur Steigerung der körpereigenen Abwehrsysteme (= unspezifische Reizkörpertherapie) bei viralen und bakteriellen Infekten, somit auch als unterstützendes Mittel (= Adjuvans) bei Erkältungskrankheiten. Wichtig ist die Anwendung in der Präventivphase (= vorbeugend) in Intervallen.

WEIDENRINDE

Volkstümliche Bezeichnungen: Korbweide, Silberweide, Bruchweide, Purpurweide, (= Bezeichnung verschiedener Weidenarten).

Latinisierte Arzneibuchbezeichnung: *Salicis cortex* DAB 1997.

Verwendete Pflanzenteile: die zu Beginn des Frühjahrs gesammelte und getrocknete Rinde von verschiedenen Weidenarten, vornehmlich der Silber-, Purpur- und Bruchweide. Die Rinde wird nur von jungen, kräftigen, 2- bis 3jährigen Zweigen gewonnen.

Qualitätsprüfungen: Die Droge darf höchstens 3 Prozent fremde Bestandteile (z. B. Weidenblätter, fremde Rinden) enthalten und muß mindestens 1,0 Prozent Gesamt-Salicin, berechnet als Salicin, besitzen.

Hauptinhaltsstoffe: Die Hauptinhaltsstoffe sind mehrere Derivate des **Salicylalkohols**, die als Gesamt-Salicin bezeichnet werden. Das Salicin bzw. der Salicylalkohol haben sogenannten „Prodrug-Charakter", d. h., sie besitzen selbst noch keine therapeutischen Effekte, sondern müssen erst im Körper zur Wirkform umgewandelt werden. Die therapeutische Wirksubstanz ist die im Körper gebildete **Salicylsäure**, die eine entzündungshemmende und fiebersenkende Wirkung besitzt.

Anwendung: Laut Monographie der Kommission E: „Bei fieberhaften Erkrankungen, bei rheumatischen Beschwerden und gegen Kopfschmerzen."

4. Herz- und Kreislaufmittel
(= Kardiaka und durchblutungsfördernde Arzneipflanzen)

a) Drogen zur Anwendung bei beginnender Herzleistungsschwäche

WEISSDORNBLÄTTER, -BLÜTEN, -FRÜCHTE

Volkstümliche Bezeichnungen: Hagedorn, Mehlbeere.

Latinisierte Arzneibuchbezeichnungen: *Crataegi folium cum flore* DAB 1997 und *Crataegi fructus* DAC.

Verwendete Pflanzenteile: Die zur Blütezeit gesammelten Blüten und Laubblätter von fünf Weißdorn-Arten. Die im Herbst geernteten roten Weißdornbeeren (= Scheinfrüchte).

Qualitätsprüfungen: Bei den Weißdornblättern mit Blüten ist eine Prüfung auf einen zu hohen Anteil an Zweigteilen dringend notwendig. Ferner kommen Beimengungen vom Rotdorn, der Zwergmispel und vom Schlehdorn vor. Die Früchte werden vor allem mit Ebereschenfrüchten (= Vogelbeeren) verfälscht.

Hauptinhaltsstoffe: wasserlösliche Flavonoide und Catechingerbstoffe; alkohollösliche oligomere Procyanidine und Triterpensäuren.

Anwendung: Als wäßrige Zubereitungen (Teeabkochung, Teeaufguß, Pflanzenpreßsaft) oder als alkoholische Auszüge (Weine, Tinkturen, Trockenextrakte) zur Kräftigung der Herztätigkeit, insbesondere beim sog. „Altersherz". Weißdorn ist nicht zur Blutdrucksenkung geeignet! Die Behandlung der Hypertonie (= Bluthochdruck) ist im übrigen gemäß Krankheitsliste*) bei freiverkäuflichen Arzneimitteln nicht gestattet.

ROSMARIN

Volkstümliche Bezeichnungen: Kranzenkraut, Weihrauchkraut.

Latinisierte Arzneibuchbezeichnungen: *Rosmarini folium* DAC 1986 und *Rosmarini aetheroleum* DAB 1997 (= ätherisches Rosmarinöl)

Verwendeter Pflanzenteil: Die Blätter und das mittels Wasserdampfdestillation daraus gewonnene ätherische Öl (= enthalten in Anlage 1 a, s. Seite 8).

Qualitätsprüfungen: Prüfung auf Verwechslungen bzw. Beimengungen mit den Blättern von Sumpfporst, Lavendelheide und Berg-Gamander. Prüfung auf den Gehalt an ätherischem Öl, der über 1 % liegen sollte.

*) s. Teil III, S. 203

Hauptinhaltsstoffe: 0,8–2,5 % ätherisches Öl mit Cineol, Camphen, Borneol und Bornylacetat als wichtigste Bestandteile: Rosmarinsäure als charakteristischer Inhaltsstoff (= sog. Leitsubstanz) und Flavonoide.

Anwendung: Als Rosmarinaufguß (1 geh. Teelöffel mit 1/4 Liter Wasser überbrühen, 5 Minuten ziehen lassen), Rosmarin-Wein oder Rosmarin-Bad (handelsübliche Badeextrakte**) oder etwa 1 g ätherisches Rosmarinöl auf eine Badewanne) zur Anregung von Herz- und Kreislauf, insbesondere bei allgemeinen Erschöpfungszuständen. Als Gewürz zur Stimulierung von Magensaft und Galleproduktion.

Äußerlich vor allem in Form des Rosmarinspiritus***) als schmerzstillende Einreibung bei Muskel- und Gelenkschmerzen.

Weitere Drogen zur Anwendung funktionell bedingter Herz- und Kreislaufstörungen und beginnender Herzleistungsschwäche:

Herzgespannkraut (Arzneibuchbez. = Herba Leonuri cardiacae)
Melissenblätter (Arzneibuchbez. = Melissae folium DAB 1997)

b) Einfluß auf das Gefäßsystem bzw. prophylaktische Anwendung gegen allgemeine Arteriosklerose (siehe dazu Krankheitsliste Teil III, Seite 203)

KNOBLAUCHZWIEBEL

Volkstümliche Bezeichnungen: Gruserich, Knofel.

Latinisierte Arzneibuchbezeichnung: *Allii sativi bulbus.*

**) § 44, s. Seite 7
***) Anlage 1 a, s. Seite 8

Verwendete Pflanzenteile: Die reife, frische Sproßzwiebel, die aus einer eiförmigen Hauptzwiebel und 6–15 Nebenzwiebeln („Zehen") besteht. Beide sind von einer gemeinsamen, trockenen, weißen Niederblatthülle umgeben. Zur Weiterverarbeitung werden die frischen Zwiebeln schonend getrocknet und pulverisiert oder im frischen Zustand mit Pflanzenölen mazeriert. Durch Wasserdampfdestillation erhält man ein flüchtiges Knoblauchöl, das nicht verwechselt werden darf mit dem öligen Knoblauchmazerat.

Qualitätsprüfungen: Für die Wirksamkeit von Bedeutung ist entweder der Gehalt an geruchlosem **Alliin** (= eine schwefelhaltige Aminosäure) oder an **Allicin**, welches aus dem Alliin entsteht und bereits den Knoblauchgeruch besitzt. Durch weiteren Abbau des Allicins entstehen **Polysulfide**, deren Gehalt eventuell auch zur Qualitätsprüfung (z.B. Gehalt an Vinyl-1,3-dithiin) herangezogen werden kann. Entscheidend für die Qualität bzw. für die Wirksamkeit ist auch die Menge des getrockneten Knoblauchpulvers, Extraktes bzw. Ölmazerates. Die Kommission E beim früheren Bundesgesundheitsamt erachtet für die Wirksamkeit eine Tagesmenge von 4 g frischen Knoblauch für notwendig. Umgerechnet auf getrocknetes Knoblauchpulver sind dies etwa 1200 mg Pulver pro Tag.

Hauptinhaltsstoffe: Wasserdampfflüchtiges **Allicin**, das bei der Aufbereitung (Trocknung, Extraktion, Destillation) aus der nichtflüchtigen, schwefelhaltigen Aminosäure **Alliin** entsteht. Je nach Knoblauch-Zubereitung kommt es zu einem mehr oder weniger weiteren enzymatischen Abbau des Allicins und es entstehen Polysulfide, die für den typischen Knoblauchgeruch verantwortlich sind. Die gleichen Abbaureaktionen finden im übrigen auch im menschlichen Organismus statt. Darauf basiert der „Knoblauchgeruch" der Ausatmungsluft und der Hautausdünstung.

Anwendung: Laut Mongraphie der Kommission E: „Zur Unterstützung diätetischer Maßnahmen bei Erhöhung der Blutfettwerte und zur Vorbeugung altersbedingter Gefäßveränderungen, also zur Arterioskleroseprophylaxe." Volksmedizinisch wird Knoblauch gegen allerlei Altersbeschwerden, insbesondere der Knoblauchsaft innerlich gegen Bronchitis sowie äußerlich gegen Pilzerkrankungen verwendet.

MISTELKRAUT

Volkstümliche Bezeichnungen: Hexenbesen, Hexennest.

Latinisierte Arzneibuchbezeichnungen: *Herba Visci albi* Erg. Bd. 6, DAC 1986.

Verwendete Pflanzenteile: Die getrockneten jüngeren Zweige des kugeligen Strauches, der als Halbschmarotzer auf den verschiedenen Wirtsbäumen vorkommt (Nadelholz- und Laubholzmistel). Für die Homöopathie die frischen Beeren und nur die frischen Blätter.

Qualitätsprüfungen: Prüfung auf verholzte Teile und auf Beimengungen der Riemenblume (= Loranthus europaeus)

Hauptinhaltsstoffe: Flavonoide; Viscotoxine, ein Gemisch von Peptidtoxinen mit ausgesprochen örtlich reizender bis nekrotisierender Wirkung (z.B. Viscotoxin A_2, A_3 und B); Mistellektine, darunter das Viscum-Lektin G1; Cholin und Acetylcholin.

Anwendung: Als Kaltansatz zur Behandlung der allgemeinen Arteriosklerose; **nicht** gegen Bluthochdruck! Ganz abgesehen davon, daß die Erfolgsquote bei Bluthochdruck unbefriedigend ist, ist es verboten, mit freiverkäuflichen Mistelpräparaten einen hohen Blutdruck behandeln zu wollen (siehe dazu Krankheitsliste, Teil III, Seite 203)!

Weitere Drogen, die einen positiven Einfluß auf das Gefäßsystem besitzen:

Buchweizenkraut (Latinisierte Bezeichnung = Fagopyri herba)
Ginkgoblätter (Latinisierte Bezeichnung = Ginkgo folium)

Mäusedornwurzelstock (Latinisierte Bezeichnung: Rusci aculeati rhizoma)
Goldrutenkraut (Arzneibuchbez. = Solidaginis herba DAC)
Roßkastaniensamen (Arzneibuchbez. = Hippocastani semen DAB 1997)

5. Kräftigungsmittel

(= Tonika) – siehe dazu auch Teil II

GINSENGWURZEL

Volkstümliche Bezeichnungen: Asiatischer Ginseng, Korea Ginseng.

Latinisierte Arzneibuchbezeichnung: *Ginseng radix* DAB 1997.

Verwendeter Pflanzenteil: Die möhrenförmige Wurzel von Panax Ginseng C.A. Meyer, die je nach Alter eine mehr oder minder starke Verzweigung aufweist. Je älter die Wurzel ist, desto größer ist die Wurzelmasse, wobei der prozentuale Gehalt an Wirkstoff nicht höher ist als in jungen 1- oder 2jährigen Pflanzen. Der Hinweis auf „mindestens 7jährige Pflanzen" ist lediglich ein Werbeslogan.

Qualitätsprüfungen: Prüfung auf vornehmlich in Kanada und Japan kultivierte Ginseng-Arten, wie z.B. Panax quinquefolius (= amerikanischer Ginseng), P. japonicus (= japanischer Ginseng), P. trifolius, P. pseudoginseng u.a. Die Deklaration: „echter koreanischer Ginseng" ist keine Gewähr dafür, daß die Wurzeln auch tatsächlich von dem in Korea bzw. in Tibet heimischen Panax ginseng C.A. Meyer stammen.

Hauptinhaltsstoffe: 0,5–3,4 % (!) Triterpensaponine, die sog. Ginsenoside (über 10 Einzelverbindungen).

Anwendung: Als wäßrige Zubereitungen (Teeabkochung, wäßriger Trockenextrakt) bzw. als weinige oder alkoholische Fertigarzneimittel zur allgemeinen Kräftigung (Immunstimulierung und adaptogene Wirkung, d.h. bessere Gewöhnung an Belastungssituationen), insbesondere in der Rekonvaleszenz, bei nervöser Erschöpfung und Antriebslosigkeit. Häufig werden die Indikationen überzogen (z.B. als Potenzmittel).

Weitere tonisierende Drogen:

Eleutherococcuswurzel, Taigawurzel, Russischer Ginseng (Latinisierte Bezeichnung = Eleutherococci radix),
Potenzholz (Latinisierte Bezeichnung = Lignum Muira puama).

6. Magen-, Leber-, Galle-Mittel

(= Stomachika und Cholagoga)

ANISFRÜCHTE

Volkstümliche Bezeichnungen: Anis, Brotsamen, Süßer Kümmel.

Latinisierte Arzneibuchbezeichnung: *Anisi fructus* Ph. Eur. 1997.

Verwendete Pflanzenteile: Die getrockneten Früchte von der Stammpflanze *Pimpinella anisum* L.

Qualitätsprüfungen: Prüfung auf Beimengungen fremder, ähnlich aussehender Früchte von Doldenblütlern (Apiaceae), wie den Früchten der Hundspetersilie oder des Korianders. Nicht selten ist ein erhöhter Stengelanteil vorhanden.

Hauptinhaltsstoffe: 2–6 % ätherisches Öl mit dem Hauptinhaltsstoff trans-Anethol, ferner fettes Öl und Eiweiß.

Anwendungsgebiete: Laut Kommission E: „Bei innerer Anwendung gegen dyspeptische Beschwerden (wie Völlegefühl, Magendrücken, Blähungen, Magen- und Darmkrämpfe etc.) sowie zur inneren und äußeren Anwendung bei Katarrhen der Luftwege".

Die Anwendung erfolgt als Teeaufguß, wobei darauf geachtet werden muß, daß die Früchte unmittelbar vor dem Übergießen mit kochendem Wasser angestoßen/gequetscht werden müssen, oder sie werden als alkoholische Tinktur bzw. als ätherisches Öl angewendet.

ENZIANWURZEL

Volkstümliche Bezeichnungen: Bitterwurzel, Fieberwurzel.

Latinisierte Arzneibuchbezeichnung: *Gentianae radix* Ph. Eur. 1997.

Verwendeter Pflanzenteil: Die ohne Fermentation schnell aber schonend getrockneten gesamten unterirdischen Pflanzenteile (= Wurzelstock, Wurzeln) des gelben Enzians, die in der Regel alle 15 Jahre – in Kulturen häufiger – gegraben werden.

Qualitätsprüfungen: Es ist auf den Bittwert zu prüfen, der bei unsachgemäßer Trocknung oder bei feuchter Lagerung unter dem Mindestbitterwert von 10 000 liegt (eine gute Droge hat einen Bitterwert über 20 000).

Hauptinhaltsstoffe: 2–3,5 % Bitterstoffe, darunter das Gentiopikrosid (= Gentiopikrin) und das Amarogentin als Hauptverbindungen; vergärbare Zucker und gelb gefärbte Xanthone.

Anwendung: Als Teeaufguß (bei längerem Kochen nimmt der Bitterwert ab!) oder als Enzian-Tinktur*) zur Appetitanregung 1/4 bis 1/2 Stunde vor den Mahlzeiten bei Magerkeit, gestörter Verdauung, während der Rekonvaleszenz und bei fiebrigen Erkältungskrankheiten anzuwenden.

KAMILLENBLÜTEN

Volkstümliche Bezeichnungen: Deutsche Kamille, Garmille, Magdeblume.

Latinisierte Arzneibuchbezeichnung: *Matricariae flos* Ph. Eur. 1997

*) Anlage 1 a, s. S. 8

Verwendeter Pflanzenteil: Die voll aufgeblühten Blütenköpfchen (= Blütenstand) der echten Kamille mit hohlem Blütenstandsboden, gelben Röhrenblüten und weißen Zungenblüten.

Qualitätsprüfungen: Zu prüfen ist auf einen übermäßig hohen Stengelanteil, der bei unsachgemäßer Ernte vorhanden ist, und vor allem auf den Mindestgehalt an 0,4 % ätherischem Öl, das kräftig blau gefärbt sein muß. Drogenverfälschungen, wie z. B. die Hundskamille oder die Strahlenlose Kamille erkennt man an den gefüllten Blütenstandsboden.

Hauptinhaltsstoffe: 0,2–0,8 % ätherisches Öl, mit dem blau gefärbten Chamazulen bzw. der farblosen Vorstufe Matricin, dem Bisabolol und den Bisabololoxiden als Hauptinhaltsstoffe; ferner Flavonoide und Schleimstoffe.

Anwendung: In Form wäßriger Zubereitungen (Teeaufguß, Pflanzenpreßsaft) bei Magen-Darmstörungen, vor allem solchen, die mit Krämpfen verbunden sind sowie bei Durchfällen, Blähungen und Brechreiz. Alkoholische Zubereitungen und Kamillenextrakte*) werden sowohl innerlich (z. B. als Tropfen) als auch äußerlich (z. B. als Salben, Tropfen, Bäder) bei Entzündungen angewendet. Kamillendämpfe bringen Linderung bei Erkältungskrankheiten sowie bei Erkrankungen der Atemwege.

FENCHELFRÜCHTE

Volkstümliche Bezeichnungen: Brotsamen, Frauenfenchel.

Latinisierte Arzneibuchbezeichnungen: *Foeniculi amari fructus* Ph. Eur. 1997 und *Foeniculi dulcis fructus* Ph. Eur. 1997.

Verwendeter Pflanzenteil: Die getrockneten reifen Früchte und das durch Wasserdampfdestillation daraus gewonnene ätherische Öl des Arznei-Fenchels.

*) Anlage 1 a, s. S. 8

Qualitätsprüfungen: Prüfung auf Beimengungen dunkel gefärbter und scharf schmeckender Früchte des im Mittelmeergebiet wildwachsenden Esels-Fenchels, Prüfung auf den vom Arzneibuch vorgeschriebenen Mindestgehalt von 4 % ätherischem Öl, der häufig von den Handelsdrogen nicht erreicht wird.

Hauptinhaltsstoffe: 2–5 % ätherisches Öl, mit Anethol und Fenchon als charakteristische Inhaltsstoffe; bis 28 % fettes Öl und etwa 20 % Eiweiß.

Anwendung: Als Teeaufguß (wobei die Früchte vor dem Überbrühen gequetscht werden müssen), als blähungstreibendes Mittel, insbesondere bei Säuglingen und Kleinkindern. Alkoholische Auszüge sind zusammen mit anderen Drogenauszügen häufig in Hustenmitteln (Fertigarzneimitteln) enthalten. Im Fenchelhonig, einem Fertigarzneimittel der Anlage 1a (s. S. 8), ist das ätherische Fenchelöl der Hauptinhaltsstoff.

Weitere ätherische Öldrogen mit ähnlicher Wirkung und Anwendung wie Fenchelfrüchte:

Anisfrüchte (Arzneibuchbez. = Anisi fructus Ph. Eur. 1997)

KÜMMELFRÜCHTE

Volkstümliche Bezeichnungen: Echter Kümmel, Feldkümmel, Kümmel, Kümmich.

Latinisierte Arzneibuchbezeichnung: *Carvi fructus* Ph. Eur. 1997.

Verwendete Pflanzenteile: Verwendet werden als Arzneidroge oder als Gewürz die reifen getrockneten Früche von *Carum carvi* L.

Qualitätsprüfungen: Nach Ph. Eur. 1997 müssen Kümmelfrüchte mindestens 3 % ätherisches Öl und dürfen höchstens 7 % Asche enthalten.

Hauptinhaltsstoffe: Das flüchtige ätherische Öl ist charakterisiert durch die beiden Inhaltsstoffe (+) Carvon (45–65 %) und (+)-Limonen (40–55 %)

Anwendungen: Laut Monographie der Kommission E eignen sich Kümmelfrüchte in Form der ganzen Früchte, die zerkaut werden müssen oder als Teeaufguß bei dyspeptischen Beschwerden, wie leichte, krampfartige Beschwerden im Magen-Darm-Bereich, Blähungen und Völlegefühl verwendet werden.

Die Tagesdosis soll bis zu 6 g Kümmel betragen, wobei die Früchte unmittelbar vor dem Überbrühen mit heißem Wasser angestoßen/gequetscht werden müssen. Eine 10%ige Lösung von ätherischem Kümmelöl in Pflanzenöl wird zur Baucheinreibung bei Säuglingen und Kleinkindern gegen Blähungen verwendet.

SALBEIBLÄTTER

Volkstümliche Bezeichnungen: Königs-Salbei, Edel-Salbei, Salver.

Latinisierte Arzneibuchbezeichnungen: *Salviae folium* DAB 1997 (= der sog. „dalmatinische" Salbei) und *Salviae trilobae folium* DAB 1997 (= der sog. „griechische" Salbei).

Verwendeter Pflanzenteil: Die kurz vor der Blüte geernteten Blätter und das daraus durch Wasserdampfdestillation gewonnene ätherische Öl (siehe Anlage 1 a, Seite 8).

Qualitätsprüfungen: Der vom Aroma her wertvollere dalmatinische Salbei (Stammpflanze = Salvia officinalis) wird in der Regel teurer gehandelt und daher häufig mit dem billigeren griechischen Salbei (Stammpflanze = Salvia triloba) verfälscht. Der Drogenfachmann erkennt den griechischen Salbei nicht nur an der stärkeren Behaarung, sondern vor allem an dem Eukalyptus-ähnlichen Geruch (= Geruch nach dem Hauptinhaltsstoff Cineol). Beide Drogen sind in DAB 1997 aufgenommen, dürfen aber nicht gegeneinander ausgetauscht oder miteinander vermengt werden. Häufig kommt auch Droge in den Handel, die den Mindestgehalt an ätherischem Öl nicht besitzt (dalmatinischer Salbei muß 1,5 %, griechischer Salbei 1,8 % ätherisches Öl enthalten).

Hauptinhaltsstoffe: 0,5–2,5 % ätherisches Öl mit Thujon als Hauptinhaltsstoff in Salvia officinalis und Cineol als Hauptinhaltsstoff in Salvia triloba; Bitterstoffe, darunter in beiden Salbeiarten Pikrosalvin.

Anwendung: Als Teeaufguß oder als Frischpflanzenpreßsaft als appetitanregendes Magenmittel sowie als Leber- und Gallemittel. Als Teeaufguß oder besser als alkoholischer Auszug mit Wasser verdünnt zum Gurgeln bei Entzündungen des Mund- und Rachenraumes. Das ätherische Öl dient zur Inhalation bei Husten und Erkältungskrankheiten.

Eine Sonderanwendung stellt die innerliche Einnahme wäßriger oder alkoholischer Zubereitungen gegen übermäßigen Nachtschweiß dar. Die schweißhemmenden Wirkstoffe sind noch nicht aufgeklärt worden.

SCHARFGARBENKRAUT

Volkstümliche Bezeichnungen: Achilleskraut, Katzenkraut, Schafrippe, Tausendblatt.

Latinisierte Arzneibuchbezeichnung: *Millifolii herba* DAB 1997.

Verwendete Pflanzenteile: Scharfgarbenkraut wird entweder als Frischpflanze oder getrocknet verwendet und besteht aus den zur Blütezeit geernteten oberirdischen Teilen von *Achillea millefolium* L.

Qualitätsprüfungen: Bei guten Drogen muß der Stengelanteil niedrig sein, und die Droge soll in erster Linie aus Blüten- und Blattanteilen bestehen. Minderwertiges Scharfgarbenkraut enthält kein Chamazulen.

Hauptinhaltsstoffe: Die Scharfgarbe ist ein aromatisches Bittermittel: es enthält also Bitterstoffe vom Typ der Sesquiterpenlactone und 0,3 bis 1,4 % ätherisches Öl. Der bekannteste Inhaltsstoff ist das Chamazulen.

Anwendung: Laut Monographie der Kommission E ist der Scharfgarben-Frischpflanzenpreßsaft oder ein Scharfgarbenkraut-Aufguß geeignet zur Anwendung bei Appetitlosigkeit und bei dyspeptischen Beschwerden, insbesondere bei leichten krampfartigen Beschwerden im Magen-Darm-Bereich. Die Wirksamkeit beruht auf der Stimulierung der Produktion an Magensaft und Galle, bei gleichzeitiger krampflösender Wirkung.

PFEFFERMINZBLÄTTER

Volkstümliche Bezeichnungen: Englische Minze, Gartenminze, Teeminze, Aderminze.

Latinisierte Arzneibuchbezeichnung: *Menthae piperitae folium* Ph. Eur. 1997.

Verwendeter Pflanzenteil: Das kurz vor und/oder während der Blütezeit geerntete Kraut, bei dem nach dem Schneiden maschinell die Stengelanteile weitgehend entfernt werden. In Feinschnitten, zur Verwendung für Filteraufgußbeutel, werden sehr häufig jedoch die minderwertigen Stengel mitverarbeitet!

Qualitätsprüfungen: Prüfung auf einen erhöten Stengelanteil und auf Blätter, die einen massiven Befall mit Minzenrost (= Puccinia menthae) aufweisen. Neuerdings ist auf Verfälschungen mit einer kultivierten Ackerminze (Mentha arvensis var. piperascens), die zur Mentholgewinnung angebaut wird, zu achten. Überlagerte oder unsachgemäß getrocknete Drogen weisen nicht mehr den vom Arzneibuch geforderten Mindestgehalt von 1,2 % ätherischem Öl auf.

Hauptinhaltsstoffe: Bis 1,9 % ätherisches Öl, mit Menthol und Mentholestern als wichtigste Bestandteile. Für das unterschiedliche Aroma in den verschiedenen Pfefferminzkultivars sind Inhaltsstoffe verantwortlich, die mengenmäßig untergeordnet sind, so z. B. der Gehalt an Jasmon und Menthofuranen.

Anwendungen: Als Teeaufguß bei Magenbeschwerden und Galleleiden, vor allem solchen, die von krampfartigen Schmerzen begleitet sind. Der Pfefferminztee besitzt auch eine leichte blähungstreibende (karminative) Wirkung und wird daher gerne zusammen mit angestoßenem Fenchel Säuglingen gegeben. Ätherisches Pfefferminzöl bzw. natürliches oder synthetisches Menthol sind häufig Bestandteil von Hustenbonbons und Mundwässern. Alkoholisch-wäßrige Destillate oder in Alkohol gelöstes Pfefferminzöl (z.B. Pfefferminzspiritus nach Anlage 1 a*) zur äußerlichen Anwendung bei Nervenschmerzen, nichtblutenden, stumpfen Sportverletzungen und zur Kühlung und leichten Anästhesie bei Kopfschmerzen und Migräne. Meistens sind die sog. Migränestifte nichts anderes als Mentholstifte (siehe dazu Anlage 1 a, Seite 8).

MELISSENBLÄTTER

Volkstümliche Bezeichnungen: Zitronenmelisse, Bienenkraut, Immenblatt.

Latinisierte Arzneibuchbezeichnung: *Melissae folium* DAB 1997.

Verwendeter Pflanzenteil: Das vor der Blütezeit geerntete Kraut, wobei erst nachträglich in besonderen Schneide- und Reinigungsanlagen die Blätter von den Stengeln getrennt werden.

Qualitätsprüfungen: Prüfung auf Beimengungen von Katzenmelisse oder Türkischer Melisse, die geruchlich wahrzunehmen sind. Prüfung auf den ohnehin schon niedrigen Mindestgehalt von 0,05 % ätherischem Öl.

Hauptinhaltsstoffe: Bis 0,2 % ätherisches Öl, mit den Hauptinhaltsstoffen Citronellal und Citral; Labiatengerbstoffe.

Anwendung: Als Teeaufguß bei Magen- und Darmbeschwerden, insbesondere nervöser Art. Die sog. „Melissengeister“ des Handels*) sind in der Regel Destillate aus mehreren ätherischen Ölen (siehe dazu Verordnung „Destillate“, Seite 8), wobei in der Regel der Anteil an Melissenblättern bzw. Melissenöl untergeordnet ist (höchstens 30 %!). Die bei den betreffenden Fertigarzneimitteln genannten Wirkungen und Anwendungsgebiete dürfen daher nicht auf reine Melissenzubereitungen übertragen werden!

*) s. Seite 8

*) s. Teil II, Seite 109 und Teil III, Seite 193

TAUSENDGÜLDENKRAUT

Volkstümliche Bezeichnungen: Magenkraut, Fieberkraut.

Latinisierte Arzneibuchbezeichnung: *Centaurii herba* DAB 1997.

Verwendete Pflanzenteile: Die während der Blütezeit gesammelten oberirdischen Pflanzenteile.

Qualitätsprüfungen: Prüfung auf den Mindest-Bitterwert 2000, der von falsch getrockneter und feucht gelagerter oder von Droge mit hohem Stengelanteil nicht erreicht wird.

Hauptinhaltsstoffe: Bitterstoffe mit ähnlicher chemischer Zusammensetzung wie die „Enzianbitterstoffe“, also Gentiopikrosid und Amarogentin als wichtigste Verbindungen.

Anwendung: Als Teeaufguß oder als alkoholische bzw. weinige Auszüge in Fertigarzneimitteln bei Appetitlosigkeit und bei mangelnder Produktion an Magensaft und Galleflüssigkeit.

TEUFELSKRALLENWURZEL

Volkstümliche Bezeichnungen: Teufelskralle, Harpagophytumwurzel, Südafrikanische Teufelskralle.

Latinisierte Arzneibuchbezeichnung: *Harpagophyti radix* Ph. Eur. 1997.

Verwendete Pflanzenteile: Die getrockneten knolligen Sekundär-Speicherwurzeln.

Qualitätsprüfungen: Bestimmung des Bitterwertes und eventuell zusätzliche Bestimmung des Gehaltes an Harpagosid, dem Hauptinhaltsstoff.

Hauptinhaltsstoffe: Bitter schmeckende Iridoide, darunter das Iridoidglykosid Harpagosid.

Anwendungen: Als Teeaufguß (aus Filterbeuteln) bei Appetitlosigkeit und dyspeptischen Beschwerden (Störung der Nahrungsmittelverdauung im Magen und Darm, verbunden mit Völlegefühl und „Magendruck") sowie in Form von Trokkenextrakten wie Tabletten, Dragees und Weichgelatinekapseln zur unterstützenden Therapie degenerativer Erkrankungen des Bewegungsapparates. Gegenanzeigen sind Magen- und Zwölffingerdarmgeschwüre.

WERMUTKRAUT

Volkstümliche Bezeichnungen: Bitterer Beifuß, Absinth.

Latinisierte Arzneibuchbezeichnung: *Absinthii herba* DAB 1997.

Verwendeter Pflanzenteil: Die während der Blütezeit gesammelten oberirdischen Teile. Eine gute Arzneibuchware stammt allerdings nur von den blütenbesetzten Zweigspitzen.

Qualitätsprüfungen: Prüfung auf einem überhöhten Stengelanteil, vor allem auf markige Stengelbestandteile. Als Verfälschungen sind Beifuß und andere nicht bitterschmeckende Artemisia-Arten anzutreffen. Erhöhter Stengelanteil, Beimengungen von Drogenverfälschungen und/oder feuchte Lagerung sind in der Hauptsache dafür verantwortlich, wenn der vom DAB 1997 geforderte Mindestbitterwert von 15 000 nicht erreicht wird.

Hauptinhaltsstoffe: 0,15–0,3 % Bitterstoffe, die sich im Unterschied zu den meisten Bitterstoffdrogen im ätherischen Öl befinden (genau gesagt: die Bitterstoffe befinden sich zusammen mit dem ätherischen Öl in den gleichen Lokalisationsorten, nämlich in den Drüsenhaaren). Die beiden Hauptbitterstoffe, das Absinthin und das isomere Anabsinthin sind in den Blättern zu etwa 0,3 % und in den Blüten zu 0,15 % enthalten. Das ätherische Öl kommt in Mengen von 0,3–1,3 % vor und enthält neben 25–75 % Thujylalkohol noch 3–10 % Thujon, das bei Dauergebrauch gesundheitsschädigende Nebenwirkungen verursachen kann.

Anwendung: Als Teeaufguß ist die Wermutzubereitung in erster Linie ein Bittermittel zur Anwendung bei Appetitlosigkeit, verminderter Magensäureproduktion und bei Blähungen und kann auch längere Zeit eingenommen werden. Die alkoholische Zubereitung ist ein Amarum-Aromatikum (= aromatisches Bittermittel) und wirkt zusätzlich bei gestörter Galleproduktion in der Leber und bei gestörter Gallenausscheidung aus der Gallenblase (Choleretikum). Alkoholische Zubereitungen dürfen nicht längere Zeit eingenommen werden, da der Thujongehalt hier wesentlich höher ist als im Teeaufguß.

LÖWENZAHNWURZELN MIT KRAUT

Volkstümliche Bezeichnungen: Ackerzichorie, Kuhblume, Pusteblume.

Latinisierte Arzneibuchbezeichnung: *Taraxaci radix* DAC 1986.

Verwendete Pflanzenteile: Der dickfleischige, milchsaftführende Wurzelstock samt den Nebenwurzeln, zusammen mit dem oberirdischen noch nicht blühenden Kraut.

Qualitätsprüfungen: Prüfung auf Verfälschungen mit Wegwarte und Rauhem Löwenzahn sowie auf stark verschmutzte und von Drogenschädlingen zerfressene Drogenbestandteile.

Hauptinhaltsstoffe: Bitterstoffe, darunter das Taraxerol; bis 40 % Inulin in der Wurzel; Terpenoide, Sterole u. a.

Anwendung: Als Teekaltansatz oder als Frischpflanzenpreßsaft (§ 44, s. S. 8) bei Erkrankungen der Leber und Galle, insbesondere als Leber-Stärkungsmittel sowie als harntreibendes Mittel.

7. Nieren- und Blasenmittel
(Urologika und Diuretika bzw. Aquaretika)

a) Harntreibende (= diuretisch wirksame) Mittel

BIRKENBLÄTTER

Volkstümliche Bezeichnungen: Besenbaum, Frühlingsbaum, Maibaum.

Latinisierte Arzneibuchbezeichnung: *Betulae folium* DAB 1997.

Verwendeter Pflanzenteil: Die im Frühjahr abgestreiften Laubblätter von Hängebirken und Moorbirken.

Qualitätsprüfungen: Prüfung auf wertmindernde Zweigstückchen und Teile weiblicher Kätzchen, die beim Sammeln in die Droge gelangen und deren Anteil nicht mehr als 3 % betragen darf. Schließlich muß ein Mindestgehalt von 1,5 % Flavonoiden vorliegen.

Hauptinhaltsstoffe: 1,2–2,5 % Flavonoide, darunter das Hyperosid als Hauptflavonoid; Saponine und Gerbstoffe.

Anwendung: Als Teeaufguß oder auch als Teeabkochung sowie als Frischpflanzenpreßsaft (nicht zu verwechseln mit dem „Birkensaft“, der durch das Anbohren junger Birkenstämme gewonnen wird!) als harntreibendes Mittel zur volksmedizinisch genannten „Frühjahrs-Blutreinigungskur“. Für die Indikationsgebiete Wassersucht und Gicht sind Birkenblätter-Zubereitungen nicht freiverkäuflich (siehe dazu Krankheitsliste Teil III, Seite 203). Birkenblätter-Zubereitungen sind in erster Linie zur sogenannten Durchspülungstherapie geeignet.

SAMENFREIE GARTENBOHNENHÜLSEN

Volkstümliche Bezeichnung: Bohnenschalen.

Latinisierte Arzneibuchbezeichnung: *Phaseoli fructus sine semine.*

Verwendete Pflanzenteile: Verwendet werden die getrockenten von den Samen befreiten Hülsen von *Phaseolus vulgaris* L.

Qualitätsprüfungen: Fremde Bestandteile dürfen nicht mehr als 2 % betragen.

Hauptinhaltsstoffe: Bohnenschalen enthalten Flavonoide und Phytoalexine (= postinfektionelle, niedermolekulare Abwehrstoffe höherer Pflanzen) z. B. Phaseolin.

Anwendungen: Laut Monographie der Kommission E eignen sich Bohnenschalen in Form einer Teeabkochung zur unterstützenden Behandlung „dysurischer Beschwerden“ (harntreibende Wirkung). Von der volkstümlichen Anwendung als „Diabetiker-Tee“ muß dringend abgeraten werden! Samenfreie Gartenbohnenhülsen besitzen keine (!) blutzuckersenkende Wirkung.

SCHACHTELHALMKRAUT

Volkstümliche Bezeichnungen: Zinnkraut, Pferdeschwanz, Scheuergras.

Latinisierte Arzneibuchbezeichnung: *Equiseti herba* DAB 1997.

Verwendeter Pflanzenteil: Die in den Sommermonaten gesammelten sterilen grünen Sproßstengel des Ackerschachtelhalms.

Qualitätsprüfungen: Da der Ackerschachtelhalm häufig mit anderen, z. T. giftigen Schachtelhalmarten vergesellschaftet ist (z. B. mit Sumpf- oder Teichschachtelhalm) muß auf die Abwesenheit solcher Verfälschungen geachtet werden. Nur der sachkundige Sammler wird den giftigen Sumpfschachtelhalm von dem Ackerschachtelhalm unterscheiden können.

Hauptinhaltsstoffe: Bis 10 % Kieselsäure, etwa 1/10 davon ist wasserlöslich; Flavonoide und Saponine.

Anwendung: Als Teeabkochung oder als Frischpflanzenpreßsaft zur Ausschwemmung von Ödemen und als harntreibender Bestandteil in sog. „Blutreinigungsmitteln". Unter **„Blutreinigung"** im volksmedizinischen Sinne versteht man eine vermehrte Harnausscheidung (= diuretische Wirkung), eine gesteigerte bzw. zumindest geregelte Darmtätigkeit (= laxierende W.), eine Stoffwechselschlackenausscheidung durch die Haut (= diaphoretische W.) und schließlich eine vermehrte bzw. normalisierte enzymatische Verdauung (Magen, Leber, Galle, Bauchspeicheldrüse). Wegen des hohen Kieselsäuregehaltes werden Schachtelhalm-Zubereitungen noch bei brüchigen Fingernägeln und Haaren angewendet.

WACHOLDERBEEREN

Volkstümliche Bezeichnungen: Krammetsbeeren, Kranawitten.

Latinisierte Arzneibuchbezeichnungen: *Juniperi fructus* DAB 1997 und *Oleum Juniperi* DAB 7.

Verwendeter Pflanzenteil: Die reifen, blauen Beeren (= botanisch Beerenzapfen) und das daraus hergestellte ätherische Öl des gemeinen Wacholders.

Qualitätsprüfungen: Prüfung auf unreife grüne bzw. graue Beeren, auf arzneilich nicht nutzbare Wacholder-Arten z. B. auf Juniperus oxycedrus u. a. und auf Drogen mit einem Gehalt an ätherischem Öl unter 1 %.

Hauptinhaltsstoffe: 0,5–2,5 % ätherisches Öl mit 40–70 % Terpenen (z. B. α- und β-Pinen, Terpinen-4-ol) als Hauptbestandteile; etwa 30 % Invertzucker.

Anwendung: Als ganze Beeren, von denen man etwa 10 g am Tage kaut (nicht über längere Zeit), oder als Wacholderextrakt, Wacholdermus und Wacholdersirup (alle drei Zubereitungen sind in der Anlage 1 a zu § 45 AMG 76 enthalten) als harntreibendes Mittel, insbesondere zur sog. „Frühjahrskur". Reines ätherisches Wacholderöl, als Fertigarzneimittel abgefüllt in Gelatinekapseln, besitzt gegenüber den anderen Formen bzw. Zubereitungen (z. B. Wacholderextrakt, Beeren) die stärkste diuretische Wirkung und darf wegen seiner nierenreizenden Wirkung nicht länger als 4 Wochen eingenommen werden. Bei akuten Nierenerkrankungen und auch während der Schwangerschaft dürfen Wacholderprodukte nicht eingenommen werden.

BRENNESSELBLÄTTER

Volkstümliche Bezeichnungen: Donnernessel, Hanfnessel.

Latinisierte Arzneibuchbezeichnung: *Urticae herba* DAB 1997.

Verwendeter Pflanzenteil: Die oberirdischen Pflanzenteile der großen und kleinen Brennessel, die unmittelbar vor der Blüte mittels Sicheln oder Sensen geerntet werden.

Qualitätsprüfungen: Es ist darauf zu achten, daß die Pflanzen nicht auf Flächen geerntet werden, die mit Klärschlamm berieselt worden sind oder in der Nähe von Industrieanlagen und stark befahrenen Straßen liegen. Untersuchungen von Handelsdrogen zeigen leider, daß rund 40 % der Drogen überhöhte Mengen an Schwermetallen aufweisen.

Hauptinhaltsstoffe: Histamin, Acetylcholin, Serotonin; Ameisen-, Essig- und Buttersäure; ätherisches Öl mit Acetophenon und n-Methylheptenon; Mineralsalz, darunter vor allem Kaliumsalze und Kieselsäure.

Anwendung: Als Teeaufguß oder als Frischpflanzenpreßsaft zur Anregung des gesamten Körperstoffwechsels, insbesondere zur vermehrten Harnausscheidung; ferner als **begleitende** Maßnahme bei Rheuma sowie bei Erkrankungen der Harnwege (z. B. Nieren- und Harngrieß).

Weitere harntreibende (diuretisch wirksame) Drogen:

Bruchkraut (Arzneibuchbez. = Herniariae herba DAC 1986)
Goldrutenkraut (Arzneibuchbez. = Solidaginis herba DAB 1997)
Hauhechelwurzel (Arzneibuchbez. = Radix Ononidis DAB 6)
Indischer Nierentee (Arzneibuchbez. = Orthosophonis folium DAB 1996)
Liebstöckelwurzel (Arzneibuchbez. = Levistici radix DAC 1986)
Petersilienwurzel, -kraut, -früchte (Arzneibuchbez. = Petroselini radix, herba, fructus Erg. Bd. 6)

b) Desinfizierende Drogen (desinfizierend in den Harnwegen)

BÄRENTRAUBENBLÄTTER

Volkstümliche Bezeichnungen: Wilder Buchs, Steinbeere, Sandbeere.

Latinisierte Arzneibuchbezeichnung: *Uvae ursi folium* Ph. Eur. 1997

Verwendeter Pflanzenteil: Die im Mai bis Juli gesammelten Blätter der Bärentraube.

Qualitätsprüfungen: Prüfung auf Beimengungen mitgesammelter Preiselbeerblätter und auf bewußte Verfälschungen mit den Blättern des Buchsstrauches. Der Stengelanteil darf nicht über 8 % liegen, und unsachgemäß getrocknete Blätter sind braun verfärbt. Der vom Arzneibuch vorgeschriebene Mindestgehalt an desinfizierenden Inhaltsstoffen (darunter das Arbutin) muß 6 % betragen und wird häufig nicht erreicht.

Hauptinhaltsstoffe: Phenolglykoside, darunter das Arbutin und Methylarbutin als wichtigste Verbindungen; 10–20 % (!) Gerbstoffe und 1–2 % Flavonoide.

Anwendung: Als Kaltansatz (etwa 2 Teelöffel auf 1 Tasse und 8–12 Stunden ziehen lassen) oder als Teeaufguß als Harndesinfiziens bei bakteriellen Entzündungen der ableitenden Harnwege. Die desinfizierende Wirkung entfaltet sich nur in einem alkalisch reagierenden Harn bei genügend hoher Dosierung und mehrmaliger (4–6 mal) täglicher Einnahme. Die Alkalisierung des Harns erfolgt in der Regel durch die Verabreichung von Natriumbikarbonat. Wegen des hohen Gerbstoffgehaltes, der bei längerer Einnahme zu Magenreizungen führen kann, ist eine Teeabkochung nicht geeignet, da diese Zubereitung einen höheren Gerbstoffgehalt aufweist als ein Kaltansatz.

Weitere Harnweg-desinfizierende Drogen:

Preiselbeerblätter (Arzneibuchbez. = Folia Vitis idaeae Erg. Bd. 6) = Phenolglykosiddroge
Heidekraut (Arzneibuchbez. = Herba Ericae Erg. Bd. 6) = Gerbstoff- und Phenolglykosiddroge
Birnenblätter (in keinem Arzneibuch aufgenommen) = Gerbstoff- und Phenolglykosiddroge

c) Drogen, die das Harnlassen beeinflussen (= miktionsbeeinflussende Drogen)

KÜRBISSAMEN

Volkstümliche Bezeichnungen: Babenkern, Herkulessamen.

Latinisierte Arzneibuchbezeichnung: *Cucurbitae semen* DAB 1997.

Verwendeter Pflanzenteil: Die reifen, dunkelgrünen, weichschaligen (im Handel als „schalenlos" bezeichneten) Samen speziell gezüchteter Arzneikürbisse, die sich botanisch vom Ölkürbis ableiten.

Qualitätsprüfungen: Von den meisten im Handel befindlichen sehr unterschiedlichen Kürbissamen gibt es keine medizinischen Wirksamkeitsprüfungen. Dies gilt in besonderem Maße für die hartschaligen Kürbiskerne bzw. für die geschälten, d. h. von der harten Samenschale befreiten, hellgrünen sog. „Spitzkerne". Diejenigen Kürbissamen, die in klinischen Studien auf Wirksamkeit geprüft worden sind, leiten sich von dem weichschaligen, dunkelgrünen steirischen Ölkürbis ab und werden auf den Gehalt an Sterinen und Tocopherolen (= Vitamin-E-Verbindungen) geprüft.

Hauptinhaltsstoffe: Phytosterine, darunter delta-7-Sterine; etwa 50 % fettes Öl, mit hohem Anteil an mehrfach ungesättigten Fettsäuren; etwa 32 % Eiweiß und freie Aminosäuren, darunter vor allem das Cucurbitin; Farbstoffe (Carotinoide, Chlorophylle).

Anwendung: In Form der ganzen oder zerkleinerten Samen, auch als haltbar gemachte Granulate als Fertigarzneimittel im Verkehr, zur Kräftigung und Funktionsanregung der Blase, insbesondere bei Funktionsstörungen, die in Verbindung mit einem Prostata-Adenom I auftreten können (z. B. häufiges nächtliches Wasserlassen).

Weitere miktionsbeeinflussende Drogen:

Kleinblütiges Weidenröschen (latinisierte Bezeichnung = Herba Epilobii) = Wirkstoffgruppe ist noch unbekannt!

Zwergpalmenfrüchte bzw. Sabalfrüchte (latinisierte Bezeichnung = Fructus Sabal serrulatae)

Brennesselwurzel (latinisierte Bezeichnung = Urticae radix DAB 1997)

8. Mittel zur Wundbehandlung und bei unblutigen Verletzungen

JOHANNISKRAUTÖL

Volkstümliche Bezeichnungen: Rotöl, Wundöl.

Latinisierte Arzneibuchbezeichnung: *Hyperici oleum.*

Verwendete Pflanzenteile: Zur Herstellung des Johanniskrautöles werden die Blüten sowie nur die obersten Sproßspitzen in frischem Zustand mit Pflanzenölen, vorwiegend mit Erdnuß- oder Olivenöl, mehrere Wochen lang mazeriert. Die Extraktion ist abgeschlossen, wenn das ölige Mazerationsmedium eine kräftige rote Farbe angenommen hat.

Qualitätsprüfungen: Das Johanniskrautöl muß eine kräftige rote Farbe besitzen und darf nicht ranzig sein.

Hauptinhaltsstoffe: Hypericine (Naphthodianthrone), ätherisches Öl und Hyperforin (Phloroglucinderivat).

Anwendungen: Laut Monographie der Kommission E sind ölige Johannniskraut-Zubereitungen zur Behandlung und Nachbehandlung von scharfen und stumpfen Verletzungen, Myalgien und Verbrennungen 1. Grades geeignet. Rotöl wird auch bei Sonnenbrand eingesetzt, wobei man sich unmittelbar nach der Anwendung nicht dem Sonnenlicht aussetzen darf.

Die Indikation für traditionell angewendete Arzneimittel lautet: „Zur Unterstüzung der Hautfunktion."

RINGELBLUMEN

Volkstümliche Bezeichnungen: Calendula, Goldblume, Studentenblume.

Latinisierte Arzneibuchbezeichnung: *Calendulae flos* DAB 1997.

Verwendete Pflanzenteile: Die ganzen Blütenköpfchen mit dem grünen Hüllkelch (= Flores Calendulae cum Calycibus) oder die ausgezupften orangegelben Zungenblüten (= sine Calycibus) der Ringelblume.

Qualitätsprüfungen: Prüfung auf mißfarbene, z. T. hellgelbe bis weißliche Einzelblüten.

Hauptinhaltsstoffe: Carotinoid-Farbstoffe, Flavonoide und Triterpen-Saponine.

Anwendung: Calendula-Salbe und verdünnte Tinktur (1 Eßl. auf 1/4 l abgekochtes Wasser) wirken entzündungshemmend und dienen als Wundheilmittel bei Entzündungen der Haut und Schleimhäute sowie bei Riß-, Quetsch- und Brandwunden. **Achtung!** Im freiverkäuflichen Bereich sind bei diesen Produkten lediglich vorbeugende Aussagen z. B. zur Verhütung von Wundsein (besonders bei Säuglingen und Bettlägerigen), erlaubt. Die o. g. Anwendungsgebiete dürfen aber genannt werden, wenn ein Drogen-Aufguß z. B. als Umschlag verwendet wird (§ 44). Eine Anwendung gegen Krebserkrankungen, wie sie in einigen Kräuterbüchern empfohlen wird, ist völlig überzogen und selbstverständlich verboten (Krankheitsliste!).

ARNIKABLÜTEN

Volkstümliche Bezeichnungen: Bergwohlverleih, Bergwurzkraut, Bergdotterblume, Johannisblume, Fallkraut, Gamskraut.

Latinisierte Arzneibuchbezeichnung: *Arnica flos* DAB 1997.

Verwendete Pflanzenteile: Gemäß DAB 1997 die getrockneten, köpfchenförmigen Blütenstände (= Röhrenblüten, Zungenblüten, Hüllkelchblätter, Blütenstandsboden) von Arnika; nach DAB 6 sind es nur die ausgezupften Röhren- und Zungenblüten, und eine solche Droge wird nach wie vor unter der Bezeichnung Arnicae flos sine receptaculis (oder sine calycibus) gehandelt.

Qualitätsprüfungen: Prüfungen auf Verfälschungen mit sog. „mexikanischer" oder „portugiesischer" Arnika, die beide keine Arnikaarten sind (siehe dazu weiteres unter „Drogenverfälschungen", Seite 70 ff.). Im Blütenboden dürfen keine schwarzen Larven der Fliege Trypteta arnicivora (syn. Tephritis arnicae) vorkommen.

Hauptinhaltsstoffe: 0,2–0,5 % ätherisches Öl; Sesquiterpenlactone vom Typ des Helenalins. Letztere sind nicht nur für die entzündungshemmende Wirkung im wesentlichen verantwortlich, sondern rufen bei bestimmten, empfindlichen Personen auch Kontaktdermatitiden (Blasenbildung, Rötung der Haut) hervor; Carotinoide und Flavonoide.

Anwendung: Als Teeaufguß (1 gehäufter Eßlöffel Arnikablüten wird mit 1 Tasse kochendem Wasser überbrüht) zu Umschlägen und Kompressen bei Schwellungen infolge von Verstauchungen und Quetschungen, bei Blutergüssen, Furunkeln, Insektenstichen, Muskelzerrungen und rheumatischen Beschwerden. Wirksamer als eine wäßrige Zubereitung ist die Arnikatinktur (Anlage 1a, s. S. 8). In der Regel wird für die äußerliche Anwendung 1 Teelöffel Arnikatinktur mit 1 Tasse Wasser verdünnt oder mit 2 Teilen essigweinsaurer Tonerde versetzt (= ebenfalls in der Anlage 1a enthalten). Bei „Arnika-empfindlichen" Personen können nach Arnikaumschlägen starke Rötungen mit Blasenbildung (= Kontaktdermatitiden, „Arnika-Allergie") auftreten.

Die innerliche Einnahme von Arnikazubereitungen, die stark verdünnt erfolgen muß (z. B. 0,2 g Arnikablüten auf 200 ml Wasser als Teeaufguß), kann mit Reizerscheinungen im Magen-Darm-Kanal begleitet sein. Innerlich wird Arnika gegen Herz-Kreislaufstörungen verwendet. Bei Überdosierung Vergiftungserscheinungen! Die Tinktur ist zur innerlichen Einnahme nicht freiverkäuflich.

BEINWELLWURZELN UND -BLÄTTER

Volkstümliche Bezeichnungen: Beinwurz, Wallwurz, Comfrey.

Latinisierte Arzneibuchbezeichnungen: *Symphyti radix* DAC, *Radix Consolidae* (= alte Handelsbezeichnung).

Verwendete Pflanzenteile: Die im März und April oder im September und Oktober gegrabenen rübenförmigen Wurzeln des Beinwell sowie das Kraut, das entweder vor der Blüte oder während der Blüte geschnitten wird.

Qualitätsprüfungen: Zu prüfen ist auf schlecht getrocknete und dann meist verschimmelte Wurzelteile. Falsch aufbereitete Blätter sind dunkel verfärbt.

Hauptinhaltsstoffe: Etwa 20 % Schleim in den Wurzeln und etwa 7 % Schleim in den Blättern; bis 1 % Allantoin, eine entzündungshemmende Verbindung; etwa 5 % Gerbstoffe; unerwünschte Pyrrolizidin-Alkaloide, die sich je nach Erntezeitpunkt, Pflanzenstandort, Beinwellart bzw. Beinwell-Kultursorte in Mengen von nicht nachweisbar bis maximal 0,05 % bewegen. Die Tagesdosis Pyrrolizidin-Alkaloide ist von der Kommission E auf 100 µg beschränkt worden.

Anwendung: Äußerliche Anwendung des grob pulverisierten Wurzelpulvers, aufgeschlämmt in einem Beinwellblätteraufguß, oder in Form von apothekenpflichtigen Pasten und Salben als Fertigarzneimittel zu Umschlägen bei unblutigen, stumpfen Verletzungen, Verstauchungen, Verrenkungen, Zerrungen, Prellungen, Quetschungen, Blut- und Reizergüssen sowie bei schlecht heilenden Wunden und lokalen Entzündungen (z. B. Nagelbettentzündungen). Die Indikation für freiverkäufliche Beinwellsalben darf allerdings **keine** Heilaussage beinhalten („zur Pflege der Beine"). Der Gehalt an Pyrrolizidin-Alkaloiden kann bei äußerlicher Anwendung vernachlässigt werden.

9. Mittel zur kurzfristigen Behandlung unspezifischer Durchfallerkrankungen

EICHENRINDE

Volkstümliche Bezeichnungen: Eichenrinde, Spiegelrinde, Glanzrinde.

Latinisierte Arzneibuchbezeichnungen: *Quercus cortex* DAC bzw. in anderen Arzneibüchern *Cortex quercus*.

Verwendete Pflanzenteile: Die Droge besteht aus der im Frühjahr gesammelten und getrockneten Rinde junger Zweige und Stockausschlägen von der Stieleiche und/oder Stein- bzw. Wintereiche.

Qualitätsprüfungen: Minderwertig sind Rindenteile älterer Zweige, die dann keinen „silbernen" Glanz aufweisen und bereits etwas Borke gebildet haben. Verfälschungen mit Eschenrinde können vorkommen.

Hauptinhaltsstoffe: 8 bis 20 % Gerbstoffe sowohl vom Typ der Catechin- als auch vom Typ der Gallussäuregerbstoffe.

Anwendungsgebiete: Laut Monographie der Kommission E werden Eichenrinden-Zubereitungen in Form von Spülungen, Umschlägen, Voll- und Teilbädern bei entzündlichen Hauterkrankungen angewendet. Eichenrinden-Auszüge haben sich ferner bei übermäßigem Fußschweiß, Frostbeulen und Ausschlägen bewährt. **Innerlich** empfiehlt die Kommission E Eichenrindenabkochung oder Eichenrindenpulver bei unspezifischen akuten Durchfallerkrankungen sowie als **Spülung** lokal bei leichten Entzündungen sowohl im Mund- und Rachenraum als auch im Genital- und Analbereich.

HEIDELBEEREN

Volkstümliche Bezeichnungen: Blaubeeren, Bickbeeren, Schwarzbeeren.

Latinisierte Arzneibuchbezeichnung: *Myrtilli fructus.*

Verwendete Pflanzenteile: Die vollreifen, getrockneten Früchte.

Qualitätsprüfungen: Prüfung auf ähnlich aussehende Früchte (z. B. Rauschbeere) sowie auf Insektenfraß.

Hauptinhaltsstoffe: Bis zu 10 % Catechingerbstoffe, Anthocyane (davon kommt die blaue Farbe), Pektine u. s. w.

Anwendungsgebiete: Laut Monographie der Kommission E eignen sich hochdosierte Dekokte (Abkochungen) bei unspezifischen, akuten Durchfallerkrankungen. Als Tagesdosis werden Auszüge aus 20 bis 60 g Heidelbeeren empfohlen, die über den Tag verteilt langsam schluckweise getrunken werden sollen. Sollten die Durchfälle länger als 3–4 Tage anhalten, so ist ein Arzt aufzusuchen! Getrocknete Heidelbeeren bewähren sich besonders in der Kinderheilkunde.

Bei den besprochenen Drogenbeispielen handelt es sich nicht nur um Drogen der Anlagen 1 c, 1 d und 1 e zur Verordnung nach § 45 AMG 76 (siehe dazu Teil III, Seite 198 ff.), sondern auch um Drogen, die eine große Bedeutung als Monodrogen besitzen und die darüber hinaus in sehr vielen freiverkäuflichen Fertigarzneimitteln vorkommen. Der Prüfungsteilnehmer sollte sich von diesen Drogen eine Drogensammlung anlegen!

10. Bewährte Heilkräuter zur Selbstmedikation, geordnet nach Anwendungsgebieten

In diesem Kapitel werden die betreffenden Heilkräuter (Arzneipflanzen bzw. Drogen) nur kurz angesprochen. Detaillierte Ausführungen dazu sind in den jeweiligen Drogenbeschreibungen nachzulesen (S. 14 bis 37).

1. Arzneipflanzen gegen Beschwerden im Magen- und Darmtrakt

a) Appetitfördernd und verdauungsanregend:
Enzianwurzel, Kalmuswurzel, Salbeiblätter, Schafgarbenkraut, Tausendgüldenkraut, Wermutkraut.

b) Bei zu wenig Magensäure:
Bitterstoffdrogen wie unter a) aufgezählt oder Ätherischöldrogen wie Anis, Kümmel, Fenchel, Pomeranzenschalen u. a. bzw. am besten eine Kombination aus Ätherischöldrogen zusammen mit Bitterstoffdrogen (= aromatisches Bittermittel).

c) Bei zu viel Magensäure:
Kamillenblüten, Leinsamenschleim.

d) Bei nervösem Magen:
Kalmuswurzel, Kamillenblüten, Pfefferminzblätter, Schafgarbenkraut.

e) Bei Blähungen:
Anis-, Kümmel-, Fenchel-, Korianderfrüchte, Kamillenblüten, Pfefferminzblätter, Schafgarbenkraut.

f) Bei Durchfall:
Blutwurz (Tormentillwurzel), Heidelbeeren, Gänsefingerkraut, Schwarzer Tee.

g) Bei Verstopfung (**apothekenpflichtig**):
Aloe, Sennesblätter, Sennesfrüchte, Faulbaumrinde, Rhabarberwurzel.

h) Bei chronischer Darmträgheit:
Leinsamen, Flohsamen, Manna-Feigensirup, Tamarindenmus.

2. Arzneipflanzen gegen Leber- und Gallenbeschwerden

a) Lebermittel:
Mariendistelfrüchte (u. a. Beschleunigung der Zellregeneration), Artischockenblätter und -wurzeln (u. a. Unterstützung der Entgiftungstätigkeit in der Leber).

b) Gallemittel:
Artischockenpreßsaft, Gelbwurz (Curcuma), Löwenzahnkraut, Lavendelblüten, Schafgarbenkraut, Wermutkraut.

3. Arzneipflanzen gegen Beschwerden im Urogenitaltrakt (= Nieren- und Blasenmittel)

a) Harntreibend:
Birkenblätter, Goldrutenkraut, Brennesselkraut, Indischer Nierentee (= Orthosiphonblätter), Bohnenschalen, Wacholderbeeren, Petersilienfrüchte und -wurzeln.

b) Harndesinfizierend (antibakteriell):
Bärentraubenblätter.

c) Zur Stärkung der Blasenfunktion, insbesondere bei der Reizblase und beim Prostata-Adenom im Stadium **I** und **II**:
weichschaliger Kürbissamen, Kleinblütiges und Schmalblättriges Weidenröschen (als Begleittherapie).

4. Arzneipflanzen gegen Erkältungskrankheiten (= Bronchien- und Hustenmittel)

a) Zur vorbeugenden Steigerung der unspezifischen Abwehr-Funktion:
Sonnenhutwurzel (= Echinacea), Lindenblüten, Vitamin C, heißer Holundersaft.

b) Gegen Reizhusten:
Eibischwurzel, Huflattichblätter, Isländisches Moos, Malvenblätter und -blüten.

c) Auswurffördernd (= Erleichterung des Abhustens):
Primelwurzel, Süßholzwurzel, Wollblumen.

d) Desinfizierend (= keimhemmend) bei Husten:
Anis, Fenchel, Eukalyptusblätter, Thymiankraut, Spitzwegerichkraut.

e) Desinfizierend und entzündungshemmend bei Halsschmerzen und Heiserkeit:
Salbeiblätter, Baumflechte (in Dragees), Isländisches Moos (in Pastillen), Ätherische Öle in Bonbons (z. B. Eukalyptus oder Thymianöl).

f) Gegen Fieber:
Lindenblüten oder Holunderblüten als sog. »Schwitztee«.

5. Arzneipflanzen gegen Herz- und Kreislaufbeschwerden

a) Herzkräftigend: Weißdornblätter, -blüten und -früchte.

b) Kreislaufanregend: Rosmarin.

6. Arzneipflanzen gegen Beschwerden des Gefäßsystems (= Venen- und Arterienmittel)

a) Bei Funktionsstörungen der Venen:
Buchweizenkraut, Mäusedornwurzel (Ruscus), Steinkleekraut, Roßkastaniensamen.

b) Bei Durchblutungsstörungen der Gehirnarterien:
Auszug aus den Blättern von Ginkgo biloba.

c) Vorbeugend gegen frühzeitig auftretende allgemeine Arteriosklerose

durch die Beeinflussung gewisser Risikofaktoren:
Knoblauch, Mistelkraut, Buchweizenkraut bzw. isoliertes Rutin.

7. Arzneipflanzen gegen Beschwerden und zur Stärkung des Nervensystems (Beruhigungsmittel)

a) Zur allgemeinen Dämpfung nervöser Erscheinungen:
Baldrianwurzel, Hopfenzapfen, Melissenblätter, Passionsblumenkraut.
b) Bei depressiven Zuständen:
Johanniskraut.
c) Bei Streß:
Ginsengwurzel, Eleutherokokkuswurzel.
d) Bei Einschlafstörungen:
Baldrianwurzel, Hopfenzapfen, Passionsblumenkraut.

8. Arzneipflanzen und Kombinationen zur allgemeinen Kräftigung (Tonika und Roborantien)

Ginsengwurzel, Eleutherokokkuswurzel, Vitaminpräparate allein bzw. kombiniert mit Eisensalzen und anderen Spurenelementen, Lecithin-Vitaminkombinationen.

9. Arzneipflanzen zur Wundbehandlung und bei unblutigen Verletzungen

Arnikablüten, Beinwellwurzel und -blätter, Ringelblumen.

10. Arzneipflanzen zur kurzfristigen Behandlung unspezifischer Durchfallerkrankungen

Eichenrinde, Heidelbeeren, Grüner Tee

11. Arzneipflanzen und Stoffe zur Behandlung rheumatischer Beschwerden

Innerlich: Birkenblätter, Brennesselkraut, Teufelskrallenwurzel, Weidenrinde.
Äußerlich: Arnikazubereitungen, Chilipfeffer, Kampfer, Fichtennadelöl, Menthol, Rosmarin- und Wacholderspiritus.

2.3 Pflanzenbestandteile und Zubereitungen aus Pflanzen in freiverkäuflichen Arzneimitteln

a) Ätherische Öle
(im DAB 1996 als aetheroleum = Singular bezeichnet):
Ätherische Öle kann man durch Wasserdampf-Destillation, durch Auspressen, durch Extraktion mit Lösungsmitteln oder Fett gewinnen. (Sie sind in Anlage 1 a der Verordnung über apothekenpflichtige freiverkäufliche Arzneimittel enthalten.)

Angelikaöl, ätherisches

Aus der Engelwurz gewonnen; besitzt einen würzig-aromatischen Geruch und einen scharf-würzigen Geschmack.

Verwendung: äußerlich zu Einreibungen bei rheumatischen Beschwerden und Muskelschmerzen; innerlich als Aromatikum in Magenmitteln, viel verwendet in der Likörindustrie (Magenbitterliköre).

Anisöl, ätherisches (im Pharm. Eur. 1997 als *Anisi aetheroleum)*

Aus den reifen Anisfrüchten gewonnen; typischer „Anisgeruch" (= Geruch nach Anethol), würziger Geschmack.

Verwendung: als schleimlösender Bestandteil in Hustenmitteln (z. B. in Hustenpastillen laut Anlage 2a, VO nach § 45 AMG 76) und als blähungstreibende Komponente in Magen- und Darmmitteln.

Bergamottöl, ätherisches

Aus den Fruchtschalen einer speziellen Citrusart, der Bergamotte, gewonnen; gelbliches Öl mit angenehmen cumarinartigem Geruch.

Verwendung: äußerlich in Einreibungen und vor allem in Kölnisch Wasser enthalten.

Eucalyptusöl, ätherisches (im Ph. Eur. 1997 als *Eucalypti aetheroleum*)

Aus den frischen Blättern oder frischen Zweigspitzen verschiedener Eucalyptusarten gewonnen; farbloses oder schwach gelb gefärbtes Öl, mit aromatischem und campherartigem Geruch, brennendem und danach kühlendem Geschmack.

Verwendung: äußerlich unverdünnt zur Inhalation und als Bestandteil von Salben, Gelen und Bädern zur Anwendung bei Erkältungskrankheiten; innerlich als Zusatz von Heilmitteln gegen Husten und Heiserkeit zum Lutschen (z. B. Eucalyptusbonbons).

Fenchelöl, ätherisches (im DAB 1997 als *Foeniculi aetheroleum*)

Aus den reifen Fenchelfrüchten gewonnen; farbloses bis schwach gelbliches Öl mit würzigem Geruch und zuerst süßem, dann bitterem campherartigem Geschmack.

Verwendung: Bestandteil des Fenchelhonigs (Anlage 1 a), der vor allem bei Kindern als Hustenmittel verwendet wird; Zusatz zu Kampfersalbe (Anlage 1 a) zur äußerlichen Anwendung bei Erkältungskrankheiten und Zusatz zu medizinischen Bädern.

Fichtennadelöle, ätherische (im DAB 1997 als *Piceae aetheroleum*)

Aus den frischen Nadeln und Zweigspitzen verschiedener Picea-Arten gewonnen; gelblich gefärbtes Öl mit starkem aromtischem Geruch („Fichtennadelduft").

Verwendung: zur Inhalation und als Badezusatz bei Erkältungskrankheiten; als Bestandteil des Fichtennadelspiritus (Anlage 1 a) und als Zusatz zur Kampfersalbe (Anlage 1 a) zu Einreibungen bei rheumatischen Beschwerden.

Kalmusöl, ätherisches

Aus dem Rhizom (= Wurzelstock) des nordamerikanischen und in Europa kultivierten diploiden Kalmus gewonnen; gelblich gefärbtes Öl mit aromatischem Geruch und bitterem, brennendem Geschmack.

Verwendung: 1–4 Tropfen auf 1 Stück Zucker zur Anregung der Magenverdauung, als Zusatz in Magenmitteln; äußerlich unverdünnt oder als Zusatz in Bädern bei Durchblutungsstörungen der Unterarme und Unterschenkel.

Kamillenöl, ätherisches (im DAB 1997 als *Matricariae aetheroleum*)

Durch Destillation aus chamazulenhaltigen Kamillenblüten gewonnen und ist intensiv blau gefärbt.

Verwendung: Bestandteil von entzündungshemmenden, wundheilungsfördernden Salben, Tropfen und Bädern.

Kiefernnadelöle, ätherische (im DAB 1997 als *Pini aetheroleum*)

Ähnlich den Fichtennadelölen, gleiche Verwendung.

Korianderöl, ätherisches

Aus den Korianderfrüchten hergestellt; meist farbloses Öl mit eigenartigem, wanzenartigem Geruch.

Verwendung: Bestandteil von festen (Tabletten, Dragees) und flüssigen (Tropfen, Destillate, Tonika) Magen- und Darmmitteln; Bestandteil von „Kräuterlikören".

Krauseminzöl, ätherisches

Aus den Blättern der Krauseminze gewonnen; farbloses Öl mit „kümmelartigem" Geruch („Spearmint"-Kaugummi).

Verwendung: 5–10 Tropfen auf 1 Stück Zucker gegen Übelkeit und Erbrechen; zur Aromatisierung von Zahnpasten, Mundwässern und Kaugummis.

Japanisches Minzöl, ätherisches

Aus den Blättern einer mentholreichen Kultur-Ackerminze hergestellt; farbloses Öl mit sehr erfrischendem Geruch und scharfem, kühlendem Geschmack.

Verwendung: zur Inhalation und zum direkten Einreiben (nur wenige Tropfen) bei Erkrankungen des Hals-, Nasen- und Rachenraumes; zum Betupfen der Stirn und der Schläfen bei Kopfschmerzen; innerlich verdünnt in einem Magen- oder Lebertee oder wenige Tropfen auf 1 Stück Zucker bei Verdauungsbeschwerden.

(Anmerkung: Das in der Werbung angepriesene „Allheilmittel" ist das japanische Minzöl nicht!)

Lavendelöl, ätherisches (im DAB 1996 als *Lavandulae aetheroleum*)

Aus den frischen Lavendelblüten gewonnen; farbloses bis schwach gelbliches Öl mit charakterischem aromatischem Geruch und brennendem, schwach bitterem Geschmack.

Verwendung: als Zusatz zum Badewasser oder als Bestandteil von medizinischen Bädern zur Durchblutungsförderung; als Geruchsstoff in Seifen und „Kräuterduftkissen".

Macisöl, ätherisches

Aus dem dunkelroten Arillus (= Samenmantel) der „Muskatnuß" gewonnenes, gelbliches Öl mit würzigem, aromatischem Geruch und scharfem Geschmack.

Verwendung: Bestandteil von Stomachika (= Magenmittel) und enthalten in Melissengeistern.

Muskatöl, ätherisches

Aus dem vom dunkelroten Samenmantel (= Arillus) befreiten Muskatsamen (= „Muskatnuß") gewonnen; gelbliches Öl mit sehr würzigem, aromatischem Geruch und brennendem Geschmack.

Verwendung: wie Macisöl und zum Würzen.

Achtung: In höheren Dosen kann es zu Vergiftungserscheinungen kommen!

Nelkenöl, ätherisches (im Ph. Eur. 1997 als *Caryophylli flores aetheroleum*)

Aus den ganzen oder zerkleinerten Nelken-Blütenknospen und Nelken-Blütenstielen gewonnen; farbloses, an der Luft sich bräunendes Öl mit würzigem Geruch und brennendem Geschmack.

Verwendung: zur örtlichen, schmerzlindernden Anwendung bei Zahnschmerzen; als Bestandteil in Zahnpulvern und Zahnpasten; äußerlich zur Abwehr von Insekten, insbesondere von Mücken.

Pfefferminzöl, ätherisches (im Ph. Eur. 1997 als *Menthae piperitae aetheroleum*)

Aus den frisch geernteten, blühenden Pfefferminz-Zweigspitzen gewonnen; gelblichgrünes Öl mit typischem Mentholgeruch und erfrischendem Geschmack (Kältegefühl).

Verwendung: als Mundwasserzusatz, Bestandteil von Zahnpasten, Zahnpulvern, Mundwässern und Kaugummi; innerlich tropfenweise entweder verdünnt oder auf 1 Stück Zucker bei Übelkeit, Erbrechen und schlechtem Mundgeruch; als Geschmackskorrigens in Tonika.

Pomeranzenblütenöl, ätherisches

Aus frischen Orangenblüten gewonnen; gelbliches Öl mit feiner Duftnote.

Verwendung: Bestandteil in Beruhigungsmitteln.

Pomeranzenschalenöl, ätherisches

Aus frischen und getrockneten Orangenschalen gewonnen; gelbliches Öl mit angenehmem aromatischem Geruch und leicht bitterem Geschmack.

Verwendung: Bestandteil von Magenmitteln, zur Aromatisierung (= Geschmacksverbesserung) schlecht schmekkender Arzneimittel.

Rosmarinöl, ätherisches (im DAB 1997 als *Rosmarini aetheroleum)*

Aus den Rosmarinblättern bzw. aus den beblätterten Stengeln gewonnen; meist farbloses Öl mit kräftigem, kampferartigem Geruch und anfangs mildem, später leicht kratzendem Geschmack.

Verwendung: Bestandteil von Einreibungen (z.B. Rosmarinspiritus, Anlage 1 a) gegen rheumatische Beschwerden, Bestandteil von medizinischen Badekonzentraten.

Salbeiöl, ätherisches

Aus den getrockneten Blättern des „dalmatinischen" Salbeis gewonnen; farbloses bis gelbliches Öl mit herbem Geruch und aromatischem Geschmack.

Verwendung: verdünnt zum Gurgeln bei Mund-, Rachen- und Halsentzündungen; zum Inhalieren bei Entzündungen im Rachenraum und bei Erkältungskrankheiten.

Thymianöl, ätherisches

Aus dem frischen oder getrockneten Thymiankraut gewonnen; farbloses Öl mit typischem „Thymolgeruch" und leicht brennendem Geschmack.

Verwendung: Bestandteil vieler „Hustensäfte" (z.B. Thymiansirup); zur Inhalation bei chronischen Bronchitiden; zur Spülung verdünnt bei Entzündungen in der Mundhöhle.

Zimtöl, ätherisches (im DAB 7 als *Oleum Cinnamomi*)

Aus der Zimtrinde gewonnen; hellgelbes Öl mit angenehmem Geruch nach Zimt und anfangs süß-aromatischem, dann brennend scharfem Geschmack.

Verwendung: als Geschmackskorrigens in mehreren Tonika enthalten, insbesondere in aromatischen Bittermitteln (Amara-Aromatica); Bestandteil des Zimtsirups (Anlage 1 a).

Zitronenöl, ätherisches (im Ph. Eur. 1997 als *Limonis aetheroleum*)

Durch Auspressen der frischen Fruchtschalen der Zitrone gewonnen; hellgelbes bis schwach grüngelbes Öl mit kräftigem Zitronengeruch und mildem, später bitterem Geschmack; das Öl wird bei tieferen Lagertemperaturen trüb. Es handelt sich um ein sog. „Agrumenöl“ (ausgepreßtes Öl).

Verwendung: innerlich als Geschmackskorrigens; äußerlich als Duftkomponente in Badekonzentraten, Duschlotionen, Seifen, Feuchtigkeits- bzw. Reinigungstüchlein, Salben usw.

b) Sonstige Bestandteile und Zubereitungen aus Pflanzen
(im wesentlichen enthalten in Anlage 1 a der Verordnung über apothekenpflichtige und freiverkäufliche Arzneimittel, siehe Teil III, Seite 187 ff.)

Agar (*Agar* Ph. Eur. 1997)

Getrocknete Schleimsubstanz von Rotalgen mit großem Quell- und Geliervermögen.

Verwendung: in Abführmitteln (Anlage 2 b); zur Herstellung von Bakteriennährböden; als Dickungsmittel in der Süßwarenindustrie.

Aloetrockenextrakt, Eingestellter (*Aloes extractum siccum normatum* Ph. Eur. 1997)

Stark bitterer Extrakt aus dem Zellsaft der Blätter südafrikanischer Aloe-Arten.

Verwendung: äußerlich als Zusatz in Fertigarzneimitteln (antiseptische Wirkung); innerlich unter einer Tagesdosis von 20 mg als Bittermittel in wäßrig-alkoholischen Pflanzenauszügen (Fertigarzneimittel, z. B. Schwedenbitter). Tagesdosis bis 20 mg.

Arnikatinktur (*Arnicae tinctura* DAB 1997)

Alkoholischer Auszug aus Arnikablüten, hergestellt mit verdünntem Alkohol im Verhältnis 1:10. Gelbbraune bis goldgelbe Flüssigkeit mit würzigem Geruch nach Arnikablüten. Freiverkäuflich nur zum äußeren Gebrauch.

Verwendung: äußerlich verdünnt zu Umschlägen bei Verstauchungen, Blutergüssen, Muskel- und Gelenkschmerzen, Entzündungen der Schleimhäute. Bei zu starker Konzentration sind schmerzhafte, juckende Hautreaktionen möglich. Auslösung von Allergien bei empfindlichen Personen, nach mehrmaliger Anwendung.

Baldrianextrakt (*Valerianae extractum siccum* DAB 1997)

Durch Extraktion von Baldrianwurzeln gewonnen und auch in Mischungen mit Hopfenextrakt als Fertigarzneimittel (z. B. in Form von Baldrian-Hopfenbädern oder Dragees) freiverkäuflich. Der Zusatz von arzneilich nicht wirksamen Hilfsstoffen ist erlaubt.

Verwendung: als Beruhigungsmittel bei Einschlafstörungen.

Baldriantinktur (*Valerianae tinctura* DAB 1997)

Alkoholischer Auszug aus den Wurzeln des europäischen Baldrian (*Valeriana officinalis*), hergestellt durch Perkolation mit verdünntem Alkohol im Verhältnis 1:5. Braune, nach Baldrian riechende und schmeckende Flüssigkeit.

Verwendung: innerlich bei Unruhezuständen und nervös bedingten Einschlafstörungen 1/2 bis 1 Teelöffel verdünnt mit Wasser, mehrmals täglich.

Baldriantinktur, ätherische (*Tinctura Valerianae aetherea* DAB 6)

Gelbbraune, nach Baldrian und Äther riechende und schmeckende Flüssigkeit. Auszug aus Baldrianwurzeln mit Ätheralkohol 1:5. (Feuergefährlich!)

Verwendung: tropfenweise auf Zucker als Hausmittel zur Behebung von Krämpfen und Ohnmachten.

Baldrianwein

Auszug von Baldrianwurzeln oder Lösung von Baldrianextrakt, hergestellt mit Südwein (Likörwein). Freiverkäuflich als Fertigarzneimittel.

Verwendung: innerlich zur Beruhigung und bei leichten Einschlafstörungen.

Birkenteer (Pix Betulae)

Dicke, schwarzbraune Flüssigkeit, gewonnen durch trockene Destillation von Birkenholz und -zweigen.

Verwendung: bei Hautkrankheiten von Tieren zum äußeren Gebrauch.

Bromelain

Konzentrat proteolytisch wirkender (eiweißspaltender) Enzyme, gewonnen aus der Frucht und den Stengeln der Ananaspflanze.

Verwendung: in einer Reihe von Verdauungspräparaten, bei mangelnder Eiweißverdauung.

Campherliniment, flüchtiges (*Linimentum ammoniato-camphoratum* DAB 6)

Dickflüssige, milchige Emulsion aus Campher, fetten Ölen und Ammoniak (Geruch!).

Verwendung: äußerlich als Einreibung bei rheumatischen Beschwerden.

Campheröl (Oleum camphoratum)

Lösung von Campher in Erdnußöl (oder einem anderen fetten Öl).

Verwendung: äußerlich als Einreibung bei rheumatischen Beschwerden.

Camphersalbe (*Unguentum camphoratum* Erg. Bd. 6)

Salbe mit Campher als Hauptwirkstoff, auch mit Zusatz von ätherischen Ölen, Menthol und Äthylglykolsäurementhylester als Fertigarzneimittel freiverkäuflich.

Verwendung: äußerlich als Einreibung bei Husten, Erkältungskrankheiten und rheumatischen Beschwerden. Vorsicht: nicht auf die Nasenschleimhaut von Kleinkindern auftragen (Kollapsgefahr!).

Campherspiritus (*Spiritus camphoratus* DAB 1997)

Alkoholische Campherlösung. Klare, farblose Flüssigkeit mit starkem Geruch nach Campher.

Verwendung: äußerlich als Einreibung bei Muskel- und Gelenkschmerzen, Prellungen, Verstauchungen, Zerrungen; zur Förderung der Hautdurchblutung.

Chinawein, auch mit Eisen

Medizinischer Wein, hergestellt unter Verwendung von Extrakten der bitteren Chinarinde (chininhaltig); evtl. mit Zusatz von Eisencitrat.

Verwendung: innerlich als appetitanregendes und kräftigendes Mittel; auch bei Eisenmangelanämie. Freiverkäuflich als Fertigarzneimittel.

Eibischsirup (*Sirupus Althaeae* DAC)

Gelbliche, stark zuckerhaltige Flüssigkeit mit schleimigem Geschmack, bereitet aus Eibischwurzeln. Freiverkäuflich als Fertigarzneimittel.

Verwendung: innerlich löffelweise gegen Reizhusten und Bronchitis.

Enziantinktur (*Gentianae tinctura* DAB 1997)

Auszug aus Enzianwurzeln mit verdünntem Alkohol (1:5). Alkoholisch riechende braune Flüssigkeit mit stark bitterem Geschmack.

Verwendung: innerlich 10 bis 30 Tropfen vor dem Essen gegen Appetitlosigkeit und dyspeptische Beschwerden („Essen liegt wie ein Stein im Magen").

Feigensirup, auch mit Manna

Stark zuckerhaltige Flüssigkeit, die unter Verwendung von Feigen und ggf. Manna (getrockneter Saft der Manna-Esche mit dem Zuckeralkohol Mannit als Hauptwirkstoff) hergestellt wird. Freiverkäuflich als Fertigarzeimittel.

Verwendung: innerlich als mildes Abführmittel für Kinder.

Fenchelhonig

Süß schmeckende, dickflüssige, gelbe Flüssigkeit mit Fenchelgeschmack. Hergestellt unter Verwendung von mindestens 50 % Honig (Zusatz von anderen Zuckern erlaubt). Freiverkäuflich als Fertigarzneimittel.

Verwendung: innerlich löffelweise als Hustenmittel, v. a. bei Kindern.

Fichtennadelspiritus

Klare Flüssigkeit mit typischem Geschmack nach Fichtennadelöl, welches in mindestens 70%igem Alkohol gelöst ist.

Verwendung: äußerlich als Einreibung bei rheumatischen Beschwerden.

Franzbranntwein

Aromatisch weinbrandartig riechende Flüssigkeit, die durch Vermischen von Alkohol mit aromatischen Essenzen hergestellt wurde und Zusätze wie z. B. Kochsalz, Menthol, Kampfer, Geruchsstoffe oder Farbstoffe enthalten kann. Franzbranntwein kann farblos, grün oder braun gefärbt sein und ist mit einem Mindestgehalt von 45 % Alkohol freiverkäuflich.

Verwendung: äußerlich zu erfrischenden, durchblutungsfördernden Einreibungen gegen Wundliegen und rheumatische Beschwerden, auch bei Zerrungen und Prellungen.

Hefe (Medizinische Hefe)

Gelbliches Pulver aus toten und lebenden Zellen der „Bierhefe". Typischer Geruch und Geschmack. Freiverkäuflich als Fertigarzneimittel, meist als Tabletten. (In anderer Form meist als diätetische Lebensmittel im Handel.)

Verwendung: innerlich gegen unreine Haut und Furunkulose.

Heublumenkompressen

Blütenstände verschiedener Gräser; je nach Herkunft wechselnde Zusammensetzung. Üblicherweise in einem Gewebesäckchen (Heusack) verpackt.

Verwendung: zu schmerzstillenden Packungen bei rheumatischen Beschwerden, Hexenschuß und Leibschmerzen.

Holzteer (*Pix liquida* DAB 6)

Durch tockene Destillation des Holzes verschiedener Bäume aus der Familie der Pinaceae, vornehmlich aus dem Holz der Waldkiefer (Pinus silvestris) gewonnen; braunschwarze, durchscheinende, dicke Flüssigkeit, mit eigentümlichem Geruch.

Verwendung: äußerlich als Hautmittel in der Tiermedizin; die Verwendung als Hautmittel beim Menschen sollte unterbleiben (Arzneimittelrisiko und beachte „Krankheitsliste" Anlage 3, Ziffer 15).

Johanniskrautöl (*Oleum Hyperici* Erg. Bd. 6)

Mazerat aus frischen Johanniskrautblüten mit Olivenöl, das nach etwa sechswöchiger Sonnenbestrahlung eine tiefrote Farbe aufweist (durch Extraktion der enthaltenen Hypericine). Freiverkäuflich als Fertigarzneimittel.

Verwendung: innerlich gegen depressive Verstimmung und Gallebeschwerden, äußerlich gegen Entzündungen und zur Wundheilung.

Kamillenfluidextrakt (Extractum Chamomillae fluidum)

Auszüge von Kamillenblüten mit Alkohol verschiedener Konzentration. Grünlichbraune Flüssigkeit mit Geruch nach Kamille. Freiverkäuflich als Fertigarzneimittel.

Verwendung: innerlich als entzündungshemmende, krampflösende Mittel bei Magen- und Darmerkrankungen; zu Inhalationen bei Erkältungskrankheiten, äußerlich zu Bädern und zur Wundheilung.

Kamillenextrakt, auch mit Salbengrundlage

Kamillensalbe. Freiverkäuflich als Fertigarzneimittel.

Verwendung: äußerlich als entzündungshemmendes und wundheilendes Mittel.

Karmelitergeist (Spiritus aromaticus compositus)

Klare Flüssigkeit mit würzig-aromatischem Geruch. Enthält Zitronellöl, ätherisches Muskatöl, Zimtöl, Nelkenöl und andere gelöst in verdünntem Alkohol.

Verwendung: innerlich gegen Magenbeschwerden und Verdauungsstörungen, Erkältungskrankheiten, äußerlich als durchblutungsfördernde Einreibung.

Knoblauch

Ist in Form verschiedener Zubereitungen (Kapseln, Dragees, Perlen, Tropfen) als Fertigarzneimittel freiverkäuflich. Der typische Knoblauchgeruch entsteht durch Ausscheidung der schwefelhaltigen Abbauprodukte des Hauptwirkstoffes Allicin über die Haut und Atemluft.

Verwendung: zur Vorbeugung von Arteriosklerose (hohe Dosierung notwendig!) und gegen Verdauungsstörungen (dyspeptische Beschwerden) sowie Darminfektionen bei Tieren.

Kondurangowein (*Vinum Condurango* DAB 6)

Bitterschmeckender Südwein, hergestellt unter Verwendung von Kondurangorindenextrakt, Aromatischer Tinktur und Zucker. Freiverkäuflich als Fertigarzneimittel.

Verwendung: innerlich bei Appetitlosigkeit und dyspeptischen Beschwerden („schwacher Magen").

Lärchenterpentin (*Terebinthina laricina* Erg. Bd. 6)

Harzsaft der Europäischen Lärche (*Larix decidua*); gelblicher bis bräunlicher, klarer dick- bis zähflüssiger Balsam, mit eigentümlich würzigem Geruch und wenig bitterem Geschmack.

Verwendung: in der Humanmedizin als Arzneimittel nicht mehr gebräuchlich; in der Tiermedizin als Wundverschluß gelegentlich noch verwendet.

Lecithin

Fett- bis wachsähnliche, bräunliche Masse, die sowohl aus pflanzlichem (Sojabohne und anderen Samen) als auch aus tierischem Material (z. B. aus Eigelb) gewonnen wird. Bestandteil der Nervensubstanz.

Verwendung: als Kräftigungsmittel, insbesondere der Nerven.

Leinkuchen (*Placenta Seminis Lini* DAB 6)

Preßrückstand nach der Gewinnung des Leinöles; bräunlichgraues Pulver, in frischem Zustand geruchsneutral, mit schleimigem und nichtbitterem Geschmack (Anmerkung: länger oder feucht gelagertes Leinkuchenmehl schmeckt bitter und riecht ranzig!).

Verwendung: äußerlich als heißer Brei bei Hautentzündungen und vor allem bei Furunkeln und Abszessen.

Leinöl (*Oleum Lini* DAB 6)

Aus Leinsamen ohne Anwendung von Wärme gepreßtes fettes Öl; gelbes, eigenartig riechendes (riecht ranzig nach längerer Lagerung), in dünner Schicht leicht trocknendes Öl; frisches Leinöl ist geschmacksneutral, überlagertes Leinöl schmeckt bitter und riecht firnisartig.

Verwendung: wegen seines hohen Gehaltes an mehrfach ungesättigten Fettsäuren als Adjuvans bei Hyperlipidämie und bei Arteriosklerose.

Lorbeeröl (*Oleum Lauri* DAB 6)

Aus den Lorbeerfrüchten unter Anwendung von Wärme gepreßtes oder durch Auskochen gewonnenes fettes Öl zusammen mit ätherischem Öl; salbenartige Masse mit grüner Farbe und würzigem Geruch.

Verwendung: äußerlich als Einreibung bei rheumatischen Beschwerden und zur Abwehr von Mücken; in der Tiermedizin bei „lahmenden" Tieren.

Mandelöl (*Amygdalae oleum* DAB 1997)

Kaltgepreßtes fettes Öl aus süßen und/ oder bitteren Mandeln. Klare, hellgelbe Flüssigkeit mit schwach süßlichem Geschmack. Mandelöl ist in frischem Zustand nahezu geruchlos, wird aber leicht ranzig. (Nicht zu verwechseln mit dem ätherischen Bittermandelöl).

Verwendung: in Salbengrundlagen.

Mannasirup (Sirupus Mannae)

Stark zuckerhaltige Flüssigkeit, die unter Verwendung von Manna (getrockneter Saft der Manna-Esche mit dem Zuckeralkohol Mannit als Hauptwirkstoff) hergestellt wird.

Verwendung: innerlich als mildes Abführmittel für Kinder.

Melissengeist (Spiritus Melissae comp.)

Aromatisch riechende, farblose Flüssigkeit mit hohem Alkoholgehalt (79 Vol%), hergestellt durch Destillation von Melissenblättern und anderen aromatischen Drogen mit Alkohol. Freiverkäuflich als Fertigarzneimittel.

Verwendung: innerlich gegen Übelkeit, Magenbeschwerden und zur Nervenberuhigung; äußerlich zum Einreiben bei Kopf- und Nervenschmerzen, Migräne.

Melissenspiritus (Spiritus Melissae)

Farblose, nach Melisse und Alkohol riechende Flüssigkeit, hergestellt durch Lösen von Melissenöl in Alkohol.

Verwendung: äußerlich zum Einreiben bei Nervenschmerzen.

Mentholstifte (Migränestifte)

Enthalten als Wirkstoff Menthol, das aus dem ätherischen Öl von Minzarten oder synthetisch gewonnen wird. Erzeugt Kältegefühl auf der Haut.

Verwendung: zum Einreiben der Stirn bei Kopf- und Nervenschmerzen.

Minzöl, ätherisches (*Menthae arvensis aetheroleum* DAB 1997)

Mentholreiches ätherisches Öl der japanischen „Pfefferminze" (Ackerminze).

Verwendung: innerlich tropfenweise zur unterstützenden Behandlung von Erkältungskrankheiten, Magen-, Darm- und Gallebeschwerden; äußerlich bei Katarrhen der Luftwege (nicht bei Säuglingen und Kleinkindern), bei Muskel- und Nervenschmerzen.

Myrrhentinktur (*Myrrhae tinctura* DAB 1997)

Gelbrote bis braune Flüssigkeit von charakteristischem Geruch und anhaltend bitterem Geschmack. Sie ist ein Auszug aus Myrrhe (= Harz) mit 90%igem Alkohol.

Verwendung: als desinfizierende Pinselung bei Entzündungen der Schleimhäute in Mund und Rachen.

Opodeldok, flüssiger (*Spiritus saponato-camphoratus* DAB 6)

Klare, gelbe Flüssigkeit mit kräftigem Geruch nach Ammoniak, Campher und ätherischen Ölen.

Verwendung: äußerlich als hautreizende Einreibung bei rheumatischen Beschwerden.

Pepsinwein (*Vinum Pepsini* DAB 6)

Hellbrauner Arzneiwein, hergestellt aus Südwein mit Zusatz von Salzsäure, Pomeranzentinktur und Pepsin (Verdauungsenzym des Magens). Freiverkäuflich als Fertigarzneimittel.

Verwendung: innerlich likörglasweise zur Appetitanregung und Unterstützung der Magenverdauung.

Pyrethrumextrakt

Extrakt aus Insektenblüten (*Pyrethrum*-Arten, Korbblütler).

Verwendung: als schnell wirkende Kontakt-Insektizide (Mittel gegen Ungeziefer) zur Anwendung bei Tieren (für Warmblütler wenig toxisch). Als Fertigarzneimittel in Form von Pudern, Flüssigkeiten, Sprays freiverkäuflich.

Ratanhiatinktur (*Ratanhiae tinctura* DAB 1996)

Rotbraune, fast geruchlose Flüssigkeit mit zusammenziehendem Geschmack nach Gerbstoffen. Sie wird hergestellt durch Perkolation von Ratanhiawurzeln mit verdünntem Alkohol in Verhältnis 1:5.

Verwendung: zu Pinselungen bei entzündetem Zahnfleisch, Zusatz zu Gurgelwässern.

Rizinusöl (*Ricini oleum raffinatum, Ricini oleum hydrogenatum* DAB 1997)

Aus Rizinussamen durch Pressen ohne Wärmezufuhr erhaltenes fettes Öl; klare, dickflüssige, fast farblose oder schwach gelb gefärbte Flüssigkeit; fast geruchlos, milder, später kratzender Geschmack.

Verwendung: innerlich als Abführmittel (Anmerkung: Es muß absolut sicher sein, daß kaltgepreßtes und dem Arzneibuch entsprechendes Rizinusöl abgegeben wird, andernfalls kann es zu Vergiftungen mit Koliken und blutigen Durchfällen kommen!); äußerlich zur Herstellung von Haarbrillantinen, Haarwässern usw.

Rosenhonig (*Mel rosatum* Erg. Bd. 6)

Süß schmeckende und nach Rosenöl duftende Flüssigkeit auf der Basis von Honig.

Verwendung: Hustenmittel für Kinder.

Merke: der früher häufige Zusatz von Borax zur Behandlung von Mundsoor bei Säuglingen ist nicht mehr erlaubt (Borsäureverbindungen stehen in der Negativliste Anlage 4 zur VO nach § 46).

Rosmarinspiritus (*Spiritus Rosmarini* Erg. Bd. 6)

Klare, farblose Flüssigkeit mit Geruch nach Alkohol und Rosmarinöl.

Verwendung: als Einreibung gegen Rheuma und Nervenschmerzen.

Spitzwegerichauszug und Spitzwegerichsirup

Auszug aus Spitzwegerichkraut bzw. -sirup, hergestellt mit Spitzwegerichauszügen. Freiverkäuflich als Fertigarzneimittel.

Verwendung: innerlich als Hustenmittel.

Süßholzsaft (*Succus Liquiritiae* DAB 6)

Eingedickter, wäßriger Extrakt aus der Süßholzwurzel; durch weitere Reinigung erhält man Succus Liquiritiae depuratus und daraus wird durch Guß die Lakritze hergestellt; harte, glänzende, schwarze, in der Wärme etwas erweichende Stangen, die in scharfkantigen Stücken brechen und süß schmecken.

Verwendung: Lakritze (z.B. in Pastillenform) als Heilmittel gegen Husten und Heiserkeit (siehe Anlage 2a); als Geschmackskorrigens, besonders in Hustenmitteln.

Tolubalsam

Braungelbe Masse, die durch Einschnitte in die Rinde bestimmter Schmetterlingsblütler gewonnen wird (zähflüssiger Balsam tritt aus und erhärtet an der Luft), mit feinem Geruch, würzigem Geschmack.

Verwendung: in Hustenmittel (s. Anlage 2a).

Tragant (*Tragacantha* Ph. Eur. 1997)

Gummiartiger Schleim, gewonnen durch Anritzen der Stämme bestimmter Schmetterlingsblütler (Astragalus-Arten), mit hohem Quellvermögen.

Verwendung: innerlich als Abführmittel (s. Anlage 2b), Bindemittel, Haftmittel für Zahnprothesen.

Wacholderextrakt, -mus, -öl
s. Wacholderbeeren, S. 32.

Wacholderspiritus

Klare Flüssigkeit, die durch Auflösen von Wacholderöl in Alkohol hergestellt wird und kräftig nach Wacholder riecht.

Verwendung: äußerlich gegen rheumatische Beschwerden.

Watte, imprägniert mit Capsicumextrakt

Capsicumextrakt wird aus Chilischoten gewonnen und wirkt stark durchblutungsfördernd und wärmend.

Verwendung: als Watteauflage bei Rheuma, Hexenschuß, Ischias und Nervenschmerzen.

Weizenkeimöl

Fettes Öl der Keimlinge von Weizenkörnern. Es enthält viel Vitamin E.

Verwendung: innerlich in Kapseln oder Perlen als Stärkungsmittel, insbesondere von Herz und Kreislauf. Freiverkäuflich als Fertigarzneimittel.

Weizenkleie

Beim Mahlen der Weizenkörner abgetrennte Teile des Speichergewebes sowie der Frucht- und Samenschale.

Verwendung: als Abführmittel (s. Anlage 2b).

Weiterführende Literatur zur Vertiefung des Wissens über Arzneipflanzen, Drogen, Drogeninhaltsstoffe und Drogenzubereitungen

1. Sammeln und Trocknen von Arzneipflanzen

A. Poletti, H. Schilcher und A. Müller: „Heilkräftige Pflanzen – erkennen, sammeln und anwenden", Walter Hädecke Verlag, Weil der Stadt, 3. Auflage 1997.
M. Pahlow: „Das große Buch der Heilpflanzen", Gräfe und Unzer Verlag, München, 2. Auflage 1993.
K. Ebert: „Arznei- und Gewürzpflanzen – Ein Leitfaden für Anbau und Sammlung.", Wissenschaftliche Verlagsgesellschaft mbH, Stuttgart 1982.
M. Wichtl (Hrsg.): „Teedrogen", Wissenschaftliche Verlagsgesellschaft mbH Stuttgart, 3. Auflage 1997.

2. Arzneiliche Anwendung

H. Schilcher: „Kleines Heilkräuter-Lexikon", 3. verbesserte und erweiterte Auflage. Walter Hädecke Verlag, Weil der Stadt 1994.
R. F. Weiß: „Lehrbuch der Phytotherapie", Hippokrates Verlag, Stuttgart, 8. Auflage 1997.
G. Madaus: „Lehrbuch der Biologischen Heilmittel", III Bände, Georg Olms Verlag, Hildesheim.
R. Hänsel: „Phytopharmaka", Springer-Verlag, Berlin–Heidelberg–New York–London–Paris–Tokyo 1991.

3. Pflanzeninhaltsstoffe

E. Steinegger und R. Hänsel: „Lehrbuch der Pharmakognosie", Springer-Verlag, Berlin–Heidelberg–New York. 5. Auflage 1992.
H. Wagner: „Pharmazeutische Biologie – Drogen und ihre Inhaltsstoffe." Gustav Fischer Verlag, Stuttgart–New York, 5. Auflage 1993.

2.4 Chemische Verbindung und deren Verwendung in freiverkäuflichen Arzneimitteln

Bei der folgenden alphabetischen Auflistung handelt es sich im wesentlichen um arzneiliche Stoffe, die in den Positivlisten 1 a, 2 a, b und c der Verordnung über apothekenpflichtige und freiverkäufliche Arzneimittel stehen (s. Teil III). Sie werden von den einzelnen Prüfungskommissionen mit recht unterschiedlicher Intensität abgefragt.

Äthanol (Alkohol, Spiritus, Weingeist, Ethanol, Äthylalkohol, Ethylalkohol)

- klare, farblose Flüssigkeit, feuergefährlich (!)
- typischer Geruch nach Alkohol
- mischbar in jedem Verhältnis
  mit Wasser = Äthanol-Wasser-Gemische
  mit Äther = Ätheräthanolgemisch (sog. *Hoffmannstropfen*)
  mit ätherischen Ölen = Destillate, Tropfen etc.

Verwendung: zur Reinigung und Desinfektion der Haut, zur Herstellung von Tinkturen, Extrakten, Fluidextrakten und Destillaten. Hoffmannstropfen gegen Übelkeit und bei Ohnmacht.

Äthanolamin (= **2-Aminoethanol**)

basische, flüssige Komponente in Zubereitungen gegen Hühneraugen und Hornhaut (siehe Anlage 2 c)

Äthylglykolsäurementhylester
(= **Menglytat**)

Komponente in Zubereitungen gegen Husten und Heiserkeit (siehe Anlage 2 a).

Aluminiumacetat-tartrat-Lösung (Essigweinsaure Tonerdelösung)

Farblose Flüssigkeit mit zusammenziehend-metallischem Geschmack und schwachem Geruch nach Essigsäure. Kann auch durch Auflösen von Aluminiumacetat-tartrat-Tabletten hergestellt werden.

Verwendung: äußerlich verdünnt (1 Eßl. auf 1 Glas Wasser) als Umschlag bei Verstauchungen, Prellungen, Zerrungen, Insektenstichen. Mild antiseptisch und adstringierend.

Alaun (Alumen, Kaliumalaun, Aluminiumkaliumsulfat)

- farblose Kristalle oder weißes, kristallines Pulver
- süßlich adstringierender (= zusammenziehender) Geschmack

Verwendung: äußerlich in Form von Stiften oder „Steinen" als Ätzmittel, z. B. zur Blutstillung („Rasierstein").

Aluminiumhydroxid

- weißes, in Wasser unlösliches Pulver
- geruch- und geschmacklos

Verwendung: als Tabletten oder Suspension (Aufschwemmung in Flüssigkeit) gegen Magenübersäuerung (Fertigarzneimittel).

Aluminiumsilikate und Aluminiummagnesium-silikat-Komplexe

Verwendung: als Fertigarzneimittel (Tabletten) innerlich gegen Magenübersäuerung.

Ameisenspiritus

Farblose Flüssigkeit mit einem Gehalt an ca. 1,25 % Ameisensäure, gelöst in Alkohol. Typischer Geruch!

Verwendung: äußerlich als durchblutungsförderndes Mittel bei rheumatischen Beschwerden.

p-Aminobenzoesäureäthylester (Anaesthesin, Benzocain)

Lokalanaesthetikum (= örtliches Schmerzmittel) gegen Hühneraugen und Hornhaut, keine Reizerscheinungen (siehe Anlage 2 c).

Ammoniaklösung (verdünnte Ammoniaklösung nach DAB 1997)/ **(Ammoniakflüssigkeit, Salmiakgeist, Hirschhorngeist)**

- klare, farblose Flüssigkeit mit einem Gehalt von etwa 10 % Ammoniak (= NH_3)
- stechender Geruch, wirkt auf die Schleimhäute stark ätzend

Verwendung: zum Betupfen von Insektenstichen und zu Einreibungen, früher als Riechmittel bei Ohnmachten.

Vorsicht: 20 bis 30 ml können bei oraler (= innerlicher) Aufnahme tödlich wirken! Daher zur Abfüllung keine „Lebensmittelflaschen" verwenden!

Ammoniumchlorid (Salmiak, Sal ammoniacum, Ammonium chloratum)

- weißes, kristallines Pulver, leicht löslich in Wasser
- typischer salziger Geschmack (*Salmiakpastillen)*

Verwendung: innerlich als schleimlösendes, auswurfförderndes Hustenmittel in Form von Fertigarzneimitteln zum Lutschen, z.B. Salmiakpastillen. (Anlage 2a).

Anethol

- fester, in Wasser unlöslicher Hauptbestandteil von Anis- und Fenchelöl

Verwendung: wie Anisöl (s. Seite 40).

Ascorbinsäure (*Acidum ascorbicum,* Vitamin C)

- weißes, kristallines Pulver
- saurer Geschmack

In vielen Früchten enthalten. Gewinnung meist mittels biochemischer Synthese.

Verwendung: innerlich zur Steigerung der körpereigenen Abwehr bei Infektionen; bei erhöhtem Vitamin-C-Bedarf (z.B. von Rauchern).

Borsäure und ihre Salze

Weißes Pulver mit schwach antiseptischer Wirkung.

Verwendung: zur Pufferung und/oder Isotonisierung in Benetzungs- oder Desinfektionslösungen für Kontaktlinsen.

Aus medizinischer Sicht ist die Verwendung von Borsäure zu anderen Zwecken heute abzulehnen (Vergiftungsgefahr bei Kindern). Borsäure und ihre Salze sind in der Negativliste Anlage 4 aufgeführt!

Benzalkoniumchlorid (quartäres Ammoniumsalz)

Desinfektionsmittel in Zubereitungen gegen Hühneraugen und Hornhaut (Anlage 2c).

Benzylalkohol

- farblose, ölige Flüssigkeit
- aromatischer Geruch

Verwendung: in Zubereitungen zum Lutschen gegen Husten und Heiserkeit (Anlage 2a).

Benzylbenzoat

- farblose, ölige Flüssigkeit
- fast geruchlos

Verwendung: Bestandteil von Zubereitungen gegen Hühneraugen und Hornhaut (Anlage 2c).

Bittersalz, (Magnesiumsulfat, Schwefelsaures Magnesium, Epsom-Salz, Seydlitz-Salz, Englisches Salz)

- farblose Kristalle, leicht löslich in Wasser
  (verwendet werden muß Magnesiumsulfat mit 7 Mol. Wasser = $MgSO_4 \cdot 7\,H_2O$ und es darf nicht verwechselt werden mit wasserfreiem Magnesiumsulfat, das in gleicher Dosierung, wie wasserhaltiges Bittersalz, schädlich wirken kann!)
- bitter-salziger Geschmack

Verwendung: bekanntestes salinisches Abführmittel, in einer Dosis von 5 bis 20 g gelöst in Wasser, morgens vor dem Frühstück; wird auch bei Tieren angewendet.

Brausemagnesia (Magnesium citricum effervescens)

- weiße Pulvermischung
- löst sich in Wasser unter Entwicklung von Kohlendioxid

Verwendung: in Wasser gelöst löffelweise als mildes Abführmittel.

Calciumcarbonat (Kohlensaures Calcium, Calcium carbonicum)

- weißes Pulver, unlöslich in Wasser
- geschmacklos

Verwendung: in Form von Tabletten gegen Magenübersäuerung, früher als „Schlämmkreide" zum Zähneputzen.

Calciumtartrat, Calciumlactat, Calciumphosphat

- weiße Pulver

Verwendung: als Fertigarzneimittel in Form von Tabletten oder Pulver innerlich zur Förderung des Knochen- und Zahnaufbaus in der Wachstumsperiode, Schwangerschaft und Stillzeit.

Cetylpyridiniumchlorid (quartäres Ammoniumsalz)

Verwendung: als Desinfektionsmittel in Zubereitungen zum Lutschen gegen Husten und Heiserkeit (siehe Anlage 2 a).

Cineol (Eucalyptol)

- Hauptbestandteil des ätherischen Eukalyptusöls, unlöslich in Wasser

Verwendung: innerlich in Lutschpräparaten als Expectorans (siehe Anlage 2 a).

Dihydroxybenzoesäure

Verwendung: in Mitteln gegen Hühneraugen und Hornhaut (siehe Anlage 2 c).

Fangokompressen und Schlickpackungen

- gebrauchsfertige Kompressen in verschiedenen Größen aus Fango (Schlamm vulkanischen Ursprungs und Schlick (Meeresschlamm))

Verwendung: äußerlich zur Wärmebehandlung bei Leber-, Galle- und Magenbeschwerden sowie bei Rheuma, Verstauchungen und Prellungen.

Fructose (Fruchtzucker, Lävulose)

- weißes, kristallines Pulver, leicht wasserlöslich, süß
- auch als Fructose-Lösung bzw. Fructose-Sirup (enthält zwischen 70 und 80 % Fructose) im Handel

Verwendung: als Süßmittel für Diabetiker, da der Abbau nicht insulinabhängig ist. Trotzdem kann der Diabetiker nicht unbegrenzte Mengen an Fructose einnehmen. Als Nahrungsergänzung bei Lebererkrankungen, da Fructose in der Leber schneller abgebaut wird als Traubenzucker (Glukose).

Glaubersalz (Natriumsulfat-Dekahydrat, Schwefelsaures Natrium)

- farblose Kristalle, leicht wasserlöslich; an der Luft werden die Kristalle durch Verwitterung weiß
- salzig, bitterer Geschmack

Verwendung: Als salinisches Abführmittel (ähnlich dem Bittersalz), in einer Dosis von 10–30 g für Erwachsene, gelöst in 1 Glas Wasser, morgens vor dem Frühstück. Glaubersalz wird sehr häufig als Abführmittel bei Tieren verwendet.

Glaubersalz ist auch Bestandteil einiger Mineralwässer (z. B. in der Karlsbader Quelle).

Glycerin (Glycerol)

- farblose, sirupartige Flüssigkeit
- süß schmeckend, mit schwachem eigenen Geruch

Verwendung: äußerlich in Salben und Lotionen (entzieht der Haut Wasser!). Als Klistier oder Zäpfchen in den Darm gebracht wirkt Glycerin mild abführend (Beachte: Beide genannten Darreichungsformen sind außerhalb der Apotheke verboten!)

Bemerkungen: Glycerin ist ein dreiwertiger Alkohol und kein fettes Öl. Es löst sich zu gewissen Anteilen in Wasser und Alkohol; Glycerin ist aber unlöslich in Äther und fetten Ölen.

Hartparaffin (s. Paraffin)

Heilerde

ist ein Pulver aus natürlich vorkommenden Mineralien mit großem Bindevermögen (Adorptionsvermögen). Freiverkäuflich auch in Kapseln.

Verwendung: innerlich gegen Magenübersäuerung und Gärungs- bzw. Fäulniserscheinungen im Darm.

Kältesprays

auf der Basis von Fluorchlorkohlenwasserstoffen (FCKW, Dichlordifluormethan, Trichlorfluormethan) auch mit Zusatz von ätherischen Ölen und Campher gegen Verstauchungen und Muskelschmerzen (ohne Zusätze sind sie als Desinfektionssprays freiverkäuflich).

Kaliumcitrat (Zitronensaures Kalium, Kalium citricum)

- farblose Kristalle oder kristallines Pulver
- leicht löslich in Wasser

Verwendung: enthalten in Mineralsalzmischungen und Mineralsalztabletten zur vorbeugenden Anwendung gegen Kaliummangel (z. B. nach starkem Schwitzen oder bei der Einnahme von Elektrolytausscheidenden Diuretika).

Kaliumnatriumtartrat (Weinsaures Kalium-Natrium, Seignettesalz)

- farblose Kristalle, leicht löslich in Wasser

Verwendung: als salinisches Abführmittel, in einer Dosierung von 10–30 g für Erwachsene, gelöst in 1 Glas Wasser.

Kohle (Medizinische Kohle, Aktivkohle)

- schwarzes, feines, leichtes Pulver mit sehr großer Oberfläche
- kein Geruch oder Geschmack
- großes Bindevermögen für Giftstoffe aller Art

Herstellung durch Verkohlen von pflanzlichem oder tierischem Material (Holzkohle, Knochenkohle); besteht im wesentlichen aus Kohlenstoff.

Verwendung: als Pulver, Tabletten oder Granulat gegen Durchfall und zum Entgiften des Verdauungskanals.

Lanolin

gelbliche Salbe aus Wollfett (salbenartige Masse, gewonnen bei der Aufbereitung von Schafwolle), flüssigem Paraffin und Wasser.

Verwendung: als Salbengrundlage.

Liniment, flüssiges

- Ammoniakflüssigkeit, gelöst in fettem Öl (Emulgator: medizinische Seife); milchig dickflüssig
- stechender Geruch

Verwendung: äußerlich als Einreibung bei rheumatischen Beschwerden.

Magnesia, gebrannte (Magnesiumoxid, Magnesia usta)

- sehr leichtes (1 Teelöffel wiegt nur ca. 0,4 g), weißes Pulver
- unlöslich in Wasser (schwimmt zunächst auf dem Wasser)

Verwendung: teelöffelweise als Mittel gegen Magenübersäuerung; die Verwendung ist wesentlich geeigneter als die von doppeltkohlensaurem Natron.

Magnesiumcarbonat, basisches

- weißes, in Wasser fast unlösliches Pulver; auch als Tabletten (Fertigarzneimittel

Verwendung: innerlich als Mittel gegen Magenübersäuerung.

Magnesiumperoxid bis 15%ig

- weißes, leichtes Pulver; auch als Tabletten (Fertigarzneimittel)

Verwendung: innerlich als Mittel gegen Magenübersäuerung.

Magnesiumtrisilikat

- weißes Pulver
- geruch- und geschmacklos

Als Tabletten (Fertigarzneimittel) freiverkäuflich.

Verwendung: innerlich gegen Magenübersäuerung.

Menthol

- farblose Kristalle, fast unlöslich in Wasser
- typischer Pfefferminzgeruch

Gewinnung aus der japanischen Pfefferminze (oder synthetisch).

Verwendung: innerlich in Hustenmitteln (Anlage 2 a); äußerlich zur Schmerzlinderung, z.B. in Migränestiften (Anlage 1 a), in Hühneraugenmitteln (Anlage 2 c), in Erkältungssalben und -bädern, in juckreizstillenden Mitteln.

Milchzucker (Lactose, Laktobiose, Saccharum Lactis)

- weißes, kristallines Pulver, leicht wasserlöslich
- schwach süßer Geschmack

Verwendung: als sehr mildes Abführmittel für Säuglinge, allerdings erst wirksam in einer Mindestdosis von 10 bis 20 g. Zur Verbesserung der Darmflora durch pH-Verschiebung (Milchzucker wird durch Mikroorganismen zu Milchsäure abgebaut); als Hilfsstoff in Tabletten, Dragees, Pulver u.a. galenischen Zubereitungen.

Milchsäure (Oxipropionsäure, Acidum lacticum = Gemisch aus rechts- und links drehender Milchsäure, sog. „Gärungsmilchsäure")

- farblose, sirupartige Flüssigkeit, leicht löslich in Wasser
- geruchlos, schmeckt säuerlich und ist hygroskopisch

Verwendung: äußerlich in Zubereitungen gegen Hühneraugen und Hornhaut (siehe Anlage 2 c). Innerlich zur Konservierung und Stabilisierung von Molkegetränken und alkoholfreien Tonika. In „Reformhausprodukten“ wird vornehmlich die rechtsdrehende L-(+)-Milchsäure verwendet, weil diese stoffwechselaktiver und die physiologische Form ist. Enthalten in Tabletten, Granulaten und flüssigen Arzneimitteln zur Regeneration einer desolaten Darmflora.

Mineralstoffe

Erforderlich für bestimmte Körperfunktionen (z. B. Stoffwechselvorgänge, Muskeltätigkeit usw.) oder notwendig als Bausteine des Körpers.

Natrium

Aufgaben: Regulierung des osmotischen Druckes der **extrazellulären** Flüssigkeit, Aktivierung von Enzymen.

Vorkommen: in Meeresprodukten (z. B. Algen), in vielen Nahrungsmitteln, vor allem Wurst und Käse.

Das Überangebot an Natriumchlorid (= Kochsalz) ist ein Verursachungsfaktor für hohen Blutdruck.

Kalium

Aufgaben: Regulierung des osmotischen Druckes der **intrazellulären** Flüssigkeit, Aktivierung von Enzymen, wichtige Beteiligung an Muskelfunktionen.

Vorkommen: Feldspat, Granit, Glimmer, Steinsalz, Landpflanzen, Zitrusfrüchte, Banane, Feige, Gemüse, Hefe, Soja u. a.

Der mittlere Tagesbedarf des Erwachsenen ist 2 bis 3 g.

Calcium

Aufgaben: Baustein des Skeletts und der Zähne, Aktivierung von Nerven und Muskeln, notwendig für die Blutgerinnung.

Vorkommen: Marmor, Kalkstein, Kreide, Milch und Milchprodukte, Nüsse, Sesamsamen, Eierschalen u. a.

Der mittlere Tagesbedarf des Erwachsenen ist 800 mg, bei Kindern liegt der Tagesbedarf zwischen 1 000 und 1 200 mg Calcium.

Eisen

Funktion: Baustein des Blutfarbstoffes (= Hämoglobin), demjenigen Bestandteil in den roten Blutkörperchen (= Erythrozyten), der für den Sauerstofftransport verantwortlich ist; ferner wichtiger Baustein in einigen Enzymen!

Mangel: Eisenmangelanämie (eine Art „Blutarmut“) (siehe Krankheitsliste, Anlage 3 zur VO nach § 46 AMG 76, Teil III).

Vorkommen: Fleisch, Leber, Zuckermelasse, Petersilie, Kresse, Brennessel, Sauerampfer, Vollkornbrot, Sojabohnen, Sesamsamen (Merke: Spinat ist mit ca. 10 mg % Eisen kein eisenreiches Gemüse!)

Der mittlere Tagesbedarf für den Mann ist 10 mg, für die Frau 18 bis 20 mg und für Schwangere und Stillende 25 bis 30 mg Eisen.

Magnesium

Aufgaben: Aktivierung von Enzymen, die am Energiestoffwechsel beteiligt sind. Beteiligung bei der Muskelkontraktion und bei der Übertragung der Erregung von den Nerven auf die Muskel.

Vorkommen: Magnesit, Dolomit, Bestandteil des Chlorophylls grüner Pflanzen, Getreide, Sojabohnen, Milchprodukte.

Der mittlere Tagesbedarf des Erwachsenen ist 250 mg.

Phosphor

Aufgaben: Skelettbaustein, Baustein von Zellen, zur Energiegewinnung und Energieverwertung in Form energiereicher Phosphate.

Vorkommen: Eigelb (im Lecithin), Käse, Sojabohnen, Weizenkeime, Nüsse, Hefe, Kakaopulver u. a.

Der mittlere Tagesbedarf des Erwachsenen ist 800 mg.

Natriumhydrogencarbonat, Natriumbicarbonat, doppeltkohlensaures Natron

- feinkristallines, weißes Pulver, löslich in Wasser
- Geschmack salzig, laugenartig

Verwendung: innerlich als Pulver (Bullrichsalz), Tabletten, Granulat, Kapseln als Fertigarzneimittel gegen Magenübersäuerung.

Vorsicht, da durch die Freisetzung von Kohlendioxid die Magenschleimhaut geschädigt werden kann, Blähungen auftreten und der Reiz zu stets neuer Säureproduktion besteht.

Natriummonohydrogenphosphat (Sekundäres Natriumphosphat, Natrium phosphoricum)

- farblose Kristalle, leicht wasserlöslich
- schwach salziger Geschmack

Verwendung: als mildes, salinisches Abführmittel, in einer Dosierung von 10–20 g für Erwachsene auf 1 Glas Wasser.

Papain (proteolytisches (= eiweißabbauendes) Enzym aus den Früchten des Melonenbaumes = Papaya-Früchte)

Verwendung: anstelle von Pepsin als „pflanzliches Magenverdauungsenzym" zur Unterstützung der Eiweißverdauung bei sog. „Magenschwäche".

Paraffin, hartes

unter Paraffine versteht man gereinigte, gesättigte Kohlenwasserstoffe.

Hartparaffin (= zu Blöcken und Tafeln verarbeitetes Paraffin)

Verwendung: in der Hauptsache als Salbengrundlage, ferner äußerlich vewendet zur Wärmebehandlung chronisch entzündlicher Erkrankungen der Muskeln, Gelenke und Nerven (auch mit Zusatz von Heilerden, Bademooren und anderen Peloiden).

Flüssiges Paraffin

- im Gebrauch sind dick- und dünnflüssiges Paraffin
- farblose, ölige Flüssigkeit, geruch- und geschmacklos

Verwendung: bis zu einem Gehalt von 10 % in nichtflüssigen Zubereitungen als Abführmittel (siehe Anlage 2 b); ferner in Nasenölen, Lotionen und Salben. 10%-iges Paraffinöl ist apothekenpflichtig!

Sauerstoff für medizinische Zwecke

reiner, verdichteter Sauerstoff in Stahlflaschen.

Verwendung: zur Sauerstoffbeatmung.

Saccharin (Benzoesäuresulfimid, Süßstoff)

Süßkraft beträgt etwa das 550fache des Rohrzuckers.

Verwendung: als Zuckerzusatz für Diabetiker; Saccharin ist in Normdosen unschädlich und wird im Harn unverändert ausgeschieden.

Sionon® (siehe Sorbit)

Salicylsäure (Salizylsäure, Acidum salicylicum)

- weiße, nadelförmige Kristalle, geruchlos
- süßlich-saurer, kratzender Geschmack
- schwer löslich in Wasser, leicht löslich in Weingeist u. Äther

Verwendung: äußerlich als Antiseptikum und bis 40 % in Mitteln gegen Hühneraugen und Hornhaut (siehe Anlage 2 c).

Merke: Zur innerlichen Anwendung, z. B. zum Konservieren von Marmelade, ist Salicylsäure **nicht** freiverkäuflich!

Salicylsäureabkömmlinge und deren Salze

nur zum äußeren Gebrauch außerhalb der Apotheke zugelassen (siehe Anlage 4).

Salicylsäureester

außerhalb der Apotheke nur mehr in Mund und Rachendesinfektionsmitteln zugelassen. Zum inneren Gebrauch, z. B. als **Kopfschmerzmittel** (z. B. Acidum acetylosalicylicum = Aspirin®) **nicht** mehr freiverkäuflich (siehe Anlage 4).

Salicyltalg

- weiße, feste Salbe in Stangenform, bestehend aus Salicylsäure und Hammeltalg.

Verwendung: äußerlich gegen Wundlaufen und Fußschweiß.

Schwefel, gereinigter

- feines, gelbes Pulver
- geruch- und geschmacklos

Verwendung: äußerlich bei Hauterkrankungen (z. B. Schwefelseife), die innerliche Anwendung als Abführmittel ist obsolet und sollte auch nicht mehr empfohlen werden.

Stangenschwefel

gereinigter Rohschwefel, der in dicken Stäben und Bändern in den Handel kommt.

Verwendung: zum „Schwefeln" (= desinfizieren) von Wein-, Bier- und Obstfässern.

Silbernitratlösung 1%ig

- wäßrige Lösung in Ampullen

Verwendung: zur Verhütung von Augentripper bei Neugeborenen durch Einträufeln in die Augen (Ampullen befinden sich in der üblichen Wochenbettpackung). Nicht freiverkäuflich!

Siliciumdioxid (Kieselsäure)

- feines, weißes Pulver mit großer spezifischer Oberfläche
- geruch- und geschmacklos

Verwendung: innerlich und äußerlich als Fertigarzneimittel mit aufsaugender Wirkung.

Sorbit (Sorbitol, d-Sorbit, 6wertiger Alkohol)

- farblose Kristallnadeln, leicht wasserlöslich
- süßer Geschmack

Verwendung: als Süßungsmittel für Diabetiker (z. B. Handelsprodukt Sionon®), weil für die Verstoffwechselung kein Insulin benötigt wird. Als Hilfsstoff in Lotionen und Salben enthalten.

Vorkommen: Sorbit ist im Pflanzenreich weit verbreitet, z. B. enthalten die Früchte der Vogelbeeren bis zu 10 % Sorbit.

Spurenelemente

sind Stoffe, die im Körper nur in geringen Konzentrationen vorkommen und vom Körper auch nur in geringen Mengen benötigt werden. Sie erfüllen aber wichtige spezifische biochemische Funktionen und sind für die Gesundheit des Menschen unentbehrlich.

Die wichtigsten Spurenelemente sind Kupfer, Zink, Kobalt, Fluor, Jod, Selen und Silicium.

Kupfer

Funktion: Wichtig für die Aktivierung von Enzymen, ist u. a. an der Blutbildung mitbeteiligt.

Mangel: Bestimmte Formen der Anämie, Herabsetzung von Abwehrmechanismen.

Zink

Funktion: Bestandteil von Enzymen (z. B. im Insulin enthalten)

Mangel: Wachstumsstörungen, verzögerte Wundheilung (daher Anwendung von Zinksalbe), Haarausfall.

Kobalt

Funktion: Bestandteil des Vitamin B_{12}, an der Bildung der roten Blutkörperchen mitbeteiligt.

Mangel: Bestimmte Formen der Blutarmut.

Fluor

Funktion: Wichtig zur Verhütung von Karies und notwendig für den Aufbau des Zahnschmelzes.

Mangel: Karies

Jod

Funktion: Bestandteil der Schilddrüsenhormone.

Mangel: Kropf

Überschuß an Jod: Schilddrüsenüberfunktion.

Selen

Funktion: Bestandteil von Enzymen, entgiftet Schwermetalle, wirkt als Antioxidans

Mangel: Mangelsymptome beim Menschen noch nicht bekannt. Bei Schafen verursacht Selenmangel die „weiße Muskelkrankheit".

Silicium

Funktion: Beteiligt am Wachstum von Haaren und Nägeln, notwendig zur Bindegewebsfestigung, aktiviert die sog. „Freßzellen".

Mangel: Haarausfall, sprödes und brüchiges Haar, Brechen der Fingernägel, Erschlaffung des Stützgewebes.

Mangan, Molybdän, Vanadium, Nickel und *Chrom* sind weitere Spurenelemente, von denen im Moment sichere Mangelerscheinungen erst bei Pflanzen bekannt sind.

Talk (Talcum (= natürliches Magnesiumpolysilikat))

- weißes, fettig anzufühlendes Pulver, unlöslich in Wasser

Verwendung: Bestandteil von Hautpudern (Nicht als Wundpuder zu verwenden!).

Tamponadestreifen (= Gewebestreifen)

imprägniert mit weißem Vaselin.

Verwendung: zum Ausstopfen von Wund- und Körperhöhlen.

Tannin-Eiweiß-Tabletten

- hellbraune bis braune Tabletten. Freiverkäuflich als Fertigarzneimittel

Verwendung: Durchfallmittel, besonders bei Sommer- und Reisediarrhoen.

Thymol

- farblose Kristalle
- Geruch nach Thymian

Hauptbestandteil des ätherischen Thymianöls.

Verwendung: innerlich in Hustenmitteln (s. Anlage 2a), äußerlich zu Mundwässern, Zahnpasten (antiseptisch wirksam).

Ton, weißer (Kaolin, Bolus alba (= natürlicher, gereinigter Ton))

- weißlichgraues Pulver, das sich fettig anfühlt

Verwendung: innerlich wie Kohle bei Darmerkrankungen, insbesondere bei Durchfällen in einer Dosierung von 50–150 g, angerührt in Wasser; äußerlich als warme Packungen bei rheumatischen Beschwerden und als Streupulver.

Vaselin

aus den Rückständen der Erdöldestillation gewonnenes, gereinigtes Produkt; fester Anteil ab 270 °C, der nach dem Abtrennen von Schmieröl verbleibt.

Weißes Vaselin (= gebleichtes Vaselin)

weiße, höchstens gründlich durchscheinende, salbenartige Masse (= Mineralfett), geruchsneutral.

Gelbes Vaselin (= ungebleichtes Mineralfett)

gelbe, durchscheinende, salbenartige Masse, geruchsneutral.

Verwendung: weißes und gelbes Vaselin als Hautschutzsalbe (besitzen keine penetrierende, d.h. in die Haut eindringende Wirkung), als Salbengrundlage.

Vaselinöl

aus den Rückständen der Erdöldestillation gewonnenes flüssiges Mineralfett.

Verwendung: als Hautmittel.

Vitamine

sind Stoffe, die für den tierischen und menschlichen Organismus unentbehrlich (= essentiell) sind und die der Körper neben Eiweiß, Fetten, Kohlenhydraten, Mineralstoffen und Spurenelementen für den Aufbau und den „Betriebsstoffwechsel" benötigt, wenn auch meist nur in sehr kleinen Mengen (= sog. „Biokatalysatoren").

Die Vitamine teilt man ein in:

1. Fettlösliche Vitamine, deren Hauptvertreter in freiverkäuflichen Arzneimitteln die Vitamine A, D und E sind. Eine Überdosierung oder eine Langzeiteinnahme mit Mengen, die über dem üblichen Tagesbedarf liegen, können bei den Vitaminen A und D zu schweren Gesundheitsstörungen führen (siehe Anlage 4 zur VO nach § 46).

2. Wasserlösliche Vitamine, deren wichtigste Vertreter in freiverkäuflichen Arzneimitteln die Vitamine B_1, B_2, Nicotinsäureamid, Panthothensäure, B_6, Folsäure, B_{12} und C sind. Die Überdosierung wasserlöslicher Vitamine ist im allgemeinen unbedenklich, weil sie nicht gespeichert und relativ schnell aus dem Körper ausgeschieden werden.

1. Fettlösliche Vitamine

Vitamin A (Retinol)

Funktion: wichtig für den Ablauf des Sehvorganges, ferner für Haut- und Schleimhautfunktionen und für das Wachstum.

Mangel: Nacht- und Farbblindheit, Blendeempfindlichkeit, Haut- und Schleimhautverhornung, Hautschuppen, Ausfallen der Haare.

Tagesbedarf: 2000–5000 I.E. (0,6–1,5 mg) für Erwachsene; bei Magersucht, Infektionen, Schleimhauterkrankungen, Verdauungsstörungen und während der Schwangerschaft und Stillzeit liegt ein erhöhter Bedarf vor.

Überdosierung: Da Überdosierungen zu Gesundheitsstörungen führen, ist in freiverkäuflichen Arzneimitteln eine Höchsttagesdosierung von nur 5000 I.E. Vitamin A gestattet (siehe Anlage 4), die für Tiere erlaubte Tagesdosis ist 3000 I.E.

Vorkommen: in der Leber von Dorsch und Heilbutt (liefern den Lebertran), ferner in Butter, Milch, Eigelb und als Vorstufe, dem sog. Provitamin A (= β-Carotin) in Karotten, Pfirsich, Aprikosen, Palmöl, Kressen, Spinat u. a.

Vitamin D (D_3 = Cholecalciferol und D_2 = Ergocalciferol)

Funktion: Fördert die Aufnahme von Calcium und Phosphat aus dem Darm und ist somit wichtig für den Aufbau von Knochen und Zähnen.

Mangel: Rachitis (Störung des Knochenaufbaues, Knochenerweichung), Wachstumsstörungen. Zu den Vitamin-D-Mangelerscheinungen kann es auch mangels Sonnenlicht kommen.

Tagesbedarf: Der Tagesbedarf wird beim gesunden Erwachsenen durch eine in der Haut vorkommende Vorstufe, die bei Sonnenbestrahlung in Vitamin D_3 umgewandelt wird, gedeckt. Für Säuglinge, Kleinkinder und Schwangere ist der Tagesbedarf 400 I.E. Vitamin D_3 oder D_2 (= 10 Mikrogramm). Ein erhöhter Bedarf liegt bei schlecht heilenden Knochenbrüchen, in der Schwangerschaft und Stillzeit vor.

Überdosierung: Eine Überdosierung führt zur „Entkalkung“ der Knochen, und daher ist in freiverkäuflichen Arzneimitteln die maximale Tagesdosis auf 400 I.E. für den Menschen und 250 I.E. für Tiere festgelegt (siehe Anlage 4).

Vorkommen: In Fischleberölen, Eigelb, Butter, tierischen Fetten allgemein, und als Vorstufe (als Ergosterin) in der Hefe, woraus durch UV-Bestrahlung Vitamin D_2 gebildet wird (Vitamin D_2 ist vornehmlich in Reformhausprodukten enthalten).

Vitamin E, Tocopherole

Funktion: Schutzfunktion (als Antioxidans) an den Biomembranen der Zellen, Mitwirkung beim Fettstoffwechsel, Verbesserung der Leistungsfähigkeit der Muskelzellen.

Mangel: Beim Menschen ist ein solcher noch nicht exakt erkannt, da der vielseitige Wirkungsmechanismus des Vitamin E noch ungenügend erforscht ist. Bei Ratten kommt es zu Störungen in der Fortpflanzung, daher auch die Bezeichnung „Fertilitäts-Vitamin“.

Tagesbedarf: Beim Erwachsenen 15–30 I.E. (= 15–30 mg Tocopherolacetat); erhöhter Bedarf liegt bei Leistungssportlern, Schwangeren und Stillenden, bei fettreicher Ernährung, in Streß-Situationen und bei erhöhter Belastung durch Umweltgifte (z. B. Smog) vor.

Überdosierungen: Gesundheitsstörungen bei hohen Dosierungen (z. B. über 1000 mg Vitamin E pro Tag) und bei Langzeiteinnahmen (z. B. täglich 800 mg Vitamin E) konnten bislang nicht beobachtet werden. In den USA sind tägliche Dosen zwischen 100 und 400 mg (= I.E.) üblich.

2. Wasserlösliche Vitamine

Vitamin B_1 (Thiamin, Aneurin)

Funktion: Wichtig für den Kohlenhydratstoffwechsel.

Mangel: Nervenentzündungen, Verdauungsstörungen, Müdigkeit, Unlust, Appetitlosigkeit, Kopfschmerzen, Kurzatmigkeit bei geringsten Anstrengungen.

Tagesbedarf: Für Erwachsene ist der mittlere Tagesbedarf 1,5 mg; erhöhter Bedarf liegt vor während der Schwangerschaft und Stillzeit, bei Nervenentzündungen, Zuckerkrankheit, Leberleiden, bei Fieber, Magen- und Darmerkrankungen, bei geistigen und körperlichen Hochleistungen. Die Gefahr der Überdosierung besteht nicht.

Vorkommen: Hefe, Weizenkeime, ungeschälter Reis, Vollkornbrot, Haferflokken, Erbsen, Walnüsse, Soja, Schweineleber u. a.

Vitamin B_2 (Riboflavin, Lactoflavin)

Funktion: Wichtig für Oxidationsvorgänge in den Geweben.

Mangel: Reiner Vitamin B_2-Mangel ist selten und ist zu erkennen an Mundwinkeleinrissen, Mundschleimhautentzündungen, rissiger Zunge, rissiger Haut.

Tagesbedarf: Für Erwachsene ist der mittlere Tagebedarf 1,8 bis 2 mg; ein erhöhter Bedarf liegt während der Schwangerschaft und Stillzeit vor, sowie bei Leistungssportlern und Schwerarbeitenden. Eine Überdosierungsgefahr besteht nicht.

Vorkommen: Hefe, Getreidekeime, Blattgemüse, Erbsen, Bohnen, Rindsleber, Milch, Molke, Käse.

Nicotinsäureamid (Niacinamid)

Funktion: Wichtig für den Zuckerabbau und Kohlenhydratstoffwechsel ganz allgemein.

Mangel: Allgemeine Schwäche, nässende und pigmentierte Veränderungen der dem Sonnenlicht ausgesetzten Haut, Verdauungs- und schließlich nervliche Störungen = Symptome der sog. „Pellagra"-Erkrankung, die bei einseitiger Ernährung mit Mais auftritt. Entzündungen der Schleimhaut des Mundes, krankhaft abnorme Empfindlichkeit (Kribbeln, Taubsein).

Tagesbedarf: Für Erwachsene ist der mittlere Tagesbedarf 15 mg; ein erhöhter Bedarf liegt während der Schwangerschaft und Stillzeit vor, sowie bei körperlicher Schwerstarbeit, nervlicher und seelischer Überlastung, Nervenschmerzen und beim Alkoholismus. Überdosierungsreaktionen sind nicht bekannt.

Pantothensäure

Funktion: Bestandteil des Coenzym A, das für viele Stoffwechselfunktionen, u.a. für den Abbau von Fetten und Kohlenhydraten unentbehrlich ist.

Mangelerscheinungen: Da Pantothensäure in den Nahrungsmitteln sehr verbreitet ist, sind Mangelerscheinungen bei Menschen kaum bekannt. Bei Versuchstieren kommt es zu Wachstumsstillstand und Depigmentierung der Haare. Mangelerscheinungen beim Menschen sind Muskelschwäche und Infektionsanfälligkeit.

Tagesbedarf: Für Erwachsene ist der mittlere Tagesbedarf 8 mg; ein erhöhter Bedarf liegt während der Schwangerschaft und Stillzeit vor, sowie bei Nervenstörungen und Schleimhautentzündungen. Überdosierungsreaktionen sind nicht bekannt.

Vorkommen: Hefe, Leber, Erdnüsse, Champignons, Eigelb u. a.

Vitamin B_6 (Pyridoxin, Adermin)

Funktion: Bestandteil mehrerer Enzyme, die im Eiweißstoffwechsel eine große Rolle spielen.

Mangelerscheinungen: Störungen des Nervensystemes, Nervenentzündungen, depressive Stimmungslage, Haut- und Schleimhautveränderungen, Kinetosen (= Reisekrankheit).

Tagesbedarf: Für Erwachsene ist der mittlere Tagesbedarf 2 mg; ein erhöhter Bedarf liegt bei Infektionen, Vergiftungen, Streß, auf Reisen, bei Alkoholismus und während der Schwangerschaft und Stillzeit vor. Überdosierungsreaktionen sind nicht bekannt.

Folsäure (Pteroylglutaminsäure)

Funktion: Wichtig für die Synthese der roten Blutkörperchen bzw. wichtig für die gesamte Blutbildung (d.h. für das gesamte hämatopoetische System).

Mangelerscheinungen: Bestimmte Blutkrankheiten (hyperchrome Anämie) mit Appetitlosigkeit, Mattigkeit, Schwindelgefühl, Leistungsminderung und Beschwerden im Gastrointestinaltrakt.

Tagesbedarf: Für Erwachsene ist der mittlere Tagesbedarf 0,4 mg; ein erhöhter Bedarf liegt während der Schwangerschaft und Stillzeit vor, sowie nach Gebrauch von Sulfonamiden und Antibiotika, ferner bei Absorptionsstörungen während einer schweren Gastritis oder bei Sprue. Bei nicht eindeutig diagnostizierten Bluterkrankungen ist es falsch, Folsäure über längere Zeit in Polyvitaminpräparaten zu nehmen, da die Diagnose einer perniziösen Anämie erschwert und u. U. die perniziöse Anämie begünstigt werden kann. Folsäure kann den Vitamin B_{12}-Spiegel im Blut u. U. senken.

Vorkommen: Hefe, Eigelb, Leber, Blattgemüse (z. B. Spinat), Weizenkeime.

Vitamin B_{12} (Cyanocobalamin)

Funktion: Wichtig für die Blutbildung (= Erythropoese) und für die Nukleinsäuresynthese der Zellkernsubstanz.

Mangelerscheinungen: Perniziöse Anämie (= hyperchrome Anämie) mit ähnlichem klinischem Bild wie beim Folsäurenmangel, beginnend mit Appetitlosigkeit, Zungenbrennen usw.

Tagesbedarf: Für Erwachsene ist der mittlere Tagesbedarf 0,004 mg; ein erhöhter Bedarf liegt während der Schwangerschaft und Stillzeit, bei Blutarmut und zurückgebliebenem Wachstum vor.

Bei Perniziosa-Kranken wird oral zugeführtes Vitamin B_{12} im Stuhl wieder ausgeschieden. B_{12} muß in diesem Falle injiziert oder zusammen mit Magenschleimhautextrakten oral gegeben werden.

Eine Therapie mit Vitamin B_{12} sollte man dem Arzt überlassen.

Vorkommen: Leber, Niere, Fleisch, Milch, Hefe, Eigelb.

Vitamin C (Ascorbinsäure)

Funktion: Wichtig für eine Reihe von Stoffwechselvorgängen (Reduktions-Oxydations-Prozesse); besonders viel Ascorbinsäure findet man in innersekretorischen Organen wie dem Hypophysenvorderlappen und den Nebennieren.

Mangelerscheinungen: Herabsetzung der Resistenz gegen Infektionskrankheiten und der Leistungsfähigkeit, Zahnfleischbluten (Skorbut), schlechte Wundheilung, mangelhafte Dentinbildung der Zähne.

Tagesbedarf: Für Erwachsene ist der mittlere Tagesbedarf 50 mg; ein erhöhter Bedarf liegt während der Schwangerschaft und der Stillzeit, bei Infektionen, in der Genesungszeit, bei körperlichen Hochleistungen und bei Rauchern vor. Bei hohen Dosen von Vitamin C (1000 mg und mehr) wird das im Körper nicht umgesetzte, überschüssige Vitamin C rasch über die Niere ausgeschieden. Nach Absetzen einer längeren Zufuhr von hohen Vitamin-C-Dosen kann infolge einer erworbenen erhöhten Abbaugeschwindigkeit ein vorübergehender Ascorbinsäuremangel auftreten.

Vorkommen: In frischen Früchten, vor allem in Sanddorn- und Hagebuttenfrüchten (einen sehr hohen Vitamin-C-Gehalt besitzt die Acerolakrische und Jaboticafrüchte), ferner in Kartoffeln, Salaten und Gemüse.

Watte, imprägniert mit Eisen-(III)-chlorid

Verwendung: zur Stillung von Nasenbluten.

Weinsäure

- farblose, durchscheinende Kristalle oder weißes kristallines Pulver
- saurer Geschmack

Verwendung: innerlich als leichtes Abführmittel, zum Ansäuern von Pflanzenpreßsäften, um diese haltbarer zu machen, zum Ansäuern von Säuglingsmilch, zur Herstellung von Brauselimonaden zusammen mit Natriumbikarbonat.

Zinkoxid

- weißes Pulver

Verwendung: äußerlich als trocknende, antiseptische Puderzubereitung. In Form andererer Zubereitungen, z.B. Lotion oder Salbe, auch mit Zusatz von Lebertran freiverkäuflich (gute Heilwirkung).

2.5 Darreichungsformen freiverkäuflicher Arzneimittel

Im folgenden wird nur eine knappe Übersicht gegeben. Eine ausführlichere Erklärung und Einzelheiten zu den Darreichungsformen, die außerhalb der Apotheke eine Bedeutung besitzen, finden Sie im Teil II dieses Buches, Seite 90 ff.

I. Darreichungsformen, die aus frischen Arzneipflanzen hergestellt werden:

1. Frischpflanzen-Preßsäfte, die laut § 44 AMG 76 ohne Lösungsmittel mit Ausnahme von Wasser hergestellt werden müssen.
2. Destillate aus Frischpflanzen, z.B. Meerrettich-Destillat.
3. Ätherische Öle aus Frischpflanzen, die durch Wasserdampfdestillation gewonnen werden, z.B. Eucalyptusöl, Fichtennadelöle, Pomeranzenblütenöl, Pfefferminzöl etc. (siehe Positivliste 1 a zu VO nach § 45 AMG 76). Ätherische Öle werden natürlich auch aus getrockneten Arzneipflanzen gewonnen.

II. Darreichungsformen, die aus getrockeneten Arzneipflanzen hergestellt werden:

1. Kräutermedizinaltees
   a) Ganzdroge z. B. Leinsamen
   b) Grobschnitt z. B. Kürbissamen, Kräuterteemischungen
   c) Feinschnitt z. B. Pfefferminze, Kamillenblüten

   Bei den Zubereitungen unterscheidet man zwischen einem **Teeaufguß** (= Infus), z. B. bei Drogen mit ätherischem Öl, einer **Teeabkochung** (= Dekokt), z. B. bei Wurzel-, Rinden- und Holzdrogen, und einem **Kaltansatz** (= Kaltmazerat), z. B. bei Eibischwurzeln, Mistelkraut und Bärentraubenblättern.
2. Pulverisierte Drogen oder Drogentrockenextrakte (= siccum Extr.) können zu **Tabletten** verarbeitet werden.
3. Pulverisierte Drogen oder Drogentrockenextrakte können zu **Dragees** verarbeitet werden.
4. Pulverisierte Drogen oder Drogentrockenextrakte können in **Hartgelatinekapseln** abgefüllt werden.
5. Zähflüssige Drogenextrakte (= spissum Extr.) können in **Weichgelatinekapseln** abgefüllt werden.
6. Zähflüssige Drogenextrakte oder flüssige Auszüge (z. B. Tinkturen) können in **Emulsionen** und in **Sirupe** eingearbeitet werden.
7. Zähflüssige Extrakte und ätherische Öle können in **medizinische Bäder (Badekonzentrate)** eingearbeitet werden.
8. Zähflüssige Extrakte und ätherische Öle können in **Bonbons** und in **Pastillen** eingearbeitet werden.
9. Zähflüssige Extrakte, flüssige Auszüge, ätherische Öle und verschiedene einzelne Drogeninhaltsstoffe können zu **Salben, Pasten** und **Gelen** verarbeitet werden.
10. Drogen können mit verschiedenen Lösungsmitteln extrahiert werden, wobei direkt das Fertigarzneimittel entstehen kann, z. B. mit Wein ergibt einen **Medizinischen (Arznei-)Wein** oder mit einen Alkohol-Wassergemisch ergibt die **sog. Tinktur**.
11. Drogen können mit Wasser extrahiert, vorsichtig konzentriert und zusammen mit Trägersubstanzen (z. B. Stärkehydrolysate) zur Trokkene versprüht werden (**lösliche Teeaufgußpulver, sog. „Instanttees“**).

III. Darreichungsformen, die aus Mineralstoffen, Spurenelementen, Vitaminen, Chemikalien der verschiedenen Positivlisten usw. hergestellt werden:

Tabletten, Dragees, Lösungen, Emulsionen, Kapseln, Bonbons, Pastillen, Pulver, Salben, Gele, Sirupe.

Darreichungsformen und ihre Herstellung

Badezubereitungen, medizinische

Medizinische Badezubereitungen können z. B. als Emuslionen, Badeöle, Badesalz, Sprudeltabletten in den Verkehr gebracht werden. In medizinischen Bädern finden z. B. Extrakte aus Kamille, Rosmarin, Melisse, Baldrian, Fichtennadeln oder deren ätherische Öle eine häufige Verwendung.

Bonbons, Pastillen

Bonbons werden aus einer Zuckermasse geformt und enthalten, sofern sie einem arzneilichen Zweck dienen sollen, entsprechende arzneiliche Zusätze. Bonbons sind für Diabetiker ungeeignet, es sei denn, daß „Diabetiker-Bonbons" eingenommen werden. Pastillen sind Zubereitungen zum Lutschen, deren Form meist von der normalen Tablettenform abweicht (Plätzchen, Täfelchen, Zeltchen, Rauten usw.). Bekannt sind Quellsalzpastillen, Salmiakpastillen.

Für Mittel gegen Husten oder Heiserkeit ist laut Anlage 2a der Verordnung nach § 45 nur die Darreichungsform zum Lutschen gestattet. Hier kommen Bonbons, Pastillen oder Lutschtabletten in Frage)

Destillate als Fertigarzneimittel

Destillate werden aus Ätherischöldrogen durch Destillation zusammen mit verdünntem Alkohol gewonnen. Die Ätherischöldrogen werden dabei in der sog. Destillationsblaste (Glaskolben, Behälter aus Stahl) mit einem Wasser-Alkoholgemisch zusammen erhitzt. Der Dampf, bestehend aus den ätherischen Ölen und dem Alkohol-Wasserdampf wird an einem Kühler abgekühlt und tropft als flüssige Mischung ab. Damit die ätherischen Öle klar gelöst bleiben, muß die Alkoholkonzentration recht hoch sein (meist über 40 %). Ist der Alkoholgehalt zu niedrig, wird das Destillat trübe. Auf die gleiche Weise kann man auch Destillate gewinnen, die neben Ätherischölpflanzen noch bestimmte Zusätze (Menthol, Balsame, Harze usw.) enthalten oder aus Mischungen von ätherischen Ölen hergestellt werden.

Ein Destillat als Fertigarzneimittel enthält die flüchtigen Bestandteile (ätherische Öle) von Ätherischölpflanzen, gelöst in verdünntem Alkohol (meist über 40 Vol.-%). Destillate müssen immer unter Zusatz einer Flüssigkeit (Alkohol, Wasser) hergestellt werden. **Trockendestillate** sind nicht freiverkäuflich.

Dragees

Dragees sind überzogene Tabletten. Sie bestehen aus dem Drageekern, der die Wirkstoffe und Hilfsstoffe enthält und aus einem Überzug aus Zucker, der zusätzlich mit einer gefärbten Lackschicht abgedeckt sein kann. Je nach Lack sind sie entweder magensaft- oder dünndarmlöslich.

Emulsionen

Emulsionen sind milchänliche Arzneizubereitungen, bei denen Fette oder Öle in einer wäßrigen Flüssigkeit sehr fein verteilt sind (Öl-in-Wasser-Emulsionen). Die bekannteste Emulsion ist die Milch. Es gibt aber auch umgekehrt Wasser-in-Öl-Emulsionen; die bekannteste ist die Butter. Auch „Cremes" sind Öl-in-Wasser-Emulsionen. Zu einer Emulsion gehört immer ein „Emulgator", der u.a. das Brechen der Emulsion (das Auftrennen der wäßrigen und öligen Anteile) verhindert.

Extrakte (zähflüssige; Trockenextrakte)

Ein „zähflüssiger Extrakt" wird hergestellt, indem man einen flüssigen Drogenauszug (z.B. eine alkoholische Tinktur oder einen „Tee") bis zur Zähflüssigkeit eindampft. Verwendung z.B. in Salben, Pasten, Bädern. Wird die gesamte Auszugsflüssigkeit verdampft, erhält man einen trockenen Rückstand, den sogenannten „Trockenextrakt". Trockenextrakte werden für die Herstellung von Pflanzendragees, -tabletten und -kapseln verwendet.

Instanttees (lösliche Teeaufgußpulver)

Ein **Instanttee** wird folgendermaßen hergestellt: Von den zu verwendenden Pflanzen wird zunächst ein wäßriger Auszug (Tee) bereitet, dieser etwas eingedickt und dann zusammen mit Trägersubstanzen mittels Walzentrocknung schonend getrocknet. Zunehmend wird das Sprühtrocknungsverfahren eingesetzt, das eine bessere Qualität ermöglicht.

Die beim Eindampfen verlorengegangenen ätherischen Öle werden zum Teil in Pulverform (mikroverkapselt) wieder zugesetzt. Ein Instanttee ist in heißem oder kalten Wasser sofort löslich.

Es ist darauf zu achten, daß ein Instanttee ausreichend viel Pflanzenextrakt enthält (20–50 g auf 100 g) und ggf. die verlorengegangenen ätherischen Öle wieder zugesetzt sind. Es gibt leider Instanttees, die bestenfalls als aromatisiertes Zuckerwasser bezeichnet werden können (Extraktanteil 5 %).

Für „Husten-Instanttees" dürfen z. B. Eibischwurzeln, Fenchelfrüchte, Huflattichblätter und -blüten, Isländisches Moos, Spitzwegerichkraut, Eukalyptusblätter, Anisfrüchte, Primelwurzel (= Schlüsselblumenwurzel) verwendet werden (Anlagen 1 d + 1 e).

Drogen, die für freiverkäufliche Magen-Darm-Instanttees verwendet werden können, sind z. B. Fenchelfrüchte, Kamillenblüten, Pfefferminzblätter, Schafgarbenkraut, Tausendgüldenkraut, Angelikawurzel, Anisfrüchte, Enzianwurzel, Gänsefingerkraut, Kalmuswurzelstock, Kümmelfrüchte (Anlagen 1 d + 1 e).

Drogen, die für freiverkäufliche harntreibende Instanttees in Frage kommen, sind z. B. Birkenblätter, Orthosiphonblätter, Schachtelhalmkraut, Brennesselkraut, Goldrutenkraut, Hauhechelwurzel, Liebstöckelwurzel (Anlagen 1 d + 1 e).

Drogen, die für freiverkäufliche Beruhigungs-Instanttees eingesetzt werden dürfen, sind z. B. Baldrianwurzel, Hopfenzapfen, Melissenblätter, Fenchelfrüchte (Anlagen 1 d + 1 e).

Frischpflanzenpreßsäfte

Frischpflanzenpreßsäfte werden durch Auspressen frischer Pflanzen hergestellt. Es darf kein anderes Lösungsmittel als Wasser verwendet werden. Als Heilmittel sind nur Preßsäfte aus **einer** Pflanzenart freiverkäuflich (keine Mischungen). Sie müssen mit dem verkehrsüblichen deutschen Namen gekennzeichnet sein.

Ganzdroge, Grobschnitt, Feinschnitt

Eine **Ganzdroge** besteht aus den unzerkleinerten Drogenteilen (z. B. Leinsamen), bei **Grobschnitt** wird die Droge nur grob zerkleinert (z. B. Quadratschnitt 5 mm × 5 mm), beim **Feinschnitt** liegt die Schnittgröße zwischen 0,3 mm und 2 mm. Die Art der Zerkleinerung kann einen großen Einfluß auf die Qualität der Droge haben. So geht z. B. bei ätherischen Öl-Drogen bei jedem Zerkleinerungsvorgang sehr viel Wirkstoff verloren, da die Zellen, in denen das ätherische Öl in den Pflanzen abgelagert ist, zerstört werden. Ein Feinschnitt von ätherischen Öl-Drogen (Filterbeutel) enthält wesentlich weniger Wirkstoffe als die Ganzdroge oder ein Grobschnitt und ist auch weniger lange lagerfähig.

Drogen mit nicht flüchtigen Inhaltsstoffen sind dagegen in der Regel weniger empfindlich bei der Verarbeitung und Lagerung.

Gelatinekapseln

Gelatinekapseln eignen sich zur Aufnahme schlecht schmeckender oder riechender Arzneistoffe (z. B. Knoblauchöl). Weichgelatinekapseln lösen sich im Magensaft auf. Hartgelatinekapseln sind gehärtet und im Magensaft unlöslich. Sie werden erst im Darm aufgelöst und sind damit für Arzneimittel geeignet, die durch Magensaft zerstört werden. In Weichgelatinekapseln werden ölige Lösungen oder ölige Suspensionen, in Hartgelatinekapseln dagegen Pulver bzw. Granulate abgefüllt.

Medizinalweine

Medizinalweine sind Arzneizubereitungen, die durch Lösen oder Mischen von Arzneistoffen mit Wein (in der Regel verwendet man Südwein mit einen Alkoholgehalt von rund 16 Vol.-%) hergestellt werden, z.B. Pepsinwein. Auch ein mit Wein hergestellter Drogenauszug wird als Medizinalwein bezeichnet.

Öle (ätherische, fette)

Der Unterschied zwischen **fettem** und **ätherischem Öl** ist deutlich zu sehen, wenn man ein Filterpapier damit betropft: Ein fettes Öl hinterläßt einen Fettfleck. Ein ätherisches Öl ist flüchtig, und der Fleck verschwindet nach kurzer Zeit. **Ätherische Öle** besitzen im Gegensatz zu fetten Ölen einen aromatischen Geruch. Man kann sie durch Wasserdampfdestillation, durch Auspressen, durch Extraktion mit Lösungsmittel oder Fett gewinnen. **Fette Öle** werden in der Regel durch Auspressen von ölreichen Samen gewonnen. Fette Öle besitzen in erster Linie diätetische Bedeutung, die ätherischen Öle dagegen eine arzneiliche.

Puder

Puder bestehen aus feinstverteilten Arzneistoffen in Grundstoffen. Letztere sind z.B. Talcum, Stärke, Zinkoxid, Kieselsäure und weißer Ton. Man kennt im wesentlichen Kinderpuder, Fußpuder, juckreizstillende Puder, Puder zur Verhütung von Wundsein.

Salben, Kühlsalben, Pasten, Cremes, Gele

Salben sind streichbare Zubereitungen zum Auftragen oder zum Einreiben auf die Haut. Die Arzneistoffe sind entweder feste oder flüssige Substanzen (Campher, Menthol, Salicylsäure, ätherische Öle), die sehr fein in bestimmten Salbengrundlagen verteilt werden. Als Salbengrundlagen dienen: Vaseline, Lanolin, Schweineschmalz, Wachse, Polyethylenglykole, fette Öle usw. Salben können entweder Wasser-in-Öl-Emulsionen sein oder Öl-in-Wasser-Emulsionen.

Kühlsalbe besitzt auf der Haut eine kühlende Wirkung, die dadurch zustandekommt, daß das enthaltene Wasser verdunstet. Es handelt sich um eine Öl-in-Wasser-Emulsion, bei der sich das Wasser in der äußeren Phase befindet (im Arzneibuch als „Unguentum leniens“ bezeichnet).

Pasten sind Salben, in die ein hoher Anteil fester Stoffe (z.B. Zinkoxid, Schwefel, Beinwellwurzelpulver) eingearbeitet ist.

Cremes sind wasserhaltige Salben, die leicht in die Haut einziehen und nicht fetten.

Gele sind transparente Zubereitungen zum Auftragen auf die Haut. Sie besitzen kühlende Eigenschaften und hinterlassen einen Schutzfilm.

Sirupe

Sirupe sind konzentrierte Zuckerlösungen, die Arzneistoffe oder Pflanzenauszüge enthalten (z.B. Eibisch-, Feigen-, Spitzwegerich-, Hustensirupe).

Tabletten

Eine **Tablette** besteht aus einem **Wirkstoffanteil** und einem Anteil an **Hilfsstoffen**.

Der Wirkstoffanteil kann aus gepulverten Drogen, Mineralsalzen, chemischen Stoffen usw. bestehen. Als Hilfsstoffe werden Stärke, Milchzucker, Talkum, Agar, Magnesiumstearat und andere Stoffe verwendet. Die Hilfsstoffe haben zum einen die Aufgabe, die Tablette zusammenzuhalten und sorgen zum anderen dafür, daß sie im Verdauungstrakt wieder zerfällt (Füllmittel, Bindemittel, Sprengmittel).

Tinkturen

Unter einer „Tinktur" versteht man eine dünnflüssige Flüssigkeit, die durch Ausziehen einer Droge mit Hilfe von Alkohol oder Wein gewonnen wird. (Die Alkoholkonzentration ist im Arzneibuch vorgeschrieben). Eine Tinktur ist in der Regel gefärbt.

Das Ausziehen einer Droge kann auf verschiedene Weise geschehen:

1. Durch **Perkolation**: in einer geeigneten Apparatur wird die Droge ständig mit frischem Lösungsmittel versetzt. Auf diese Weise werden die in der Flüssigkeit löslichen Inhaltsstoffe ausgezogen. Die erhaltene Flüssigkeit wird bis zur gewünschten Konzentration wieder eingedampft. Der durch Perkolation gewonnene Drogenauszug heißt **Perkolat**.
2. Durch **Mazeration**: in einem Gefäß wird die Droge mit der vorgeschriebenen Flüssigkeit übergossen, 10 Tage lang unter täglichem Schütteln stehengelassen und anschließend abgepreßt. Der auf diese Weise erhaltene Drogenauszug heißt **Mazerat**. Bekannte Beispiele der Anlage 1 a sind Arnikatinktur, Baldriantinktur, Enziantinktur, Myrrhentinktur.

Tonika

Unter „Tonika" versteht man in der Regel flüssige Kräftigungs- oder Stärkungsmittel, die die körperliche oder geistige Leistungsfähigkeit verbessern sollen. Sie enthalten in unterschiedlichen Kombinationen Vitamine, Mineralstoffe, Lecithin, Pflanzenauszüge (z.B. aus Ginseng, Weißdorn usw.). Tonika sind Arzneimittel, aber als solche nur mit **vorbeugenden** Aussagen (stützend, kräftigend, pflegend, Wohlbefinden erhaltend bzw. fördernd) freiverkäuflich.

Beispiele für apothekenpflichtige Darreichungsformen

Grundsätzlich apothekenpflichtig sind **Injektionen, Infusionen, Zäpfchen** (rektal), **Implantate,** Darreichungsformen zur Anwendung in der Brust von Tieren (Euter), im Uterus, **Aerosole** mit Teilchengrößen unter 5 µm.

Infusionen und Injektionen (Spritzen) sind Zubereitungsformen, die in die Blutbahn oder in das Gewebe mittels einer Kanüle verabreicht werden. Bei Infusionen werden größere Flüssigkeitsmengen verabreicht. Beide Darreichungsformen sind nicht freiverkäuflich.

Aerosole sind Darreichungsformen, bei denen der Wirkstoff fein versprüht und eingeatmet wird. Sind die versprühten Teilchen kleiner als 5 µm, ist das Aerosol apothekenpflichtig (z.B. Asthmasprays).

3. Wissensgebiet: (§ 4 (2) der Prüfungsanforderungen)

Es ist festzuhalten, ob der Prüfungsteilnehmer offensichtlich verwechselte, verfälschte oder verdorbene freiverkäufliche Arzneimittel erkennen kann

a) Verwechselte Arzneimittel

Bei Fertigarzneimitteln kommt es gelegentlich vor, daß beim Konfektionieren die Etiketten oder die Faltschachteln verwechselt werden. In einem solchen Falle ist der Pharmazeutische Unternehmer für die Verwechslung verantwortlich (siehe dazu § 4 (18), Seite 166). Bei der Entdekkung einer solchen Verwechslung ist unverzüglich der Pharmazeutische Unternehmer und die Aufsichtsbehörde zu verständigen.

Die Verantwortung liegt dagegen beim Einzelhändler, wenn er verwechselte **Tinkturen** oder **Drogen** aus Großgebinden in eine zur Abgabe an den Verbraucher bestimmte Packung abfüllt. Es ist in jedem Falle vor der Abfüllung eine **Identitätsprüfung** durchzuführen! In aller Regel erfolgt eine solche Prüfung organoleptisch (d.h. nach Geruch, Geschmack, Farbe). Der Prüfungsteilnehmer sollte daher die in der Anlage 1a oder VO zu § 45 aufgeführten **Tinkturen, Pulver** und **Salze** (siehe dazu Seite 64 bis 69) von Verwechslungen unterscheiden können.

Folgende **flüssige Arzneimittel** der Anlage 1a kommen in der Praxis als lose Gebinde vor: Hoffmannstropfen, Arnikatinktur, Baldriantinktur, Ätherische Baldriantinktur, Enziantinktur, Franzbranntwein, Myrrhentinktur, Ratanhiatinktur, Seifenspiritus und Wacholderspiritus.

Drogen werden in erster Linie mit ähnlich aussehenden Drogen verwechselt, wie z. B. dalmatinischer Salbei und griechischer Salbei, Huflattich- und Eibischblätter, Melissen- und Krauseminzeblätter, Bärentrauben- und Preiselbeerblätter, Odermennig- und Gänsefingerkraut, Faulbaumrinde und Cascararinde (= amerikanische Faulbaumrinde), Pomeranzen- und Zitronenschalen, Thymian und Quendel, Holunder-, Schlehdorn- und Spierblüten, geschälte und ungeschälte Süßholzwurzeln u. a.

In den letzten Jahren wurden in einigen wenigen Fällen auch sehr bedenkliche Verwechslungen festgestellt, so z. B. von Klettenwurzeln (Radix Bardanae) mit den Wurzeln der Tollkirsche (Radix Belladonnae) oder von Teufelskrallenwurzeln mit einer nicht näher definierten giftigen Alkaloiddroge.

Wenn der Einzelhändler keine gute Drogenkenntnis besitzt, sollte er sich zumindest um einen sehr zuverlässigen Drogenlieferanten kümmern. **Allerdings muß darauf hingewiesen werde, daß die Vorlage eines Drogenzertifikates den Einzelhändler juristisch nicht von der Identitätsprüfung entbindet!**

b) Verfälschte Arzneimittel

Bei den Drogen gibt es **Drogenverfälschungen**, die ständig auf dem Drogenmarkt zu beobachten sind und die zum Teil bewußt und zum Teil unbewußt (mangelnde Kenntnis der Sammler) vorkommen. Gängige Drogenverfälschungen nennt die Aufstellung der folgenden Seite.

		verfälscht mit
Arnikablüten	→	mexikanischer Arnika (= Heterotheca inuloides)
Huflattichblätter	→	Blättern der Pestwurz
Dalmatinischer Salbei	→	Dreilappigem Salbei (= griechischem)
Lindenblüten (Winter- und Sommerlinde)	→	Blüten der Silberlinde
Primelwurzel	→	Wurzeln der Schwalbenwurz
Weißdornfrüchte	→	Früchten des Rotdorns und der Eberesche
Schachtelhalmkraut	→	giftigem (!) Sumpfschachtelhalm
Safran	→	Färberdistelblüten, Ringelblumenblüten

Weitere Drogenverfälschungen werden in den einzelnen Drogenmonographien genannt. Wer nicht über gute Drogenkenntnisse verfügt, sollte sich jeweils vom Drogenlieferanten bestätigen lassen, daß es sich um die offizielle Arzneibuchdroge handelt.

Der Prüfungsteilnehmer muß auf jeden Fall wissen, daß es Drogenverfälschungen gibt, und er muß wissen, wie man sich davor schützen kann!

c) Verdorbene Arzneimittel

Verdorbene Arzneimittel sind in aller Regel durch eine einfache Sinnesprüfung festzustellen. Im einzelnen kann es sich um folgende Verderberscheinungen handeln:

Einzeldrogen und Kräuterteemischungen: Befall mit Ungeziefer bzw. das Vorhandensein der einzelnen Entwicklungsstadien der Drogenschädlinge (Gespinste, Maden, Motten, Käfer); ferner Schimmelbefall.

Merke: Bei einer Lagerung von Kräutertees und Drogen neben Lebensmitteln wie Südfrüchte und Getreideprodukte, kann u.U. der Befall mit Ungeziefer erst im Einzelhandelsgeschäft erfolgen (= sog. Sekundärkontamination außerhalb des Verantwortungsbereiches des Pharmazeutischen Herstellers), und ebenso kann sich die Schimmelbildung erst bei zu feuchter Lagerung im Einzelhandelsgeschäft entwickeln!

Pulverpräparate: Verfestigung, Verklumpen infolge dichter oder ungeeigneter Verpackung, insbesondere bei feuchter Lagerung.

Tabletten: Fleckenhafte Verfärbung (insbesondere bei überlagerten Tabletten); Bruch bzw. Risse infolge ungenügender Festigkeit; Zerfallen oder Verklebung bei zu feuchter oder auch zu warmer Lagerung.

Dragees: Gerissene Drageedecke bei längerer Lagerung oder bedingt durch Herstellungsmängel; Verfärbung bzw. punkt- oder fleckenhafte Veränderung der Drageehülle bei längerer oder zu feuchter Lagerung oder entstanden durch „Durchbluten“ von Inhaltsstoffen des Drageekernes (z.B. gelbe Verfärbung einer weißen Drageedecke, wenn der Drageekern gelb gefärbten Curcumaextrakt enthält);

Platzen der Drageedecke in zwei Hälften, sog. Deckeln bei Dragees, deren Kern aus Drogenextrakten besteht, wobei diese zu feucht dragiert wurden; Ablösen der Drageedecken durch Herstellungsmängel oder unsachgemäße Lagerung.

Weichgelatine Kapseln: Formveränderung und Zusammenkleben bei zu hoher Lagerungstemperatur; Undichtigkeiten an dcr „Verschweißnaht" durch Herstellungsmängel: Härtung und Überlagerung.

Pflanzenpreßsäfte: Schimmel im Flaschenhals, Ausflocken, übermäßige Trübung, Gärungserscheinungen durch Herstellungsmängel (z. B. undichte Flaschen) oder falsche Lagerung (z. B. in Regalen, die dem Sonnenlicht ausgesetzt sind) bzw. Überlagerung.

Liquida (Tonika, Elixiere, Emulsionen etc.): Gärungserscheinungen, vor allem bei alkoholfreien Liquida mit undichten Verschlüssen; übermäßiger Bodensatz zur Trübung der gesamten Flüssigkeit durch Herstellungsmängel (z. B. ungenügende Filtration), aber auch bei falscher Lagerung und bei Überlagerung; Phasentrennung bei Emulsionen und Klumpenbildung bei Suspensionen infolge unzureichender Lagerstabilität; Auskristallisation bzw. Ausfällung von Wirkstoffen und Hilfsstoffen (z. B. Zuckerkristallisation in Sirup).

Salben und Gele: Phasentrennung, d. h. Entmischung und Verflüssigung infolge zu warmer Lagerung: mikrobielle Zersetzung infolge zu warmer Lagerung oder bedingt durch Herstellungsfehler; Ranzigwerden infolge zu warmer Lagerung und unzureichender Lagerstabilität; Austritt von Salbe, bedingt durch Verpackungsfehler.

Wie die einzelnen Beispiele zeigen, müssen Herstellungs- und Verpackungsmängel nicht die einzige Ursache für verdorbene Arzneimittel sein. Qualitätsmängel können häufiger als angenommen bei **unsachgemäßer** oder **sehr langer Lagerung** auftreten, wobei nicht immer äußerlich erkennbare Veränderungen sichtbar werden müssen. **Daher ist auch gemäß § 8 AMG 76 (= Verbote zum Schutz vor Täuschung) streng auf die vom Hersteller angegebenen Verfalldaten zu achten!** *) Ferner muß der Einzelhändler sorgfältig die öfters vom Hersteller angegebenen **Lagerhinweise** beachten (siehe dazu Seite 73).

Das besprochene „3. Wissensgebiet" der Prüfungsanforderungen unterliegt dem § 8 AMG 76 (= Verbote zum Schutz vor Täuschung).

*) Ein sehr nützliches Nachschlagewerk, in dem die Chargenschlüssel und die Kennzeichnung der Verfalldaten vieler Arzneimittelhersteller nachgesehen werden können, ist das Loseblattwerk von Schwendinger/Schaaf/Marschall, „Haltbarkeits- und Herstellungsdaten deutscher Arzneimittel", erschienen im Deutschen Apotheker Verlag Stuttgart.

4. Wissensgebiet: (§ 4 (2) der Prüfungsanforderungen)

Es ist festzustellen, ob der Prüfungsteilnehmer freiverkäufliche Arzneimittel ordnungsgemäß, insbesondere unter Berücksichtigung der Lagertemperatur und des Verfalldatums, lagern kann

a) Lagerung von Arzneimitteln

Als erstes hat der Einzelhändler streng darauf zu achten, daß Arzneimittel **deutlich getrennt** von anderen Waren (z. B. Lebensmittel, Diätetika, Kindernährmittel, Kosmetika, Futtermittel, Pflanzenschutzmittel, Schädlingsbekämpfungsmittel, usw.) gelagert werden. Für die Überwachung des Einzelhandelsgeschäftes sind zwei verschiedene Behörden zuständig: für die **Arzneimittel** in der Regel (mit Ausnahme der Stadtstaaten) das Regierungspräsidium und für die **übrigen Waren** der Wirtschaftskontrolldienst. Zweitens hat der Einzelhändler bei Fertigarzneimitteln auf die vom Hersteller angegebenen Lagerhinweise zu achten (siehe dazu auch Teil III, Seite 303 f.), und er muß wissen, daß bestimmte Arzneimittel **kühl und/oder trocken** aufbewahrt werden müssen.

Bei vielen Fertigarzneimitteln fehlen Lagerhinweise; diese Arzneimittel sind dann bei **üblicher Raumtemperatur**, zwischen 15° und 25 °C (d. h. nicht im Schaufenster oder in der Nähe eines Heizkörpers usw.) lagerungsfähig. Ansonsten gibt es gemäß einer Empfehlung des Bundesministers für Jugend, Familie und Gesundheit die folgenden 3 Lagerhinweise:

1. **„Nicht über 25 °C lagern!“** (Raumtemperatur), z. B. Kräuterteemischungen mit Drogen, die ätherisches Öl enthalten (häufig Husten-, Leber- und Galle-, Magentees usw.), Ätherische-Öl-Drogen offen oder abgepackt, flüssige Vitamin-Präparate, bestimmte Tonika, Weichgelatinekapseln, Salben und Gele –
2. **„Nicht über 20 °C lagern!“** (Kellertemperatur), z. B. Kräutertee-Feinschnitte mit Ätherische-Öl-Drogen (z. B. Pfefferminzfeinschnitt im Filterbeutel), Pflanzenpreßsäfte, bestimmte Tonika (vor allem alkoholfreie bzw. alkoholarme Fertigarzneimittel), Drogen mit fetten Öl (z. B. Leinsamen), Kühlsalben, Leinöl, Lebertran u. a. –
3. **„Nicht über 8 °C lagern!“** (Kühlschrank), in der Regel für Arzneimittel und Zubereitungsformen, die **apothekenpflichtig** sind (z. B. Impfstoffe).

Bei der **Lagerung von Drogen** ist nicht nur auf die **Temperatur** zu achten, sondern gleichzeitig auch auf die **relative Feuchtigkeit**, um insbesondere nachträgliche Schimmelbildung auszuschließen. Abgesehen von der besonders sorgfältigen Lagerung **ätherischer Öldrogen**, sollten Drogen ganz allgemein nicht wesentlich über 25 °C und bei einer relativen Luftfeuchtigkeit um 40 %–50 % gelagert werden. In der Regel liegt die relative Luftfeuchtigkeit in den Räumen über 50 %. Für die Drogenlagerung ist auf alle Fälle ein Raum, in dem täglich mehrmals Tee bzw. Kaffee gekocht wird, **nicht** geeignet!

Ungeeignet für Einzeldrogen und/oder Fertigarzneimittel, die Drogen enthalten, sind Standorte in den Verkaufsräumen, die dem direkten Sonnenlicht ausgesetzt sind oder die sich in der Nähe von Schaufenstern oder Heizkörpern befinden.

Klarsichtpackungen (Cellophanbeutel) sind für Drogen nicht geeignet, wobei die Verwendung grüner Klarsichtpackungen bei bestimmten Arzneidrogen (z. B. bei Pfefferminz- oder Melissenblättern) als Verstoß gegen § 8 AMG 76 (= irreführende Aufmachung) angesehen werden kann.

b) Beachtung des Verfalldatums

Das Arzneimittelgesetz regelt in § 10 Abs. 7 (siehe auch Teil III, Seite 165 und 167) das Verfalldatum wie folgt:

Das Verfalldatum ist mit Monat und Jahr anzugeben.

Beachtet der Einzelhändler ein Verfalldatum nicht, hält er verfallene Arzneimittel vorrätig oder gibt sie ab, begeht er eine Ordnungswidrigkeit.

Zur Überwachung der Verfalldaten im Einzelhandelsgeschäft gibt es verschiedene Kontrollsysteme (z. B. Listen, Kärtchen, wöchentliche Durchsicht, farbige Kennzeichnung u. a. m.), und der Prüfungsteilnehmer sollte wissen, wie er **konkret** die Überwachung der Verfalldaten durchführen will.

Folgende Arzneimittel sind häufig zu kontrollieren: Flüssige Vitaminpräparate, weil sie in der Regel nach rund 1 Jahr nicht mehr den deklarierten Vitamingehalt aufweisen; Leinöl, das nach 6 Monaten ranzig wird; Leinsamen, Kürbissamen sowie andere fettreiche Samen und Früchte sind aufgrund oxidativer und enzymatischer Veränderungen des fetten Öles bei unsachgemäßer Lagerung weniger als 1 Jahr, bei kühler und trockener Lagerung bis zu 2 Jahren haltbar; Kräuterteemischungen mit hohem Anteil an Ätherischen-Öl-Drogen, insbesondere Feinschnitte (= Filterbeutel), da sich die Wirkstoffe hier sehr schnell verflüchtigen.

5. Wissensgebiet: (§ 4 (2) der Prüfungsanforderungen)

Es ist festzustellen, ob der Prüfungsteilnehmer über die für das ordnungsgemäße Abfüllen, Abpacken und die Abgabe freiverkäuflicher Arzneimittel erforderlichen Kenntnisse verfügt

a) Abfüllen, Umfüllen, Abpacken, Kennzeichnen

Von besonderer Bedeutung ist zu wissen, daß das AMG 76 gemäß § 4 Abs. 14 unter „abfüllen, umfüllen, abpacken, kennzeichnen“ (d. h. beschriften bzw. etikettieren) eine Arzneimittel-**Herstellung** versteht. Das **Abfüllen** von Lindenblüten aus einem größeren Gebinde in kleinere Tüten, die zur Abgabe an den Verbraucher bestimmt sind, ist im Sinne des AMG 76 also bereits ein **Herstellen** von Arzneimitteln. Die Herstellung von Arzneimitteln ganz allgemein bedarf einer **Herstellungserlaubnis**, die in den §§ 13 bis 20 AMG 76 geregelt und von den Regierungspräsidien bzw. Bezirksregierungen erteilt wird. Von diesen Paragraphen ist in aller Regel nur der § 13, Abs. 2 Ziffer 5 für den Einzelhändler von Bedeutung (= Ausnahme-Regelung!). Das Gesetz sieht nämlich für den Einzelhändler, der die Sachkenntnis nach § 50 besitzt, eine Sonderregelung (d. h. eine „Herstellung“ ohne Herstellungserlaubnis) vor, wenn er Arzneimittel in **unveränderter Form (!)** lediglich **umfüllt, abpackt und kennzeichnet.**

Das besonders Wichtige an dieser Ausnahmeregelung ist also das Umfüllen usw. in unveränderter Form! Das **Zerkleinern** von Drogen, z. B. das Schroten von Leinsamen, der zur Beseitigung der Darmträgheit angeboten wird, ist dem sachkundigen Einzelhändler **nicht gestattet**. Ebensowenig ist ihm das **Mischen** verschiedener Drogen (z. B. zur Herstellung eines Hustentees) gestattet!

Die Sonderregelung im § 13 Abs. 2, Ziffer 5 besagt ferner, daß das Umfüllen usw. nur zur Abgabe **„unmittelbar an den Verbraucher“**, also nicht an Zwischenhändler, gestattet ist.

Für das **Abfüllen im voraus** (d. h. für das „Herstellen von Fertigarzneimitteln“) gibt es durch den § 36 (= Standardzulassung) eine **Erleichterung**, d. h. eine Genehmigung ohne Zulassungsformalitäten. Im Artikel 3 § 1 Abs. 3 (= Überleitungsvorschriften zum Arzneimittelgesetz) gab es eine **Besitzstandsklausel**. Letztere besagte, daß Personen Arzneimittel im voraus abfüllen durften (z. B. Schafgarbenkraut aus größeren Gebinden), wenn sie diese Tätigkeit am 1. Januar 1978, also beim Inkrafttreten des AMG 76 seit mindestens drei Jahren befugt ausgeübt und diese „Herstellungstätigkeit“ bis zum 30. Juni 1978 der zuständigen Landesbehörde (d. h. den Regierungspräsidien bzw. der zuständigen Senatsstelle) angezeigt hatten. Diese **„Besitzstandsregelung“** war somit an Personen und nicht an ein Geschäft gebunden! Mit anderen Worten ausgedrückt: „wenn z. B. der Geschäftsinhaber seit 1974 oder schon länger befugterweise Schafgarbenkraut aus Großgebinden im voraus abgefüllt hat, dann durfte er dies auch noch weiterhin tun, **sofern er bis zum 30. Juni 1978 Schafgarbenkraut als Fertigarzneimittel dem BGA** und seine Tätigkeit des **Abfüllens bis zum 30. Juni**

1978 seiner Landesbehörde angezeigt hat. Die Zulassung ist am 1. Januar 1990 erloschen.

Die Möglichkeit des Im-voraus-Abfüllens wird in §36 AMG 76 geregelt. Dabei dürfen allerdings nur solche Arzneimittel im voraus abgefüllt werden, die durch Rechtsverordnung von der Pflicht der Zulassung freigestellt werden, also eine sog. **Standard-Zulassung** besitzen. Beim Abfüllen dieser Arzneimittel hat man sich streng an die jeweilige Vorschrift der betreffenden Standardmonographie zu halten. In diesen Monographien sind nicht nur die Bezeichnung des Fertigarzneimittels, die Kennzeichnung, die Anwendungsgebiete usw. festgelegt, sondern auch die **Behältnisse**, in die das betreffende Fertigarzneimittel abgefüllt werden **muß**. So z.B. ist in den Monographien für die Abfüllung von Drogen vorgeschrieben: „geklebte Blockbodenbeutel bzw. Seitenfaltbeutel aus einseitig glattem, gebleichtem Natronkraftpapier 50 g/m^2, gefüttert mit gebleichtem Pergamyn 40 g/m^2“. Zur Abfüllung von Drogen, die eine Standard-Zulassung besitzen, können also nicht beliebig irgendwelche Tüten verwendet werden!*)

Für den Einzelhandel sind folgende bereits erlassene Standardzulassungen **(Stand Juli 1994)** von Interesse*):

Angelikawurzel
Anis
Arnikablüten
Arnikatinktur
Bärentraubenblätter
Baldriantinktur
Baldrianwurzel
Basilikumkraut
Beruhigungstees I bis VIII
Birkenblätter
Blasen- und Nierentees I bis VII
Brennesselkraut
Brombeerblätter
Brusttee
Campherspiritus
Eibischblätter
Eibischwurzel
Eichenrinde
Enzianwurzel
Erdrauchkraut
Erkältungstees I bis V
Ethanol 70 % (Weingeist)
Eucalyptusblätter
Eucalyptusöl
Färberginsterkraut
Fenchel
Flohsamen
Franzbranntwein
Franzbranntwein mit ätherischem Öl
Frauenmantelkraut
Gänsefingerkraut
Gallentees I und II
Gartenbohnenhülen, samenfreie
Goldrutenkraut
Hamamelisblätter
Hamamelisrinde
Hauhechelwurzel
Heidelbeeren
Hirtentäschelkraut
Holunderblüten
Hopfenzapfen
Huflattichblätter
Hustentte
Husten- und Bronchialtees I und II
Indische Flohsamen
Isländisches Moos
Johanniskraut
Kamillenblüten
Kamille, Römische
Kiefernadelöl
Korianderfrüchte
Kümmel
Kürbissamen
Lactose (Milchzucker)
Lavendelblüten

*) Nähere Informationen und laufende Aktualisierung sind enthalten in: „Braun, Standardzulassungen für Fertigarzneimittel, Text und Kommentar“, Deutscher Apotheker Verlag, Stuttgart.

Leinsamen
Liebstöckelwurzel
Lindenblüten
Löwenzahn
Mädesüßblüten
Magentees I bis VI
Magen- und Darmtees I bis XII
Magnesiumsulfat (Bittersalz)
Malvenblätter
Mariendistelfrüchte
Melissenblätter
Myrrhentinktur
Natriumsulfat (Glaubersalz)
Orthosiphonblätter
Passionsblumenkraut
Pfefferminzblätter
Pfefferminzöl
Pomeranzenschalen
Queckenwurzelstock
Ratanhiatinktur
Riesengoldrutenkraut
Ringelblumenblüten
Rizinusöl, raffiniertes
Rosmarinblätter
Ruhrkrautblüten
Salbeiblätter
Schachtelhalmkraut
Schafgarbenkraut
Schlüsselblumenblüten
Schwarze Johannisbeerblätter
Spitzwegerichkraut
Stiefmütterchenkraut
Süßholzwurzel
Taubnesselkraut, weißes
Tausendgüldenkraut
Thymian
Tormentillwurzelstock
Wacholderbeeren
Wasserstoffperoxid-Lösung 3 %
Weißdornblätter mit Blüten
Wermutkraut
Zimtrinde

Was muß im einzelnen beim Abfüllen, Umfüllen und Abpacken beachtet werden?

1. Der sachkundige Einzelhändler hat als erstes auf die **persönliche Hygiene** zu achten (z. B. Kopfschutz bei langen Haaren, saubere Arbeitskleidung, gründliche Reinigung der Hände usw.) und darf das Abfüllen usw. nicht während eines krankhaften Zustandes ausüben (z. B. während einer Erkältungskrankheit oder bei Schnupfen).
2. Die hygienische Sorgfalt gilt gleichermaßen auch **für den Arbeitsplatz**. Dieser muß ausreichend **groß** und **sauber** sowie mit einer **geeichten Waage ausgestattet sein.**
3. Die Arbeitsgeräte (z. B. Löffel, Schaufel, Trichter) müssen sauber sein und staubgeschützt aufbewahrt werden.
4. Wegen der Gefahr der sog. **„Cross-Contamination“** (= Verunreinigung mit feinen Partikeln, z. B. mit Drogenstaub) dürfen nicht mehrere Arzneimittel gleichzeitig abgefüllt werden. So können z. B. bei der gleichzeitigen Abfüllung von Pfefferminze neben Arnikablüten Bestandteile der Arnika (Pollen, Blütenstaub) in die Pfefferminzblätter gelangen und eine Arnikapollenallergie auslösen. Auch Drogenschädlinge können auf diese Weise übertragen werden.
5. Ebensowenig darf während einer Abfüllung **geraucht** oder **gegessen** werden (z. B. Frühstückspause am Arbeitsplatz). Bei dem Ab- und Umfüllen von Weingeist und insbesondere von Hoffmannstropfen (= Äther-Äthanol-Gemisch) ist sehr sorgfältig zu achten, daß sich **kein offenes Feuer** im Raum befindet. Feuergefährliche Stoffe sind mit einem Flammensymbol zu kennzeichnen.

6. Beim Abwiegen ist die Tara (z.B. Gewicht der Tüten) zu beachten, und bei der Ab- und Umfüllung von Fertigarzneimitteln ist in gewissen Abständen das Gewicht, das Volumen und die Stückzahl zu kontrollieren.
7. Die zur Abgabe an den Verbraucher bestimmten **Packungen** müssen für den vorgesehenen Verwendungszweck geeignet sein. Z.B. zur Abgabe von **Leinsamen sind Papierbeutel aus nichtdurchfettendem Papiermaterial** oder für Drogen sind Beutel aus **aromadichtem** Material (= beschichtetes Material, wie in den Standardzulassungen gemäß § 36 AMG 76 vom BGA vorgeschrieben) zu verwenden. **Tinkturen** (z.B. Arnika- oder Baldriantinktur) und insbesondere Wasserstoffperoxidlösung sind in **Flaschen aus braunem Glas** abzufüllen. Die Abgabe von **ätzenden Flüssigkeiten** (z.B. Salmiakgeist) und **äußerlich anzuwendenden** Arzneimitteln (z.B. Kampferspiritus, Kampferliniment, Seifenspiritus, Wacholderspiritus) ist nie in „Lebensmittelflaschen" abzufüllen und abzugeben! Ätzende Flüssigkeiten sind mit einem Gefahrstoffsymbol zu kennzeichnen.
8. Bei der **Kennzeichnung** (Beschriftung) gelten die Kennzeichnungsvorschriften der §§ 10 und 11 AMG 76 (siehe dazu auch Teil III, Seite 166 ff.), lediglich für **Fertigarzneimittel**, also wenn im **voraus** einige Tüten Arzneidrogen abgefüllt werden. Wird eine Droge oder eine Tinktur erst auf Verlangen eines Kunden abgefüllt, so muß der Einzelhändler gemäß § 9 AMG 76 neben der Bezeichnung des Arzneimittels (z.B. Kamillenblüten) lediglich seinen Namen oder den Namen seines Geschäftes angeben. Aus Gründen der Arzneimittelsicherheit ist es jedoch zweckmäßig, Arzneimittel generell nach §§ 10 und 11 AMG 76 zu kennzeichnen (Etikett gemäß Standardzulassung verwenden).

1. Mindestangaben beim Abfüllen auf Verlangen eines Kunden:

KAMILLENBLÜTEN
Datum: 1. 4. 1991   Menge: 50,0 g
Preis:
Kräuterhaus „Kräuter-Max"
05798 Behördhausen,
Gesundheitsstraße 9

2. Text gemäß der Standardzulassung (beim Abfüllen im voraus):

Kamillenblüten
Tee
zur Bereitung von Teeaufgüssen
und Dampfbädern
Zul.-Nr. 7999.99.99

Anwendungsgebiete
Magen-Darm-Beschwerden; Reizung der Mund- und Rachenschleimhaut sowie der oberen Atemwege.

Art der Anwendung und Dosierungsanleitung
Ein Eßlöffel voll Kamillenblüten wird mit heißem Wasser (ca. 150 ml) übergossen und nach 5 bis 10 Minuten durch ein Teesieb filtriert. Zur Bereitung eines Dampfbades werden 1 bis 2 Eßlöffel von Kamillenblüten mit heißem Wasser übergossen.

Soweit nicht anders verordnet, wird bei Erkrankungen im Magen-Darm-Bereich 3- bis 4mal täglich eine Tasse frisch bereiteter Teeaufguß warm zwischen den Mahlzeiten getrunken. Bei Entzündungen der Schleimhaut im Mund- und Rachenbereich wird mit dem frisch bereiteten Teeaufguß mehrmals täglich gespült oder gegurgelt. Bei Entzündungen der oberen Atemwege werden die Dämpfe des frisch bereiteten Teeaufgusses eingeatmet.

Hinweis
Der Teeaufguß darf nicht im Bereich des Auges angewendet werden.

Nach Ablauf des Verfalldatums nicht mehr anwenden.

Arzneimittel unzugänglich für Kinder, vor Licht und Feuchtigkeit geschützt aufbewahren.

Zu verwenden bis: Monat/Jahr (maximal 2 Jahre)

Datum:	Menge: 50,0 g
Ch.-B 289*)	Preis:
Kräuterhaus „Kräuter-Max“	
05798 Behördhausen, Gesundheitsstraße 9	

Folgende Angaben sollte ein Arzneimittel bzw. **muß ein Fertigarzneimittel aufweisen,** siehe dazu obiges Beispiel: (§§ 10 und 11 AMG 76)

1. Name oder Firma und Anschrift des Einzelhändlers
2. Bezeichnung des Arzneimittels (bei Pflanzen, Destillaten und Preßsäften mit ihren verkehrsüblichen deutschen Namen)
3. die Zulassungsnummer (Abkürzung = „Zul.-Nr.“)
4. die Chargenbezeichnung (Abkürzung = „Ch.-B.“), falls Arzneimittel in Chargen in den Verkehr gebracht wird. Wird ein Arzneimittel nicht in Chargen in Verkehr gebracht, so kann/muß das Herstellungsdatum (= Datum der Abfüllung) vermerkt werden. In der Praxis bietet sich für das Einzelhandelsgeschäft an, die auf den Großgebinden angegebenen Chargen-Nummern **zusätzlich** mitzuübernehmen.
5. die Darreichungsform (z.B. als Kamillentee)
6. der Inhalt nach Gewicht (z.B. 50 g Kamillentee), Rauminhalt (z.B. 50 ml Baldriantinktur) oder Stückzahl (z.B. 50 Kohle-Tabletten) –
7. die Art der Anwendung (z.B. als Kamillentee – siehe dazu oben)
8. die **wirksamen** Bestandteile nach Art und Menge (z.B. Kamillenblüten) –
9. das Verfalldatum mit Monat und Jahr
10. Hinweise, wie **Warnhinweise** (z.B. „nicht im Bereich des Auges verwenden“ oder Alkoholwarnhinweise) oder **Lagerhinweise** für die Fachkreise (z.B. „nicht über 20 °C und vor Licht geschützt lagern“); der Hinweis „unzugänglich für Kinder aufbewahren.“
11. Arzneimittel, die nur in Apotheken an Verbraucher abgegeben werden dürfen, müssen den Hinweis „Apothekenpflichtig“ tragen.
12. die Anwendungsgebiete
13. die Gegenanzeigen, Nebenwirkungen und Wechselwirkungen mit anderen Mitteln (sofern bekannt)
14. Hinweise wie: nach Ablauf des Verfalldatums nicht mehr anwenden
15. Aufbewahrungshinweise und Angaben der Haltbarkeit nach Öffnung des Behältnisses (soweit erforderlich)

Wird ein Arzneimittel mit äußerer Umhüllung und Packungsbeilage in den Verkehr gebracht, sind die Punkte 12 bis 15

*) Eine Charge ist die jeweils in einem einheitlichen Herstellungsgang erzeugte Menge eines Arzneimittels. Wenn z.B. aus einem 5 kg Großgebinde zunächst nur 50 Tüten zu je 50 g abgefüllt werden, dann ist dies die 1. Charge und die später abgefüllten restlichen 50 Tüten sind die 2. Charge.

für die Packungsbeilage vorgesehen (Gebrauchsinformation).

b) Abgabe von Arzneimitteln

Der sachkundige Einzelhändler hat darauf zu achten, daß er keine verwechselten, verfälschten, verdorbenen oder verfallenen bzw. überlagerten Arzneimittel abgibt. Er hat Sorge dafür zu tragen, daß ätzende und äußerlich anzuwendende Arzneimittel nicht in „Genußmittelflaschen" (Bier-, Limoflaschen usw.) abgegeben werden, sondern in den dafür vorgesehenen Gefäßen und ggf. nach der **Gefahrstoffverordnung** mit den entsprechenden Symbolen und Hinweisen gekennzeichnet. Er hat ferner darauf zu achten, daß Fertigarzneimittel und Arzneimittel ordnungsgemäß gekennzeichnet sind und keine irreführenden Bezeichnungen führen (siehe dazu § 8 AMG 76, Teil III, Seite 165).

6. Wissensgebiet: (§ 4 (2) der Prüfungsanforderungen)

Es ist festzustellen, ob der Prüfungsteilnehmer die mit dem unsachgemäßen Umgang mit freiverkäuflichen Arzneimitteln verbundenen Gefahren kennt

Der sachkundige Einzelhändler muß wissen, daß auch mit freiverkäuflichen Arzneimitteln **Arzneimittelmißbrauch** betrieben werden kann und daß bei **unsachgemäßem Umgang**, insbesondere bei **nicht bestimmungsgemäßer Einnahme bzw. Verabreichung**, gesundheitliche Gefahren für Mensch und Tier auftreten können.

a) Arzneimittelmißbrauch

Der **Abführmittelmißbrauch** (= Laxantienabusus) mit sog. „natürlichen" Abführmitteln, wie Aloe, Sennesblätter, Faulbaumrinde und Rhabarberwurzeln war stark verbreitet. Es muß darauf hingewiesen werden, daß auch bei einer Daueranwendung von Naturprodukten wie Anthranoiddrogen schwerwiegende Gesundheitsschädigungen auftreten können. Aus diesem Grund wurden Anthranoiddrogen der Apothekenpflicht unterstellt. Von **Alkoholsüchtigen** werden hochprozentige alkoholische Arzneimittel, wie z. B. Melissengeister, die bis zu 79 % Alkohol enthalten, aber auch weinhaltige Zubereitungen (Tonika, Medizinalweine), die in der Regel 16–18 % Alkohol enthalten, mißbräuchlich verwendet, d. h., diese Arzneimittel werden nur wegen ihres Alkoholgehaltes eingenommen.

Bei chronischer **Magenübersäuerung** wird durch die ständige Einnahme von Natriumhydrogencarbonat (= Natron, Bullrichsalz), das Grundleiden eher verschlimmert. Fertigarzneimittel, die gegen Magenübersäuerung empfohlen werden, sind daher auf ihre Zusammensetzung zu überprüfen.

b) Gefahren beim unsachgemäßen Umgang mit Arzneimitteln:

Der sachkundige Einzelhändler sollte sich nicht nur mit der Zusammensetzung und dem Anwendungsgebiet, sondern auch mit der Gebrauchsanweisung (!) und den möglichen Wechselwirkungen (!) jedes Präparates seines Arzneimittelsortimentes vertraut machen.

Beispiele:

Beim Verkauf eines **Frischpflanzenpreßsaftes** oder eines **alkoholfreien Tonikums**, die beide in der Regel durch Pasteurisation haltbar gemacht worden sind und die häufig auch keine Konservierungsmittel enthalten, sollte darauf aufmerksam gemacht werden, daß bei derartigen Arzneimitteln sehr streng auf die vorgegebenen Einnahme- und Aufbewahrungsvorschriften geachtet werden muß. Diese lauten in dem speziellen Falle etwa wie folgt: „Nicht aus der Flasche trinken" (Grund ist die Gefahr einer mikrobiellen Sekundärkontamination d. h. eines Befalls mit Mikroorganismen nach der Haltbarmachung) oder „Nach dem Öffnen Flasche sofort wieder verschließen. Angebrochene Flasche im Kühlschrank aufbewahren". Haltbarkeit auch dann nur 4–5 Tage.

Bei **alkoholhaltigen Arzneimitteln** sollten Leberkranke, Diabetiker, Nierenkranke und Schwangere auf den Alkoholgehalt hingewiesen werden (muß in Vol.-% auf der Packung angegeben sein). Autofahrern ist der Rat zu geben, das betreffende Arzneimittel erst nach Beendigung ihrer Fahrt einzunehmen. Schließlich sollte man wissen, daß eine Reihe von Arzneimitteln **Wechselwirkungen mit Alkohol** eingehen, die u.a. zur Fahruntüchtigkeit führen können (Schmerzmittel, Beruhigungsmittel, Schnupfenmittel u.a.). Zuletzt ist noch darauf zu achten, daß an Kinder und Jugendliche keine alkoholhaltigen Arzneimittel, die zu Mißbrauch geeignet sind (Melissengeist, Tonika, Medizinalweine), abgegeben werden dürfen.

Diabetiker, sofern bekannt, sind auf den **Zuckergehalt** in Hustensäften, Lutschtabletten, einigen Instant-Tees und Tonika aufmerksam zu machen. Ab und zu werden Arzneimittel, die als „für Diabetiker geeignet" gekennzeichnet sind, weil sie einen Zuckeraustauschstoff enthalten, als Arzneimittel gegen die Zuckerkrankheit angesehen. Hier ist es zwingend notwendig, Aufklärung zu betreiben!

Nierenkranke sollen ohne Erlaubnis ihres Arztes keine Wacholderpräparate einnehmen.

Das **Absetzen eines vom Arzt** verordneten Arzneimittels zugunsten eines freiverkäuflichen Arzneimittels kann mit schlimmen Folgen einhergehen. Es muß daher dringend davor gewarnt werden, z.B.

Bohnenschalen- oder Heidelbeerblättertee anstelle von Diabetikertabletten,
Mistel anstelle eines blutdrucksenkenden Mittels,
Weißdorn anstelle eines verordneten Herzmittels,
Bärentraubenblätter anstelle eines Antibiotikums,
Brennesselkraut anstelle eines verordneten Eisenpräparates usw. einzunehmen.

Von der **gleichzeitigen Einnahme** freiverkäuflicher Arzneimittel zusammen mit verordneten Arzneimitteln ist abzuraten, da zwischen den Arzneimitteln **Wechselwirkungen** (= Interaktionen) auftreten können, wobei die Wirkung des verordneten Arzneimittels verringert bzw. gehemmt oder auch gesteigert werden kann. Verbraucher, die ein Herzmittel (z.B. ein Digitalispräparat) vom Arzt verordnet bekommen, müssen ganz besonders auf die Wechselwirkungen, auch mit Lebensmitteln (!), achten. Die zusätzliche Einnahme eines Weißdornpräparates ist bei **zeitversetzter Applikation** zwar möglich, sie sollte aber mit Einverständnis des behandelnden Arztes erfolgen. Bei Herzkranken, die vom Arzt ein Herzmittel verordnet bekommen, sollte die Empfehlung eines hochdosierten **Calciumpräparates** dem Arzt überlassen werden. Mittel gegen Magenübersäuerung (Antazida) können die Resorption anderer Arzneimittel stark beeinträchtigen.

Die **Nichtbeachtung der Krankheitsliste** oder irreführende Aussagen aufgrund unwissenschaftlicher bzw. unseriöser Kräuterbücher ist ebenfalls ein unsachgemäßer Umgang mit freiverkäuflichen Arzneimitteln.

7. Wissensgebiet: (§ 4 (2) der Prüfungsanforderungen)

Es ist festzustellen, ob der Prüfungsteilnehmer die für freiverkäufliche Arzneimittel geltenden Vorschriften des Arzneimittelrechtes und des Rechtes der Werbung auf dem Gebiet des Heilwesens kennt.

a) Gesetz über den Verkehr mit Arzneimitteln (Arzneimittelgesetz)

Folgende Paragraphen des AMG 76 sind für Arzneimittel außerhalb der Apotheke (sog. freiverkäufliche Arzneimittel) von Bedeutung. Der Prüfungsteilnehmer muß den Inhalt – nicht den wörtlichen Gesetzestext – dieser gesetzlichen Bestimmungen wissen und anwenden können:

§ **2** (= Arzneimittelbegriff)
§ **3** (= Stoffbegriff)
§ **4** (= Sonstige Begriffsbestimmungen, darunter Fertigarzneimittel)
(Näheres darüber ist im 1. Kapitel [= 1. Wissensgebiet] und im Teil III nachzulesen.)

Im § 4 ist auch der Begriff des **Herstellens** verankert (Näheres darüber ist im 5. Kapitel (= 5. Wissensgebiet, Seite 75 ff. nachzulesen).

Im § 4 ist ferner der Begriff der **Charge** definiert: „Eine Charge ist die jeweils in einem einheitlichen Herstellungsgang erzeugte Menge eines Arzneimittels" (Näheres darüber ist im 5. Kapitel (= 5. Wissensgebiet Seite 75 ff. nachzulesen).

Im § 4 ist schließlich auch noch der **„Pharmazeutische Unternehmer"** wie folgt definiert: **„Pharmazeutischer Unternehmer ist, wer Arzneimittel unter seinem Namen in den Verkehr bringt."** Der Einzelhändler ist immer dann „Pharmazeutischer Unternehmer", wenn er z. B. Drogen, Baldriantinktur, Glaubersalz usw. aus größeren Gebinden abfüllt und diese unter seinem Namen in den Verkehr bringt. Der Pharmazeutische Unternehmer, d. h. der Einzelhändler bzw. der Inhaber der betreffenden „Arzneimittelabgabestelle", ist nicht nur für eine **einwandfreie Qualität** und für die **ordnungsgemäße Kennzeichnung** des von ihm „hergestellten" und in den Verkehr gebrachten Arzneimittels voll verantwortlich, sondern er muß gemäß

§ **84** (= Gefährdungshaftung) eine Haftpflichtversicherung abschließen*) (siehe dazu auch Teil III, Seite 231).

§ **8** (= Verbote zum Schutz vor Täuschung), Näheres dazu ist im 3. Kapitel (= 3. Wissensgebiet) und im Teil III, Seite 165 nachzulesen.

§ **10** (= Kennzeichnung der **Fertigarzneimittel**), Näheres dazu ist im 5. Kapitel (= 5. Wissensgebiet) Seite 78 ff. und im Teil III, Seite 166 ff. nachzulesen.

§ **11** (= Packungsbeilage), Näheres dazu ist im Teil III, Seite 169 nachzulesen.

§ **13** **Abs. 2, Ziffer 5** (Herstellungserlaubnis; Sonderregelung für den Einzelhändler, der die Sachkenntnis nach § 50 AMG 76 besitzt), Näheres dazu ist im 5. Kapitel (= 5. Wissensgebiet) Seite 75 ff. und im Teil III, Seite 171 f. nachzulesen.

*) nur für Fertigarzneimittel

§ 36 (= Ermächtigung für Standardzulassungen), Näheres dazu ist im 5. Kapitel (= 5. Wissensgebiet) Seite 75 ff. und Teil III, Seite 177 f. nachzulesen.

§ 44 (= Ausnahme von der Apothekenpflicht), Näheres dazu ist im 1. Kapitel (= 1. Wissensgebiet) Seite 4 ff., im Teil III, Seite 182 ff. nachzulesen.

§ 45 (= Ermächtigung zu weiteren Ausnahmen von der Apothekenpflicht), Näheres dazu ist im 1. Kapitel (= 1. Wissensgebiet) Seite 5, im Teil III Seite 182 ff. nachzulesen.

§ 46 (= Ermächtigung zur Ausweitung der Apothekenpflicht), Näheres dazu ist im 1. Kapitel (= 1. Wissensgebiet) Seite 6 bis Seite 8, im Teil III, Seite 205 ff. nachzulesen.

§ 50 (= Einzelhandel mit freiverkäuflichen Arzneimitteln; erforderliche Sachkenntnis), Näheres dazu ist im Teil I, Seite 4 und im Teil III, Seite 215 nachzulesen.

§ 51 (= Abgabe im Reisegewerbe), Näheres dazu ist im Teil III, Seite 216 nachzulesen.

§ 52 (= Verbot der Selbstbedienung), Näheres dazu ist im Teil III, Seite 217 nachzulesen.

§ 55 (= Arzneibuch), Näheres dazu ist im 2. Kapitel (= 2. Wissensgebiet) Seite 9 bis 69 und im Teil III, Seite 220 nachzulesen.

§ 64 (= Durchführung der Überwachung), Näheres dazu ist im Teil III, Seite 224 nachzulesen.

§ 65 (= Probenahme bei Überwachung), Näheres dazu ist im Teil III, Seite 224 ff. nachzulesen.

§ 67 (= Allgemeine Anzeigepflicht): eine Geschäftseröffnung ist nicht nur der zuständigen Gewerbeaufsicht usw. zu melden, sondern sie ist auch der pharmazeutischen Landesüberwachungsbehörde (z. B. dem Regierungspräsidium) anzuzeigen. Näheres dazu ist im Teil III, Seite 218 nachzulesen.

§ 69 (= Maßnahmen der zuständigen Behörde; Rückruf von Arzneimitteln). Neben den Maßnahmen der zuständigen Gesundheitsbehörden (siehe dazu Gesetzestext im Teil III, Seite 225) gibt es noch das Rückrufsystem der Landesapothekerkammern und das „refo-Arzneimittel-Sicherheitssystem“ vom Bundesverband Deutscher Reformhäuser.

§§ 95, 96 und 97 (= Straf- und Bußgeldvorschriften), Näheres dazu ist im Teil III, Seite 233 f. nachzulesen.

§ 105 (= Zulassung von Fertigarzneimitteln, die sich am Tage der Verkündigung dieses Gesetzes im Verkehr befanden), Näheres dazu ist im 5. Kapitel (= 5. Wissensgebiet) Seite 75 ff., im Teil II, Seite 89 und im Teil III, Seite 179 nachzulesen.

Merke: Die Frist für die Möglichkeit der Anzeige von Fertigarzneimitteln an das BGA ist längst abgelaufen; der Termin war der 30. Juni 1978. Wichtig für Geschäftsneueröffnungen! Die dem früheren BGA rechtzeitig angezeigten Fertigarzneimittel (z.B. im voraus abgefüllte Drogen) gelten für 12 Jahre als zugelassen. Die Zulassung ist am 1. Januar 1990 erloschen, wenn bis zu diesem Zeitpunkt kein Antrag auf Verlängerung der Zulassung bei BGA gestellt worden ist (= sog. Nachzulassung). Die Nachfolgebehörde für das BGA ist das Bundesinstitut für Arzneimittel und Medizinprodukte, abgekürzt BfArM, in Berlin.

b) Gesetz über die Werbung auf dem Gebiet des Heilwesens (Heilmittelwerbegesetz)

§ 1 (= Anwendung des Gesetzes), Näheres dazu ist im Teil III, Seite 238 f. nachzulesen.

§ 3 (= unzulässige irreführende Werbung), z.B. wenn Arzneimitteln Wirkungen beigelegt werden, die sie nicht haben oder wenn von „reinen Naturprodukten" gesprochen wird, obwohl diese synthetische Bestandteile enthalten oder wenn fälschlicherweise behauptet wird, daß ein Erfolg mit Sicherheit zu erwarten ist und/oder keinerlei Nebenwirkungen auftreten. Der Gesetzestext ist im Teil III, Seite 298 nachzulesen.

§ 4 (= Mindestinformation einer Werbung) siehe auch Teil III, Seite 240.

1. Werbung außerhalb der Fachkreise (z.B. Plakate, Zeitungsanzeigen, Werbeprospekte für Verbraucher) sog. Publikumswerbung muß – deutlich abgesetzt vom übrigen Werbetext – die unten aufgeführten Mindestangaben enthalten.
Wenn Nebenwirkungen bekannt sind oder **Warnhinweise** (z.B. Alkoholwarnhinweise) vorgeschrieben werden, dann **müssen** (!) diese ebenfalls in der „Mindestinformation" z.B. in einer Zeitungsanzeige oder auf dem Plakat genannt werden.
Nach einer **Fernsehwerbung** ist folgender Text einzublenden und zu sprechen: „Zu Risiken und Nebenwirkungen lesen Sie die Packungsbeilage und fragen Sie Ihren Arzt oder Apotheker". Falls keine Risiken und Nebenwirkungen bekannt sind, kann der Satz entfallen.

2. Werbung innerhalb der Fachkreise (z.B. Informationsschrift zur Einführung eines Arzneimittels im Einzelhandelsgeschäft): In diesem Falle kommt zu den oben beschriebenen „Pflichtmindestangaben" noch hinzu: die **Zusammensetzung des**

TISUNIL-GOLD	= Bezeichnung des Arzneimittels
von Knif GmbH, 7039 Frauenberg	= Name oder Firma mit Sitz des Pharmaz. Unternehmens
Hausmittel gegen Darmträgheit und bei Entzündungen im Magen und Darm	= Anwendungsgebiete
Nicht anwenden bei Darmverschluß	= Gegenanzeigen

Arzneimittels nach Art und Menge der wirksamen Bestandteile (= Analyse).

3. Erinnerungswerbung. In diesem Falle darf **nur mit der Bezeichnung** des Arzneimittels und zusätzlich mit den **Namen bzw. der Firma** bzw. mit dem Warenzeichen des Pharmazeutischen Unternehmens geworben werden. Beispiel: Tisunil-Gold von Knif/Frauenberg. Zusätzliche Preisangabe ist erlaubt. Die Pflichtangaben müssen deutlich abgesetzt und abgegrenzt von den übrigen Werbeaussagen angebracht werden. Dies ist z. B. durch räumliche Trennung, graphische Gestaltung, andere Schrifttypen usw. erreichbar.

4. Unzulässige Werbung.

§ 6 (= unzulässige Werbung) mit **Gutachten** oder **Zeugnissen** von nicht wissenschaftlich oder fachlich berufenen Personen oder die Bezugnahme auf **wissenschaftliche Veröffentlichungen**, ohne dabei die genaue Literaturfundstelle zu nennen. Werbung mit Gutachten, Zeugnissen, Wiss. Veröffentlichungen ist nur innerhalb der Fachkreise erlaubt (= vollständiger Gesetzestext ist im Teil III, Seite 299 nachzulesen).

§ 10 (= Verbot der Publikumswerbung für Schlafmittel). Bei den freiverkäuflichen Beruhigungsmitteln, wie Baldrian-, Hopfen-, Johanniskraut- und Passionsblumenkrautpräparaten darf in der Werbung das Wort „Schlaflosigkeit“ nicht benutzt werden. Der Gesetztestext ist im Teil III, Seite 300 nachzulesen.

§ 11 (= Verbotsliste für Werbung **außerhalb** der Fachkreise), z. B. ist verboten zu werben mit Gutachten, Zeugnissen und wissenschaftlichen Veröffentlichungen – mit der Wiedergabe von Krankengeschichten – mit der bildlichen Darstellung von Personen im weißen Berufskittel u. ä. – mit der bildlichen Darstellung eines veränderten Krankheitszustandes – mit fremd- oder fachsprachlichen Bezeichnungen – mit Aussagen, die Angstgefühle hervorrufen, usw. Die früher erlaubte **Abgabe** von **Arzneimittelproben** ist ebenfalls untersagt.

§ 12 (= **Krankheitsliste**). In einer Anlage zu § 12 (siehe Text der Anlage im Teil III, Seite 302 f.) sind Krankheiten und Leiden beim Menschen und Krankheiten und Leiden beim Tier aufgeführt, für die keine Publikumswerbung betrieben werden darf (auch nicht **vorbeugender** Natur!). Diese Krankheitsliste stimmt in vielen Punkten mit der Krankheitsliste Anlage 3 zur VO nach § 46 AMG 76 überein. Für freiverkäufliche Arzneimittel gilt: die Anwendungsgebiete müssen mit denen der Pakkungsbeilage übereinstimen.

§ 15 (= Ordnungswidrigkeiten). Verstöße gegen das HWG können mit Geldbußen bis zu 50 000,– DM geahndet werden. Werbematerial, das gegen das HWG verstößt, kann eingezogen werden. Der Gesetzestext ist im Teil III, Seite 302 nachzulesen.

Teil II

Arzneimittelkunde (Fertigarzneimittel)

Von Dr. Herbert Niklas, Stuttgart

Einleitung

Der Teil II gibt eine kurze Übersicht über einen Teil jener Arzneimittel, die im Einzelhandel außerhalb der Apotheken in Drogerien, Reformhäusern, Supermärkten, Zoohandlungen und im Lebensmitteleinzelhandel in den Verkehr gebracht werden.

Nach allgemeinen Erläuterungen und einer Übersicht der Darreichungsformen und Zubereitungen folgt die Besprechung der Arzneimittel für die wichtigsten Anwendungsgebiete. Am Anfang eines jeden Kapitels steht eine Erläuterung zum Verständnis der Wirkungen dieser Arzneimittel. Daran anschließend folgt die Nennung der jeweils wichtigsten wirksamen Bestandteile. Am Ende werden einige Fertigarzneimittel vorgestellt; diese Auflistung stellt *keinerlei Wertung oder Empfehlung* dar.

Es würde den Rahmen sprengen, wollten alle vorkommenden wirksamen Bestandteile jeweils erläutert und bei den Fertigarzneimitteln angeführt werden. Die Kenntnis der *vollständigen* Zusammensetzung freiverkäuflicher Arzneimittel ist im Einzelhandel außerhalb der Apotheke nicht notwendig; doch sollen die *wichtigsten* wirksamen Bestandteile und mögliche Gegenanzeigen (Kontraindikationen) und Nebenwirkungen bekannt sein. Da Arzneimittel Waren besonderer Art sind, muß sich der Einzelhändler über die wichtigsten Eigenschaften seiner Arzneimittel informieren, damit er den Kunden Hinweise geben kann.

Durch die Bestimmungen des Arzneimittelgesetzes (insbesondere der sogenannten Nachzulassung) sind die Zusammensetzungen auch der freiverkäuflichen Arzneimittel derzeit einer wissenschaftlichen Prüfung zu unterziehen. Dies hat zur Folge, daß die Unternehmer die wirksamen Bestandteile an den aktuellen Kenntnisstand anzupassen haben. Demnach ist es möglich, daß hier Änderungen eintreten, die bei Redaktionsschluß natürlich nicht bekannt waren.

Bitte vergewissern Sie sich daher immer anhand der Ihnen im Geschäft vorliegenden Arzneimittel, ob sich etwas geändert hat. Die wirksamen Bestandteile sind auf der Packung angegeben.

Freiverkäufliche Arzneimittel dienen in erster Linie der Selbstbehandlung bei einfachen Befindlichkeitsstörungen. Der Gesetzgeber hat bewußt stärker wirksame Mittel der Apothekenpflicht unterstellt und nur solche Arzneimittel für den Einzelhandel außerhalb der Apotheken freigegeben, die überwiegend aus dem Erfahrungsschatz der Volksmedizin kommen. Dennoch sind freiverkäufliche Arzneimittel nicht immer frei von Nebenwirkungen. Über die bedeutsamsten gibt der Teil II dieses Buches jeweils Auskunft.

Es muß darauf hingewiesen werden, daß bei andauernden Störungen des Wohlbefindens aus allseits bekannten Gründen ärztlicher Rat einzuholen ist. Denn es versteht sich von selbst, daß eine genaue Kenntnis der Arzneimittel ein wissenschaftliches Studium voraussetzt. Dennoch kann durch kritisches und verantwortungsbewußtes Denken und Handeln auch im Verkehr mit Arzneimitteln außerhalb der Apotheken ein Beitrag zur Arzneimittelsicherheit geleistet werden.

Allgemeine Erläuterungen zur Arzneimittelanwendung

In Fertigarzneimitteln liegen die arzneilich wirksamen Stoffe in der Regel in Form von Zubereitungen vor. Das bedeutet – wenn man von Teemischungen absieht –, daß neben einem oder mehreren Wirkstoffen auch Hilfsstoffe enthalten sind, die selbst keine arzneiliche Wirkung entfalten. Solche Hilfsstoffe sind bei festen Darreichungsformen, wie Tabletten oder Dragees, Stoffe, die die abgeteilte Form auf das gewünschte Gewicht bringen und wesentlich dazu beitragen, daß die Wirkstoffe im Körper freigesetzt werden können. Ähnliches gilt auch für flüssige Formen; hier ist das Lösungsmittel der Träger der Wirkstoffe. Bei anderen Darreichungsformen, beispielsweise Salben, gilt Gleiches.

Man erwartet von Arzneimitteln, daß sie wirken. Sie können jedoch nur dann eine Wirkung entfalten, wenn der Wirkstoff am sogenannten Erfolgsorgan – also da, wo die Wirkung erwartet wird – auch ankommt. Das bedeutet, daß der Wirkstoff auf einem Weg, in der Regel ist das der Blutweg, transportiert werden muß. Voraussetzung hierfür ist, daß das Arzneimittel im Körper den Wirkstoff freigibt und dieser dann ins Blut geht oder lokal die Wirksamkeit entfaltet.

Das Zuführen eines Arzneimittels nennt man die Applikation. Dies kann auf verschiedenen Wegen geschehen: Man kann das Arzneimittel auf Schleimhäute aufbringen, wie etwa den Nasenspray auf die Schleimhäute der Nase. Hier wirkt der Arzneistoff lokal, d.h. dort, wo er aufgesprüht wird, nämlich auf den Schleimhäuten – unter Umgehung des Blutweges. Nimmt man dagegen Kapseln gegen Schnupfen ein, so gelangen die Wirkstoffe in den Magen und Darm, werden dort ins Blut abgegeben und gelangen über den Blutweg an die Nasenschleimhäute, aber natürlich auch überall sonst hin im Körper und können somit an bestimmten Organen unerwünschte Begleitwirkungen auslösen, z.B. Herzjagen.

Den Vorgang des Übergangs eines Arzneistoffs in den Körper nennt man Resorption.

Verfolgen wir den Weg einer Tablette, welche oral appliziert, also durch den Mund eingenommen wurde. Durch Schlucken gelangt sie nach dem Passieren der Speiseröhre in den Magen. Dort trifft sie auf saure Flüssigkeit – den Magensaft. Hier oder im sich am Magen anschließenden Zwölf-Finger-Darm löst sie sich auf, und der Wirkstoff tritt in Kontakt mit der Magen- bzw. Darmschleimhaut. Durch komplizierte Vorgänge gelangt der Arzneistoff ins Blut, passiert die Leber (über den Pfortaderkreislauf) und verteilt sich dann im Körper und trifft auch an das „Erfolgsorgan“, also jene Stelle, an der eine Wirkung ausgelöst werden soll. Nun resorbiert der Körper nicht immer alles an Arzneistoff. Meist wird nur ein Teil aufgenommen; dies hängt von der Resorptionsquote ab. Diese wird z.B. beeinflußt vom Füllungszustand des Magens (vor oder nach dem Essen), von der Menge an Magensäure und von der Zerfallsgeschwindigkeit der Arzneiform.

All diese Einflüsse auf die Resorption können ausgeschaltet werden, wenn man das Arzneimittel direkt ins Blut, z. B. intravenös, injiziert. Hier ist die Resorptionsquote 100 %. Solche Arzneimittel sind Apotheken vorbehalten.

Ist ein Arzneistoff resorbiert worden, beginnt dessen chemische Umwandlung im Körper. Dies nennt man Biotransformation. Diese geschieht fast ausnahmslos in der Leber. Das Pharmakon wird also chemisch verändert, meist zu wenig wirksamen oder unwirksamen Stoffen. Der nächste Schritt ist dann die Ausscheidung des Arzneistoffs bzw. dessen Umwandlungsprodukte. Meist geschieht dies über die Nieren. Grob vereinfacht kann man feststellen, daß die Leber das Arzneimittel wasserlöslich macht, damit es über die Nieren ausgeschieden werden kann. In diesem Zusammenhang ist auf folgendes hinzuweisen (siehe Abb. II.1): Um eine Wirkung zu entfalten, muß ein Arzneimittel einen bestimmten Blutspiegel erreichen, das heißt, in ausreichend hoher Konzentration im Blut verteilt sein. Ein zu geringer Blutspiegel bewirkt, daß das Arzneimittel keine Wirkung zeigt; erst bei ausreichend hohem Blutspiegel wird ein wahrnehmbarer therapeutischer Effekt zu sehen sein. Erhöht man die Konzentration noch weiter, so werden bei vielen Arzneistoffen unerwünschte Wirkungen auftreten (toxischer Bereich).

Die Vorgänge der Umwandlung (= Biotransformation) und der Ausscheidung faßt man unter dem Begriff Elimination zusammen.

Ein arzneilich wirksamer Stoff im Sinne § 3 AMG 1976, also auch eine chemische Verbindung oder geschnittene Pflanzenteile, liegt in der Form eines Arzneimittels meist be- oder verarbeitet vor (Ausnahmen sind z. B. Glaubersalz, Teedrogen). Zur Anwendung werden die

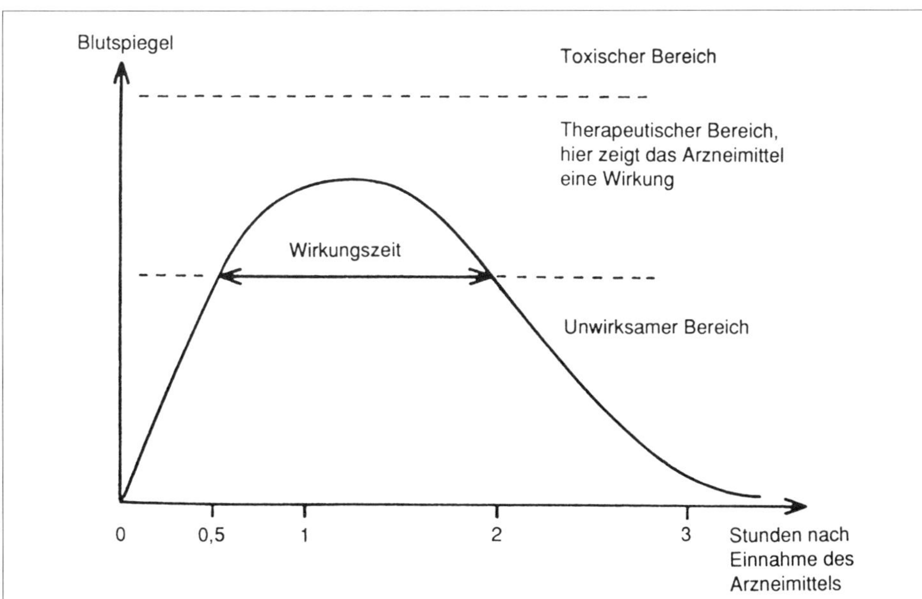

Abb. II.1: Die Abhängigkeit der Wirkung der Arzneimittel von der Konzentration im Blut

Stoffe in eine Arzneiform (Darreichungsform) gebracht, die für die Anwendung geeignet ist. Eine häufig verwendete Arzneiform ist die **Tablette**. Zu ihrer Herstellung werden die gepulverten Tablettierhilfsmittel vermischt, evtl. nochmals granuliert und dann zu der bekannten Tablettenform gepreßt. Die Tablettierhilfsmittel sind nötig, um der Tablette das nötige Gewicht und ihr einen ausreichenden Schutz vor Beschädigung bei mechanischer Einwirkung zu geben. Tabletten müssen aber auch so beschaffen sein, daß sie bei Kontakt mit den Verdauungssäften zerfallen, um so die Wirkstoffe freizugeben und diese resorptionsfähig zu machen. Tablettierhilfsstoffe sind zum Beispiel

- Füllmittel, wie Stärke, Milchzucker, um Tablettenmasse zu bilden,
- Bindemittel, wie Aerosil, Stärkekleister, um den Zusammenhalt der Tabletten zu gewährleisten,
- Gleitmittel, wie Talkum, Calciumstearat, um ein Kleben an dem Stempel der Tablettenpresse zu verhindern,
- Sprengmittel, wie Agar-Agar, Natriumhydrogencarbonat, um ein Auseinanderfallen (Sprengen) der Tablette bei Kontakt mit den Verdauungssäften zu bewirken.

Tabletten werden heute mit modernen Maschinen gepreßt, indem auf eine gefüllte Matritze ein Stempel drückt und so die pulverisierten Bestandteile zur gewünschten Form preßt. Tabletten sind dann nicht verkehrsfähig, wenn sie zerbröselt oder fleckig sind oder einen untypischen Geruch haben.

Tabletten, deren Inhaltsstoffe luft- oder feuchtigkeitsempfindlich sind, oder solche, die schlecht schmecken, werden häufig zum **Dragee** verarbeitet. Man überzieht hierbei den meist abgerundeten Tablettenpressling (Drageekern) mit einer festen Schicht von Zucker, Carbonaten, Talk und anderen Stoffen und erhält somit eine Ummantelung der Tablette. Man kann auch noch eine gefärbte Lackschicht auftragen. Die Farbstoffe müssen arzneimittelrechtlich zugelassen sein. Zur Herstellung bedient man sich des Dragierkessels. Dragees dürfen keine Risse aufweisen oder ungleichmäßig gefärbt sein.

Tropfen sind Arzneilösungen, die tropfenweise aus Tropfflaschen dosiert werden und meist mit Wasser oder auf Zukker eingenommen werden. Die Konzentration resp. die Tropfengröße wird so gewählt, daß eine genaue Dosierung möglich ist.

Elixiere sind Auszüge von Drogen oder deren Mischungen mit ethanolhaltigen Flüssigkeiten (z.B. Südwein) oder Lösungen von Drogenextrakten in solchen Flüssigkeiten. Meist werden Elixieren Aromastoffe, Zucker, Salze usw. beigefügt, um die Haltbarkeit und den Geschmack zu verbessern.

Eine **Emulsion** ist definiert als eine homogene Verteilung kleinster Tröpfchen einer Flüssigkeit in einer anderen, mit ihr normalerweise nicht mischbaren Flüssigkeit. Eine allseits bekannte Emulsion ist die Milch. Hier ist das „Butterfett" in feinsten Tropfen in der wäßrigen Phase feinst verteilt, d.h. emulgiert. Es gibt somit zwei Phasen, meist eine wäßrige Phase und eine Fettphase. Damit die beiden Phasen sich nicht trennen, werden meist Emulgatoren zugesetzt, die eine Verbindung zwischen den Wasser- und den Fetteilchen bewirken. Emulsionen, bei denen sich die Phase z.B. wegen Überlagerung getrennt haben, sind nicht verkehrsfähig.

Preßsäfte werden gewonnen durch Auspressen frisch geernteter und gewaschener Pflanzen oder Pflanzenteile (Frischpflanzenpreßsäfte). Um die Freiverkäuflichkeit zu erhalten, darf kein anderes Lösungsmittel außer Wasser verwendet werden (siehe § 44 Abs. 2 AMG). Die Säfte enthalten die Pflanzeninhaltstoffe in natürlicher Mischung und werden ohne Konservierungsstoffe hergestellt. Daher sind sie von Natur aus trübe und bilden nach einiger Zeit einen Bodensatz, der vor der Einnahme des Preßsaftes aufgeschüttelt werden muß. Preßsäfte sind überlagert und nicht verkehrsfähig, wenn sich der Bodensatz nicht mehr in feiner Form verteilen läßt. Nach Anbruch müssen diese Säfte im Kühlschrank aufbewahrt und alsbald verbraucht werden.

Destillate gewinnt man durch Erhitzen von Drogen mit einem Lösungsmittel (meist Alkohol-Wasser-Gemisch) und anschließender Kondensation des Dampfes. Die flüchtigen Drogenbestandteile (z. B. ätherische Öle) können so aus dem Drogengut herausgeholt werden. Ein besonders schonendes Verfahren ist die Vakuumdestillation, die bei einigen freiverkäuflichen Destillaten angewandt wird. Destillate enthalten mehr oder weniger Alkohol; dies ist bei der Einnahme von Destillaten, beispielsweise beim Melissengeist, zu beachten, da der Alkohol das Reaktionsvermögen herabsetzt und zudem bei einigen Erkrankungen, wie Leberschaden, Epilepsie, kontraindiziert ist. Destillate sind klar.

Sirupe sind zuckerhaltige Lösungen, denen Pflanzenauszüge oder andere Stoffe zugesetzt werden. Durch den hohen Zuckergehalt sind Sirupe für Zukkerkranke kontraindiziert. Der Zuckergehalt dient auch der Konservierung.

Zäpfchen (lat. Suppositorien) sind im Verkehr außerhalb der Apotheken nicht zugelassen. Sogar ohne Sachkenntnis dürfen jedoch Vaginal-Ovula in den Verkehr gebracht werden, die zur Verhütung der Schwangerschaft bestimmt sind. Sie bestehen aus einer Grundmasse, die bei Körpertemperatur schmilzt und den darin enthaltenen Arzneistoff freigibt. Ovula sind daher nicht über Zimmertemperatur zu lagern. Einmal geschmolzene und wieder erkaltete Ovula nicht mehr verwenden.

Die freiverkäuflichen Arzneimittel dienen alle der Selbstbehandlung bei leichten Gesundheitsstörungen oder zur Vorbeugung. In aller Regel werden diese Arzneimittel nicht vom Arzt empfohlen oder verschrieben. Obwohl es sich überwiegend um nicht stark wirksame Arzneimittel und um Mittel der Volksmedizin handelt, sind es eben doch Arzneimittel und keine Lebensmittel, die der Ernährung oder dem Genuß dienen. Arzneimittel sollen unkontrolliert nicht über einen längeren Zeitraum eingenommen werden. Es muß an dieser Stelle vor der falschen Folgerung gewarnt werden, daß „natürliche“ Mittel, z. B. Teedrogen, keine Nebenwirkungen haben können. Die Medizin kennt genügend starke Gifte und auch Vergiftungen durch pflanzliche Stoffe. Selbst die als harmlos angesehenen Arzneitees sind dann nicht mehr als harmlos anzusehen, wenn sie falsch angewendet oder zu lange eingenommen werden. Daher muß bei einer Reihe von Arzneimitteln bei andauernder Einnahme der Kunde auf den Sachverhalt hingewiesen werden. Ergibt sich der geringste Verdacht, daß ernsthafte Gesundheitsstörungen mit freiverkäuflichen Arzneimitteln behandelt werden sollen, muß zu einem Arztbesuch geraten werden.

1. Appetitfördernde und verdauungsanregende Mittel

Mit diesen Arzneimitteln soll eine Steigerung des Appetits und eine Anregung der Magensaft- und der übrigen Verdauungssaftproduktion erreicht werden. Hier kommen vorwiegend pflanzliche Wirkstoffe zum Einsatz.

Bittermittel

Verwendet werden Extrakte, Tinkturen oder Drogenabkochungen. Man gibt sie etwa 15 Min. vor dem Essen. Durch die bittere Geschmacksempfindung der Zunge wird reflektorisch die Speichel- und Magensaftsekretion angeregt. Sind die Bitterstoffe dann im Magen, wird Pepsin und Salzsäure vermehrt produziert.

Verwendet werden vor allem folgende Drogen oder Zubereitungen aus diesen Drogen:

Chinarinde, Kondurangorinde, Enzianwurzel, Wermut, Pomeranzenschalen, Schafgarbenkraut, Tausendgüldenkraut.

Durch den Bitterstoffgehalt soll reflektorisch auch der Appetit angeregt werden. Die Reizung der Geschmacks- und Geruchsnerven soll zusammen mit einer Sekretionssteigerung der Verdauungssäfte die Lust am Essen steigern.

Ätherische Öle mit aromatischem Geschmack

Auch diese regen den Appetit und die Sekretion von Verdauungssäften an.

Verwendung finden Anis, Kümmel, Fenchel, Pomeranzenschale, Pfefferminze, Kamille.

Diese ätherisches Öl enthaltenden Drogen werden auch wegen ihres beruhi-

Präparatebeispiele

Bad Heilbrunner Magentee tassenfertig	Kamillenblüten, Fenchel, Pfefferminzblätter
Bad Heilbrunner Magen- und Darmtee N	Kamillenblüten, Pfefferminzblätter, Kümmel
Bad Heilbrunner Verdauungstee	Fenchelfrüchte, Angelikawurzel, Enzianwurzel
Carmol	Anisöl, Nelkenöl, Zimtöl u. a. (Alkoholgehalt 65 %)
Multi Sanostol	Vitamine A, D_3, B_1, B_2, B_6, C, E, Calciumsalze u. a.
Pepsinwein Poehlmann	Pepsin (Alkoholgehalt 16 %)
Salus Pepsin-Wein	Pepsin, Pomeranzentinktur (Alkoholgehalt 25 %)

genden und krampflösenden Effektes im Verdauungsbereich geschätzt (carminative Wirkung). Schmerzhafte Blähungen können dadurch vermieden werden.

Enzympräparate

Verdauungsenzyme werden häufig benutzt, um eine mangelhafte Sekretion im Organismus auszugleichen. Man muß sich jedoch bewußt sein, daß die zugeführte Menge meist ungenügend ist.

Pepsin

Pepsin ist ein Enzym aus der Magenschleimhaut und braucht zu einer Wirkung ausreichend Salzsäure, die ebenso im Magen produziert wird. Üblich ist eine Lösung von Pepsin in Wein: der Pepsinwein. Die durch ein Likörglas Pepsinwein zugeführte Menge Pepsin kann einen Pepsinmangel in keiner Weise ausgleichen. Eher wird hier der Alkohol wirken, der die Säuresekretion des Magens anregt. Alternativ können Aperitifs verwendet werden, die meist noch besser schmecken. Aperitifs sind keine Arzneimittel.

Alkoholhaltige Getränke und alkoholhaltige Arzneimittel dürfen bei Magenschleimhautentzündung (Gastritis) und Magengeschwür nicht gegeben werden.

Vitamine

Unterstellt man einen allgemeinen Vitaminmangel (der medizinisch gesehen so wohl in unseren Breitengraden nicht vorkommt) mit Abgeschlagenheit und schlechtem Appetit, so hofft man, mit Vitaminen das Allgemeinempfinden zu bessern, was sich dann auch in gesteigertem Appetit äußert.

2. Bronchien- und Hustenmittel

Der Husten ist ein Schutzreflex des Organismus und wird durch Reizung der Schleimhäute der Atemwege ausgelöst. Er hat die Aufgabe, Fremdkörper (z. B. Staubteilchen) aus dem Bronchialraum zu entfernen.

Die Atemwege sind mit einer Schleimhaut ausgekleidet, an der Staub gebunden wird. Die Schleimhäute reinigen sich normalerweise selbst, da der Schleim durch kleine Flimmerhaare im Atemtrakt kontinuierlich nach oben befördert und verschluckt wird. Zigarettenrauch hemmt diese natürliche Reinigung.

Bei trockenem Reizhusten ist die Hustenreizschwelle durch einen vorausgegangenen Entzündungsvorgang stark erniedrigt: Es genügt schon der kleinste Reiz, um den Hustenvorgang auszulösen. Hier werden schleimstoffhaltige Drogen als Arzneimittel eingesetzt, die reizmildernd wirken und die Schleimhaut der oberen Luftwege mit einer Schutzschicht überziehen und so schleimhautberuhigend und hustenreizmildernd wirken sollen. Pflanzenschleime werden nicht oder nur wenig resorbiert; sie wirken örtlich bzw. indirekt auf den Nervus vagus (siehe Teil I, S. 11).

Bei Husten, der mit zu starker Schleimabsonderung einhergeht, werden auswurffördernde Arzneimittel verwendet. Man nennt sie Expektorantien. Sie verflüssigen das zähe Sekret, erleichtern das notwendige Abhusten des Schleims und den Abtransport durch die Flimmerhaare. Für die Verflüssigung des Sekrets muß auf genügend Flüssigkeitszufuhr geachtet (etwa 3 l pro Tag) und zu trokkene Atemluft vermieden werden. In hartnäckigen Fällen empfiehlt sich eine Dampfinhalation mit lösenden und krampfmildernden Kamillendämpfen bzw. mit Fenchel-, Anis-, Eukalyptusöl. Die Wirkung der Expektorantien beruht zum Teil auf einer Reizung von Nerven in der Magenschleimhaut, wodurch die Bronchialdrüsen reflektorisch vermehrt dünnflüssigeres Sekret bilden. Dies ist insbesondere bei Ammoniumchlorid der Fall.

Saponindrogen führen zu einer Verringerung der Oberflächenspannung des Sekrets. Dadurch wird der Schleim dünnflüssiger und kann leichter abgehustet werden (siehe Teil I, S. 13).

Auch ätherische Öle wirken expektorierend durch Verflüssigung des Schleims und ihre milde desinfizierende Wirkung. Im Handel sind Tees aus geschnittenen Drogen und Instant-Tees. Bei den letztgenannten handelt es sich meist um Sprühtrockenextrakte von Arzneidrogen. Die ätherischen Öle gehen bei dieser Herstellungstechnik teilweise verloren; sie werden dem Erzeugnis, wenn nötig, nachträglich wieder zugesetzt.

Die aus Drogen durch Destillation gewonnenen ätherischen Öle sind teilweise Bestandteile von Hustentropfen, Hustensäften, Inhalationsmitteln, Einreibungen und Badeölen.

Sprühtrockenextrakte und Destillate sind als Heilmittel aufgrund der Rechtsverordnung freiverkäuflich.

Bei Einreibungen will man damit eine milde, längerdauernde Inhalation erreichen, da die Öle aus der Zubereitung in die Atemluft übergehen. Gleiches gilt für Badeöle.

Zur Anwendung kommen auch Menthol und Kampfer. Die beiden Stoffe rufen an den Schleimhäuten ein Kältegefühl hervor und sollen die Sekretbildung einschränken.

Mit den chemischen Stoffen Dequaliniumchlorid und Cetylpyridiniumchlorid möchte man in Lutschbonbons eine gewisse Desinfektion der Mund- und Rachenschleimhaut erreichen, um eine weitere Ausbreitung und Vermehrung von Erregern zu verhindern. Diese Stoffe wirken auf Bakterieneiweiß ein und verhindern so die Bakterienvermehrung. Außerdem setzen sie etwas die Oberflächenspannung des Rachenschleims herab, so daß zäher Schleim leichter abgehustet bzw. ausgeworfen werden kann.

Die im Handel befindlichen Hustenbonbons sind überwiegend keine Arzneimittel. Man macht sich hier die Eigenschaft zunutze, daß Bonbons schon alleine wegen des Lutschens zu gesteigerter Speichelsekretion führen und so

Präparatebeispiele

Abtei Hustenheil Halsdrg.	Eucalyptusöl, Menthol
Bad Heilbrunner Brust- und Hustentee tassenfertig	Extrakt aus Thymiankraut, Primelwurzeln
Bad Heilbrunner Deutscher Brusttee	Eibischwurzel, Süßholzwurzel, Anis, Primelwurzel
Bad Heilbrunner Husten- und Bronchialtee N	Lindenblüten, Thymiankraut, Anis
Broncholind Fenchelhonig	Fenchelhonig, Fencheltinktur, Honig
Broncholind Hustensaft	Spitzwegerichfluidextrakt (Alkoholgehalt 3 %)
Kneipp Hustensaft Spitzwegerich	Preßsaft aus frischem Spitzwegerichkraut
Knufinke Broncholind Husten- und Erkältungstee	Trockenextrakt aus Thymian
Olbas Tropfen	Pfefferminzöl, Kajeputöl, Eucalyptusöl, Wacholderöl, Wintergrünöl
tetesept Halspastillen forte	Dequaliniumchlorid, Cetylpyridiniumchlorid
tetesept Husten Heißtrunk	Kräuterextrakt aus Thymiankraut, Primelwurzeln
tetesept Husten Lindinetten C	Anisöl, Pfefferminzöl, Fenchelöl, Vitamin C

Hustenreiz lindern können. Meist sind Hustenbonbons zuckerhaltig, was bei Diabetikern berücksichtigt werden muß. Was in Hustenbonbons enthalten ist, ist aus dem aufgedruckten Zutatenverzeichnis zu entnehmen.

Verwendet werden:

Als hustenreizmildernde Mittel vor allem **schleimstoffhaltige Drogen** wie: Eibischwurzel, Isländisches Moos, Spitzwegerich, Huflattichblätter, Wollblumen.

Als auswurffördernde Mittel vor allem saponinhaltige Drogen wie: Primelwurzel, Wollblumen.

Ätherisches Öl enthaltende Pflanzen wie: Anis, Fenchel, Thymian, Eukalyptus, Pfefferminze, Kamille.

Reine ätherische Öle wie: Anisöl, Eukalyptusöl und die aus Drogen gewinnbaren Stoffe Menthol und Kampfer.

Zucker oder Honig findet man in vielen Hustensäften. Wahrscheinlich wird hierdurch reflektorisch über die Mundschleimhaut eine Sekretverflüssigung erreicht.

Honighaltige Arzneimittel wendet man vor allem bei Kindern an.

Merke: Zwischen trockenem Reizhusten und Husten durch Verschleimung unterscheiden. Bei länger andauerndem Husten muß der Arzt befragt werden.

3. Leber- und Gallemittel

Die Leber ist das wichtigste Stoffwechselorgan des Körpers. Nahezu alle wichtigen chemischen Reaktionen im Organismus laufen in der Leber ab, einschließlich des Abbaus („Entgiftung“) von Arzneimitteln. Die Leber läßt sich in ihrer Funktion im Sinne einer Verbesserung nicht beeinflussen.

Die Galle, die zur Verdauung von Fetten wichtig ist, wird in der Leber gebildet. Sie gelangt von dort zunächst in die Gallenblase, wo sie gespeichert und eingedickt wird, und von dort durch die Gallengänge in den Zwölffingerdarm. Die Entleerung der Gallenblase wird durch komplizierte Mechanismen gesteuert. Störungen zeigen sich unter anderem in Verdauungsbeschwerden. Die täglich in den Darm abgegebene Menge an Gallevolumen beträgt ca. 60 ml.

Man unterscheidet

- Mittel, welche die Galleproduktion durch die Leber fördern (Choleretica)
- Mittel, welche einen vermehrten Abfluß bereits vorgebildeter Galle verursachen (Cholekinetica).

Da organische Krankheiten der Leber bei den in Frage kommenden Arzneimitteln außerhalb der Apotheken als Indikation verboten sind, stehen Indikationen mit vorbeugender Aussage oder Funktionsbeeinflussung im Vordergrund.

An Drogen werden eine Vielzahl in sog. Leber-Galle-Tees eingesetzt.

Eine strenge Differenzierung in Chole-

Präparatebeispiele

Bad Heilbrunner Galle-Tee	Mariendistelfrüchte, Pfefferminzblätter, Wermutkraut
Bakanasan Leberschutz Dragees	Mariendistelfrüchte
Galama Gallen-Arzneitee	Löwenzahn (Ganzpflanze)
Kneipp Galle- und Leber-Tee N	Pfefferminzblätter, Javan. Gelbwurz, Löwenzahnkraut mit Wurzel
Kneipp Löwenzahn Tabletten	Löwenzahn (Wurzelstock und Kraut)
Knufinke Leber- und Galle-Tee Hepa N	Trockenextrakt aus Pfefferminzblättern
Salus Gallexier Dragees	Javan. Gelbwurz, Artischockenextrakt, Mariendistelextrakt, Löwenzahn u. a.
Schoenenberger Artischocke	Artischocken-Preßsaft
Silygold Dragees	Mariendistelfrüchte

retika und Cholekinetika ist bei pflanzlichen Arzneimitteln nicht möglich.

Patienten mit Gallenstörungen müssen bestimmte Nahrungsmittel meiden, so etwa Eigelb oder fette Fleischbrühe, da es sonst zu äußerst schmerzhaften Verkrampfungen im Gallensystem kommen kann (Kolik).

Verwendet werden unter anderem:

Javanische Gelbwurz

Sie soll bei Erkrankungen der Gallenwege hilfreich sein. Die Droge enthält etwas ätherisches Öl.

Bitterstoffdrogen (siehe S. 10)

Löwenzahn

In der Volksheilkunde gilt die Droge als „Blutreinigungsmittel“ und als wirksam bei Gallenbeschwerden. Gallesekretion und Galleﬂuß soll, insbesondere durch die Ganzpflanze (einschließlich Wurzel), angeregt werden.

Mariendistel

Man verwendet sowohl die Früchte als auch das Kraut. Die Früchte enthalten bis zu 3 % Silymarin. Diese Substanz soll bei Lebererkrankungen unterstützend wirken. Für das Kraut gibt es derzeit keinen wissenschaftlichen Beweis einer therapeutischen Anwendung bei Störungen von Leber oder Galle.

Artischocke

Verwendet werden die Laubblätter der Pflanze. Als Hauptwirkung soll ein den Gallesaft anregender Effekt im Vordergrund stehen.

Ätherisches Öl enthaltende Drogen
(siehe Teil I S. 10)

Hier vor allem Pfefferminzblätter, Anis, Fenchel, Kümmel.

4. Blasen- und Nierenmittel

Die Nieren zählen neben Darmkanal, Lungen und Schweißdrüsen zu den wichtigsten Ausscheidungsorganen. Das Ausscheidungsprodukt ist der Harn. Durch die Nieren werden lebenswichtige Vorgänge gesteuert:

1. Ausscheidung der Stoffwechselprodukte, vornehmlich Abbauprodukte des Eiweißstoffwechsels,
2. Aufrechterhaltung des Säure-Basen-Gleichgewichts des Körpers durch Ausscheidung saurer bzw. alkalischer Substanzen,
3. Regulation des Wasser- und Salzhaushalts des Körpers,
4. Entgiftung des Organismus durch Ausscheidung von entweder im Körper selbst gebildeten oder ihm zugeführten Substanzen (z.B. Arzneimittel). Hier leistet die Leber wichtige Vorarbeit, indem sie Stoffe wasserlöslich macht.

Während eines Tages passieren rund 1500 l Blut die Nieren. In dieser Zeit werden im Normalfall etwa 1,5 l Harn abgesondert. Er ist normalerweise steril.

Die Blase ist ein muskulöses Hohlorgan und kann sich an verschiedene Volumina anpassen. In ihr wird der von den Nieren kommende Harn bis zum Harnlassen gespeichert.

Freiverkäufliche Blasen- und Nierenmittel sollen die Nierentätigkeit anregen oder den Harn desinfizieren. Auch Kombinationen kommen vor.

Es kommen hier außerhalb der Apotheken ausschließlich pflanzliche Arzneistoffe zum Einsatz.

Der wesentliche Effekt von Blasen- und Nierentees beruht hauptsächlich auf der Ausscheidung der durch diese Tees zugeführten Flüssigkeit. Will man die Nieren „spülen“, – wovor bei einigen Erkrankungen ohne ärztliche Empfehlung abgeraten wird –, muß man viel Flüssigkeit zuführen. An Drogeninhaltsstoffen, die eine wassertreibende Wirkung besitzen, sind vor allem Kaliumsalze, Saponine, Flavonoide und ätherisches Öl zu erwähnen. In diesem Zusammenhang ist wichtig zu wissen, daß durch die Nieren nur die im Überfluß zugeführte Flüssigkeitsmenge abgesondert wird, krankhafte Wasseransammlungen, z.B. Ödeme, werden nicht oder nur unwesentlich beeinflußt.

An dieser Stelle ist zu bemerken, daß Personen mit „Wasser in den Beinen“, also Ödemen im Bereich des Fußes, besonders an den Knöcheln, nicht ohne ärztlichen Rat wassertreibende Tees trinken dürfen. Meist handelt es sich um ein Symptom bei Herzmuskelschwäche, das unbedingt vom Arzt behandelt werden muß.

Wassertreibende Tees werden angewendet, wenn durch eine gesteigerte Flüssigkeitszufuhr Krankheitserreger ausgeschwemmt werden sollen. Nieren- und Blasentees können hier durch milde Desinfektion unterstützend auf den Heilprozeß wirken. Durch die Spülwirkung sind diese Tees auch nützlich während einer vom Arzt eingeleiteten Behandlung einer Harnwegsinfektion – ärztliches Einverständnis vorausgesetzt. Harnwegsinfektionen sind Infektionen, die nicht durch Bakterien des Blutes hervorgerufen werden, sondern von außen in den Harntrakt verschleppt wurden.

Frauen sind wegen der gegenüber Männern kürzeren Harnröhre besonders in höherem Alter anfälliger gegen Harnwegsinfektionen.

Verwendet werden mit vorwiegend wassertreibender Wirkung:

Wacholderbeeren: Wegen der vorhandenen Reizwirkung des ätherischen Öles dürfen Zubereitungen als Wacholderbeeren nicht über einen längeren Zeitraum eingenommen werden. Bei Schwangeren und Nierenleidenden dürfen Wacholderbeerzubereitungen und größere Mengen Wacholderbeeren nicht gegeben werden.

Harntreibende Heilpflanzen sind vor allem Birkenblätter, Goldrutenkraut, Hauhechelwurzel und die Orthosiphonblätter, die in der Volksmedizin als „Indischer Nierentee“ bekannt sind.

Als den Harnfluß steigernde Droge hat sich Kürbis bewährt. Man verwendet Kürbissamen oder auch das ausgepreßte

Präparatebeispiele

Bad Heilbrunner Birken Heilpflanzendragees	Birkenblätterpulver
Bad Heilbrunner Harntee	Birkenblätter, Orthosiphonblätter, Goldrutenkraut
Bad Heilbrunner Harntee 450	Extrakt aus Birkenblättern, Orthosiphonblättern, Goldrutenkraut
Bad Heilbrunner Nieren- und Blasentee N	Orthosiphonblätter, Hauhechelwurzel
Bakanasan Curbita	Kürbiskernöl
Dr. Dünner Spargeltabletten	Spargelpulver
Galama Nieren- und Blasen-Arzneitee	Birkenblätter, Schachtelhalmkraut
Granufink Kürbiskern Kapseln N	Kürbissamen, Kürbisöl
Kneipp Petersilie Tabletten N	Petersilienkraut
Knufinke Blasen- und Nierentee Uro N	Trockenextrakt aus Hauhechelwurzel, Orthosiphonblätter, Schachtelhalmkraut
Salus Blasen-Nieren-Tropfen	Destillat aus Buccoblättern, Orthosiphonblättern, Wacholderbeeren, Pfefferminzblättern u. a.
Solaguttae Wacholderöl Kps. N	Wacholderbeeröl
Vollmers grüner Hafertee	Grüner Hafer, Brennessel u. a.
UroFink Nieren- und Blasentee	Birkenblätter, Goldrutenkraut, Orthosiphonblätter, Bärentraubenblätter u. a.

fette Öl. Kürbissamen helfen bei Reizblase und verbessern bei Männern die Beschwerden beim Harnlassen, wenn diese auf eine gutartige Vergrößerung der Vorsteherdrüse (Prostata) zurückzuführen sind. Die Vergrößerung der Prostata wird aber nicht beeinflußt. Eine Anwendung über Wochen bis Monate wird empfohlen. Man kann die Kürbiskerne (so werden sie manchmal bezeichnet, obwohl sie botanisch gesehen Samen sind) gemahlen oder zerkaut mit Flüssigkeit einnehmen.

Als harnwegsdesinfizierende Droge wird verwendet:

Bärentraubenblätter

Die Wirkung beruht vor allem auf dem Gehalt an Arbutin. Arbutin selbst wirkt nicht antibakteriell; es wirkt vielmehr erst durch das sich bei schwach alkalischem Harn daraus bildende Hydrochinon. Der Harn kann alkalisiert werden mit etwas Natron (Natriumhydrogencarbonat, Natriumbicarbonat), das man zum Tee einnimmt.

Merke: Die Blasen- und Nierenfunktion läßt sich mit den Wirkstoffen freiverkäuflicher Arzneimittel kaum beeinflussen. Wichtiger ist die erhöhte Zufuhr von Flüssigkeit, also die „Spülwirkung“. Bei Blasen- oder Nierenbeschwerden auf warme Kleidung achten!

5. Mittel gegen Eisenmangelanämie

Arzneimittel, die gegen Eisenmangel und zu dessen Verhütung im Handel sind, sind aufgrund der Anlage zur Rechtsverordnung zum Verkehr außerhalb der Apotheken zugelassen.

Eisen ist ein wichtiger Bestandteil des roten Blutfarbstoffes (Hämoglobin) und einer Reihe von Enzymen im Körper.

Unter Eisenmangelanämie versteht man den Mangel an Eisen im Hämoglobin des Blutes bzw. in den roten Blutkörperchen.

Die wichtigste Aufgabe des Eisens im Körper ist der Transport und die Speicherung von Sauerstoff am Farbstoff der roten Blutkörperchen (Hämoglobin). Steht zu wenig Eisen zur Verfügung, leidet die Sauerstoffversorgung des Organismus darunter, was sich z. B. in Blässe, Antriebsarmut äußern kann.

Der volkstümliche Begriff „Blutarmut“, der das gleiche meint, ist falsch, da darunter kein Mangel an Blut verstanden wird.

Symptome eines Eisenmangels können Zungenbrennen, Riße an den Mundwinkeln, trockene blaße Haut, Müdigkeit und Leistungsschwäche sein.

Der erwachsene Mensch braucht täglich etwa 1 mg Eisen, Frauen im gebärfähigen Alter etwa das Doppelte. Während der Menstruation verlieren Frauen durch den Blutverlust etwa 30 mg Eisen.

Aus einer ausgewogenen Nahrung werden pro Tag 1 bis 2 mg Eisen resorbiert und verwertet. Eisen aus pflanzlicher Nahrung wird jedoch schlechter aufgenommen als tierisches Eisen (z. B. in Fleisch, Wurst). Somit ist die Ernährung – nach mitteleuropäischen Maßstäben –

Präparatebeispiele

Biovital flüssig N	Eisensalz, Spurenelemente, Vitamine B_1, B_2, B_6, B_{12}, Nicotinamid, Weißdornauszüge u. a. (Alkoholgehalt 15 %)
Floradix Kräuterblut Dragees	Trockenextrakt aus Spinat, Brennesselkraut u. a., Eisensalz, Vitamine C und B-Reihe, Nicotinamid u. a.
Floradix Kräuterblutsaft S mit Eisen	Eisen-II-Salz, Vitamine C und B-Reihe, Auszug aus Algen, Brennesselkraut u. a.
Herzpunkt Vitaltonikum N	Eisen-II-Salz, Trockenextrakt aus Weißdornblättern mit -blüten, Weißdornfrüchte u. a.
Taxofit Eisen + Vitamin C	Eisen-II-Sulfat, Vitamin C

gerade noch ausreichend. Da der Körper Eisen speichern kann, können Verluste weitgehend ausgeglichen werden.

Während der Menstruation, der Schwangerschaft und auch nach fieberhaften Infekten steigt der Eisenbedarf an. Hier ist die Gabe eines eisenhaltigen Arzneimittels sinnvoll.

Resorbierbar ist nur zweiwertiges Eisen (Eisen-II-Salze). Wird dreiwertiges Eisen gegeben, kann es zwar im Körper zu zweiwertigem umgewandelt werden, die Effizienz der Therapie ist jedoch generell schlechter.

Zusätze von Kobalt, Kupfer, Mangan und anderen Spurenelementen sollen die Eisenwirkung verstärken.

Sehr häufig sind Eisensalze in Tonika enthalten.

Verwendet werden:

Eisen-II-sulfat, Natrium-Eisen-III-citrat, Eisen-II-gluconat

An Nebenwirkungen werden bei Eisenpräparaten vor allem Magen-Darm-Störungen beobachtet. Bei höherer Dosierung kann sich der Stuhl dunkel färben.

Mittel gegen Übersäuerung des Magens sollen nicht zusammen mit eisenhaltigen Präparaten eingenommen werden, da dadurch die Eisenresorption gehemmt wird.

6. Mittel gegen Übersäuerung des Magens (Antazida)

Die Produktion von Magensaft kann willentlich nicht gesteuert werden, sie geschieht bei Bedarf über spezielle Regelkreise des Organismus. Bildet die Magenschleimhaut über längere Zeit zu viel Säure, besteht die Gefahr der Bildung einer Magenschleimhautentzündung oder gar eines Magengeschwürs. Die Säure, die im Magen produziert wird, ist Salzsäure.

Zuviel Magensäure äußert sich in Sodbrennen und saurem Aufstoßen. Die Therapie besteht darin, die Magensäure zu binden oder chemisch zu neutralisieren. Solche Mittel nennt man Antazida.

Therapeutisch sind Hydroxide und Silikate den Karbonaten vorzuziehen. Während die Erstgenannten die Säure binden und eine Schutzschicht auf der Magenschleimhaut ausbilden, reagieren Karbonate – insbesondere Natron – unter Gasentwicklung. Diese ist im Magen unerwünscht. Oxide dagegen binden Säure ohne Gasentwicklung.

Antazida hemmen aber auch die Resorption von Eisensalzen und Tetracyclinen (antibiotisch wirksame Substanzen). Sie dürfen daher gleichzeitig mit diesen Arzneimitteln nicht gegeben werden.

Säurebindende Arzneimittel sollen nicht längerdauernd eingenommen werden. Dauern die Beschwerden an, ist ein Arzt um Rat zu fragen, denn das Gefühl der Übersäuerung kann u.a. auch Symptom eines Magengeschwürs sein.

Bei Fertigarzneimitteln pflanzlicher Herkunft findet man manchmal auch die Indikation „Sodbrennen". Hier beruht die Wirkung nicht auf einer chemischen Reaktion im Sinne einer Neutralisierung, sondern auf der allgemein „beruhigenden" und carminativen Wirkung der enthaltenden ätherischen Öle, insbesondere aus Anis, Fenchel und Kümmel. Auch der Süßholzwurzel kommt durch den in ihr enthaltenen Inhaltsstoff Glycyrrhizin hier Bedeutung zu.

Der Preßsaft aus frischen Kartoffelknollen soll die Magensäure unspezifisch binden (im Volksmund: aufsaugen) und eine überreaktive Säureproduktion vermeiden. Er ist daher vor den Mahlzeiten einzunehmen.

Auch Leinsamenschleim bewirkt einen beruhigenden Effekt auf der Magenschleimhaut.

Die verwendeten Inhaltsstoffe sind aufgrund einer Anlage der Rechtsverordnung in Heilmitteln erlaubt.

Verwendet werden:

Natriumhydrogencarbonat (= Natriumcarbonat, Natron)

Die Substanz reagiert sehr schnell mit der Salzsäure des Magens unter Entwicklung von Kohlendioxid (CO_2). Dieses entstehende Gas kann störend wirken und Blähungen verursachen. Wird zuviel eingenommen, kann es wegen der zu starken Neutralisation zu einer erneuten Säureproduktion kommen, da der Magen den so entstandenen starken Säuremangel wieder versucht, durch Säureproduktion auszugleichen (reaktive Säureproduktion).

Zu beachten ist weiterhin, daß Natriumionen resorbiert werden, was insbesondere bei Bluthochdruckkranken auch in Arzneimitteln vermieden werden sollte.

Zur Therapie ist Natron daher weniger geeignet.

Calciumcarbonat

Die Kohlendioxidentwicklung ist geringer als bei Natron, die reaktive Säureproduktion ist zu vernachlässigen.

Leinsamenschleim

Dieser eignet sich auch zur längeren Anwendung.

Magnesiumtrisilikat

Der Wirkungseintritt ist langsamer als bei den oben genannten Verbindungen. Silikate bauen neben der Neutralisation der Säure einen Schutzfilm im Magen auf, eine reaktive Säurestimulation wird nicht ausgelöst.

Merke: Säurebindende Arzneimittel nicht längerdauernd einnehmen. Bei Nierenerkrankungen ist vorher der Arzt zu befragen.

Präparatebeispiele

Abtei Magentabletten	Magnesiumtrisilikat
Bullrich Salz und Tabletten	Natriumhydrogencarbonat
Gastrimint N Magentabletten	Magnesiumtrisilikat
Gastrobin Tabletten	Magnesiumtrisilikat
Kaiser Natron Salz und Tabletten	Natriumhydrogencarbonat
Linusit Gold	gelber Leinsamen, aufgebrochen
Linusit Gold Magenschutz	Aufgußbeutel mit Leinsamen für die Zubereitung eines Schleims
Luvos Heilerde z. Einnehmen	Heilerde
Schoenenberger Kartoffel	Preßsaft aus Kartoffeln
Sod-frei	Magnesiumtrisilikat
Viva Magentabletten	Magnesiumtrisilikat, Magermilchpulver
Zirkulin Magen-Pastillen	Calciumcarbonat

7. Herz- und Kreislaufmittel

Indikationen, die auf Linderung oder Verhütung organischer Krankheiten des Herzens und der Gefäße hinzielen, sind bei freiverkäuflichen Arzneimitteln verboten.

Erlaubt sind dagegen Anwendungsgebiete, die auf die Herzfunktion ausgerichtet sind: z.B. „kräftigend für das Herz“, „bei nervösem Herz“, „pflegend fürs Altersherz“ und so weiter. Man muß sich darüber im klaren sein, daß jene Arzneimittel keine durchgreifende Wirkung am Herzen haben und haben können. Sehr wohl kennt aber die sog. Volksmedizin Drogen, die unspezifische Beschwerden am Herzen lindern und beseitigen können.

Bedeutung haben pflanzliche herzwirksame Drogen in freiverkäuflichen Fertigarzneimitteln – allen voran Weißdorn – bei der Vorbeugung von Beklemmungsgefühl und ähnlichen auf eine nachlassende Herzleistung hindeutenden Erscheinungen. Eine ärztlich festgestellte nachlassende Herzleistung (Herzinsuffizienz), unter der sehr viele ältere Leute leiden, muß jedoch vom Arzt behandelt werden.

Es kommen vorwiegend Drogen oder pflanzliche Inhaltsstoffe zum Einsatz.

Gelegentlich sind auch Vitamine zugesetzt; sie sollten hauptsächlich das Wohlbefinden verbessern helfen.

Verwendet werden (Näheres dazu siehe Teil I, S. 22):

Weißdornblätter, -blüten und -früchte

Weißdorn und seinen Inhaltsstoffen wird eine spezifische Herzwirkung zugeschrieben. Er wirkt bei nachlassender Herzleistung, wenn stark wirksame Arzneimittel (z.B. Digitalis) noch nicht indiziert wird. Weiterhin soll Weißdorn Beklemmungsgefühl in der Herzgegend mildern.

Ammi-visnaga-Früchte (= Zahnstocherammeifrüchte)

Ihnen wird Linderung bei Herzbeklemmung nachgesagt. Hauptwirkstoff dürfte das darin enthaltene krampflösende Khellin sein.

Hopfen und Baldrian

Durch die allgemein beruhigende Wirkung soll auch ein ausgleichender Effekt auf das Herz- und Kreislaufsystem erzielt werden.

Rosmarin

Dem ätherischen Öl der Rosmarinblätter sagt man eine kreislauf- und herzleistungsanregende Wirkung nach.

Melisse

Melisse besitzt bei nervösen Herzbeschwerden eine schwach beruhigende Wirkung.

Merke: Die Behandlung von Erkrankungen des Herzens gehören in die Hand des Arztes, anhaltende Störungen des Kreislaufsystems ebenso.

Präparatebeispiele

Abtei Melissengeist	Melissenöl, Angelikawurzelöl, Muskatöl u. a. (Alkoholgehalt 80 %)
Abtei Weißdorn Herz-Kreislauf Dragees	Trockenextrakt aus Weißdornblättern und -blüten
Bad Heilbrunner Herz- und Kreislauftee N	Weißdornblätter mit -blüten
Biovital Weißdorn	Tinktur aus Weißdornbeeren und Herzgespannkraut, B-Vitamine
Doppelherz Melissengeist	Destillat aus Melissenblättern, Angelikawurzel, Zimtrinde, Muskatsamen, Pomeranzenschalen u. a. (Alkoholgehalt 71 %)
Heilusan Melissengeist spezial	Destillat aus Melissenblättern, Angelikawurzel, Pfefferminzblättern u. a. (Alkoholgehalt 60 %)
Klosterfrau Aktiv Kapseln	Knoblauch-Ölmazerat, Johanniskraut- und Weizenkeimölmazerat, Vitamine A, E
Klosterfrau Melissengeist	Destillat, äther. Öle aus Melissenblättern, Alantwurzel, Angelikawurzel, Ingwerwurzel, Gewürznelken u. a. (Alkoholgehalt 79 %)
Regivital Misteltropfen	Auszug aus Mistelkraut
Salusan	Tinktur aus Weißdornbeeren, Mistelkraut, Ammi-visnaga-Früchten, Melissenblättern, Hopfenzapfen u. a.
Salus Herztropfen	Destillat aus Melissenblättern, Baldrianwurzeln, Rosmarinblättern u. a.
Zirkulin Herz-Zirkulation	Weißdornblätter, Melissenblätter

8. Beruhigungsmittel

Die im Einzelhandel außerhalb der Apotheke verfügbaren Arzneimittel, die unter dem Begriff „Beruhigungsmittel" zusammengefaßt werden, sind keine chemisch definierten Substanzen, sondern Drogen mit milder, beruhigender Wirkung. Mit diesen Arzneimitteln läßt sich nicht Schlaf erzwingen, vielmehr soll eine allgemeine Dämpfung nervöser Erscheinungen erzielt werden, was sich positiv bei Aufregungen (z. B. vor Prüfungen) oder sogenannten vegetativen Störungen (erhöhte Reflexerregbarkeit, „nervöser Magen") auswirkt.

Wie jeder weiß, ist eine Beeinflussung der psychischen Stimmungslage vor allem durch äußere Einflüsse bedingt. Reizüberflutung (z. B. fernsehen bis zum Schlafengehen), Lärm, Alltagsstreß, lassen sich mit eigenem Willen nicht immer vermeiden. Der Griff zum Arzneimittel kann eine Änderung des eigenen Verhaltens zu Gegebenheiten der Umwelt nicht ersetzen. Dies ist jedoch öfters leichter gesagt als getan. Auf jeden Fall sollte aber versucht werden, daran zu arbeiten und besonders abends auf aufregende Situationen zu verzichten oder diese mindestens zu vermeiden.

Menschen mit „schwachem Nervenkostüm", die unbedingt zur Beruhigung oder zum besseren Einschlafen ein Arzneimittel kaufen wollen, sind mit pflanzlichen Mitteln gut bedient. Diesen fehlt die Gefahr der Bildung einer Abhängigkeit oder der schweren Nebenwirkungen – bestimmungsgemäße Anwendung vorausgesetzt.

Verwendet werden:

Baldrianwurzel

Als Inhaltsstoffe dürften ätherisches Öl, Valerianate sowie Valepotriate an der beruhigenden Wirkung beteiligt sein.

Baldriantropfen (alkoholhaltiges Perkolat aus Baldrianwurzel) ist ein klassisches Mittel bei nervöser Erschöpfung, Aufgeregtheit und verminderter Schlafbereitschaft. Im Handel sind Baldriantropfen als Fertigarzneimittel; sie dürfen auch bei Bedarf mit Sachkenntnis aufgrund § 13 Abs. 2 AMG abgefüllt werden. Dosierung: 20 bis 50 Tropfen nach Bedarf.

Baldrianwein ist ein weiniger Auszug aus der Baldrianwurzel. Indikationen siehe Baldriantropfen. An der beruhigenden Wirkung dürfte zum Teil auch der Alkoholanteil dieser Zubereitung beteiligt sein.

Hopfen

Verwendet werden Hopfenzapfen und Hopfendrüsen. Neben dem Baldrian wird besonders dem Hopfen eine beruhigende Wirkung auf das vegetative (vom Willen nicht beeinflußbare) Nervensystem zugeschrieben desgleichen eine beruhigende Wirkung bei Schlafstörungen.

Melissenblätter

Das nur in geringen Mengen enthaltene ätherische Öl soll beruhigend wirken. Auch eine krampflösende Eigenschaft scheint vorhanden zu sein.

Passionsblumenkraut

Dieser Droge werden beruhigende und krampflösende Eigenschaften nachgesagt.

Präparatebeispiele

Bad Heilbrunner Schlaf- und Nerventee N	Baldrianwurzeln, Passionsblumenkraut, Melissenblätter
Bad Heilbrunner Schlaf- und Nerventee tassenfertig	Extrakt aus Baldrianwurzeln, Melissenblättern, Hopfenzapfen
Klosterfrau Beruhigungskapseln forte	Trockenextrakt aus Baldrianwurzeln, Hopfenzapfen
Nervenruh forte N Dragees	Trockenextrakt aus Hopfenzapfen
Solaguttae Baldrian-Hopfen Dragees	Baldrianwurzeln-, Hopfenzapfen-Trockenextrakt
tetesept Beruhigungskapseln spezial	Baldrianextrakt, Hopfenextrakt
tetesept Beruhigungs- und Einschlaftropfen	Baldriantinktur
Zirkulin Baldrian Dragees	Trockenextrakt aus Baldrianwurzeln, Hopfenzapfen
Zirkulin rote Baldrianperlen	Baldrianwurzeln, Hopfenzapfen, Weißdornblüten, Mistelkraut

9. Abführmittel

Der Fachausdruck für Abführmittel heißt Laxantien. Sie werden bei Verstopfung angewendet.

Unter Verstopfung versteht man die verzögerte Entleerung von trockenem oder hartem Stuhl. Die vielfach geäußerte Meinung, man müsse jeden Tag Stuhlgang haben, ist falsch. Es ist ganz normal, einige Tage nicht „zu müssen“; dies macht eine Anwendung von Arzneimitteln noch nicht nötig.

Der Kot selbst ist das Endprodukt dessen, was wir durch die Ernährung zu uns genommen haben und besteht unter anderem aus abgestoßenen Darmzellen, Produkten der Verdauungsorgane und nicht aufgenommenen Resten unserer Nahrung. Er bildet sich im Enddarm und wird schließlich geformt, indem Flüssigkeit und Salze entzogen werden, und ausgestoßen. Die Füllung des Mastdarms bewirkt den Stuhldrang.

Die Ernährung hat für dieses Geschehen eine entscheidende Bedeutung. Ißt man ballaststoffarm, also solche Nahrung, die nahezu vollständig vom Darm aufgenommen wurde, bleibt nichts übrig, und der Enddarm kann sich auch nicht füllen. Die Folge ist, daß der Stuhldrang ausbleibt. Schlackenreiche Kost hingegen bewirkt eine Dehnung der Darmwand durch viel Inhalt und führt zum Ausstoß des Kots.

Eine ballaststoffreiche (schlackenreiche) Kost ist gewährleistet bei Speisen, die alle Bestandteile der Getreidekörner enthalten, wie faserreiche Gemüsesorten oder rohe oder gekochte Früchte. Abführend wirkende Lebensmittel sind z.B. Pflaumen, Datteln, Feigen und Rhabarber. Schließlich muß darauf hingewiesen werden, daß bei Verstopfung eine ausreichende Flüssigkeitszufuhr wichtig ist. Um die Nachtruhe nicht zu stören, werden einige Gläser Wasser (auch Mineralwasser oder verdünnte Fruchtsäfte) vormittags empfohlen.

Laxantien beschleunigen die Stuhlentleerung. Hier muß darauf hingewiesen werden, daß Abführmittel mit der Verdauung nichts zu tun haben, denn wenn der Kot im Mastdarm eingedickt wird, ist der Verdauungsvorgang längst abgeschlossen. Die Anpreisung von Laxantien „zur Blutreinigung“ oder gar zur Gewichtsreduktion ist falsch und irreführend.

Wir unterscheiden bei den freiverkäuflichen Laxantien mehrere Wirkungsprinzipien:

- Gleitmittel
- Füll- und Quellmittel
- antiabsorptive und hydragog wirkende Mittel.

Gleitmittel

Wirksame Präparate sind, außer Leinsamen mit etwas Gleitwirkung, apothekenpflichtig.

Füll- und Quellmittel

Sie quellen unter Aufnahme von Wasser und vergrößern so das Volumen des Darminhaltes. Der Wirkungseintritt ist jedoch relativ spät und kann Tage dauern. Die Mittel werden praktisch kaum resorbiert und führen in der Regel zu keinen unerwünschten Nebenwirkungen. Zu achten ist allerdings darauf, daß diese Mittel mit einer ausreichenden Menge Flüssigkeit eingenommen werden, da es sonst zu einer besonderen Art des Darmverschlusses kommen kann.

Leinsamen

Leinsamen ist nahezu geruchlos. Er wirkt auch als Gleitmittel. Zerkleinerter Leinsamen riecht typisch und hat einen öligen, schleimigen Geschmack. Er quillt mit Wasser auf fast das Dreifache seines Volumens auf.

Dosierung: 1–2 Teelöffel mit einer halben Tasse Wasser 2–4 Stunden quellen lassen und entweder nur den Schleim, oder aber den Schleim mit den ganzen Samen einnehmen. Dies macht man am besten morgens und abends. Leinsamen ist sehr kalorienreich.

Weizenkleie

Die Präparate sind überwiegend als Lebensmittel im Handel. Die Quellkraft ist gut, wenn gleichzeitig ausreichend Flüssigkeit zugeführt wird.

Flohsamen (Plantago ovata)

Flohsamen sind Samen eines hauptsächlich im Mittelmeergebiet vorkommenden Wegerichgewächses. Meist ist heute jedoch indischer Flohsamen im Handel. Der Schleim daraus wird nicht verdaut. Mit Flüssigkeit eingenommen wird nach 6–12 Stunden weichgeformter Stuhl ausgeschieden. Die Einnahme von 5–10 g Flohsamen ist auch länger unbedenklich, wenn ausreichend Flüssigkeit zugeführt wird.

Auch die Schleim enthaltenden Samenschalen werden verwendet.

Manna

Manna ist der durch Einschnitte in die Rinde von mindestens achtjährigen Manna-Eschen gewonnene, an der Luft getrocknete Saft. Als mildes Abführmittel ist Manna in Form des Sirups besonders bei Kindern angezeigt.

Antiabsorptiv und hydragog wirkende Stoffe

Hierunter werden Stoffe verstanden, die die Resorption von Natriumionen und Wasser hemmen (antiabsorptive Wirkung). Gleichzeitig fördern sie den Einstrom von Wasser von der Darmwand in den Darminhalt (hydragoge Wirkung).

Ricinusöl

Die Wirkung beruht auf dem Wirkstoff Ricinolsäure, der im Dünndarm aus dem Ricinusöl freigesetzt wird. Die Wirkung ist sehr zuverlässig. Der schlechte Geschmack verhindert eine Verbreitung, deshalb sind Weichgelatinekapseln im Handel. Rizinusöl wirkt hauptsächlich auf den Dünndarm.

Dosierung: 10–30 g (1–2 Eßlöffel), Wirkungseintritt: etwa 2–4 Stunden.

Salinische Abführmittel

Hier sind Glaubersalz (Natriumsulfat) und Bittersalz (Magnesiumsulfat) zu nennen. Bei längerdauerndem Gebrauch von Glaubersalz werden größere Mengen von Natriumionen resorbiert, was bei zu hohem Blutdruck vermieden werden muß. Bei eingeschränkter Nierenfunktion ist bei beiden Salzen vor der Anwendung ärztlicher Rat einzuholen.

Salinische Abführmittel sollen als hypotone wäßrige Lösung (Lösung mit geringerem osmotischen Druck als das

Blutserum), also in viel Wasser gelöst, eingenommen werden. Bei Patienten mit Thrombosegefahr (z. B. schwere Krampfaderleiden) ist vorher der Arzt zu befragen.

Milchzucker

Milchzucker (= Lactose) erhöht durch Zurückhalten von Wasser im Darminnern das Volumen und wirkt so abführend. Es ist ein mildes Mittel und kann, entsprechend dosiert, auch Säuglingen gegeben werden. Entsprechende Präparate sind als diätetische Lebensmittel im Handel.

Bei der Beratung des Kunden sollten daher Gleit- und Füllmittel im Vordergrund stehen.

Bei Verstopfung im Säuglingsalter empfiehlt es sich auf jeden Fall, den Kinderarzt zu befragen: dieser wird gegebenenfalls Milchzucker empfehlen. Bei kleinen Kindern und Kindern bis 12 Jahren empfiehlt sich die Einnahme von Leinsamen; bei anhaltenden Störungen ist ärztlicher Rat einzuholen.

Merke: Abführmittel sind meist entbehrlich. Nicht selten werden sie unbegründet, unbewußt und sogar mißbräuchlich angewendet. Durch ballaststoffreiche Kost, genügend Flüssigkeit, Bewegung und vernünftige Lebensweise kann einer Verstopfung begegnet werden. Abführmittel nie über längeren Zeitraum einnehmen.
Alle Laxantien sind bei Darmverschluß (Ileus) kontraindiziert.

Präparatebeispiele

Bekunis leicht	Plantago ovata
Frugeletten	Manna
Linusit Gold	Leinsamen
Natriumsulfat-Dekahydrat	Glaubersalz
NatuPur	Plantago ovata
Ramend Abführkapseln	Rizinusöl
Schoenenberger Manna-Feigen-Sirup	Manna, wasserlösliche Bestandteile aus Feigen
Schweizer Abführkapseln	Rizinusöl

Abführmittel mit Aloe, Faulbaumrinde, Rhabarberwurzel, Cascararinde, Sennesblättern, Sennesschoten und Zubereitungen daraus unterliegen seit Mitte November 1990 der Apothekenpflicht.

10. Stoffwechsel- und Entschlackungsmittel

Unter dem Begriff „Stoffwechsel" versteht man die gesamten Vorgänge des Abbaues, der Umwandlung und Verwertung von Substraten wie Nahrung, Sauerstoff und andere mehr.

Die den Stoffwechsel fördernden Arzneimittel, die außerhalb der Apotheken verkauft werden, sollen Funktionen der Organe stärken, die für die Verstoffwechselung von Substraten besonders bedeutsam sind. Man will den Körper „entschlacken" und dadurch zum körperlichen Wohlbefinden beitragen. In den eigentlichen Stoffwechsel im biochemischen Sinne können freiverkäufliche Arzneimittel jedoch funktionsbeeinflussend nicht eingreifen.

Man findet in Stoffwechsel- und Entschlackungsmitteln all jene Drogen oder Drogenzubereitungen, denen eine anregende Wirkung auf Magen, Leber, Galle, Nieren, Darm und Verdauung zugesprochen wird.

Im Zusammenhang mit Entschlackung wird oftmals die Ausschwemmung „giftiger Stoffwechselrückstände" genannt, was fälschlicherweise mit Rheuma in Verbindung gebracht wird. Rheuma ist jedoch nach derzeitigem Wissen keine Stoffwechselerkrankung, sondern eine Erkrankung des Bindegewebes mit dem Leitsymptom Gelenkschmerz. Die Ursachen des Rheumas sind vielfältig und teilweise unbekannt.

Ob wassertreibenden Drogen bei der ihnen häufig zugeschriebenen Vorbeugung gegen Rheuma eine Bedeutung zukommt, ist wissenschaftlich nicht gesichert.

Verwendet werden vor allem wassertreibende Drogen wie Brennesselkraut und Birkenblätter.

Präparatebeispiele

Galama Rheuma Arzneitee	Birkenblätter, Brennesselkraut
Kneipp Birke Tabletten	Birkenblätter
Schoenenberger Brennessel	Preßsaft aus Brennesselkraut
Vollmers Grüner Hafertee	grüner Hafer, Brennesselkraut, Johanniskraut u.a.

11. Vitaminpräparate

Vitamine sind Stoffe, die im Stoffwechsel eine Schlüsselrolle einnehmen. Sie sind lebensnotwendige Bestandteile der Nahrung, die in relativ kleinen Mengen darin enthalten sind. Der menschliche Organismus kann sie nicht oder nur unter bestimmten Bedingungen (z.B. UV-Licht bei Vitamin D) selbst bilden. Vitamine müssen daher als solche oder in Form von Vorstufen, den sog. Provitaminen, zugeführt werden.

Eine ausgewogene Nahrung enthält in der Regel ausreichende Vitaminmengen. Beim gesunden Erwachsenen tritt ein Vitaminmangel daher selten auf. Dies beruht teilweise darauf, daß der Körper manche Vitamine in gewissem Umfang speichern und sie bei Bedarf wieder abgeben kann. Zusätzliche Vitamingaben sind folglich nur erforderlich bei

a) einseitiger oder nicht ausreichender Ernährung
b) erhöhtem Vitaminbedarf, z.B. während Schwangerschaft und Stillzeit
c) bei verminderter Resorption der Vitamine.

Die Bezeichnung der Vitamine ist historisch bedingt. Sie werden mit Buchstaben bezeichnet, bei einigen werden noch Ziffern hinzugefügt (z.B. B_{12}, sprich B zwölf).

Heute werden die Vitamine meist eingeteilt in wasserlösliche und fettlösliche. Während wasserlösliche Vitamine (z.B. Vitamin C) auch bei Überdosierung keine nachteiligen Folgen haben, da sie der Körper leicht ausscheiden kann, rufen die fettlöslichen Vitamine (insbesondere A und D) bei Überdosierungen Gesundheitsschäden hervor.

Da eine ausreichende Fettresorption von genügend Galle abhängig ist, können fettlösliche Vitamine bei ungenügender Gallebildung oder -sekretion zu wenig resorbiert werden.

Die Verabreichung besonders der Vitamine A und D in hoher Dosierung ist daher problematisch. Während Multivitaminpräparate, die mehrere Vitamine enthalten, in der Regel unschädlich sind, da die Vitamine meist in geringer Dosierung vorliegen, ist bei Einzel-Vitaminpräparaten Vorsicht am Platze. Einer gezielten Gabe eines fettlöslichen Vitamins sollte eine ärztliche Diagnose vorangehen und die Behandlung unter ärztlicher Aufsicht erfolgen.

Die Dosierung von Vitamin A und D in freiverkäuflichen Fertigarzneimitteln ist daher vom Gesetzgeber wie folgt begrenzt worden:

Vitamin A: Tagesdosis höchstens 6000 I.E.
Vitamin D: Tagesdosis höchstens 400 I.E.
(I.E. = Internationale Einheiten)

Es muß an dieser Stelle nochmals erwähnt werden, daß die Verabreichung von Vitaminen durch Arzneimittel im Regelfall nicht erforderlich ist, da in westlichen Ländern eine ausgewogene Ernährung den Vitaminbedarf ausreichend deckt. Vielen industriell hergestellten Hauptnahrungsmitteln werden heute bereits Vitamine hinzugefügt. Mangelzustände treten nur selten auf und sollten vom Arzt behandelt werden.

Dennoch erfreuen sich besonders Multivitaminpräparate großer Beliebtheit, da ihnen eine allgemein stärkende und tonisierende Wirkung zugesprochen wird.

Tab. II.1: Tagesbedarf und Vorkommen der Vitamine

Buchstaben-bezeichnung	Name (internationale Bezeichnung)	Ungefährer mittlerer Tagesbedarf eines Erwachsenen	Vorkommen in Lebensmitteln
I. Fettlösliche Vitamine			
A	Retinol	5000 I.E.	gelbes Gemüse, Früchte
D_2	Ergocalciferol	400 I.E.	Hefe
D_3	Cholecalciferol	400 I.E.	Fischleber
E	Tocopherol	30 mg	Milch, Eier, Blattgemüse
K	für den Einzelhandel außerhalb der Apotheken keine Bedeutung		
II. Wasserlösliche Vitamine			
B_1	Thiamin, Aneurin	1–2 mg	Leber, unbehandelte Getreidekörner, Hefe
B_2	Lactoflavin Riboflavin	2 mg	Milch, Leber, Hefe
B_6	Pyridoxin	2–3 mg	Hefe, Weizen, Mais, Leber
B_{12}	Cyanocobalamin	0,005 mg	Eier, Milch, Fleisch, Leber
C	Ascorbinsäure	75 mg	Zitrusfrüchte, Kartoffeln, grünes Blattgemüse, Paprika
H	Biotin	(0,1 mg?)	Eigelb, Leber, Tomaten
	Nicotinsäureamid Nicotinamid Niacinamid	15 mg	Hefe, mageres Fleisch Leber, Hülsenfrüchte

I.E. bedeutet: Internationale Einheiten

Eine Übersicht über den mittleren Tagesbedarf an Vitaminen und deren Vorkommen in Lebensmitteln gibt Tabelle II.1. Hier sind auch die wissenschaftlichen Namen der Vitamine zu finden, wie sie gelegentlich auf Arzneimitteln angegeben werden. Es sind hier nur beispielhaft Lebensmittel aufgeführt, in denen die angegebenen Vitamine besonders reichlich enthalten sind. In anderen Lebensmitteln kommen sie teilweise in geringerer Menge vor.

Aus Tabelle II.2 kann entnommen werden, daß Vitaminen eine vielfältige Bedeutung im Organismus zukommt, d.h. sie wirken an vielen Stellen des Stoffwechsels entscheidend mit.

Neben Arzneimitteln, die Vitamine enthalten, sind auch vitaminisierte Lebensmittel und mit Vitaminen angereicherte diätetische Lebensmittel im Verkehr. Diese müssen den Anforderungen des Lebensmittel- und Bedarfsgegenständegesetzes genügen und unterliegen nicht den Vorschriften des Arzneimittelgesetzes.

Tab. II.2: Bedeutung und Mangelerscheinungen der Vitamine

Vitamin	Bedeutung des Vitamins im Körper vor allem für (siehe auch Teil I des Buches)	Wichtige Mangelerscheinungen
A	Wachstum, Haut- und Schleimhautfunktionen, Sexualfunktion, Sehvorgang u. a. biochem. Vorgänge	Nachtblindheit
D_3	Aufbau der Knochensubstanz	Rachitis (engl. Krankheit), Störungen im Stoffwechsel der Knochen und Zähne
E	biochemische Vorgänge im Stoffwechsel	Leistungsabfall
B_1	biochemische Vorgänge im Stoffwechsel	verminderte geistige und körperliche Leistungsfähigkeit
B_2	biochemische Vorgänge im Stoffwechsel	keine bekannt
B_6	biochemische Vorgänge im Stoffwechsel	sehr selten
B_{12}	Entwicklung und Funktionsfähigkeit der roten Blutkörperchen	perniziöse Anämie (Reifungsstörungen der roten Blutkörperchen)
C	Stärkung der Abwehrkräfte, biochemische Vorgänge im Stoffwechsel	Skorbut, Mundschleimhautentzündung, Zahnausfall
H	biochemische Vorgänge im Stoffwechsel	keine bekannt
Niacinamid	biochemische Vorgänge im Stoffwechsel	Pellagra (Hautkrankheit)

Merke: Auch Vitamine können Nebenwirkungen haben. Die Zuführung von Vitaminen durch Arzneimittel ist bei ausgewogener Ernährung nicht immer begründet. Auf Dosierung ist zu achten!

Verwendet werden:

Vitamin A

A-Vitamine sind wichtig für den Eiweißstoffwechsel der Haut und der Schleimhäute sowie für die Bildung des Sehpurpurs. Mangelerscheinungen sind bei ausgewogener Ernährung sehr selten: Nachtblindheit, gesteigerte Blendempfindlichkeit u.a.m. Diese Erkrankungen bedürfen einer Therapie von etwa 50 000 I.E. Vitamin A pro Tag über 2 Wochen und gehören in die Hand des Arztes. Besondere Vorsicht ist bei Schwangeren geboten, es sind Mißbildungen der Kinder bei beträchtlicher Überdosierung von Vitamin A während der Schwangerschaft vorgekommen.

Vitamin B_1

Dieses Vitamin ist, wie alle anderen auch, für diverse biochemische Stoffwechselvorgänge von Bedeutung. Reine Formen des Vitamin-B_1-Mangels sind selten.

Vitamin B_2

Bei Mangelerscheinungen treten Risse an den Mundwinkeln und Schäden an Haut und Schleimhäuten auf. Die Bedeutung bei der Therapie von Nervenstörungen ist umstritten. Vitamin-B_2-Mangel tritt nur bei allgemeiner Unterernährung auf.

Vitamin B_6

Mangelerscheinungen sind nicht immer eindeutig erkennbar: Nervenstörungen, Störungen der Gehirnleistung, Hautschäden. In der Schwangerschaft ist der Vitamin-B_6-Bedarf etwa verdoppelt. Bei Schwangerschaftserbrechen und Reisekrankheit wird Vitamin B_6 vom Arzt verordnet.

Vitamin B_{12}

Zur Resorption von Vitamin B_{12} ist ein im Magen gebildeter Eiweißkörper notwendig. Fehlt dieser, so kommt es zu einem Vitamin-B_{12}-Mangel, der zu einer perniziösen Anämie führen kann; dies ist eine schwere Störung im Bereich der Blutbildung. Vitamin B_{12} ist nötig für den Sauerstofftransport im Blut.

Vitamin D

Vitamin D entsteht aus Vorstufen in der menschlichen Haut durch Sonnenbestrahlung. Vitamin D ist für die Resorption von Calcium und Phosphat aus dem Darm notwendig. Calcium und Phosphat werden für die Bildung der Knochensubstanz benötigt. Allgemein bekannt ist die Erkrankung Rachitis, bei der aufgrund des Fehlens von ausreichend Vitamin D der Knochenaufbau gestört ist. Rachitisprophylaxe gehört in die Hand des Arztes. Bei der Dosierung von 400 I.E. pro Tag können Überdosierungen praktisch nicht vorkommen, auch reicht dies für eine wirksame Rachitisprohylaxe aus.

Vitamin E

Mangelerscheinungen sind bisher kaum bekannt geworden. Pflanzenöle, besonders Weizenkeimöl, enthalten viel Vitamin E. Die Bedeutung des Vitamin E als „Sexualvitamin“ ist wissenschaftlich nicht belegt.

Die Anwendung von Vitamin E bei verschiedenen Symptomen des Leistungsabfalls oder von Alterserscheinungen wird

Präparatebeispiele

Abtei Vitamin A + D	Vitamine A und D
biovit Vitamin B-Komplex	Vitamine B_1, B_2, B_6, Calciumpantothenat
Doppelherz Vitamin E forte Kapseln	Vitamin E
Merz Spezial Dragees SN	β-Carotin, Vitamine A, B_1, B_6, B_{12}, B_2, C, E, Acetylmethionin, Eisen-II-Salz
Solaguttae Augenvitamin A Kps.	Vitamin A
Taxofit Multivitamine	Vitamine A, B_2, B_6, B_{12}, Nicotinamid, Calciumpantothenat
Taxofit Vitamin E + C	Vitamine E und C
tetefit Multi Vitamin Mineral Kapseln N plus Spurenelemente	Vitamine A, B_1, B_2, B_6, B_{12}, C, D_2, Calcium-, Zink-, Kalium- und Magnesiumsalze

zwar gelegentlich propagiert, ist aber wissenschaftlich nicht gesichert.

Carotin

Carotin ist das Provitamin der A-Vitamine.

Vitamin C

Die chemische Bezeichnung ist Ascorbinsäure. Vitamin C ist an vielen Stellen des zellulären Stoffwechsels von Bedeutung.

Bei Fehlen von Frischgemüse kann vorsorglich bis etwa 50 mg Vitamin C pro Tag gegeben werden. Während der Schwangerschaft sollten etwa 100 mg Vitamin C pro Tag zugeführt werden, das aber auch durch eine ausgewogene Ernährung (Gemüse, Paprika, Tomaten, Zitrusfrüchte, Kartoffeln, Milch) gewährleistet werden kann.

Erwachsene benötigen etwa 50 mg Vitamin C pro Tag. Werden Vitamin-C-haltige Arzneimittel gegeben, muß man wissen, daß der Teil, den der Körper nicht braucht, im Urin wieder ausgeschieden wird. Eine Dosierung von 1 g oder mehr täglich zur Verhütung von Erkältungen oder zur Förderung der Infektabwehr wird wissenschaftlich unterschiedlich bewertet, ist aber ohne nachteilige Folgen.

Lebertran

Lebertran enthält viel Vitamin A und D. Er ist das Öl aus den Lebern verschiedener Dorscharten.

Merke: Vitaminmangelerscheinungen bedürfen ärztlicher Therapie. Vorbeugende Gaben von Vitaminen sind bei ausgewogener Ernährung nicht unbedingt nötig (Ausnahme: Rachitisprophylaxe durch den Arzt). Auf Dosierung ist zu achten. Vitaminhaltige Fertigarzneimittel haben in der Rcgcl cin Verfalldatum.

12. Tonika und Roborantien

Tonika sollen die Leistungsfähigkeit des Menschen erhöhen und zu dessen Wohlbefinden beitragen.

Roborantien dienen in erster Linie der Rekonvaleszenz, also um nach überstandener Krankheit „wieder auf die Beine zu kommen“.

Bei den Fertigarzneimitteln, die in großer Fülle auf dem Markt sind, handelt es sich ausnahmslos um Kombinationspräparate mit immer wiederkehrenden Inhaltsstoffen. Solche sind Vitamine, Aminosäuren, Leberextrakt, Salze, Traubenzucker (Glucose), Spurenelemente, Lecithin, Phosphate, Gelee royale, Drogenextrakte und andere mehr.

Aus naturwissenschaftlicher Sicht ist der Wirkungsnachweis des einzelnen „Wirk“-Stoffs und auch der Mischung der Vielzahl der Stoffe in der angegebenen Dosierung nicht einfach. Die Zusammensetzung der im Handel befindlichen Fertigarzneimittel ist in vielen Fällen rational schwer begründbar.

Mit einer vernünftigen Ernährung werden all jene Vitamine, Aminosäuren, Zucker, Spurenelemente, Lecithin und Phosphate in ausreichender Menge aufgenommen und verwertet. Eine Verabreichung von Bruchteilen eines Gramms dieser Stoffe mit „dreimal täglich ein Likörglas“ ist vom wissenschaftlichen Standpunkt aus nicht unumstritten.

Bei den Pflanzenextrakten, deren Tagesdosis oft Bruchteile von Milligramm beträgt, ist eine Wirkung wissenschaftlich ebenso nur schwer nachweisbar. Es werden hier vor allem Drogen verwendet, die Herz und Kreislauf anregen sollen.

Bei Überbelastung und Streß müssen einige Vitamine vermehrt zugeführt werden. Normalerweise reicht hier eine vernünftige Ernährung aus.

Echter Vitaminmangel als Indikation gehört in die Hand des Arztes und muß mit entsprechenden Vitaminen gezielt behandelt werden.

Es darf hier bemerkt werden, daß alle im Handel befindlichen Präparate dieser Anwendungsgebiete als fiktiv zugelassen gelten, d.h. aufgrund der Überleitungsvorschriften des AMG 1976 im Verkehr sind. Ihre Anwendung ist wissenschaftlich häufig noch nicht begründet, aber als „traditionell angewendet” akzeptiert.

Gegen die Einnahme eines solchen Mittels ist jedoch nichts einzuwenden, wenn subjektiv ein Erfolg festgestellt wird. Man darf jedoch nicht übersehen, daß sehr viele Fertigarzneimittel dieser Gruppe Alkohol enthalten. In der angegebenen Dosierung kann der leicht stimmungsaufhellenden Wirkung des Alkohols unter Umständen Bedeutung zukommen. Alkoholhaltige Arzneimittel sind unter anderem kontraindiziert bei Epilepsie, Lebererkrankungen, Arteriosklerose (daher besondere Vorsicht bei Älteren). Vorsicht ist auch in der Schwangerschaft geboten. Alkohol schränkt das Reaktionsvermögen ein, dies ist bei der Teilnahme am Straßenverkehr und am Arbeitsplatz zu berücksichtigen.

Einige als aufbauend gekennzeichnete Arzneimittel sind als sogenannte Geriatrika im Handel. Es sind dies Arzneimittel, die ein altersbedingtes Nachlassen der Vitalität und Spannkraft verhüten sollen. Das Altern ist ein naturgegebener

Vorgang und kann durch Arzneimittel bekanntermaßen nicht aufgehalten werden. Mit Geriatrika wird versucht, die Leistungsfähigkeit des alternden Organismus durch Zufuhr von Vitaminen und allgemein roborisierend wirkenden Stoffen zu steigern und somit die Vitalität zu heben.

An pflanzlichen Inhaltsstoffen nimmt die Ginsengwurzel und deren Zubereitungen eine führende Rolle ein. Die Ergebnisse der wissenschaftlichen Untersuchungen zur Wirkung der Ginsengwurzel sind teilweise widersprüchlich. Im asiatischen Raum ist die tonisierende Wirkung unbestritten.

Da sich pflanzliche Wirkstoffe häufig besser in Alkohol als in Wasser lösen, enthalten Tonika in unterschiedlichen Mengen Alkohol. Dieser ist aufgrund der Alkohol-Warnhinweis-Verordnung deklarierungspflichtig.

Aus der Vielzahl der angebotenen Wirkstoffe seien die häufigsten herausgegriffen:

Vitamine (siehe S. 116)

Eisensalze (siehe S. 104)

Nicotinsäureamid (siehe S. 118)

Lecithin

Es handelt sich chemisch um ein Glycerinphosphatid. In der üblichen Dosierung ist die Verwendung wenig sinnvoll, da mit der täglichen Nahrung genügend Lecithin zugeführt wird.

Ginseng

Ginsengwurzel soll bei Erschöpfungszuständen hilfreich sein. In Ostasien wird Ginseng als Allheilmittel angesehen. Ob der Droge tatsächlich Bedeutung zukommt, ist umstritten. Eine allgemein kräftigende Wirkung wird ihr aber nachgesagt.

Präparatebeispiele

Abtei Ginseng aktiv Dragees	Ginseng-Extrakt
Biovital flüssig N	Eisensalz, Spurenelemente, Vitamin B_1, B_2, B_6, B_{12}, Nicotinamid, Weißdornauszüge u. a. (Alkoholgehalt 15 %)
Buerlecithin flüssig	Soja-Lecithin
Doppelherz Energietonikum N	Tinktur aus Weißdornbeeren, Baldrianwurzeln, Hopfenzapfen, Vitamin B_2, B_6, B_{12}, Nicotinamid (Alkoholgehalt 15 %)
Doppelherz flüssig	Tinktur aus Weißdornbeeren, Baldrianwurzel, Hopfenzapfen, Vitamin B_2, B_6, B_{12}, Nicotinamid
Doppelherz Vitaltonikum N	Extrakt aus Weißdornblättern und -blüten, Hopfenzapfen, Baldrianwurzeln, Melissenblättern, Ginsengwurzeln

Herzpunkt forte	Trockenextrakt aus Ginsengwurzeln (Alkoholgehalt 60 %)
Klosterfrau Aktiv Kapseln	Knoblauch-Ölmazerat, Johanniskraut-Weizenkeimöl-Mazerat, Vitamin A, E
Klosterfrau Vital-Tonikum	alkohol. Auszug aus Melissenblättern, Zimt, Fenchel, Süßholzwurzel, Vitamin A, B_1, B_2, B_{12}, C u. a. (Alkoholgehalt 24 %)
Kontor 7 Ginseng forte Kps.	Trockenextrakt aus Ginsengwurzel
Tai Ginseng Dragees	Ginsengwurzel, Extrakt aus Weißdornblättern und Johanniskraut, Vitamin B_1, B_6, B_2, E, Calciumpantothenat, Nicotinamid
Tai Ginseng flüssig	Ginsengwurzeltinktur, Weißdornextrakt, Johanniskrautextrakt, Dexpanthenol, Vitamin B_2, B_6, Niacinamid (Alkoholgehalt 20 %)
Tai Ginseng forte Pastillen	Ginsengwurzel-Trockenextrakt
Voltax Gehirn-Nerventonikum flüssig	Phospholipide, Muira-puama-Holz-Extrakt, Adenosin, Vitamin E, B_1, B_2, Nicotinamid (Alkoholgehalt 15 %)
Voltax Gehirn- und Nerven-Tonikum Kapseln	Phospholipide, Muira-puama-Holz-Extrakt, Adenosin, Vitamin E, B_2, B_6, B_{12}, Nicotinamid

13. Mittel gegen Arteriosklerose

Unter Arteriosklerose – im Volksmund Arterienverkalkung genannt – versteht man krankhafte Veränderungen der Arterien: Sie verlieren an Elastizität und verengen sich durch Ablagerungen. Der Gesetzgeber hat Arzneimittel gegen Arteriosklerose für den Verkehr außerhalb der Apotheke freigegeben.

Arteriosklerose ist die häufigste Ursache der Herz- und Kreislauferkrankungen. Die Ursachen der Arteriosklerose sind noch Gegenstand der Forschung. Jedoch sollen Fett- und Cholesterinspiegel des Blutes, zu starke Kreislaufbelastung, hoher Blutdruck und andere Risikofaktoren eine Rolle spielen.

Mit Arzneimitteln kann man eine bestehende Arteriosklerose nicht rückgängig machen. Wichtig ist die Ausschaltung der oben genannten Faktoren, die für das Fortschreiten des krankhaften Prozesses mitverantwortlich gemacht werden. Ob den im Handel befindlichen freiverkäuflichen Arzneimitteln eine tatsächliche, vorbeugende Wirkung zukommt, ist umstritten.

Verwendet werden:

Knoblauch

Mit Knoblauch sollen Einlagerungen in den Arterien vermieden und das Zusammenbacken von Blutbestandteilen an diesen Einlagerungen verhindert werden. Dem Knoblauch werden auch blutdruckregulierende und blutfettsenkende Eigenschaften nachgesagt.

Um eine Geruchsbelästigung zu vermeiden, sollen Knoblauch enthaltende Präparate den Wirkstoff erst im Dünndarm freigeben, jedoch können Geruchsstoffe auch über die Lunge abgeatmet werden. Die als wirksam angesehene Dosierung liegt bei 4 g frischen Knoblauchzwiebeln; arzneiliche Zubereitungen entsprechend. Falls Arzneimittel auf Knoblauchwirkstoffe eingestellt sind, werden 4 – 10 mg Alliin bzw. 2 – 5 mg Allicin empfohlen.

Mistel, Weißdorn

Diese Drogen werden der milden Unterstützung der Herzleistung wegen gerne Knoblauchpräparaten beigegeben.

Präparatebeispiele

Abtei Knoblauch Lecithin Dragees	Knoblauchpulver, Pflanzenlecithin, Vitamine A, E, C, B_6, Rutin
Abtei Knoblauchperlen	Knoblauchzwiebelpulver
Biovit Knoblauchöl Kapseln	Knoblauch-Ölmazerat
Doppelherz Knoblauch Kapseln	Knoblauch-Ölmazerat, Mistel-Ölmazerat, Weißdorn-Ölmazerat
Klosterfrau Aktiv Kapseln	Knoblauch-Ölmazerat, Johanniskraut- und Weizenkeim-Ölmazerat, Vitamine E, A
Kneipp Knoblauch Dragees N	Knoblauchpulver
Knufinke bleib jünger forte	Knoblauchzwiebelpulver, Trockenextrakt aus Mistelkraut und Weißdornbeeren, Rutosid
Knufinke bleib jünger S Kapseln.	Cholecalciferol-Cholesterin, Knoblauch-Ölmazerat, Retinol, Vitamin E, Weizenkeimöl
Richter's Methusan Dragees	Knoblauchpulver, Weißdornextrakt, Mistelextrakt, Rutosid
Solaguttae Knoblauch Kapseln mit Weißdorn + Mistel	Knoblauch-Ölmazerat, Weißdorn-Ölmazerat, Mistel-Ölmazerat
tetesept Knoblauch spezial Dragees	Knoblauchpulver
Zirkulin Knoblauchperlen	Knoblauchpulver, Weißdornblätter, Mistelkraut, Rutosid

14. Sexualtonika

Beim Menschen ist das sexuelle Verhalten weitgehend durch soziale und psychische Faktoren geprägt. Die Paarung selbst ist ein sehr komplexes Phänomen, bei dem viele Teile des Nervensystems zusammenwirken müssen. Die Arzneimittel, die außerhalb der Apotheke meist in Spezialgeschäften angeboten werden, sollen die sexuelle „Leistungsfähigkeit" steigern und die Libido erhöhen. Ob dies durch jene Arzneimittel erreicht werden kann, sei dahingestellt. Die Impotenz selbst – die ärztlicher Behandlung bedarf – ist jedenfalls damit nicht zu beeinflussen. Eher sprechen auf diese einschlägigen Arzneimittel schwer erregbare, psychisch ansonsten nicht gehemmte Personen an. Zu vergessen ist allerdings nicht der Placebo-Effekt dieser Präparate.

Verwendet werden:

Vitamine

Hier kommt vor allem Vitamin E vor, dem man eine positive Wirkung auf die Sexualfunktion nachsagt. Auch die B-Vitamine als Nervenvitamine kommen vor.

Damianablätter

Sie enthalten etwas ätherisches Öl und Bitterstoffe. Damiana wird verwendet zur Steigerung der sexuellen Potenz und zur allgemeinen Kräftigung und Anregung. Die Wirksamkeit konnte wissenschaftlich jedoch nicht gesichert werden.

Potenzholz

Hierbei handelt es sich um ein Holz, das auch als Muira puama bezeichnet wird. Es wird zur Vorbeugung und Behandlung von Sexualstörungen und zur Steigerung des Geschlechtstriebs empfohlen; eine Wirksamkeit ist jedoch wissenschaftlich nicht nachgewiesen.

Lokal wirkende Anästhetika

Hier werden Stoffe, wie Lidocain oder Benzocain verwendet. Sie bewirken in äußerlich anzuwendenden Arzneimitteln eine Unempfindlichkeit und wirken örtlich betäubend. Man will damit erreichen, daß durch diese Wirkung der Samenerguß hinausgezögert wird.

Nicotinsäure-Ester

Diese Substanzen wirken, da wo sie aufgebracht werden, durchblutungsfördernd. In apothekenpflichtigen Präparaten findet man diese Substanzen in Rheumasalben. Man will damit offenbar eine Anregung der Lust erreichen. Ob das den Zweck erfüllt oder doch nur örtlich lästig ist, sei dahingestellt.

Präparatebeispiele für den Mann und die Frau zur Luststeigerung

Dauer-Bumser Dragees	Vitamin E, Ginsengpulver, Inositol, Nicotinamid, Glutaminsäure
Erotisin Tropfen	Fluidextrakt aus Damianablättern, Muira-puama-Holz, Ginsengwurzeln
Glücksan Enthemmungstropfen	Coffein, Potenzholz-Fluidextrakt (Alkoholgehalt 19 %)
Novaflor Spezial-Dragees	Vitamin E, Gelee Royale, Methionin, B-Vitamine, Damianablätter, Potenzholz, Guaranasamen, Kava-Kava-Extrakt, Ginsengextrakt u. a.
Potenz Aktivator	DMAE-bitartrat, Trockenextrakte aus Damiana und Potenzholz, Nicotinsäureamid, Stierhodenpulver, Vitamin A, B-Vitamine, Calcium- und Magnesiumsalz

Präparatebeispiele für den Mann

CORige A Dragees	Hopfendrüsen, Baldrianwurzelpulver, Ginsengwurzelpulver
LZ Langzeitcreme	Lidocain
Okasa N Dragees	B-Vitamine, Calciumpantothenat, Nicotinamid, Mineralsalze und Spurenelemente
Penisex Creme	Nicotinsäure-Isopropylester
Penisex 30-Min.-Creme	Benzocain
Penis Marathon Spezialspray	Lidocain

Präparatebeispiele für die Frau

Clitorisex Reiz-Salbe	Nicotinsäurebenzylester

15. Mund- und Rachendesinfektionsmittel

Mund- und Rachendesinfektionsmittel sind zum Lutschen oder nach dem Auflösen in Wasser zum Gurgeln im Handel. Lutschtabletten enthalten meist antibakteriell wirkende Stoffe oder ätherische Öle, die mild desinfizierend wirken. Mit dem Speichel werden die Inhaltsstoffe gelöst und verteilen sich in der Mundhöhle. Schon das Lutschen selbst ist nützlich, da dadurch die Speichelsekretion angeregt wird, was besonders bei trockenem Hals als angenehm empfunden wird.

Gurgellösungen werden mit lauwarmem Wasser zubereitet. Man gurgelt mit nach hinten gebeugtem Kopf, damit die Lösung auch den hinteren Teil der Mundhöhle benetzen kann. Durch das Schlukken des Speichels kommen die Wirkstoffe auch in tiefere Bereiche. Gerne verwendet man hier auch Salzlösungen, die den zähen Schleim lösen und als erfrischend empfunden werden.

Alle eingesetzten Wirkstoffe setzen mehr oder weniger auch die Oberflächenspannung des Speichelsekrets herab. Mund- und Rachendesinfektionsmittel sind Arzneimittel.

Im Handel sind auch eine große Anzahl „Hustenbonbons“ oder „Halsbonbons“. Sie sind keine Arzneimittel und unterliegen den Vorschriften des Lebensmittel- und Bedarfsgegenständegesetzes. Meist enthalten sie geringe Mengen Pflanzenextrakte, Menthol und ätherische Öle. Auch kleinere Mengen Vitamin C können enthalten sein, um durch den fruchtig-sauren Geschmack die Speichelsekretion zu stimulieren.

Verwendet werden:

Cetylpyridiniumchlorid: Es wirkt bakterizid (bakterientötend) und setzt die Oberflächenspannung herab.

Ätherische Öle: Am häufigsten werden Pfefferminzöl und Eukalyptusöl (mentholhaltig!) eingesetzt. Ätherische Öle besitzen eine milde desinfizierende Wirkung.

Süßholzsaft: Eingedickter Süßholzsaft ist auch unter dem Namen Lakritze bekannt. Er wirkt entzündungswidrig und verflüssigt zähen Schleim.

Salze: Hohe Salzkonzentrationen im Speichel führen zu einer Verflüssigung zähen Schleims und zu einer Vermehrung des Auswurfs.
Salze werden bei Katarrhen der oberen Atemwege empfohlen, hier insbesondere in Form einer zerstäubten Lösung (Inhalat).

Präparatebeispiele

Abtei Halsdragees	Eukalyptusöl, Menthol
Emser Pastillen mit Menthol	natürliches Emser Salz, Menthol
Emser Pastillen ohne Menthol	natürliches Emser Salz
Olbas Tabletten	ätherische Öle
tetesept Bronchial C-Bonbons	Fluidextrakte aus Kamille, Thymian, Pfefferminze, Vitamin C, Fenchelhonig u. a.
tetesept Halspastillen forte	Dequaliniumchlorid, Cetylpyridiniumchlorid, Vitamin C
tetesept Medizinische Gurgellösung	Dequaliniumchlorid, Cetylpyridiniumchlorid, Menthol, Arnikatinktur
Wybert Pastillen	Süßholzsaft, Vitamin C

16. Durchblutungsfördernde Einreibemittel

Während Sport- und Massagemittel zum Einreiben als kosmetische Mittel einzustufen sind, wenn sie nicht überwiegend als Heilmittel in Erscheinung treten, sind Einreibemittel zur Durchblutungssteigerung – mit den entsprechenden Indikationen Rheuma, Hexenschuß usw. – Arzneimittel.

Man will mit diesen Präparaten durch das Einmassieren in die Haut die Haut- und auch die Muskeldurchblutung fördern und Muskelverkrampfungen lösen. Je nach Zusammensetzung erzielt man auf den entsprechenden Gebieten der Körperoberfläche dann eine geringe bis stärkere Wärmeempfindung.

Falls es sich um flüssige Zubereitungen handelt, ist das Lösungsmittel meist Alkohol. Reiner Alkohol entfettet die Haut und eignet sich daher zum Massieren nicht.

Das bekannteste Einreibemittel ist der Franzbranntwein. Man stellte ihn früher zuhause aus etwa 50%igem Alkohol und einer Essenz selber her. Heute sind eine Reihe von Fertigarzneimitteln im Handel, die mit der Bezeichnung „Franzbranntwein“ auch mit Kochsalz, Menthol, Kampfer, Geruchs- und Farbstoffen hergestellt sind, jedoch mindestens 45 % Äthanol enthalten müssen (siehe Teil III, S. 286). Dies ist Voraussetzung für die Freiverkäuflichkeit.

Der Gesetzgeber hat in der Rechtsverordnung zugelassen, daß auch Fichtennadelöl und Kiefernnadelöl in freiverkäuflichen Arzeimitteln enthalten sein dürfen.

Die dem Alkohol in Einreibemitteln zugesetzten Stoffe – insbesondere Menthol und Kampfer – fördern die Durchblutung in den Bezirken, auf die man das Mittel aufträgt. Dabei ist es unerheblich, daß man zunächst ein kühlendes Gefühl empfindet. Dies rührt von der Verdunstung des Alkohols her und von den Reizungen der Kälterezeptoren („Kältefühler“ in der Haut) durch Menthol und Kampfer. Auch ätherische Öle wirken auf diese Weise. An Ölen werden hier auch Latschenkiefernöl und Fichtennadelöl verwendet.

In Franzbranntwein darf ungenießbarer Alkohol (z. B. Isopropanol) nicht enthalten sein. Man darf vorsichtshalber jedoch solche Erzeugnisse nicht einnehmen, bei denen, wie aus der Kennzeichnung ersichtlich ist, bei der Art der Anwendung eine Einnahme nicht vorgesehen ist. Ist jedoch eine Einnahme auf Zucker – des scharfen Geschmacks wegen – vorgesehen, so wirken diese Mittel meist belebend und erfrischend und führen durch den Gehalt an ätherischen Ölen zu einer Erleichterung bei der Atmung, insbesondere bei Erkältung.

Gleiche Eigenschaften haben auch jene Fertigarzneimittel, die nicht als „Franzbranntwein“, sondern mit anderer Bezeichnung im Handel sind und auch als Einreibemittel verwendet werden können (Melissengeist, Karmelitergeist u. a.).

Ein altes Hausmittel ist die Arnikatinktur; das ist ein alkoholischer Auszug aus Arnikablüten, Man nimmt sie bei Prellungen und Verstauchungen äußerlich zu Umschlägen. Doch Vorsicht: Arnikatinktur muß dazu immer nach Vorschrift auf der Packung verdünnt werden. Gelegentlich kommen Allergien gegen Arnikatinktur vor, was sich in heftiger Hautrötung und Schmerz äußert.

Verwendet werden:

Ätherische Öle

Sie sollen die Haut- und Muskeldurchblutung fördern und so Muskelkater oder anderweitig hervorgerufenen Schmerz lindern.

Kampfer, Menthol

Der anfangs empfundenen Kälte folgt meist ein unterschiedlich wahrnehmbares Wärmegefühl. Dies führt subjektiv zu einer Erleichterung der Beschwerden.

Merke: Wegen des Alkoholgehaltes dürfen Einreibemittel nicht bei offenen Wunden oder geschädigten Hautpartien angewendet werden.

Präparatebeispiele

Abtei Franzbranntwein mit Menthol	Pfefferminzöl, Fichtennadelöl, Thymianöl, Lavendelöl, Menthol
Alpa Franzbranntwein	Menthol
Brackal Franzbranntwein mit Menthol	Menthol, Äthanol, Geruchsstoffe
Carmol Franzbranntwein mit Arnika	Kampfer, Arnikatinktur, ätherische Öle
Japanisches Heilpflanzenöl	Minzöl
Klosterfrau Franzbranntwein	Äthanol, Menthol, Kampfer
Klosterfrau Tiger Balm (weiß und rot)	Kajeputöl, Kampfer, Menthol, Nelkenöl
Schaeben's Franzbranntwein mit Campfer und Menthol	Kampfer, Menthol
tetesept Arnikatinktur	Arnikatinktur
Wetterauer Franzbranntwein	Kampfer, Menthol

17. Heilwässer

Heilwässer stammen aus natürlichen Quellen oder werden künstlich erschlossen. Sie unterliegen dem Arzneimittelgesetz und sind an der Kennzeichnung (z. B. den Indikationsangaben) leicht von den Mineralwässern zu unterscheiden, die den lebensmittelrechtlichen Vorschriften genügen müssen.

Heilwässer enthalten mehr als 1 g gelöste Salze pro Kilogramm. Diesen werden die arzneilichen Wirkungen zugeschrieben. Meist enthalten Heilwässer auch Kohlendioxid, das in Wasser gelöst als Kohlensäure bezeichnet wird.

Die gelösten Salze liegen in Form von Kationen (positiv geladenen Teilchen) und Anionen (negativ geladenen Teilchen) vor. Ist beispielsweise Kochsalz (Natriumchlorid = NaCl) gelöst, kann in der wässrigen Lösung (Na^+) und Chlorid (Cl^-) nachgewiesen werden. In diesem Sinne muß die Angabe der Zusammensetzung bei Heilwässern verstanden werden.

Bei der gelegentlich angegebenen Bezeichnung stellt man Kationen vor Anionen und ordnet nach absteigender Konzentration, z. B. Natrium-Calcium-Chlorid-Hydrogencarbonat-Säuerling. Dieses Wasser enthält also vor allem Natrium, Calcium, Chlorid, Hydrogencarbonat und Kohlensäure.

Folgende Ionen kommen in bedeutsamen Konzentrationen – je nach Quelle – vor:

Kationen	Anionen
Na^+ (Natrium)	Cl^- (Chlorid)
Ca^{2+} (Calcium)	SO_4^{2-} (Sulfat)
K^+ (Kalium)	HCO_3^{2-} (Hydrogencarbonat)
Mg^{2+} (Magnesium)	J^- (Jodid)
$Fe^{2+,3+}$ (Eisen)	PO_4^{3-} (Phosphat)

Säuerlinge enthalten mehr als 1 g gelöstes Kohlendioxid (Kohlensäure), stille Wässer sind kohlensäurefrei.

Bei Heilwässern sind teilweise Indikationen erlaubt, die ansonsten Arzneimittel apothekenpflichtig machen (siehe Teil III, S. 211): Stoffwechselkrankheiten und Krankheiten der inneren Sekretion, organische Krankheiten der Leber, der Bauchspeicheldrüse und der Harn- und Geschlechtsorgane. Erlaubt sind somit Indikationen wie Gicht, Diabetes (Zuckerkrankheit), Lebererkrankungen usw.

Die vielfältigen Indikationen bei Heilwässern ergeben sich aus der besonderen Kombination von Anionen und Kationen des jeweiligen Erzeugnisses. Die Tabelle II.3 gibt Auskunft über die den betreffenden Ionen zugeschriebenen Wirkungen, Tabelle II.4 nennt die wichtigsten Heilanzeigen einiger Heilwässer.

Säuerlinge werden u. a. empfohlen bei Blasen- und Nierenerkrankungen und bei Störungen der Magenfunktion.

Wässer mit hohem Natriumgehalt sind bei Bluthochdruck nicht angezeigt, da sie Wasser im Körper binden. Auch bei Ödemen (Wasseransammlung im Gewebe) und Nierenfunktionsstörungen sollen natriumreiche Wässer nicht eingenommen werden.

Merke: Heilwässer sind Arzneimittel, keine Lebensmittel. Sie wirken unterstützend bei einer Therapie.

Tab. II.3: Wirkungen der Ionen in Heilwässern

Na^+ (Natrium)	Führt bei Zufuhr großer Mengen zu Wasseransammlung im Gewebe. Natrium ist praktisch in allen Lebensmitteln enthalten
K^+ (Kalium)	Keine besondere Wirkung
Ca^{2+} (Calcium)	Wirkt entzündungswidrig, besonders in den Harnwegen und in hoher Konzentration wassertreibend
Mg^{2+} (Magnesium)	Soll bei Diabetes unterstützend wirken
$Fe^{2+, 3+}$ (Eisen)	Wird bei Eisenmangelzuständen empfohlen, jedoch ist der Gehalt für eine Therapie zu niedrig
Cl^- (Chlorid)	Wirkt säurestimulierend auf den Magen
SO_4^{2-} (Sulfat)	Fördert den Gallenfluß, leicht abführend
HCO_3^{2-} (Hydrogencarbonat)	Bindet Säure im leeren Magen (daher nüchtern nehmen!)
J^- (Jodid)	Durch die schleimverflüssigende Wirkung soll es bei asthmatischen Zuständen unterstützend wirken. Vorsicht bei Schilddrüsenerkrankungen
PO_4^{3-} (Phosphat)	Keine besondere Wirkung

Tab. II.4: Heilanzeige einiger Heilwässer

	Magen	Darm	Leber	Galle	Harnwege	Stoffwechsel-erkrankungen	Sonstige
Säuerlinge							
Hydrogencarbonat-Säuerlinge:							
Staatlich Fachinger	+	+			+	Diabetes	Sodbrennen
Teinacher Hirschquelle	+				+		
Überkinger Adelheidquelle	+	+			+	Diabetes	
Chlorid-Hydrogencarbonat-Säuerlinge:							
Emser Kränchen							Atmungsorgane
Kaiser-Friedrich-Quelle	+	+		+		Gicht	
Staatlich Selters	+	+		+		+	Atmungsorgane
Friedrich Christian Heilquelle	+	+		+	+		
Rhenser Heilquelle Kaiser Ruprecht	+	+		+	+		
Stille Wässer							
Chlorid-Hydrogencarbonat-Wässer:							
Tölzer Adelheidquelle							Jodmangel
Sulfat-Wässer:							
Rietenauer-Heiligenthalquelle	+	+		+	+		

18. Empfängnisverhütende Mittel

Während hormonhaltige Arzneimittel („Pille“) nur in der Apotheke nach Vorlage eines Rezeptes abgegeben werden dürfen, sind hormonfreie empfängnisverhütende Arzneimittel zum Verkehr außerhalb der Apotheke zugelassen. Sie dürfen aufgrund § 50 AMG 1976 auch ohne Sachkenntnis und in Automaten in den Verkehr gebracht werden.

Im Handel sind neben Kondomen (Präservativen), die keine Arzneimittel sind, Vaginalzäpfchen (Ovula), Gele und Schäume. Sie wirken spermizid, d. h., sie machen den Samen befruchtungsunfähig und führen auf mechanischem Wege durch Bildung von Schaum zu einer Barriere vor dem Muttermund.

Ovula

Ovula werden mindestens 10 Minuten vor dem Geschlechtsverkehr fingertief in die Scheide eingeführt. Sie schmelzen durch die Körperwärme und wirken erst nach der Wartezeit von 10 Minuten empfängnisverhütend, da erst dann der Wirkstoff in der Scheide optimal verteilt ist. Ausreichender Schutz ist nur innerhalb einer Stunde nach dem Einführen gewährleistet; gegebenenfalls ist ein neues Ovulum einzuführen. Vor Wiederholung des Verkehrs – gleich in welchem Zeitabstand – ist stets ein neues Ovulum einzuführen. Auch hier sind wieder 10 Minuten zu warten.

Verwendet wird:

Nonoxinol 9

Es besitzt eine hohe Oberflächenaktivität und wirkt samenabtötend. Die Eigenbewegung der Samenfäden wird gehemmt.

Hormonfreie empfängnisverhütende Mittel bieten nicht den sicheren Schutz wie etwa die „Pille“. Über die Sicherheit der spermizid wirkenden Verhütungsmittel gibt die Tabelle II.5 Auskunft. Die Zuverlässigkeit empfängnisverhütender Mittel wird mit dem Pearl-Index ausgedrückt. Dies ist die Zahl der zu erwartenden Schwangerschaften („Versagerrate“) bei hochgerechneter Anwendung auf 100 empfängnisfähige Frauenjahre.

Tab. II.5: Versagerrate bei Empfängnisverhütungsmitteln

Mittel	Versagerrate pro 100 Frauenjahre (Pearl-Index)
„Pille“ (nur in Apotheken)	0,2
Spermizide Vaginalovula	22,5–37
Spermizide Gele	20
Spermizide Schäume	12
Kondom	3–14

Theoretisch ist bei diesen Spermiziden also etwa alle 5 Jahre mit einer Schwangerschaft zu rechnen. Unerwähnt soll jedoch nicht bleiben, daß über die Zuverlässigkeit dieser Mittel teilweise widersprüchliche Angaben vorliegen. Die Kombination Kondom und Spermizid erhöht jedoch die Sicherheit.

Merke: Spermizid wirkende Empfängnisverhütungsmittel bieten keinen absoluten Schutz. Auf richtige Anwendung achten und die Gebrauchsinformation beachten.

Präparatebeispiele

Lady Anti-Baby-Zäpfchen	Milchsäure, Nonoxinol 9
Patentex oval	Nonoxinol 9

19. Mittel gegen Hühneraugen und Hornhaut

Bei der Behandlung von Hühneraugen und zu dicker Hornhaut werden Arzneimittel eingesetzt, die schmerzlos die Hornhaut zerstören und so zum Ablösen der oberen Schicht der Haut führen. Diese Mittel nennt man Keratolytika. Sie wirken lokal, d.h. nur da, wo sie aufgetragen werden.

Die wirksamen Bestandteile, die in freiverkäuflichen Keratolytika enthalten sein dürfen, sind in einer Anlage der Rechtsverordnung begrenzt (siehe S. 202).

Hühneraugen sind Vermehrungen von Hornzellen der Haut mit Beteiligung tieferer Hautschichten. An den Füßen entstehen sie häufig durch Druck zu enger Schuhe. Je nach Lage können sie sehr schmerzhaft sein.

Zur Lösung von zu dicker Hornhaut oder von Hühneraugen nimmt man Lösungen oder Pflaster, die auf die entsprechenden Stellen aufgebracht werden. Hier muß darauf geachtet werden, daß benachbarte gesunde Haut nicht mitbehandelt wird, da sonst Reizungen entstehen. Bei Lösungen sollte daher die nicht zu behandelnde Haut mit Vaseline abgedeckt werden.

Hühneraugenpflaster gibt es im Handel zum Selbstausschneiden oder als Pflaster mit vorgefertigtem „Wirkkern", der auch von einem Filzring umgeben sein kann, um den Druck zu mildern.

In der Regel ist eine mindestens dreitägige Behandlung notwendig, um die Hornhaut abzulösen bzw. das Hühnerauge zu entfernen. Dies geht leichter nach einem heißen Fußbad.

Warzen sind etwas anderes als Hühneraugen: Es sind durch ein Virus hervorgerufene Neubildungen der Haut. Arzneimittel gegen Warzen sind apothekenpflichtig!

Träger von keratolytisch wirksamen Substanzen in Tinkturen ist meist Kollodium. Dies ist eine chemisch bearbeitete Zellulose, in Äther-Alkohol gelöst. Nach dem Auftragen auf die Haut verdunstet das Lösungsmittel und bildet ein elastisches Häutchen.

Tinkturen bewirken meist eine „Vertrocknung" des Hühnerauges oder der Hornhaut, Pflaster wirken eher quellend, so daß sich die Hornschicht leichter ablöst.

Verwendet werden:

Säuren, die das Eiweiß der Hornhaut fällen und erweichen: Essigsäuren, Milchsäure, Dihydroxybenzoensäure. Auch Lärchenterpentin kommt zum Einsatz. Das meist verwendete Mittel ist die Salicylsäure.

Merke: Hornhautlösende und erweichende Mittel nicht auf gesunde Haut aufbringen, eventuell mit Vaseline die Umgebung schützen. Tinkturen immer gut verschließen, da sie leicht eintrocknen. Auf richtiges Schuhwerk achten.

Präparatebeispiele

Cornina Hornhautpflaster	Salicylsäure
Die Rote Tinktur extra stark	Salicylsäure, Milchsäure, Lärchenterpentin, Ricinusöl
Efasit Hühneraugentinktur N	Salicylsäure, Milchsäure, Collodiumwolle
Hühneraugenlösungspflaster (Scholl)	Salicylsäure
Lebewohl Ballenpflaster auf Samt	Salicylsäure
Scholl Hühneraugentinktur	Salicylsäure, Campher, Collodium
Scholl Hornhautlösungssalbe	Salicylsäure

20. Mittel zur Wundversorgung, Pflaster

Das Arzneimittelgesetz definierte **Verbandstoffe** in § 4 Abs. 9 als „Gegenstände, die dazu bestimmt sind, oberflächengeschädigte Körperteile zu bedecken oder deren Körperflüssigkeit aufzusaugen". Unter diesen Körperflüssigkeiten ist hier Wundsekret, Eiter usw. zu verstehen. Verbandstoffe im Sinne dieser Definition sind somit Wundauflagen.

Von diesem arzneimittelrechtlichen Begriff des Verbandstoffes sind **Pflaster** zu unterscheiden. Diese sind Gegenstände i. S. des § 2 Abs. 2 Nr. 1 AMG. Sie enthalten einen oder mehrere Arzneistoffe und sind dazu bestimmt, am Körper arzneiliche Wirkungen zu entfalten (Beispiel: Rheumapflaster).

Brandbinden sind imprägnierende Binden, die dazu bestimmt sind, eine kleinere brandgeschädigte Körperoberfläche zu bedecken. Auch sie sind Gegenstände i. S. des § 2 Abs. 2 Nr. 1 AMG.

Pflaster und Brandbinden sind aufgrund § 44 Abs. 2 Nr. 4 AMG 1976 freiverkäuflich. Da Verbandstoffe in § 2 Abs. 2 Nr. 3 AMG aufgeführt waren, sind auch sie freiverkäuflich; zum Verkauf von Verbandstoffen ist im Sinne des Arzneimittelgesetzes keine Sachkenntnis erforderlich.

Verbandstoffe

An Verbandstoffe zur Erstversorgung von Wunden werden eine Reihe von Anforderungen gestellt. Bei jeder frischen Wunde, und sei sie auch noch so klein, besteht die Gefahr einer sich ausbreitenden Vermehrung von Bakterien. Die Wundauflagen sollten daher keimarm, besser noch keimfrei sein. Weitere Anforderungen sind Saugfähigkeit, Reizlosigkeit, geringe Neigung zum Verkleben mit der Wunde und Luftdurchlässigkeit. Die Qualität der Verbandstoffe wird durch das Arzneibuch und DIN-Vorschriften festgelegt.

Verbandmull

Verbandmull des Arzneibuches besteht aus 100 % Baumwolle und ist in steriler und nicht steriler Form im Handel. Es gibt jedoch auch Verbandmull aus Zellwolle. Je engmaschiger und je öfter er gefädelt ist, desto saugfähiger ist der Verbandmull. Vorteile sind die gute Saugfähigkeit und die gute Anschmiegsamkeit an die Wundoberfläche.

Mullkompressen

Sie bestehen aus Verbandmull und können einfach oder mehrfach gelegt sein. Bei gelegten Mullkompressen sind die Schnittkanten nach innen gelegt, um ein Ausfransen zu verhindern. Mit der Anzahl der Lagen nimmt die Luftdurchlässigkeit ab und die Saugfähigkeit zu. Ein Verkleben mit der Wunde ist möglich. Mullkompressen sollten sterilisiert sein.

Wundschnellverbände

Obwohl sie im Volksmund „Pflaster" genannt werden, sind sie rechtlich keine

Pflaster, sondern Verbandstoffe. Sie bestehen aus einem Trägermaterial mit einer Wundauflage und klebenden Rändern. Die Trägermaterialien bestimmen im wesentlichen, ob der Schnellverband gut luftdurchlässig und dehnbar ist (Vliesstoff) oder wasserdicht (PVC-Folie). Vliesstoffverbände haben den Vorteil, daß sie sich den Bewegungen leicht anpassen. Wasserdichte Wundschnellverbände ermöglichen nur schlecht einen Luftaustausch, der zur Heilung nötig ist; sie sind daher für eine längere Anwendung weniger geeignet. Ein bekannter Wundschnellverband ist Hansaplast bzw. Hansamed. Bei den Strips haftet das Klebematerial um alle Seiten der Wundauflage.

Verbandpäckchen

Ein Verbandpäckchen besteht aus einer Mull-Watte-Kompresse, die mit einer Mullbinde auf der einen und einem Haltestreifen auf der anderen Seite verbunden ist. Durch festes Binden kann durch den Druck auf die blutende Wunde ein Bluten verringert werden. Verbandpäckchen sind sterilisiert.

Pflaster und Brandbinden

Pflaster und Brandbinden sind keine Verbandstoffe, sondern sind nach § 2 Abs. 2 Nr. 1 AMG 1976 Gegenstände. Aufgrund § 44 Abs. 2 Nr. 4 AMG sind Pflaster und Brandbinden freiverkäuflich; zur rechtmäßigen Inverkehrgabe ist jedoch die Sachkenntnis erforderlich.

Pflaster

Pflaster bestehen aus einem meist textilen Trägermaterial, auf das auf einer Seite ein oder mehrere Arzneistoffe aufgebracht sind. Typische Vertreter sind Hühneraugenpflaster (s. S. 136) und Rheumapflaster. Rheumapflaster enthalten in der Klebemasse durchblutungsfördernde Substanzen (meist Capsaicin) und führen so zur Erwärmung des beklebten Gebietes. Dies führt auch zu einer Entkrampfung darunter liegender Muskelschichten. Man kann diese Pflaster mehrere Tage ununterbrochen anwenden.

Brandbinden

Sie werden zur Versorgung kleiner und leichter Brandwunden verwendet, Brandbinden sind mit astringierendem Puder (Zinkoxid, Kieselgel u. a.) imprägniert und sollen die Wundheilung fördern; sie haben daher arzneiliche Zweckbestimmung.

Brandbinden sollen wegen der möglichen Nebenwirkungen (Granulombildung) nicht mehr verwendet werden.

Pflastersprays

Pflastersprays sind keine Verbandstoffe im Sinne des Arzneimittelgesetzes, sondern Arzneimittel. Der Inhalt der Sprays wird auf die Wunde aufgesprüht und bildet darauf einen dünnen, elastischen, mikroporösen Film, der die „Atmung" des Gewebes nicht nennenswert beeinträchtigt. Der Film ist wasserfest und kann bei Bedarf erneuert werden. Er läßt sich mit Aceton oder Benzin wieder entfernen. Diese Lösungsmittel sollen jedoch nicht auf eine offene Wunde aufgebracht werden.

Diese Produkte unterliegen jedoch teilweise dem Medizinproduktegesetz und sind dann keine Arzneimittel mehr. Man erkennt dies am „CE" auf der Packung.

Verwendet wird:

Hansaplast Sprühpflaster
Flint flüssig

Auch diese genannten Produkte werden wahrscheinlich künftig als Medizinprodukte angeboten und sind dann rechtlich Medizinprodukte und keine Arzneimittel mehr. An der Produktqualität ändert sich aber nichts.

21. Fein- und Grobdesinfektionsmittel

Unter Desinfizierung wird die Abtötung oder Inaktivierung von Krankheitserregern (Mikroorganismen) verstanden, so daß ein Gegenstand nicht mehr infizieren kann. Es gibt aber auch Mikroorganismen, die nicht krank machen können.

Davon zu unterscheiden ist die Sterilisation. Sie bedeutet die Abtötung sämtlicher lebender Mikroorganismen. Desinfektion sterilisiert also nicht!

Erreger von Infektionskrankheiten sind hauptsächlich Protozoen (winzige, einzellige Organismen), Pilze, Bakterien, bakterienähnliche Organismen sowie Viren. Diese unterscheiden sich in Gestalt, Lebensweise und Vermehrungsmechanismus jeweils voneinander. Sie sind so klein, daß sie vom menschlichen Auge nicht ohne technische Hilfe gesehen werden können.

Folgende Größenordnungen kommen hier vor:
1 µm = Mikrometer = ein tausendstel Millimeter;
1 nm = Nanometer = ein tausendstel Mikrometer
Protozoen und Pilze: 100 – 10 µm
Bakterien: 5 – 0,2 µm
bakterienähnliche Mikroorganismen: 500 – 200 nm
Viren: 250 – 20 nm (sie sind somit auch im Lichtmikroskop nicht zu sehen!)
Einzelne Bakteriengattungen bilden sogenannte Sporen.

Bakteriensporen sind Dauerformen und mit einer festen Hülle umgeben. Das übrige Bakterium kann absterben, die Spore kann sehr lange überlebensfähig bleiben. Sporen vertragen Kälte, Austrocknung und Hitze. Wenn eine Spore in günstiges Milieu kommt, wächst sie wieder zu einem Bakterium aus. Die Abtötung von Sporen ist schwieriger als von Bakterien.

Unter Feindesinfektion versteht man die Desinfektion von Wäsche, Instrumenten sowie der Hände, Grobdesinfektionsmittel dienen zur Desinfektion von Räumen, Toiletten (= Flächendesinfektion).

Zuordnung der Desinfektionsmittel

1. Hände- und Hautdesinfektion:
   Alkohol, Detergentien (waschaktive Substanzen)
2. Desinfektion von Gegenständen:
   Phenole, Chlorverbindungen
3. Wäschedesinfektion:
   Phenole
4. Flächen- und Raumdesinfektion:
   Phenole

Zur Erreichung eines breite Wirkungsspektrums werden oftmals Kombinationen der verschiedenen Wirkstoffe eingesetzt.

Die Desinfektionslösungen sind aus den Fertigpräparaten gelegentlich erst herzustellen. Man richte sich hierbei an die Empfehlungen der Hersteller.

Desinfektionsmittel dürfen ohne Sachkenntnis im Sinne des § 50 AMG 1976 in den Verkehr gebracht werden.

Verwendet werden in Präparaten der Drogeriemärkte:

Alkohole

Hier werden Äthanol, Isopropanol, n-Propanol, Benzylalkohol u. a. verwendet. Das Wirkungsoptimum liegt bei Äthanol bei 70–80 %, für die Propanole bei 60–70 %. Absolute Alkohole (100 %) sind nahezu wirkungslos. **Alkohol tötet keine Sporen!**

Zur Hautdesinfektion muß eine Einwirkungszeit von mindestens 30 Sekunden eingehalten werden. Vorher sollen die Hautpartien mit Wasser und Seife gewaschen und dann getrocknet werden. Vorsicht: Alkohole sind leicht brennbar.

Detergentien

Detergentien sind waschaktive Substanzen, die die Oberflächenspannung herabsetzen. Im Handel sind sogenannte Invertseifen. Sie sind unwirksam gegen Sporen und Viren. Meist werden sie mit anderen Mitteln kombiniert.

Man nützt vor allem die starke Benetzungsfähigkeit durch die Erreichung des sich auf der Oberfläche bildenden Films aus. Ein Vertreter dieser Gruppe ist Benzalkoniumchlorid.

Jod

Jod ist ein wirksames Mittel zur Hautdesinfektion, färbt jedoch. Jodtinktur DAB enthält 2,5 % Jod und 2,5 % Jodid in 60 % Alkohol. Jodtinktur wirkt schnell und zuverlässig, darf aber nur bei kleinen Flächen verwendet werden. Jod hat eine gute keimtötende Wirkung auf Bakterien, inaktiviert aber auch Viren.

Manche Menschen reagieren auf Jodlösung („Jodtinktur“) allergisch. Einwirkungszeit beachten.

Merke: Bei der Auswahl und Zubereitung des Desinfektionsmittels auf die Angaben des Herstellers achten. Nur desinfizieren, wenn es notwendig ist. Einwirkungszeit beachten.

Präparatebeispiele

Alkohole	Ethanol 70 %, Isopropanol 65 %, in Kombinationen: Sterilium, Desderman, Sagrotan Spray
Jod	Jodtinktur DAB
Detergentien	Sagrotan Spray (mit Ethanol), Sagrotan S Konzentrat (mit Ethanol, Isopropanol, Weinsäure)

22. Tierarzneimittel

Einige Arzneimittel, die zur Anwendung bei Tieren bestimmt sind, sind freiverkäuflich. Ohne Sachkenntnis dürfen aufgrund § 60 AMG Arzneimittel verkauft werden, wenn sie ausschließlich zur Anwendung bei Zierfischen, Zier- oder Singvögeln, Brieftauben, Terrarientieren oder Kleinnagern bestimmt sind. Solche Arzneimittel sollen hier nicht besprochen werden.

Sind Arzneimittel jedoch für Hunde, Katzen oder Kaninchen bestimmt, ist die Sachkenntnis erforderlich. Hier ist zu erwähnen, daß Kaninchen keine Kleinnager sind!

Es sollen hier nur Arzneimittel besprochen werden, die für Hunde und Katzen bestimmt sind.

Ungeziefer-Halsbänder

Diese Halsbänder sind Gegenstände i. S. des § 2 Abs. 2 Nr. 1 AMG 1976. Sie enthalten Ungeziefer-Bekämpfungsmittel gegen Läuse, Flöhe und Zecken.

Bevor die wirksamen Bestandteile besprochen werden, sollen kurz Flöhe und Zecken als solche vorgestellt werden.

Flöhe

Flöhe sind etwa 2–3 mm große Parasiten, die sich vom Blut eines anderen Tieres ernähren. Sie können täglich bis zum Zwangzigfachen ihres Eigengewichtes Blut saugen. Während des Saugens wird unverdautes Blut („Flohkot") ausgeschieden, der vom Tier herabfallen kann.

Flohweibchen legen im Laufe des Lebens etwa 400 Eier, die in die Lagerstätten oder das Fell des Tieres abgelegt werden, von wo sie auch auf Teppiche usw. fallen können. Nach 4 bis 12 Tagen schlüpfen aus den Eiern die Larven, die sich auch von „Flohkot" ernähren können. Anschließend verpuppen sie sich in einem Kokon. In dieser Puppe entwickelt sich ein neuer Floh, der aus dem Kokon schlüpft. Neben Tieren, bei denen sie Blut saugen können, können sie auch Menschen befallen. Das Saugen der Parasiten ist schmerzlos, der Flohstich verursacht jedoch Juckreiz.

Zecken

Sie sind im Volksmund auch als „Holzbock" bekannt. Hungrig sind sie etwa 3 mm, mit Blut vollgesaugt bis 10 mm groß. Dann fallen sie vom Tier ab und können mehrere tausend Eier legen. Daraus entschlüpfen Larven, die sich ein Tier als Wirt suchen und sich in etwa einer Woche voll Blut saugen. Aus der Larve entwickelt sich die Nymphe, die ebenfalls Blut saugt. Die vollgesogene Nymphe fällt vom Tier und entwickelt sich zur Zecke. Dieser Zyklus dauert etwa zwei Jahre.

Zecken halten sich im Freien auf Grashalmen und niedrigem Gebüsch auf und können so relativ leicht auf Mensch und Tier übergehen.

Die Ungeziefer-Halsbänder werden den Tieren nur lose umgebunden, da sonst Hautreizungen auftreten können. Wenn die Tiere solche Halsbänder tragen, müssen nach dem Berühren die Hände sorgfältig gewaschen werden. Kleine Kinder und Säuglinge müssen vor so antiparasitär behandelten Tieren ferngehalten werden, da die Wirkstoffe auch für den Menschen giftig sind.

Im Handel sind auch Puder und Sprays gegen Flöhe, Läuse und Zecken. Puder streut man gemäß den Anwendungshinweisen ins Fell und reibt gegen den Strich ein. Bei Sprays ist ein Einreiben nicht notwendig.

Gegen Flöhe und Läuse sind auch Shampoos im Handel.

Auf Schleimhäute (Maul, Auge) dürfen diese Mittel nicht aufgebracht werden. Bei Parasitenbefall ist immer auch auf ausreichende Hygiene und Reinigung der Schlafplätze der Tiere zu achten.

Flöhe, Läuse oder Zecken kann jedes Tier mit nach Hause bringen. Will man die Behandlung selbst durchführen, sollte man sich in einem Zoogeschäft beraten lassen; auf jeden Fall ist die Gebrauchsinformation der Arzneimittel sorgfältig zu lesen und die Hinweise darin zu beachten.

Die Wirkstoffe in den einschlägigen Tierarzneimitteln sind Insektizide. Diese Substanzen sind für Mensch und Tier, wenn man die Anwendungshinweise beachtet, weitgehend unschädlich.

Verwendet werden:

Carbamate

Bewährt hat sich der Wirkstoff Propoxur, der gegen beißende und saugende Schädlinge eingesetzt wird.

Organische Phosphorsäureester

wie Tetrachlorvinvos und Dimpylat. Diese Stoffe sind Kontaktinsektizide, das bedeutet, daß die Giftwirkung bei den Schädlingen nach Kontakt mit dem Mittel eintritt. Sie wirken auf für die Schädlinge lebenswichtige Nervenübertragungen und Enzyme, was hauptsächlich durch Atemlähmung zum Tod von Flöhen, Läusen und Zecken führt. Üblicherweise sind solche Wirkstoffe wasserempfindlich, denn bei Feuchtigkeit werden sie in ungiftige Phosphate abgebaut und somit wirkungslos.

Pyrethrum-Präparate

wie Pyrethrum und Tetrametrin. Die Pyrethrine sind die Inhaltsstoffe von Pyrethrum, einem Extrakt aus Blüten verschiedener Chrysanthemenarten. Sie wirken als Fraß- und Kontaktgifte bei den Schädlingen. Die Giftigkeit für Mensch und Tier ist gering, allerdings kann es bei Personen, die zu Allergien neigen, nach wiederholtem Kontakt mit diesen Mitteln zu Hauterkrankungen und Asthmaanfällen kommen. Tetrametrin ist ebenfalls ein Insektizid und chemisch mit den Pyrethrinen verwandt. Die Wirkung dieser Stoffe kann durch Synergisten erhöht werden. Darunter versteht man Stoffe, die selbst keine insektizide Wirkung haben, aber die Wirkung anderer Insektizide erhöhen. Der bekannteste Synergist ist hier Piperonylbutoxid.

Merke: Ungeziefer-Halsbänder sind Arzneimittel und enthalten hochwirksame Wirkstoffe, die besonders für kleine Kinder gefährlich sein können. Hautkontakt ist daher zu vermeiden. Nach Berührung der Tiere müssen die Hände sorgfältig gewaschen werden.

Präparatebeispiele

Propoxur enthalten Mittel der Bolfo-Reihe, wie Shampoo für Hunde, Puder für Hunde und Katzen, Flohschutzband für Hunde.

Dimpylat enthalten Mittel der Gimborn-Reihe, wie Ungezieferhalsband für Hunde oder Katzen, Gimpet Ungezieferhalsband für Katzen.

Tetrametrin enthält Gimpet Ungeziefer-Spray für Katzen.

Tetrachlorvinvos enthalten Beaphar Zeckenflohbänder für Hunde oder Katzen.

Pyrethrum enthält als Extrakt Ipevet Ungezieferpuder (zusammen mit Piperonylbutoxid) und Beaphar Ungezieferpuder für Kleinnager.

23. Zahnersatzhaftmittel

Zahnersatzhaftmittel dürfen aus rechtlichen Gründen bis Mitte 1998 entweder als Arzneimittel oder als Medizinprodukte, ab diesem Zeitpunkt nur noch als Medizinprodukte, in den Verkehr kommen. Sie sind dazu bestimmt, durch Haftung, also rein physikalisch und nicht aufgrund einer chemischen Reaktion, zu wirken, um so die Kaufunktion bei Zahnprothesenträgern zu erhalten.

Die Umstellung vom Arzneimittel zum Medizinprodukt ist für den Kunden unerheblich, an der Anwendung und Qualität ändert sich nichts. Zahnersatzhaftmittel als Arzneimittel sind nach dem Arzneimittelgesetz nicht apothekenpflichtig und auch ohne Sachkenntnisnachweis handelbar. Kommen die Zahnersatzhaftmittel als Medizinprodukte in den Verkehr, unterliegen sie nicht dem Arzneimittelgesetz, sondern dem Medizinproduktegesetz. Sie erkennen das an der Kennzeichnung: Es sind dann z. B. nicht mehr zwingend die wirksamen Bestandteile nach der Art und der Menge zu deklarieren, und die Packungen haben das CE-Zeichen aufgedruckt. Sie unterliegen als Medizinprodukte nicht der Apothekenpflicht. Kenntnisse über das Medizinproduktegesetz sind zur Erlangung der Sachkenntnis nach § 50 AMG bislang nicht vorgeschrieben.

Etwa jeder vierte Bundesbürger trägt eine Zahnprothese, sei es eine Teilprothese oder eine Vollprothese. Durch die anatonomischen Gegebenheiten bereiten besonders Unterkieferprothesen Schwierigkeiten bei der Haftung.

Die natürliche Haftung ist ein Zusammenspiel vieler Faktoren, die zu einem Vakuum zwischen Prothese und Kiefer führen. Entscheidend hierfür ist ausreichend nicht zu dünnflüssiger Speichel, dessen Zähigkeit von vielen Einflüssen bestimmt wird. Hier helfen Haftmittel, die für eine anhaltende gute Haftung der Prothese sorgen, indem sie mit dem Speichel quellen und auf der Prothese einen dünnen, elastischen Film bilden, der die Haftung hervorruft.

Die Anforderungen sind hoch: Sie sollen geschmacksneutral sein, möglichst lange wirken, die Mundschleimhaut nicht reizen, ungefährlich sein und das Prothesenmaterial nicht angreifen.

Als haftvermittelnde Substanzen werden verwendet:

Alginate
Traganth
Carboxymethylcellulose (= Carmellose)
Verschiedene chemische Polymerbildner.

Diese Stoffe werden häufig in wasserlöslichen Grundlagen von Haftcremen oder -pulvern vorgefunden. Konservierungsmittel zur Vermeidung bakteriellen Befalls, Farbstoffe oder Geschmackskorrigentien können mit enthalten sein.

Ein Haftmittel kann empfohlen werden

- wenn die Selbsthaftung der Prothese aufgrund schwieriger Kieferverhältnisse nicht ausreicht
- wenn „der Kiefer noch arbeitet“, sich die Kieferkämme rückbilden, was bei Zahnextraktionen der Fall ist
- wenn Druckstellen und Entzündungen den Tragekomfort beeinträchtigen
- wenn Unsicherheit beim Essen und Sprechen besteht, was besonders bei Prothesenneulingen vorkommt.

Hier muß erwähnt werden, daß Zahnprothesenhaftmittel unbedenklich auch langfristig angewendet werden können. Welches Haftmittel nun das geeignetste ist, muß jeder selbst herausfinden. Bei geringem Speichelfluß empfiehlt sich die Verwendung pastös-flüssiger Produkte, während bei starkem Speichelfluß oder viel dünnflüssigem Speichel ein Haftpulver meist besser ist.

Die Verwender sollen jedoch gegebenenfalls darauf aufmerksam gemacht werden, daß die Gebrauchsanweisungen auch bei angeblichen Mängeln in der Haftung einzuhalten sind, damit sich der erforderliche dünne Film zwischen Prothese und Kiefer ausbilden kann. Sonst könnten sich Druckstellen bilden. Viel hilft also auch hier nicht immer viel.

Präparatebeispiele

Die genannten haftvermittelnden Substanzen sind in den einschlägigen Mitteln, wie Cedenta, Blendadent, Kukident, Protefix oder Corega enthalten. Sie kommen flüssig, als Haftcreme oder Haftpulver in den Verkehr.

24. Bäder

Das „normale“ Schaumbad oder Reinigungsbad ist kosmetisches Erzeugnis und unterliegt dem Lebensmittelrecht. Es gibt aber auch Zubereitungen zur Herstellung von Bädern, die mit arzneilichen Anwendungsgebieten in den Verkehr gebracht werden. Diese sind dann, wegen der Zweckbestimmung, Krankheiten zu heilen oder zu lindern, Arzneimittel und aufgrund § 44 Abs. 2 AMG freiverkäuflich.

Bäder können durchaus andere vorbeugende Maßnahmen unterstützen oder bei Krankheiten mithelfen, wieder gesund zu werden. Hauptsächlich gibt es zwei Angriffsorte: die Haut oder aber die Lunge. Hierbei werden die Inhaltsstoffe des Bades, die flüchtig sind, d. h. riechen, mit der Atemluft aufgenommen und gelangen so, wenn auch in geringen Mengen, ins Blut und entfalten im Körper ihre Wirkung.

Verwendet werden:

Ätherische Öle

wie Eucalyptusblätteröl, Fichtennadelöl, Latschenkieferöl, mit anregender Wirkung und angenehmem Effekt bei banalen Infektionen, Rosmarinöl wirkt eher beruhigend.

Durchblutungsfördernde Stoffe

wie Salicylate, die, wenn sie Kontakt mit der Haut haben, die Durchblutung fördern, weiterhin Kampfer und Menthol, die anfänglich eher ein schwaches Wärmegefühl hervorrufen, aber in der Atemluft „befreiend“ wirken können.

Präparatebeispiele

Klosterfrau Erkältung Medizinalbad Konzentrat	Eucalyptusöl
Kneipp Erkältungsbad spezial	Eucalyptusöl, Kampfer
Kneipp Melisse Ölbad	Spezialauszug aus Melissenblättern
Knufinke Medizinal Entspannungsbad	Lavendelöl, Linalool
tetesept Beruhigungsbad	Indisches Melissenöl, Rosmarinöl, Lavendelöl, Fichtennadelöl u. a.
tetesept Erkältungsbad	Ätherisches Öl aus Rosmarinblättern, Eucalyptusblättern, Kiefernnadeln, Thymianblättern, gereinigtem Terpentinöl, Kampfer
tetesept Rheumabad	Kampfer, Methylnicotinat, ätherische Öle aus Rosmarinblättern, Eucalyptusblättern, 2-Hydroxyethyl-salicylat

25. Verschiedenes

In den vorangegangenen Kapiteln des Teils II konnte sowohl bei den Arzneimittelgruppen, noch mehr aber bei den Präparatebeispielen nur eine beschränkte Auswahl des doch sehr großen Marktes der freiverkäuflichen Arzneimittel berücksichtigt werden. So wird man in mehr spezialisierten Geschäften (z. B. Reformhäusern) in der Regel ein anderes und auch größeres Arzneimittelsortiment vorfinden als etwa in der Drogerieabteilung einer Lebensmittelkette. Auch bestehen teilweise Vertriebsbindungen, d. h. ein Arzneimittel ist z. B. nur im Reformhaus zu haben.

In diesem Kapitel sollen nun noch einige Arzneimittel und Anwendungsgebiete kurz besprochen werden, die bisher nicht erwähnt wurden.

Die Auswahl der Präparatebeispiele ist, wie gehabt, willkürlich und nur beispielhaft. Oft sind die Arzneimittel standardzugelassen.

Fieberhafte Erkältungskrankheiten

Besonders in der kalten Jahreszeit treten häufig fieberhafte Erkältungskrankheiten mit den klassischen Symptomen Husten, Fieber, Heiserkeit auf. Meist sind Viren die Auslöser solcher Infekte. Auch die hierfür angepriesenen Arzneimittel aus der Apotheke wirken nicht ursächlich, sondern bekämpfen nur die Symptome.

Gegen das Fieber gibt es bewährte „Hausmittel“, wie die Wadenwickel. Bewährt haben sich auch schweißtreibende und das Fieber mild lindernde Tees sowie die Sonnenhutwurzel (Echinacea radix), die besonders zur Vorbeugung genommen wird und die Abwehrkräfte des Körpers steigert.

Bei länger dauerndem oder hohem Fieber sowie bei ausgeprägtem Krankheitsgefühl ist ein Arzt zu Rate zu ziehen.

Verwendet werden:

Holunderblüten, Lindenblüten, Mädesüßblüten, Inhalate aus ätherischen Ölen (z. B. Eucalyptusöl), bei Schnupfen Nasensalben mit Menthol, Kampfer und ätherischen Ölen.

Immunstimulanzien

Solche Mittel sollen die körperliche Abwehr von Krankheitserregern anregen mit dem Ziel, z. B. Erkältungskrankheiten wirksam vorzubeugen oder, wenn man an einer solchen bereits erkrankt ist, deren Verlauf zeitlich zu verkürzen. Üblicherweise sind Infektionserreger Viren, Bakterien, Pilze, Toxine, Zerfallsprodukte oder andere Fremdstoffe. Einen Schutz davor muß der Organismus selbst aufbauen; wir nennen diesen Immunabwehr. Mittel, die das Immunsystem anregen und stärken, heißen Immunstimulanzien.

In den freiverkäuflichen Arzneimitteln sind überwiegend pflanzliche Immunstimulanzien enthalten. Hier finden insbesondere Echinacea-Präparate Anwendung. Der Name leitet sich vom griechischen Wort „echinos“ (Igel) ab, da die Fruchtböden der Pflanze stachelig sind.

Die Pflanze Echinacea purpurea heißt deutsch Purpursonnenhut. Man verwendet sowohl das Kraut als auch, jedoch seltener, die Wurzeln. Purpursonnenhut-

kraut (als Extrakt oder Preßsaft) dient zur untersützenden Behandlung von Infekten im Bereich der Atemwege und der ableitenden Harnwege. Nach 5–6 Tagen Einnahme sollte man bei einer Therapiedauer von etwa 4 Wochen 3 Tage Pause einlegen. Die Wirkung beruht hauptsächlich auf einer gesteigerten Anzahl weißer Blutkörperchen („Blutpolizei"), verbunden mit einer Unschädlichmachung von Krankheitserregern.

Purpursonnenhut**wurzeln**, die andere Stoffe enthalten als das Kraut, gelten als nicht so wirksam. Zur unterstützenden Therapie grippeartiger Infekte hat sich aber die Wurzel einer botanisch anderen Art, nämlich von Echinacea pallida, bewährt.

Zur Immunstärkung wird auch Vitamin C (Ascorbinsäure) empfohlen, teilweise kombiniert mit anderen Vitaminen.

Verwendet werden:

Echinacea purpurea und Echinacea pallida, Vitamin C und andere Vitamine.

Schmerzen

Schmerzen sind ein Ausdruck des sogenannten protektiven Systems, d.h. eine Reaktion des Körpers im Sinne eines Schutzmechanismus, um auf Beeinträchtigungen oder Schäden aufmerksam zu machen.

Vielfach sind die Ursachen – vor allem bei Kopfschmerzen – nicht oder sehr schwer auszumachen. Schmerzmittel mit chemischen Wirkstoffen sind nicht immer ohne Probleme. Alternativ kann man es mit dem Betupfen der Stirn mit Pfefferminzöl oder mit einem Mentholstift versuchen.

Tabletten mit Weidenrinde sind als pflanzliche Schmerzmittel im Handel. In der Weidenrinde ist Saligenin enthalten, das im Körper zu wirksamen Verbindungen umgewandelt wird. Weidenrinde hat auch eine leicht fiebersenkende und entzündungshemmende Wirkung.

Verwendet werden:

Japanisches Pfefferminzöl, Mentholstifte, Weidenrinde-Tabletten.

Durchfallerkrankungen

Durchfälle können vielfältige Ursachen haben, von harmlosen bis zu lebensgefährlichen. In einfachen Fällen sollte einen Tag lang nichts gegessen, sondern nur schwarzer Tee getrunken werden (gut ziehen lassen!). Man kann mit leicht adstringierenden, also eiweißfällenden Gerbstoffen (z.B. in Tee und Rotwein) und einer Ernährung, die dem Darm wenig Verdauungsarbeit abverlangt, in der Regel viel erreichen.

Als Arzneimittel werden Tees verwendet, die Gerbsäure enthalten oder mit anderen Mechanismen unterstützend helfen können. Gut bewährt haben sich auch Arzneimittel, die durch ein großes Bindungsvermögen (Adsorption) Bakterien oder „Schadstoffe" im Darm festhalten können. Auf diese Weise wirken medizinische Kohle und Heilerde mit besonders großer Oberfläche.

Vorsicht: durch den Flüssigkeitsverlust bei Durchfällen, der immer auch mit Salzverlusten einhergeht, kann es zu schweren Schäden kommen! Daher besser frühzeitig zum Arzt gehen. Dies ist besonders bei kleinen Kindern dringend anzuraten.

Verwendet werden:

Heidelbeeren, Brombeerblätter, Frauenmantelkraut, Heilerde ultra.

Venenmittel

Die Venen sind die Blutgefäße, die das sauerstoffarme Blut zum Herzen leiten. Störungen im venösen Blutkreislauf sind häufig im Bereich der unteren Extremitäten (z.B. Wadenbereich) anzutreffen. Hierzu gehören Krampfaderleiden. Hierbei handelt es sich um Venenerweiterungen aufgrund schlaffer Venenwände, die das Blut nicht mehr ausreichend kräftig nach oben strömen lassen. In den Venen selbst befinden sich Klappen, die gewährleisten, daß das nach oben strömende Blut zügig nur herzwärts strömt. Bei ausgedehnten Veränderungen der Venen kommt ein Schwere- und Spannungsgefühl auf, bei Krampfadern auch ein unangenehmes Kribbeln.

Als klassisches pflanzliches Mittel dienen hier Roßkastaniensamen. Der Hauptinhaltsstoff ist das Aescin, das gefäßabdichtend wirkt und bei – meist chronisch anzutreffenden – Venenerkrankungen das Schwere- und Spannungsgefühl in den Beinen verbessert. Zusätzlich lassen auch Schmerzen nach und Schwellungen gehen zurück. Die Arzneitherapie ersetzt nicht andere unterstützende Behandlungsmaßnahmen, wie Wickeln der Beine, Tragen von Stützstrümpfen oder kalte Wassergüsse.

Verwendet werden:

Roßkastanien und deren Extrakte, Aescin.

Teil III

Rechtliche Grundlagen

Rechtsvorschriften mit Erläuterungen

Von Dr. Werner Fresenius, Wiesbaden

A Arzneimittelgesetz

Einleitung

Seit dem 1. 1. 1978 wurde der Verkehr mit Arzneimitteln durch das „Gesetz zur Neuordnung des Arzneimittelrechts“ vom 24. 8. 1976 geregelt.

Nachdem es zwischenzeitlich durch fünf Änderungsgesetze mit unterschiedlichen Schwerpunkten ergänzt wurde, ist eine Neufassung des Gesetzes über den Verkehr mit Arzneimitteln bekannt gemacht worden. Diese Fassung ist vom 19. Oktober 1994 (Bundesgesetzblatt I, S. 3018). Sie wurde zwischenzeitlich durch eine Änderung vom 20. Dezember 1996 ergänzt (Bundesgesetzblatt I, S. 2084).

Das Gesetz umfaßt 132 Paragraphen, die in 18 Abschnitte gegliedert sind:

- Zweck des Gesetzes und Begriffsbestimmungen (§ 1–§ 4)
- Anforderung an die Arzneimittel (§ 5–§ 12)
- Herstellung von Arzneimitteln (§ 13–§ 20)
- Zulassung der Arzneimittel (§ 21–§ 37)
- Registrierung homöopathischer Arzneimittel (§ 38–§ 39)
- Schutz der Menschen bei der klinischen Prüfung (§ 40–§ 42)
- Abgabe von Arzneimitteln (§ 43–§ 53)
- Sicherung und Kontrolle der Qualität (§ 54–§ 55 a)
- Sondervorschriften für Arzneimittel, die zur Anwendung bei Tieren bestimmt sind (§ 56–§ 61)
- Beobachtung, Sammlung und Auswertung von Arzneimittelrisiken (§ 62–§ 63 a)
- Überwachung (§ 64–§ 69)
- Sondervorschriften für Bundeswehr, Bundesgrenzschutz, Bereitschaftspolizei, Zivilschutz (§ 70–§ 71)
- Einfuhr und Ausfuhr (§ 72–§ 74)
- Informationsbeauftragter, Pharmaberater (§ 74 a–§ 76)
- Bestimmung der zuständigen Bundesoberbehörden und sonstige Bestimmungen (§ 77–§ 83)
- Haftung für Arzneimittelschäden (§ 84–§ 94 a)
- Straf- und Bußgeldvorschriften (§ 95–§ 98)
- Überleitungs- und Übergangsvorschriften (§ 99–§ 132).

Ein Hauptziel des Arzneimittelgesetzes und seiner Änderungen ist die Verbesserung der Arzneimittelsicherheit, wobei der Sicherung der Qualität, Wirksamkeit und Unbedenklichkeit der Arzneimittel das Hauptgewicht eingeräumt wird.

Daß die Arzneimittelsicherheit nicht absolut sein kann, muß bei der Erörterung der Vorschriften immer mitbedacht werden. Arzneimittelsicherheit ist keine festgeschriebene Größe, sondern ein Ziel, das sich für ein bestimmtes Arzneimittel oder für bestimmte Arzneimittelgruppen an den jeweiligen Erkenntnissen der Wissenschaft orientieren muß. Über Arzneimittel, die vor wenigen Jahren noch als sicher galten, können heute, bedingt durch neue Erkenntnisse der Wissenschaft, Forschung und praktischen Therapie, Umstände vorliegen, die es erforderlich machen, den bisherigen Arzneimitteln im Interesse der – heutigen – Arzneimittelsicherheit eine besonders intensive Beobachtung zuteil werden zu lassen oder deren Inverkehrbringen sogar zu untersagen.

Das Arzneimittelgesetz enthält, um das vorgegebene Ziel zu erreichen, insbesondere folgende Regelungen.

- Die Zulassungspflicht für Fertigarzneimittel, die u. a. auch den Nachweis der therapeutischen Wirksamkeit erforderlich macht
- je eine qualifizierte Person für die Herstellung von Arzneimitteln (Herstellungsleiter) und die Kontrolle der hergestellten Arzneimittel (Kontrolleiter)
- Benennung eines Vertriebsleiters mit Verantwortung für den Vertrieb der Arzneimittel sowie für die Einhaltung der Vorschriften des Heilmittelwerbegesetzes
- Verbesserung der Patienten- und Ärzteinformationen durch eine Packungsbeilage (Gebrauchsinformation) und eine Fachinformation
- Benennung eines verantwortlichen Informationsbeauftragten durch pharmazeutische Unternehmer
- eine durch das Bundesinstitut für Arzneimittel und Medizinprodukte in Berlin koordinierte Erfassung von Arzneimittelrisiken gemäß Stufenplan
- Benennung eines verantwortlichen Stufenplanbeauftragten durch pharmazeutische Unternehmer
- Sondervorschrift für Arzneimittel, die zur Anwendung bei Tieren bestimmt sind, die der menschlichen Ernährung dienen
- Schutz des Menschen bei der klinischen Prüfung von Arzneimitteln
- Entschädigung für Arzneimittelschäden durch den pharmazeutischen Unternehmer
- Spezieller Sachkundenachweis für den Einzelhandel mit freiverkäuflichen Arzneimitteln außerhalb der Apotheken

1. Der Arzneimittelbegriff

Die Definition des „Arzneimittels“ in § 2 steht unter zwei Gesichtspunkten:

1. Welche Substanzen und Materialien können ein Arzneimittel sein?
2. Zu welchen Zwecken muß die Substanz oder das Material objektiv bestimmt sein, um ein Arzneimittel zu sein?

Materiell ist das Arzneimittel zunächst abstrakt als Stoff oder Zubereitung eines Stoffes beschrieben. Unter Stoffen (§ 3) versteht das Gesetz eine Vielzahl von Substanzen und Materialien.

Dies sind:

1. Chemische Elemente und chemische Verbindungen sowie deren natürlich vorkommende Gemische und Lösungen;
2. Pflanzen, Pflanzenteile und Pflanzenbestandteile in bearbeitetem oder unbearbeitetem Zustand;
3. Tierkörper, auch lebende Tiere sowie Körperteile, -bestandteile und Stoffwechselprodukte von Mensch oder Tier in bearbeitetem oder unbearbeitetem Zustand;
4. Mikroorganismen einschließlich Viren sowie deren Bestandteile oder Stoffwechselprodukte.

Konkret ist hierunter beispielhaft folgendes zu verstehen:

Zu 1. Schwefel, Jod (chemische Elemente), Bittersalz, Glaubersalz, Magnesiumtrisilicat, Natriumhydrogencarbonat, Alkohol (chemische Verbindungen), Kalk, Heilerde, Heilschlamm, Karlsbader Salz, Emser Salz (natürlich vorkommende Gemische), Heilwässer, Solen (Lösungen).

Zu 2. Neben ganzen Pflanzen auch Pflanzenteile wie Blätter (von Birken, Malven, Mate, Melisse, Pfefferminze, Salbei),
Wurzeln (von Baldrian, Eibisch, Enzian, Liebstöckel, Süßholz),
Früchte (Anis, Feigen, Fenchel, Hagebutten, Heidelbeeren, Koriander, Kreuzdornbeeren, Kümmel, Tamarindenfrüchte, Wacholderbeeren),
Blüten (von Arnika, Holunder, Kamille, Linden, Schlehdorn),
Zapfen (von Hopfen),
Kraut (von Brennessel, Gänsefinger, Löwenzahn, Majoran, Wermut),
Wurzelstöcke (von Ingwer, Rhabarber, Zichorie),
Rinde (von Faulbaum, Hamamelis, Kondurango, Weide),
Holz (von Wacholder),
Samen (von Lein) und
Pflanzenbestandteile, wie ätherische Öle, fette Öle, Bitterstoffe, Alkaloide u. a.

Zu 3. Blutegel, Kröten zum Schwangerschaftstest (lebende Tiere).
Ameisen, Canthariden, Schnecken (Tierkörper),
Organe, Blut (Körperteile des Menschen),
Schafsdarm (Körperteile von Tieren),
Lebertran, Schmalz (Bestandteile von Tieren),
Molke, Verdauungsfermente (Stoffwechselprodukte von Tieren).

Zu 4. Bakterien (Mikroorganismen), Antibiotika (Stoffwechselprodukte von Mikroorganismen).

Die o. a. Aufzählung erfaßt nicht nur die unbearbeitete Form des Stoffes, d. h. den ursprünglichen Zustand. Sie bezieht auch die bearbeiteten Stoffe sowie die Zubereitungen der Stoffe mit ein.

Während die Bearbeitung eines Stoffes, z. B. einer Pflanze, deren Stoffcharakter erhält, bedeutet die Zubereitung eines Stoffes eine maßgebliche Änderung, bei der der Stoffcharakter – im Sinne des Arzneimittelgesetzes – verloren geht.

Unter einer Bearbeitung versteht man z. B. das Trocknen, Zerkleinern, Schneiden, Pulverisieren oder auch Pressen eines Stoffes, etwa das Herstellen von Tabletten aus einer Pflanzendroge, allein durch mechanische Bearbeitung ohne jeglichen Zusatz anderer Stoffe.

Wird eine Pflanzensorte dagegen mit anderen Stoffen gemischt, etwa Tablettierhilfsstoffen, so liegt danach bereits eine Zubereitung vor, was selbstverständlich auch für die daraus hergestellten Tabletten gilt.

So führt auch die Herstellung von Gemischen oder Lösungen zu Zubereitungen, d. h., Gemische oder Lösungen sind – soweit sie nicht natürlich vorkommen – keine Stoffe mehr.

Die im Gesetz definierten Stoffe müssen von sich aus noch keine Arzneimittel sein. Sie werden dies erst durch ihre Zweckbestimmung. Die Zweckbestimmung muß objektiv sein, d. h. dem Stoff – oder der Zubereitung des Stoffes – muß durch seine Eigenschaften eine der im folgenden beschriebenen Zweckbestimmungen zukommen.

Um Arzneimittel zu sein, müssen Stoffe oder ihre Zubereitungen zur Anwendung am oder im menschlichen oder tierischen Körper bestimmt sein (§ 2 Abs. 1).

Da aber z. B. auch Lebensmittel diese Zweckbestimmung beim Menschen bzw. das Futtermittel beim Tier erfüllen, wird der Anwendungszweck des Stoffes als Arzneimittel weiter konkretisiert (§ 2 Abs. 1 Nr. 1–5):

Er muß zur Heilung oder Linderung (Heilmittel), zur Verhütung (Vorbeugungsmittel) oder zur Erkennung (Diagnostikum) von Krankheiten, Leiden, Körperschäden oder krankhaften Beschwerden bestimmt sein.

Weitere Bestimmungszwecke sind z. B. die Beseitigung von Krankheitserregern (Desinfektionsmittel), die Abwehr von Parasiten (z. B. Mittel gegen Stechmücken) oder die Erkennung des Körperzustandes und der Körperfunktion (z. B. Röntgenkontrastmittel).

Neben den Stoffen und Zubereitungen aus Stoffen, die Arzneimittel im Sinne des Gesetzes sind, gibt es auch noch sogenannte „fiktive“ Arzneimittel (§ 2 Abs. 2). Diese sind ebenfalls zu den obengenannten Zwecken bestimmt, jedoch handelt es sich hierbei nicht nur um reine Stoffe oder Zubereitungen aus Stoffen, sondern im wesentlichen um Gegenstände (§ 2 Abs. 2 Nr. 1). Sie gelten als Arzneimittel.

Arzneimittelhaltige Gegenstände sind z. B. Alkohol-Tupfer zum Desinfizieren der Haut, Rheumapflaster, Nicotinpflaster, Kompressen mit Heilsalbenauflage sowie Hundehalsbänder oder Katzenhalsbänder, soweit sie Ungezieferbefall beseitigen oder verhüten sollen.

Des weiteren gehören zu der Gruppe, die als Arzneimittel gelten, noch sog. Labordiagnostika (§ 2 Abs. 2 Nr. 4 a), die nicht am menschlichen oder tierischen Körper angewandt werden (z. B. Diabetes-Teststäbchen), Grob- oder Flächendesinfektionsmittel (§ 2 Abs. 2 Nr. 4 b), die zur Desinfektion von Böden, Wänden (z. B. im Operationssaal) bestimmt sind.

1.1 Abgrenzung Arzneimittelrecht/Lebensmittelrecht – Arzneimittelrecht/Futtermittelrecht

Wie bereits erwähnt, kann ein Stoff oder die Zubereitung eines Stoffes zur Anwendung am Menschen oder Tier auch ein Lebensmittel oder Futtermittel sein. Daher ist ausdrücklich geregelt, daß Lebensmittel, Tabakerzeugnisse und kosmetische Mittel im Sinne des Lebensmittel- und Bedarfsgegenständegesetzes sowie Reinigungs- und Pflegemittel, die ausschließlich äußerlich zur Anwendung am Tier bestimmt sind, keine Arzneimittel sind (§ 2 Abs. 3).

1.1.1 Arzneimittel/Lebensmittel

Der Begriff des Lebensmittels wird in § 1 des Lebensmittel- und Bedarfsgegenständegesetzes definiert, wobei zugleich auch eine Abgrenzung zu den Arzneimitteln vollzogen wird. Danach sind Lebensmittel solche Stoffe, die dazu bestimmt sind, in unverändertem, zubereitetem oder verarbeitetem Zustand von Menschen verzehrt – Verzehren ist das Essen, Kauen, Trinken sowie jede sonstige Zufuhr (z. B. Sondenernährung) von Stoffen in den Magen – zu werden; ausgenommen sind Stoffe, die überwiegend dazu bestimmt sind, zu anderen Zwecken als zur Ernährung oder zum Genuß verzehrt zu werden.

Im Umkehrschluß ergibt sich also, daß zum Verzehr bestimmte Stoffe, die eine überwiegend arzneiliche, z. B. krankheitsheilende, Zweckbestimmung haben, definitionsgemäß Arzeimittel sind.

1.1.2 Arzneimittel/Kosmetikum

Entsprechendes gilt für kosmetische Mittel, die gemäß § 4 LMBG dazu bestimmt sein müssen, äußerlich am Menschen oder in seiner Mundhöhle zur Reinigung, Pflege oder Beeinflussung des Aussehens oder des Körpergeruchs oder zur Vermittlung von Geruchseindrücken angewendet zu werden. Krankheitsvorbeugende Aussagen sind zulässig. Die Produkte sind jedoch Arzneimittel, wenn sie überwiegend zur Linderung oder Beseitigung von Krankheiten, Leiden, Körperschäden oder krankhaften Beschwerden bestimmt sind (Heilmittel).

Da kosmetische Mittel nur solche sein können, die zur äußeren Anwendung bestimmt sind, sind z. B. sogenannte Schönheitsdragees, die „Schönheit von innen heraus erzeugen“ sollen, Arzneimittel.

Ebenfalls Arzneimittel sind z. B. Präparate zur Beeinflussung der Körperform (z. B. Büstenformmittel, Entfettungsmittel).

Dagegen gehören zu den kosmetischen Mitteln z. B. solche Präparate, die zur Reinigung oder Pflege der Zähne oder Mundhöhle bestimmt sind, also Zahnpasten oder Mundwässer.

Zahnpasten bleiben auch dann kosmetische Mittel, wenn sie z. B. zur Verhütung von Zahnfleischbluten und Paradontose bestimmt sind. Ebenfalls kosmetische Mittel sind Badezusätze (z. B. Schaumbäder) oder Duschgels, Körperlotionen, Hautcremes, Lippenstifte, Lidschatten u. a.

1.1.3 Arzneimittel/Tabakerzeugnis

Auch bei den Tabakerzeugnissen ist in § 3 LMBG eine Ausnahme hinsichtlich der Asthmazigaretten getroffen, die unter das Arzneimittelrecht fallen.

1.1.4 Arzneimittel/Diätetikum/ Nahrungsergänzungsmittel

Erwähnt werden müssen bei der Gruppe der Lebensmittel noch die „diätetischen Lebensmittel“. Sie dienen besonderen Ernährungserfordernissen, die z. B. durch Krankheiten, Funktionsanomalien, Überempfindlichkeit oder während der Schwangerschaft erforderlich werden können. Wichtig ist bei den diätetischen Lebensmitteln, daß sie zwar auch bei bestimmten Krankheiten zur Anwendung am Menschen bestimmt sind, jedoch mindestens überwiegend zur Ernährung des Menschen dienen müssen.

In der Praxis fällt es bei einer Vielzahl von Präparaten sehr schwer, sie entweder den Arzneimitteln oder den Lebensmitteln zuzuordnen. Dies beruht weitgehend darauf, daß diese Präparategruppe in ihrer Zweckbestimmung, die meist subjektiv vom Hersteller festgelegt wird, häufig unklare Aussagen erhält. Es ist daher für den Einzelhändler außerhalb der Apotheke in jedem Fall empfehlenswert, sich möglichst vor dem Einkauf darüber zu vergewissern, ob er z. B. ein Arzneimittel angeboten bekommt, da gerade hiermit eine Reihe von Verpflichtungen nach dem Arzneimittelgesetz verbunden sind. In Zweifelsfällen kann sich der Einzelhändler an seine – nach dem Arzneimittelgesetz – zuständige Aufsichtsbehörde wenden oder sich eine Bescheinigung der für den Hersteller zuständigen Aufsichtsbehörde vorlegen lassen. Entsprechendes gilt für Nahrungsergänzungsmittel, die Ernährungsdefizite (Vitamine, Mineralstoffe) ausgleichen sollen, aber häufig auch mit krankheitsvorbeugenden Aussagen angeboten werden, was in der Praxis immer wieder zu Abgrenzungsschwierigkeiten führt.

1.1.5 Arzneimittel/Futtermittel

Ebenfalls keine Arzneimittel sind Futtermittel. Unter Futtermitteln werden nach § 2 des Futtermittelgesetzes Stoffe verstanden, die einzeln oder in Mischungen, bearbeitet oder unbearbeitet an Tiere verfüttert werden sollen. Futtermittel liegen dann nicht mehr vor, wenn die Stoffe überwiegend dazu bestimmt sind, zu anderen Zwecken als zur Tierernährung verfüttert zu werden. Hierzu gehören z. B. Vitaminkonzentrate, soweit sie zur Vorbeugung von Krankheiten bei Tieren bestimmt sind. Sie werden überwiegend nicht zur Tierernährung verfüttert und sind daher Arzneimittel.

1.2 Medizinprodukte

Regelungen über Medizinprodukte trifft das Medizinproduktegesetz, das am 1. Januar 1995 in Kraft getreten ist. Ab diesem Zeitpunkt sind mit Übergangsregelungen die arzneimittelrechtlichen Bestimmungen für eine Reihe fiktiver Arzneimittel zur Anwendung bei Menschen (s. S. 158; Implantate, sterile ärztliche oder zahnärztliche Instrumente zum Einmalgebrauch, Pflaster, Brandbinden, Verbandstoffe – auch flüssige – und chirurgisches Nahtmaterial) aufgehoben.

Grundlagen des Gesetzes sind u. a. die EG-Richtlinien über aktive implantierbare medizinische Geräte (90/385/EWG vom 20. Juni 1990) sowie über Medizinprodukte (93/42/EWG vom 14. Juni 1993). Das Gesetz hat den Zweck, den Verkehr mit Medizinprodukten zu regeln und dadurch für die Sicherheit, Eignung und Leistung der Medizinprodukte sowie die Gesundheit und den erforderlichen Schutz der Patienten, Anwender und Dritter zu sorgen. Es gilt für das Herstellen, das Inverkehrbringen, das Inbetriebnehmen, das Ausstellen, das Errichten, das Betreiben und das Anwenden von Medizinprodukten sowie deren Zubehör. Zubehör wird als Medizinprodukt behandelt.

Medizinprodukte sind Instrumente, Apparate und andere Gegenstände, aber auch Stoffe und Zubereitungen aus Stoffen (z. B. Zahnfüllungswerkstoffe), die vom Hersteller zur Anwendung für Menschen mittels ihrer Funktionen zur

- Erkennung, Verhütung, Überwachung, Behandlung oder Linderung von Krankheiten (z. B. Fieberthermometer, Katheter, Laborgeräte, Endoskope),
- Erkennung, Überwachung, Behandlung, Linderung oder Kompensierung von Verletzungen oder Behinderungen (z. B. Verbandmittel, Krankenpflegeartikel, orthopädische Hilfsmittel, OP-Material, Kältekompressen),
- Untersuchung, Ersetzung oder der Veränderung des anatomischen Aufbaus oder eines physiologischen Vorgangs (z. B. Prothesen, Implantate),
- Empfängnisregelung (z. B. Kondome, Pessare, Diaphragma, Spiralen)

bestimmt sind und deren bestimmungsgemäße Hauptwirkung im oder am menschlichen Körper weder durch pharmakologisch oder immunologisch wirkende Mittel noch durch Metabolismus (Abbau im Körper) erreicht wird, deren Wirkungsweise aber durch solche Mittel unterstützt werden kann.

Medizinprodukte sind auch Produkte im vorgenannten Sinn, die einen Stoff oder eine Zubereitung aus Stoffen enthalten oder auf die ein solcher aufgetragen ist, die bei gesonderter Verwendung als Arzneimittel im Sinne des § 2 Abs. 1 (s. S. 157) angesehen werden können und die in Ergänzung zu den Funktionen des Medizinprodukts eine Wirkung auf den Körper entfalten können (z. B. Wundschnellverbände mit arzneilichen Zusätzen, antibiotikahaltige Knochenersatzteile, heparinbeschichtete Katheter).

Zubehör für Medizinprodukte sind Gegenstände, Stoffe, Zubereitungen aus Stoffen, sowie Software, die selbst keine Medizinprodukte im oben beschriebenen Sinn sind, aber vom Hersteller dazu bestimmt sind

- mit einem Medizinprodukt verwendet zu werden, damit dieses entsprechend der von ihm festgelegten Zweckbestimmung des Medizinproduktes angewendet werden kann, oder
- die für das Medizinprodukt festgelegte Zweckbestimmung zu unterstützen (Beispiele für Medizinprodukte und Zubehör: Katheter und Führungsdrähte, Monitor und Elektrode, Ultraschallscanner und Gel, Kontaktlinse und Kontaktlinsenlösungen, sterilisierbares Medizinprodukt und Sterilisator, Zahnersatz und Reinigungsmittel hierfür).

Medizinprodukte und Zubehör unterliegen einer Klassifizierung. Die Zuordnung zu einer bestimmten Klasse (I, IIa, IIb oder III) hängt von dem jeweiligen Gefährdungspotential, vom Anwendungsort und der Anwendungsdauer, z. B. im oder am menschlichen Körper ab.

Klasse I: Medizinprodukte mit geringem Gefährdungspotential (z. B. Tupfer, Fixierbinden, OP-Bekleidung, Krankenpflegeartikel, orthopädische Hilfsmittel).

Klasse IIa: Medizinprodukte mit mittlerem Gefährdungspotential (z. B. Katheter, invasive Produkte).

Klasse IIb: Medizinprodukte mit erhöhtem Risikopotential (z. B. chirurgisch-invasive Einmalprodukte, Implantate, Blutbeutel, Produkte zur Empfängnisverhütung).

Klasse III: Medizinprodukte mit besonders hohem Risikopotential (z. B. Herzklappen, resorbierbare Implantate).

Medizinprodukte und Zubehör unterliegen einem Konformitätsbewertungsverfahren. Während die Konformitätsbewertung für Medizinprodukte der Klasse I generell unter der alleinigen Verantwortung des Herstellers erfolgt, ist für Medizinprodukte der Klasse IIa die Beteiligung einer benannten Stelle für das Herstellungsstadium und bei Medizinprodukten der Klasse IIb und III zusätzlich für die Auslegung der Produkte verbindlich. Die im Konformitätsbewertungsverfahren festgestellte Übereinstimmung eines Medizinproduktes mit den einschlägigen Richtlinien, die dem Medizinproduktegesetz zugrunde liegen (s. o.), wird durch die Anbringung des CE-Zeichens dokumentiert. Dieses ist Voraussetzung für den freien Verkehr in allen Mitgliedstaaten der EU. Das Konformitätsbewertungsverfahren ist kein staatliches Zulassungs- oder Registrierungsverfahren, wie es für Fertigarzneimittel im Arzneimittelgesetz vorgeschrieben ist (s. 4).

Benannte Stellen sind sachverständige Einrichtungen, die von der Zentralstelle der Länder für Gesundheitsschutz bei Medizinprodukten (ZLG, nichtaktive Medizinprodukte) oder Zentralstelle der Länder für Sicherheitstechnik (ZLS, aktive Medizinprodukte) akkreditiert worden sind.

Medizinprodukte sind im Einzelhandel grundsätzlich nicht apothekenpflichtig, werden aber den apothekenüblichen Waren zugeordnet, d. h., sie dürfen auch in Apotheken an Verbraucher abgegeben werden. Im sonstigen Einzelhandel ist im Gegensatz zu den freiverkäuflichen Arzneimitteln keine besondere Sachkenntnis (s. 6.7) vorgeschrieben. Der Verkehr mit Medizinprodukten unterliegt der behördlichen Aufsicht.

Beispiele für Medizinprodukte:

Arzneimittelwirkstoffe in Verbindung mit Medizinprodukten (heparinbeschichtete Katheter, Knochenzement mit Antibiotika),
Augenklappen,
Bandagen,
Blutbeutel,
Blutschlauchsysteme,
Brustimplantate,
Chirurgische Instrumente,
Chirurgisches Nahtmaterial,
Desinfektionsmittel und Aufbewahrungslösungen für Kontaktlinsen und andere Medizinprodukte,
Elektroden,
Endoskopiegeräte,
Filter,
Fixierhilfen (Fixierbinden, -pflaster),
Hämofilter,
Herzklappen,
Herzschrittmacher,
Implantate (auch wirkstoffbeschichtet oder resorbierbar),
Infusionsgeräte,
Inkontinenzhilfen (Saugeinlagen, Erwachsenenwindeln, Urinkondome),
Instrumente mit Meßfunktion (Fieberthermometer, Blutdruckmeßgeräte, Beatmungsgeräte),
Intraokularlinsen,
Intrauterinpessare (mit und ohne Wirkstoffe),
Kältetherapieprodukte,
Kanülen (zur Einfach- oder Mehranwendung),
Katheter,
Klammern (auch implantierbare),
Knochendrähte und -nägel,
Kompressionsstrümpfe,
Kondome,
Kontaktlinsen,
Magensonden,

Masken (zur Behandlung, Atemschutz),
OP-Handschuhe, -Hauben, -Masken,
Orthopädische Implantate,
Patientenabdeckungen,
Pflaster (zur Fixierung, mit Wundkissen, mit Wirkstoffen, zum Sprühen),
Prothesen (Augen, Brust, Gebiß, Gefäße, Gelenke, Zahnersatz),
Scheren, Schneidesysteme, Skalpelle,
Sonden (Magen, Nase),
Spatel (Mund-, Salbenspatel),
Spritzen,
Stoma-Implantate, Stoma-Systeme,
Transfusionsbestecke und -geräte,
Urinableitungssysteme,
Venenkatheter,
Verbandmittel (Fixierbinden und -pflaster, Bandagen, Stützverbände, Watten für medizinische Zwecke),
Verbandstoffe (Kompressen, Tupfer, Verbandtücher, Wundschnellverbände),
Wärmetherapieprodukte,
Zahnfüllungswerkstoffe (Amalgame, Composits, Inlays),
Zahnspangen,
Zuleitungen zur enteralen Ernährung.

2. Anforderungen an Arzneimittel

Zum Schutz des Verbrauchers sind eine Reihe von Verboten erlassen, deren Nichtbeachtung mit Freiheits- und Geldstrafen geahndet wird.

2.1 Verbot bedenklicher Arzneimittel

Es ist verboten, bedenkliche Arzneimittel (§ 5) in den Verkehr zu bringen, wobei Inverkehrbringen (§ 4 Abs. 17) das Vorrätighalten zum Verkauf oder zur sonstigen Abgabe, das Feilhalten (erkennbar zum Verkauf vorrätighalten), das Feilbieten (z. B. im Rahmen eines Verkaufsgespräches anbieten) und die Abgabe an andere bedeutet.

Bedenklich ist ein Arzneimittel, wenn der begründete Verdacht besteht, daß mit dem bestimmungsgemäßen Gebrauch Risiken verbunden sind, die über ein nach den jeweiligen Erkenntnissen der medizinischen Wissenschaft vertretbares Maß hinausgehen.

Da man heute weiß, daß Risiken auch bei der bestimmungsgemäßen Einnahme eines Arzneimittels nicht auszuschließen sind, andererseits der therapeutische Nutzen eines Arzneimittels so hoch sein kann, daß die mit der Einnahme verbundenen Risiken in Kauf genommen werden müssen, wird bei der Beurteilung der Bedenklichkeit eines Arzneimittels darauf abgestellt, daß bei einer Risiko-Nutzen-Abwägung das mögliche Risiko ein vertretbares Maß nicht überschreiten darf.

Zur Erfassung von Arzneimittelrisiken hat das Bundesministerium für Gesundheit eine Verwaltungsvorschrift (Stufenplan) erlassen. Die zentrale und koordinierende Funktion in diesem Stufenplan ist den Bundesoberbehörden, dem Bundesinstitut für Arzneimittel und Medizinprodukte in Berlin und dem Paul-Ehrlich-Institut in Langen bei Frankfurt (Sera, Impfstoffe, Blutprodukte) zugeordnet (s. 10).

Um eine unmittelbare oder mittelbare Gefährdung der Gesundheit von Mensch und Tier durch Arzneimittel zu verhüten, kann das Bundesministerium für Gesundheit bestimmte Herstellungsverfahren für Arzneimittel vorschreiben, aber generell auch bestimmte Herstellungsverfahren beschränken oder verbieten (§ 6).

2.2 Radioaktive Arzneimittel

Weiterhin ist es verboten, radioaktive Arzneimittel oder Arzneimittel, bei deren Herstellung ionisierende Strahlen verwendet worden sind, in den Verkehr zu bringen. Das Bundesministerium für Gesundheit ist jedoch ermächtigt, hiervon Ausnahmen zuzulassen (§ 7).

Radioaktive Arzneimittel spielen hauptsächlich in der Diagnostik eine Rolle. Sie sind zum Verkauf im Einzelhandel mit freiverkäuflichen Arzneimitteln nicht zugelassen.

2.3 Verbote zum Schutz von Täuschung

2.3.1 Qualitätsminderung

Von großer Bedeutung auch für den Einzelhandel außerhalb der Apotheke ist das Verbot, Arzneimittel herzustellen oder in den Verkehr zu bringen, die durch Abweichung von den anerkannten pharmazeutischen Regeln in ihrer Qualität nicht unerheblich gemindert sind (§ 8 Abs. 1 Nr. 1). Dieses Verbot ist von praktischer Bedeutung, z. B. wenn Arzneimittel durch zu lange oder nicht sachgerechte Lagerung verdorben sind, wenn also bei sonst klaren Tropfen oder Säften Trübungen oder Ausfällungen auftreten, Dragees dekkeln, Tabletten Flecken bekommen oder Teedrogen von Ungeziefer befallen sind. Feststellungen dieser Art sind ein sichtbares Zeichen dafür, daß eine Abweichung von den anerkannten pharmazeutischen Regeln vorliegt und entsprechend eine nicht unerhebliche Qualitätsminderung eingetreten ist.

Die anerkannten pharmazeutischen Regeln über die Qualität, Prüfung, Lagerung, Abgabe und Bezeichnung von Arzneimitteln sind im Arzneibuch (s. 8) zusammengefaßt. Daneben beschreiben z. B. auch die „Grundregeln der Weltgesundheitsorganisation für die Herstellung von Arzneimitteln und die Sicherung ihrer Qualität" sowie eine Empfehlung des Bundesministeriums für Gesundheit für Lagerungshinweise (s. Anhang, Anlage 5) den anerkannten Stand der pharmazeutischen Regeln.

Da von einer Reihe von Arzneimitteln bekannt ist, daß sie im Laufe der Zeit auch bei sachgerechter Lagerung an Qualität verlieren, ist das sogenannte „Verfalldatum" (s. S. 167) vorgesehen. Dieses muß vom pharmazeutischen Unternehmen angegeben werden. Gewißheit über die Haltbarkeit eines Arzneimittels kann durch entsprechende Lagerungsversuche gewonnen werden.

Beachtet der Einzelhändler ein Verfalldatum nicht, hält er also verfallende Arzneimittel vorrätig oder gibt er sie sogar ab, begeht er eine Ordnungswidrigkeit (§ 8 Abs. 2 i. V. mit § 97 Abs. 2 Nr. 1).

2.3.2 Irreführung

Ein für den Schutz des Verbrauchers ebenfalls sehr bedeutsames Verbot besteht darin, Arzneimittel mit irreführenden Bezeichnungen, Angaben oder Aufmachungen zu versehen (§ 8 Abs. 1 Nr. 2). Hierzu gehören vor allem falsche Angaben über die Wirkungsweise, d. h. also, daß Wirkungen versprochen werden, die das Arzneimittel gar nicht hat oder haben kann, daß Heilung in allen Fällen zugesagt wird oder daß ein Arzneimittel als garantiert unschädlich angepriesen wird. Dem Verbot unterliegen auch Angaben, die beim Verbraucher den Eindruck erwecken, er erhalte ein Arzneimittel bestimmter Qualität oder Herkunft; z. B. die Aussage ein Arzneimittel sei Arzneibuchware, obwohl die Arzneibuchqualität nicht vorliegt oder etwa die Anpreisung einer „Korea"-Ginseng-Wurzel, die nicht aus Korea stammt.

Der Einzelhändler kann natürlich nicht in jedem Falle erkennen oder wissen, ob Aussagen über Arzneimittel, die er in den Verkehr bringt, gegen diese Verbote verstoßen. Dies gilt vor allem dann, wenn er Fertigarzneimittel von anderen, z. B. Großhändlern oder pharmazeutischen Unternehmern direkt bezieht. Fertigarzneimittel (§ 4 Abs. 1) sind Arzneimittel, die im voraus hergestellt und in einer zur Abgabe an den Verbraucher bestimmten Packung in den Verkehr gebracht werden. Dies trifft in der Regel auf industriell hergestellte Arzneimittel zu.

In jedem Fall muß der Einzelhändler sich aber auch hier bemühen, nach bestem Wissen und Gewissen die Verbote zum Schutz des Verbrauchers zu beachten.

Grundsätzlich hat der Einzelhändler die volle Verantwortung, wenn er Arzneimittel selbst unter eigenem Namen in den Verkehr bringt, wenn er also z.B. im Rahmen seiner Herstellungsmöglichkeiten (s. 3.1.1) Arzneimittel in unveränderter Form zur Abgabe unmittelbar an den Verbraucher umfüllt, abpackt oder kennzeichnet.

2.4 Der Verantwortliche für das Inverkehrbringen

Damit der für ein Arzneimittel Verantwortliche bei Verstößen gegen die Vorschriften des Arzneimittelgesetzes auch bekannt ist, ist vorgeschrieben, daß auf den Arzneimitteln immer der pharmazeutische Unternehmer anzugeben ist (§ 9). Der pharmazeutische Unternehmer (§ 4 Abs. 18) ist derjenige, der Arzneimittel unter seinem Namen in den Verkehr bringt. Inverkehrbringen (§ 4 Abs. 17) ist das Vorrätighalten zum Verkauf oder zur sonstigen Abgabe, das Feilhalten, das Feilbieten und die Abgabe an andere. Der pharmazeutische Unternehmer kann, muß aber nicht der Hersteller des betreffenden Arzneimittels sein, etwa im Falle einer Auftragsherstellung.

Der Einzelhändler z.B. ist „pharmazeutischer Unternehmer", wenn er Arzneimittel, wie z.B. Lindenblütentee oder Baldrianwurzel auf Wunsch eines Kunden abfüllt und unter seinem Namen an diesen abgibt. Der Einzelhändler ist auch pharmazeutischer Unternehmer, wenn er Arzneimittel aus größeren Gebinden im voraus umfüllt, abpackt und kennzeichnet (Fertigarzneimittel), vorrätig hält und unter seinem Namen an Kunden abgibt. Dies gilt auch dann, wenn ein Einzelhändler unter seinem Namen Fertigarzneimittel abgibt, die ein anderer für ihn hergestellt hat (Auftragsherstellung s. o.).

Um im Falle eines Verstoßes den Verantwortlichen auch belangen zu können, dürfen Arzneimittel nur von pharmazeutischen Unternehmern in den Verkehr gebracht werden, die ihren Sitz in der Bundesrepublik Deutschland, in einem anderen Mitgliedstaat der Europäischen Gemeinschaft oder in einem anderen Vertragsstaat des Abkommens über den Europäischen Wirtschaftsraum haben (Residenzpflicht). Diese Bestimmung ist vor allem für importierte Arzneimittel aus Nicht-EU-Staaten von grundsätzlicher Bedeutung.

2.5 Kennzeichnung

Eine weitere, sehr wichtige Bestimmung, die zum Schutze des Verbrauchers besteht, ist die Kennzeichnung zur Information über das Arzneimittel. Im Falle des Arzneimittels ist diese Information jedoch nicht nur für den Verbraucher selbst von Bedeutung, sondern in einem bestimmten Umfang auch für den Arzt, der jedoch primär vom pharmazeutischen Unternehmer wissenschaftlich informiert wird (Fachinformation s. 2.7). Für freiverkäufliche Arzneimittel ist dieser zweite Punkt in der Praxis zwar nicht von erheblicher Bedeutung, jedoch müssen auch diese Arzneimittel grundlegenden Anforderungen genügen, die im Interesse der Arzneimittelsicherheit und des Verbraucherschutzes an Arzneimittel allgemein gestellt werden.

Informationen können der Verbaucher und der Arzt aus der Beschriftung des Behältnisses (z.B. Flasche, Röhrchen, Schachtel, Tube), der äußeren Umhüllung (z.B. Umkarton) und der Packungsbeilage entnehmen. In allen Fällen müssen die Angaben in gut lesbarer Schrift und allgemeinverständlich in deutscher Sprache gemacht werden. Im Hinblick auf die Kennzeichnung der Behältnisse und der äußeren Umhüllungen müssen die Angaben zusätzlich auf dauerhafte Weise gemacht sein. Das heißt also, sie sollen gedruckt sein und dürfen, soweit sie handschriftlich gemacht werden, z. B. nicht mit Bleistift oder ähnlichem geschrieben sein. Ihre Entfernung muß sichtbare Beschädigungen hinterlassen.

Auf den Behältnissen (Flaschen, Tuben, Ampullen etc.) und äußeren Umhüllungen (Umkarton) von Fertigarzneimitteln müssen folgende Angaben gemacht werden (§ 10):

1. Der Name und die Anschrift des pharmazeutischen Unternehmens.
2. Die Bezeichnung des Arzneimittels. Soweit es sich um Fertigarzneimittel handelt, die nicht von der Industrie angeliefert werden, muß gegebenenfalls der Einzelhändler, der im voraus abpackt oder umfüllt, den Namen selbst auftragen. Die Namensgebung bleibt ihm überlassen. Soweit es sich um Teedrogen handelt, müssen diese mit dem verkehrsüblichen deutschen Namen bezeichnet werden (s. S. 184), um damit auch dem Verbraucher einen verständlichen Hinweis auf das Arzneimittel selbst zu geben.
3. Die Zulassungsnummer mit der Abkürzung „Zul.-Nr.". Sie wird von der Zulassungsbehörde z. B. dem Bundesinstitut für Arzneimittel und Medizinprodukte in Berlin, erteilt (s. 4). Ein Fertigarzneimittel darf nicht in den Verkehr gebracht werden (d. h. auch Vorrätighalten), bevor es zugelassen ist.
4. Die Chargenbezeichnung mit der Abkürzung „Ch.-B.". Voraussetzung hierfür ist selbstverständlich, daß das Arzneimittel in Chargen (§ 4 Abs. 16) – in jeweils einem einheitlichen Herstellungsgang erzeugte Menge eines Arzneimittels – in den Verkehr gebracht wird, was bei Fertigarzneimitteln im allgemeinen der Fall ist. Auch der Einzelhändler, der etwa Teedrogen in unveränderter Form im voraus aus größeren Behältnissen in kleinere Behältnisse zur Abgabe an den Kunden abfüllt, wird die jeweils auf einmal abgefaßten Packungen mit einer einheitlichen Nummer bezeichnen können. Als Chargennummer eignet sich das Datum, das mit der abgefaßten Menge in ein Buch eingetragen wird, um bei Reklamationen feststellen zu können, wann und wieviel im einzelnen abgepackt worden ist.
5. Die Darreichungsform, worunter Tabletten, Dragees, Säfte, Tropfen oder Salben zu verstehen sind.
6. Der Inhalt nach Gewicht, Rauminhalt oder Stückzahl. Hier sind Angaben wie Gramm, Milliliter oder Stück erforderlich. Angaben nach Annäherungswerten (z. B. circa) sind nicht zulässig; das gleiche gilt für Prozentangaben.
7. Die Art der Anwendung, d. h. z. B. Tabletten zum Lutschen, Tabletten zum Einnehmen, Tropfen zum Einnehmen, Flüssigkeit zum Gurgeln.
8. Die arzneilich wirksamen Bestandteile nach Art und Menge (§ 4 Abs. 19; s. auch 2.6).
9. Das Verfalldatum mit Monat und Jahr und dem Hinweis „Verwendbar bis" (§ 10 Abs. 1 Nr. 9 i. V. mit Abs. 7).
10. Soweit Arzneimittel der Verschreibungspflicht oder sonst der Apothekenpflicht unterliegen, sind sie entsprechend mit „Verschreibungspflichtig" (s. 6.6) oder „Apothekenpflichtig" (s. 6) zu kennzeichnen. Fehlt

eine derartige Angabe auf dem Behältnis und der äußeren Umhüllung, kann in der Regel davon ausgegangen werden, daß das betreffende Arzneimittel frei verkäuflich ist, d. h. daß es in Einzelhandelsgeschäften außerhalb der Apotheken abgegeben werden darf.

11. Muster von Arzneimitteln, die als Ärztemuster (s. S. 212) im Verkehr sind, müssen den Hinweis „unverkäufliches Muster" tragen (s. auch S. 241, unzulässige Werbung).
12. Der Hinweis, daß Arzneimittel unzugänglich für Kinder aufbewahrt werden sollen, es sei denn, es handelt sich um Heilwässer.

Soweit erforderlich, müssen selbstverständlich noch Warnhinweise, für die Verbraucher bestimmte Aufbewahrungshinweise (s. S. 169) oder Lagerungshinweise angegeben werden. Der Wortlaut der Lagerungshinweise kann sich zum einen nach den Vorschriften des Arzneibuches oder nach einer einschlägigen „Empfehlung" des Bundesministeriums für Gesundheit (s. Anhang Anlage 5) richten.

Kennzeichnungsvorschriften für Arzneimittel, die keine Fertigarzneimittel sind, die also nicht im voraus hergestellt sind, enthält das Arzneimittelgesetz nicht. Das Bundesministerium für Gesundheit ist jedoch ermächtigt (§ 12 Abs. 1 Nr. 1), auch für solche Arzneimittel Kennzeichnungsvorschriften im Rahmen einer Rechtsverordnung zu erlassen. So lange diese Rechtsverordnung nicht besteht, sollten bei Arzneimitteln, die keine Fertigarzneimittel sind, neben der ohnehin erforderlichen Angabe des verantwortlichen pharmazeutischen Unternehmens (s. 2.4) aus Gründen der Arzneimittelsicherheit dennoch – gegebenenfalls mit Ausnahme der Chargennummer – alle für Fertigarzneimittel vorgeschriebenen Angaben in der Kennzeichnung gemacht werden.

Abweichend von der Vorschrift, daß die Zulassungsnummer angegeben werden muß, kann bei „homöopathischen Arzneimitteln" auch die Registriernummer mit der Abkürzung „Reg.-Nr." angegeben werden. Für homöopathische Arzneimittel – und nur für diese – besteht alternativ zu einem materiellen Prüfverfahren (Zulassung) auch die Möglichkeit einer bloßen Eintragung in ein sogenanntes Register für homöopathische Arzneimittel (Registrierung §§ 38, 39). Zusätzlich müssen homöopathische Arzneimittel mit dem Hinweis „homöopathische Arzneimittel" gekennzeichnet sein (s. 4.7).

2.5.1 Zusätzliche Kennzeichnung für Tierarzneimittel

Bei Arzneimitteln, die zur Anwendung bei Tieren bestimmt sind, muß immer, d. h. also auch dann, wenn es sich dabei nicht um im voraus hergestellte, abgepackte oder gekennzeichnete Fertigarzneimittel handelt, der Hinweis „für Tiere" oder die Tierart, bei der das Arzneimittel angewendet werden soll, angegeben werden (§ 10 Abs. 5 Nr. 1).

Werden Arzneimittel bei Tieren angewandt, die zur Gewinnung von Lebensmitteln dienen, wie etwa Rinder, Schafe, Schweine, Hühner oder Bienen, muß außerdem noch die Wartezeit angegeben werden (§ 10 Abs. 5 Nr. 2). Unter Wartezeit (§ 4 Abs. 12) ist der Zeitraum zu verstehen, der zwischen Anwendung des Arzneimittels und der Schlachtung des Tieres bzw. Gewinnung der Lebensmittel (Bienen/Honig) vergehen muß. Sie soll verhindern, daß die gewonnenen Lebensmittel noch Rückstände oder Abbauprodukte des angewendeten Arzneimittels enthalten, die gegebenenfalls die Gesundheit des Menschen durch Genuß der Lebensmittel beeinträchtigen können.

Sind die Arzneimittel ausschließlich zur Anwendung bei Tieren bestimmt, die nicht zur Gewinnung von Lebensmitteln dienen, also bei Hunden, Katzen, Stubenvögeln o. ä., muß folgender Hinweis angegeben sein: „Nicht bei Tieren anwenden, die der Gewinnung von Lebensmitteln dienen" (§ 10 Abs. 5 Nr. 3). Auch diese Kennzeichnungsvorschrift dient dem Verbraucherschutz, da bei diesen Arzneimitteln nicht geprüft wurde, ob und inwieweit eine Wartezeit einzuhalten ist.

2.6 Packungsbeilage

Um dem Verbraucher und ggfl. auch dem Arzt weitere Informationen geben zu können, ist vorgeschrieben, daß Fertigarzneimitteln eine Packungsbeilage mit der Überschrift „Gebrauchsinformation" (§ 11) beizufügen ist. Hier sind ebenfalls die Abgabe des Namens des pharmazeutischen Unternehmers, des Namens des Fertigarzneimittels und der Art der Anwendung vorgeschrieben. Die Bestandteile sind nach der Art und die arzneilich wirksamen Bestandteile nach der Art und Menge anzugeben. Es handelt sich also um die sog. Hilfsstoffe, wie Tablettierhilfsmittel, Emulgatoren oder Stabilisatoren und pharmakologisch wirksame Hilfsstoffe, die die Wirkung eines Arzneimittels beeinflussen, wie z. B. Konservierungsmittel oder solche, die erfahrungsgemäß Allergien hervorrufen können. Die tatsächlich arzneilich wirksamen Bestandteile müssen nicht nur nach der Art sondern auch nach der Menge angegeben werden. Es handelt sich bei dieser Gruppe um Wirkstoffe, die definitionsgemäß (§ 4 Abs. 19) dazu bestimmt sind, bei der Herstellung von Arzneimitteln als wirksame Bestandteile verwendet zu werden. Zusätzlich sind Angaben über die Anwendungsgebiete (Indikationen) erforderlich, sowie über die Fälle, bei denen das betreffende Arzneimittel nicht angewendet werden darf (Kontraindikationen) (§ 11 Abs. 1).

Ebenfalls bekanntgegeben werden müssen (§ 11 Abs. 1) unerwünschte Arzneimittelwirkungen (Nebenwirkung; § 4 Abs. 13), sowie zu erwartende Wechselwirkungen mit anderen Mitteln, d. h. etwa Wirkungsbeeinflussung eines Arzneimittels durch zusätzlichen Alkoholgenuß, was im konkreten Fall sowohl zu Erregungszuständen (Euphorie) als auch zu sehr starker Dämpfung (Sedierung) führen kann. Weitere Angaben sind vorgeschrieben zur Dosierung mit Einzel- und Tagesangaben sowie für den Fall der Überdosierung, der unterlassenen Einnahme oder Hinweise auf die Gefahr von unerwünschten Folgen des Absetzens.

Im Zusammenhang mit dem Verfalldatum muß in der Gebrauchsinformation ein Hinweis darauf gegeben sein, daß diese Arzneimittel nach dem Ablauf des Verfalldatums nicht mehr angewendet werden sollen und ggf. eine Angabe zur Haltbarkeit nach Öffnen des Behältnisses erfolgen.

Die zuständige Bundesbehörde, z. B. das Bundesinstitut für Arzneimittel und Medizinprodukte in Berlin, kann zusätzlich noch weitere Auflagen erlassen, wie die Angabe von Warnhinweisen – etwa Beeinträchtigung des Reaktionsvermögens, was eine Rolle beim Autofahren oder Bedienen von Maschinen spielt – oder die Angabe von Aufbewahrungshinweisen für den Verbraucher.

Soweit die Gebrauchsinformation homöopathischen Arzneimitteln beigefügt ist, muß der Hinweis „Homöopathisches Arzneimittel" angegeben sein. Angaben über die Anwendungsgebiete dürfen nicht gemacht werden (§ 11 Abs. 3).

Soweit Angaben über die Kontraindikationen, Nebenwirkungen und Wechselwirkungen nicht gemacht werden können, weil etwa entsprechende Erkenntnisse nicht bestehen, können sie entfallen (§ 11 Abs. 5).

Weitere Angaben sind zulässig, soweit sie mit der Verwendung des Arzneimittels in Zusammenhang stehen und für die gesundheitliche Aufklärung wichtig sind. Derartige Angaben müssen von den Pflichtangaben deutlich abgesetzt und abgegrenzt sein.

2.7 Fachinformation

Für Fertigarzneimittel, die der Apothekenpflicht unterliegen, muß der pharmazeutische Unternehmer auf Anforderung Ärzten, Zahnärzten, Tierärzten und Apothekern – soweit es sich um nicht verschreibungspflichtige Fertigarzneimittel handelt, auch Heilpraktikern – eine Fachinformation zur Verfügung stellen. Diese enthält neben den für die Packungsbeilage vorgeschriebenen Angaben, weitere für den Arzt wichtige Informationen, wie z. B. über Notfallmaßnahmen, Unverträglichkeiten sowie pharmakologische und toxikologische Eigenschaften.

2.8 Übergangsvorschriften für die Kennzeichnung und Packungsbeilage

Fertigarzneimittel – auch arzneimittelhaltige Gegenstände –, die sich bei Inkrafttreten des Arzneimittelgesetzes am 1. 1. 1978 im Verkehr befanden, werden einer sog. Nachzulassung unterworfen. Spätestens ein Jahr nach ihrer Nachzulassung müssen Fertigarzneimittel vom pharmazeutischen Unternehmer entsprechend den Kennzeichnungsvorschriften des Arzneimittelgesetzes gekennzeichnet sein. Für die Packungsbeilage gilt diese Vorschrift entsprechend (§ 109).

Es blieb dem pharmazeutischen Unternehmer selbstverständlich unbenommen, seine Präparate zu einem früheren Zeitpunkt den Vorschriften des Arzneimittelgesetzes anzupassen.

Selbstverständlich ist, daß bei Neuzulassungen, die nach dem 1. 1. 1978 erfolgt sind, die Kennzeichnungsvorschriften sofort gelten sowie die Packungsbeilage auch sofort beigefügt sein muß.

Fertigarzneimittel, die Vorbeugungsmittel (s. 6.1.1) oder freiverkäufliche Heilmittel (s. 6.2) sind, dürfen, sofern sie noch nicht von der Nachzulassung erfaßt worden sind, seit dem 1. 2. 1992 vom pharmazeutischen Unternehmer nur in den Verkehr gebracht werden, wenn sie auf dem Behältnis und, soweit verwendet, auf der äußeren Umhüllung und einer Packungsbeilage – zutreffenderweise – einen oder mehrere der folgenden Hinweise tragen:

„Traditionell angewendet

- zur Stärkung oder Kräftigung
- zur Besserung des Befindens
- zur Unterstützung der Organfunktion
- zur Vorbeugung
- als mild wirkendes Arzneimittel“ (§ 109 Abs. 3).

Für Arzneimittel, die der Zulassungspflicht unterliegen, also Fertigarzneimittel, die sich bei Inkrafttreten des Arzneimittelgesetzes im Verkehr befanden, kann das Bundesinstitut für Arzneimittel und Medizinprodukte soweit erforderlich, durch Auflagen Warnhinweise anordnen (§ 110). Dies könnte z. B. bei Arzneimitteln der Fall sein, die geeignet sind, die Reaktionsfähigkeit bei Menschen, vor allem im Hinblick auf den Straßenverkehr oder das Bedienen von Maschinen, zu beeinträchtigen.

3. Herstellung von Arzneimitteln

3.1 Herstellungserlaubnis

Wer Arzneimittel oder fiktive Arzneimittel (s. 1) zur Abgabe an andere herstellen will, benötigt hierzu eine Erlaubnis durch die zuständige Behörde (§ 13 Abs. 1). Herstellen ist das Gewinnen, das Anfertigen, das Zubereiten, das Be- oder Verarbeiten, das Umfüllen einschließlich Abfüllen, das Abpacken und das Kennzeichnen (§ 4 Abs. 14). Es ist zu beachten, daß jede einzelne dieser Tätigkeiten „herstellen" ist. Die zuständigen Arzneimittelbehörden sind im allgemeinen die Regierungspräsidien oder Bezirksregierungen, in den Stadtstaaten die Gesundheitssenatoren (s. auch 11).

Von dieser grundsätzlichen Erlaubnispflicht gibt es eine Reihe von Ausnahmen, die sich auf Inhaber von Apotheken, Krankenhausträger, Tierärzte und Großhändler beziehen (§ 13 Abs. 2).

3.1.1 Ausnahmen für Einzelhändler

Auch für Einzelhändler besteht eine Ausnahme (§ 13 Abs. 2 Nr. 5): Soweit sie die erforderliche Sachkenntnis (s. 6.7) zum Handel mit freiverkäuflichen Arzneimitteln besitzen, dürfen sie Arzneimittel in unveränderter Form zur Abgabe unmittelbar an Verbraucher umfüllen, abpakken oder kennzeichnen. Dies bedeutet, daß der Einzelhändler Arzneimittel, die nicht der Apothekenpflicht unterliegen, also freiverkäuflich (s. 6.1) sind, bei pharmazeutischen Unternehmern oder im Großhandel in größeren Gebinden beziehen und dann in unveränderter Form in kleinere Behältnisse zur unmittelbaren Abgabe an den Verbraucher umfüllen, abpacken oder kennzeichnen darf, ohne hierzu eine Herstellungserlaubnis besitzen zu müssen. Der Einzelhändler darf solche Arzneimittel als pharmazeutischer Unternehmer auch unter seinem eigenen Namen in Verkehr bringen. Er kann also, immer unter der Voraussetzung der Freiverkäuflichkeit, Tabletten, Dragees, Tees (auch Mischungen, soweit sie als „Vorbeugungsmittel" in den Verkehr gebracht werden (s. auch S. 182 u. 184, 185), Säfte, Tropfen in größeren Gebinden bei einem pharmazeutischen Unternehmer einkaufen, in unveränderter Form in kleinere Portionen umfüllen und abpacken, mit seinem Namen versehen und mit der sonst erforderlichen Kennzeichnung gewissermaßen als „Eigenerzeugnis" in den Verkehr bringen. Dies bezieht sich selbstverständlich auch auf Einzeldrogen wie Pfefferminztee, Kamillentee, Baldriantee o. ä.

Wichtig ist, daß das Recht des Einzelhändlers zum Umfüllen, Abpacken oder Kennzeichnen von Arzneimitteln daran geknüpft ist, daß er bereits ein „Arzneimittel" bezogen hat. Er darf nicht eine „Chemikalie" z. B. Ascorbinsäure (Vit. C) für analytische Zwecke beziehen und diese dann mit einer arzneilichen Zweckbestimmung, z. B. zur Vorbeugung von Erkältungskrankheiten, abgeben. Diese „Umwidmung" hätte zur Folge, daß er hierzu eine Herstellungserlaubnis mit allen Konsequenzen benötigen würde.

Weiter ist das Recht des Einzelhändlers zum Umfüllen, Abpacken und Kennzeichnen von Arzneimitteln an deren Abgabe in „unveränderter Form" und „unmittelbar an den Verbraucher" gebunden. Das heißt, der Einzelhändler darf keinerlei Maßnahmen treffen, die den Zustand des gelieferten Arzneimittels verändern; hierzu gehört z. B. auch das Zerkleinern, Pulverisieren, Verdünnen, Mischen oder auch Ändern oder Ergänzen der arzneilichen Zweckbestimmung.

„Abgabe unmittelbar an den Verbraucher" bedeutet, daß der Einzelhändler das Arzneimittel dem Kunden nur direkt – also nicht über Zwischenhändler – aushändigen darf, was aber auch durch Versand erfolgen kann.

Selbstverständlich kann der Einzelhändler auch auf das ihm im Arzneimittelgesetz eingeräumte Recht des Umfüllens, Abpackens oder Kennzeichnens verzichten, und einen anderen, der die erforderliche Erlaubnis (§ 13 Abs. 1; s. 3.1) besitzt, beauftragen, für ihn freiverkäufliche Arzneimittel bis zur abgabefertigen Packung herzustellen (Auftragsherstellung). Es liegen dann Fertigarzneimittel vor (§ 4 Abs. 1; s. S. 166 f.). Der Einzelhändler bleibt in diesem Falle dennoch pharmazeutischer Unternehmer, weil er das Arzneimittel unter seinem Namen in den Verkehr bringt.

Soweit der Einzelhändler als pharmazeutischer Unternehmer Fertigarzneimittel unter seinem Namen an Kunden abgibt, also in den Verkehr bringt, sind weitere Vorschriften über die Zulassung zu beachten (s. 4).

An dieser Stelle ist darauf hinzuweisen, daß der Einzelhändler bereits dann ein Fertigarzneimittel herstellt, wenn er z. B. gängige Teedrogen „im voraus" aus größeren Gebinden in abgabefertige Pakkungen umfüllt. Um kein Fertigarzneimittel herzustellen, dürfen Arzneimittel, wie z. B. Tees, nur auf direkten Wunsch des Kunden unmittelbar vor der Abgabe an diesen abgefüllt und gekennzeichnet werden.

Soweit der Einzelhändler Fertigarzneimittel unter seinem Namen abgibt, muß er als pharmazeutischer Unternehmer eine Versicherung abschließen, um ggf. Schäden, die durch die Anwendung seines Arzneimittels bei Menschen entstanden sind, ersetzen zu können (Haftung, s. 16).

3.2 Sachkundige Personen für die erlaubnispflichtige Herstellung von Arzneimitteln

Soweit die Herstellung von Arzneimitteln der im Normalfall erforderlichen Erlaubnispflicht (§ 13 Abs. 1; s. 3.1) unterliegt, sind der für die Erteilung der Erlaubnis zuständigen Behörde (1.3.1, s. auch 11) eine Reihe von Voraussetzungen nachzuweisen (§ 14). So ist eine für die Herstellung der Arzneimittel verantwortliche Person (Herstellungsleiter) sowie zusätzlich eine für die Prüfung der hergestellten Arzneimittel verantwortliche Person (Kontrolleiter) zu benennen. Beide müssen eine Sachkenntnis besitzen (§ 15), die in jedem Falle ein abgeschlossenes Hochschulstudium (Pharmazie, Chemie, Medizin, Biologie) voraussetzt und zusätzlich eine zweijährige praktische Tätigkeit in der Arzneimittelherstellung oder der Arzneimittelprüfung erforderlich macht.

Neben dem Herstellungsleiter und dem Kontrolleiter ist noch ein Vertriebsleiter (s. S. 156) vorgeschrieben, für den keine besondere Sachkenntnis vorgesehen ist und dessen Funktion zusätzlich auch durch den Herstellungsleiter ausgeübt werden kann (weitere verantwortliche Personen s. 5, 10 und 14).

3.2.1 Ausnahmen bei begrenzten Herstellungstätigkeiten

Soweit Betriebe ausschließlich Arzneimittel umfüllen, abpacken oder kennzeichnen, kann eine sachkundige Person die Funktionen des Herstellungs-, Kontroll- und Vertriebsleiters gemeinsam ausüben. Dies gilt auch für Betriebe, die ausschließlich natürliche Heilwässer, Bademoore, andere Peloide (s. S. 183 f.) oder Gase für medizinische Zwecke sowie Pflanzen oder Pflanzenteile gewinnen, abfüllen oder kennzeichnen (§ 14 Abs. 2, 3).

3.2.2 Ausnahmen für die Herstellung bestimmter Tierarzneimittel (Heimtiere)

Soweit freiverkäufliche Arzneimittel hergestellt werden, die ausschließlich zur Anwendung bei Zierfischen, Zier- und Singvögeln, Brieftauben, Terrarientieren oder Kleinnagern bestimmt sind, kann der Herstellungsleiter gleichzeitig Kontroll- und Vertriebsleiter sein. Die zweijährige praktische Tätigkeit in der Arzneimittelherstellung oder der Arzneimittelprüfung kann hier entfallen (s. 9.3).

3.3 Weitere Voraussetzungen für die Herstellung von Arzneimitteln

Für die jeweils durchgeführten Tätigkeiten, das heißt nicht nur für die Arzneimittelherstellung, sondern auch für die Prüfung der hergestellten Arzneimittel müssen geeignete Räume und Einrichtungen vorhanden sein (§ 14 Abs. 1 Nr. 6) sowie schriftliche Unterlagen geführt werden, die die jeweiligen Tätigkeiten dokumentieren. Diese Voraussetzungen gelten sinngemäß auch für eine Arzneimittelherstellung, die ohne Erlaubnis erfolgen darf (s. 3.1.1).

Für den Einzelhändler, der Arzneimittel umfüllt, abpackt oder kennzeichnet, bedeutet dies ggf., daß er hier nach Umfang dieser Tätigkeiten einen eigenen Raum, zumindest aber einen abgetrennten sauberen Arbeitsplatz sowie die geeignete Ausstattung für die Herstellung und Prüfung vorweisen können muß. Dies trifft vor allem dann zu, wenn er selbst abgepackte und gekennzeichnete Fertigarzneimittel in den Verkehr bringt.

Die schriftlichen Unterlagen sollen es sowohl dem Einzelhändler als auch der zuständigen Arzneimittelüberwachungsbehörde ermöglichen, bei eventuellen Beanstandungen oder Mängeln eindeutige Faktoren, wie etwa Zeitpunkt des Abfüllens oder Kennzeichnens, Menge des hergestellten Arzneimittels oder auch von wem und wann das Arzneimittel vor dem Abfüllen bezogen wurde, festzustellen und damit gegebenenfalls die im Interesse der Arzneimittelsicherheit erforderlichen Nachforschungen und Maßnahmen zu ermöglichen.

Der Umfang und die Art der Dokumentation ist jeweils vom Einzelfall abhängig, d. h. entscheidend ist der jeweilige Umfang und die Art des Umfüllens, Abpackens oder Kennzeichnens. Hier können ggf. auch Fragen über den Nachweis der Packmaterialien eine Rolle spielen.

Grundsätzlich sollte die Dokumentation vom Sinn und Zweck her auf die Arzneimittelsicherheit abgestellt sein. Hier können z. B. bereits vorhandene Unterlagen, wie Lieferscheine oder Rechnungen ausreichend sein.

Die Prüfung der Arzneimittel kann auch, soweit es sich um spezielle und aufwendige Untersuchungsmethoden handelt, außerhalb des eigenen Betriebes im Auftrag durchgeführt werden, wenn dort die geeigneten Räume und Einrichtungen zur Prüfung vorhanden sind. In diesem Falle unterliegt auch die Prüfungseinrichtung der Überwachung durch die zuständige Arzneimittelbehörde.

Die Prüfung der Arzneimittel durch den Einzelhändler beinhaltet, daß er, wenn er

z. B. unter seinem Namen freiverkäufliche Tabletten, Dragees, Säfte o. ä. in Verkehr bringt, die erforderliche Qualität durch einen Arzneimittelsachverständigen feststellen läßt. In anderen Fällen oder bei Fertigarzneimitteln anderer pharmazeutischer Unternehmer muß der Einzelhändler die Prüfung im Rahmen seiner erworbenen Sachkenntnis durchführen.

Die zuständige Arzneimittelbehörde kann unter anderem die Herstellung und damit auch das Umfüllen, Abpacken oder Kennzeichnen eines Arzneimittels untersagen, wenn der Hersteller – also auch der Einzelhändler – die für die Herstellung und Prüfung erforderliche Dokumentation nicht vorlegt (§ 18 Abs. 2). Weist das hergestellte Arzneimittel nicht die nach den anerkannten pharmazeutischen Regeln (s. 8) angemessene Qualität auf, kann die zuständige Arzneimittelbehörde das Inverkehrbringen untersagen oder nachträglich den Rückruf anordnen (§ 69 Abs. 1; s. S. 225).

3.4 Übergangsvorschriften

3.4.1 Erlaubnispflichtige Arzneimittelherstellung

Eine Erlaubnis zur Herstellung von Arzneimitteln, die nach dem Arzneimittelgesetz 1961 erteilt worden ist, gilt nach Inkrafttreten des gültigen Arzneimittelgesetzes im Sinne des § 13 Abs. 1 (s. 3) im bisherigen Umfang fort (§ 100 Abs. 1).

Dies gilt auch für Einzelhändler, die eine Erlaubnis nach § 53 Abs. 1 Arzneimittelgesetz 1961 erhalten haben. Insoweit dürfen Einzelhändler auch nach dem geltenden Recht im bisherigen Umfang Arzneimittel herstellen (§ 100 Abs. 2). Hiervon sind in der Regel vor allem Drogisten betroffen.

Einschränkend ist jedoch bestimmt, daß nach Ablauf von 3 Jahren nach Inkrafttreten des Gesetzes, also seit dem 1. 1. 1981, die Einstellung eines sachkundigen Kontrolleiters nachgewiesen werden mußte, da sonst die Erlaubnis widerrufen werden mußte (§ 101 Abs. 1). Demzufolge mußten Einzelhändler, denen die Erlaubnis zum Herstellen von Arzneimitteln nach dem gültigen Arzneimittelgesetz aufgrund einer Erlaubnis von § 53 Abs. 1 des Arzneimittelgesetzes 1961 als erteilt galt, zum 1. 1. 1981 einen Kontrolleiter einstellen, wenn sie nach diesem Zeitpunkt noch Arzneimittel – auch im bisherigen Umfang – herstellen wollten. Wurde ein Kontrolleiter nicht eingestellt, mußte die Erlaubnis von der zuständigen Arzneimittelüberwachungsbehörde widerrufen werden.

Acht Jahre nach Inkraftreten des Arzneimittelgesetzes, also am 1. 1. 1986, mußte zusätzlich zum Kontrolleiter ein sachkundiger Herstellungsleiter nachgewiesen werden (§ 101 Abs. 2).

Soweit Erlaubnisinhaber zur Herstellung von Arzneimitteln, die vormals eine Erlaubnis nach § 53 Abs. 1 besaßen, Arzneimittel außerhalb der Betriebsstätte prüfen lassen, gilt eine Erlaubnis nach dem gültigen Arzneimittelgesetz auch für den beauftragten Prüfbetrieb als erteilt, soweit innerhalb von 6 Monaten nach Inkrafttreten des Gesetzes, also bis zum 30. 6. 1978, angezeigt wurde, daß die Prüfung der Arzneimittel teilweise außerhalb der Betriebsstätte in beauftragten Betrieben durchgeführt wird.

3.4.2 Arzneimittelherstellung ohne Erlaubnis durch sachkundige Einzelhändler

Von diesen Bestimmungen unberührt bleibt das Recht des sachkundigen Einzelhändlers, Arzneimittel in unveränderter Form umzufüllen, anzupacken oder zu kennzeichnen, soweit es sich um Packungen handelt, die unmittelbar an den Verbraucher abgegeben werden sollen.

4. Zulassung und Registrierung von Arzneimitteln

Fertigarzneimittel müssen, bevor sie in der Bundesrepublik Deutschland in den Verkehr gebracht werden, von der zuständigen Bundesoberbehörde – Bundesinstitut für Arzneimittel und Medizinprodukte oder Paul-Ehrlich-Institut (Sera, Impfstoffe) – zugelassen werden (§ 21). Soweit Arzneimittel zur Anwendung an Tieren bestimmt sind, gilt die Zulassungspflicht auch für solche Arzneimittel, die keine Fertigarzneimittel (§ 4 Abs. 1) sind und vom Hersteller, z. B. an Tierärzte abgegeben werden sollen (s. S. 212).

4.1 Ausnahmen von der Zulassungspflicht

Von der Zulassungspflicht gibt es eine Reihe von Ausnahmen, die sich u. a. auf Arzneimittel beziehen, die auf häufige Verschreibung eines Arztes in Apotheken hergestellt werden oder zu klinischen Prüfungen bestimmt sind (§ 21 Abs. 2).

Auch auf freiverkäufliche Arzneimittel, die ausschließlich zur Anwendung bei Zierfischen, Zier- und Singvögeln, Brieftauben, Terrarientieren oder Kleinnagern bestimmt sind, finden die Vorschriften über die Zulassung keine Anwendung. Dies gilt auch, wenn derartige Arzneimittel als Fertigarzneimittel in den Verkehr gebracht werden (s. 9.3).

4.2 Antragsteller für die Zulassung

Die Zulassung ist vom pharmazeutischen Unternehmer, das heißt also demjenigen, der das Fertigarzneimittel – bzw. bei Anwendung an Tieren ggf. auch Arzneimittel, die keine Fertigarzneimittel sind (s. o.) – unter seinem Namen in den Verkehr bringt, zu beantragen (§ 21 Abs. 3). Werden Fertigarzneimittel von einem Hersteller für mehrere Einzelhandelsbetriebe hergestellt, die diese Arzneimittel dann unter ihrem Namen und mit einer einheitlichen Bezeichnung an den Verbraucher abgeben, so muß die Zulassung durch den Hersteller beantragt werden (§ 21 Abs. 3 Satz 3). Dies träfe etwa zu, wenn ein Hersteller für Einzelhändler freiverkäufliche Tropfen, Tabletten oder Dragees bis zur abgabefertigen Packung hergestellt (Auftragsherstellung), wobei jeder Einzelhändler diese dann unter seinem Namen in den Verkehr bringt. Voraussetzung ist jedoch, daß diese Fertigarzneimittel mit der gleichen Bezeichnung, entweder einem Phantasienamen oder als „Hustentropfen" oder „Halstabletten" oder ähnliches in den Verkehr gebracht werden.

Hiervon zu unterscheiden wäre jedoch, wenn ein Hersteller freiverkäufliche Arzneimittel wie Dragees, Tropfen oder ähnliches herstellt, die dann in größeren Gebinden an mehrere Einzelhändler ausgeliefert und von diesen in unveränderter Form zur unmittelbaren Abgabe an den Verbraucher im voraus abgepackt und in den Verkehr gebracht werden. In diesem Fall muß jeder Einzelhändler für das von ihm als Fertigarzneimittel abgepackte Arzneimittel selbst die Zulasssung beantragen.

4.3 Zulassungsunterlagen

Die Zulassung setzt voraus, daß auf Antrag eines pharmazeutischen Unternehmers durch die Bundesoberbehörde ein direktes materielles Prüfverfahren in die Wege geleitet wurde. Hierzu sind eine Vielzahl von Unterlagen vom pharmazeutischen Unternehmer vorzulegen und von der Zulassungsbehörde zu bearbeiten. Der Antragsteller muß neben Angaben, die sich weitgehend mit denen auf der Packungsbeilage decken, auch kurzgefaßte Angaben über die Herstellung machen sowie die Kontrollmethoden vorlegen, anhand derer die Qualität des Arzneimittels festgestellt werden kann (§ 22 Abs. 1). Sehr wichtig ist, daß für eine Zulassung die Ergebnisse einer analytischen Prüfung, einer pharmakologisch-toxikologischen Prüfung sowie einer klinischen Prüfung (s. 5) vorgelegt werden müssen, um die Qualität, Unbedenklichkeit und therapeutische Wirksamkeit des zuzulassenden Fertigarzneimittels nachzuweisen (§ 22 Abs. 2).

Die analytische Prüfung umfaßt physikalische, chemische, biologische oder mikrobiologische Versuche; im Rahmen der pharmakologisch-toxikologischen Prüfung werden unter anderem Tierversuche durchgeführt, anhand derer festgestellt werden kann, welche Auswirkungen das betreffende Arzneimittel auf den Tierorganismus hat. Die hier gewonnenen Erkenntnisse können in einem gewissen Rahmen auf den Menschen übertragen werden. Bereits in der Phase des Tierversuchs scheitern Arzneimittel sehr häufig aufgrund von Unverträglichkeiten. Die Arzneimittel, die sich im Tierversuch als unbedenklich erwiesen haben, werden anschließend unter strengster ärztlicher Aufsicht im Rahmen einer klinischen Prüfung am Menschen angewandt (s. 5).

Die pharmakologisch-toxikologische Prüfung sowie die klinische Prüfung dienen dazu, die Unbedenklichkeit, die Verträglichkeit und die therapeutische Wirksamkeit von Arzneimitteln festzustellen. Anstelle der Ergebnisse von Prüfungen am Tier oder am Menschen kann auch anderes wissenschaftliches Erkenntnismaterial vorgelegt werden.

Soweit Arzneimittel zur Anwendung an Tieren bestimmt sind, die zu Lebensmitteln weiterverarbeitet werden, sind zusätzliche Untersuchungsergebnisse über die Wartezeit (§ 4 Abs. 12; s. 2.5.1) vorzulegen.

Die Ergebnisse der verschiedenen Prüfungen sind durch jeweilige Sachverständige gutachtlich zusammenzufassen und zu bewerten (§ 24).

An der Zulassung eines Arzneimittels sind auch Sachverständigenkommissionen beteiligt, die sich aus Vertretern der Heilberufe (Ärzte, Zahnärzte, Tierärzte, Apotheker, Heilpraktiker) und der pharmazeutischen Unternehmer zusammensetzen. In Abhängigkeit der jeweiligen Anwendungsgebiete, Stoffgruppen und verschiedenen Therapieeinrichtungen, wie z. B. der Phytotherapie, Homöopathie oder Anthroposophie, beruft das Bundesministerium für Gesundheit hierzu Sachverständige, die über jeweils entsprechende Kenntnisse und Erfahrungen verfügen.

Neben dem Bundesinstitut für Arzneimittel und Medizinprodukte gibt es noch eine spezielle für Sera und Impfstoffe sowie andere Blutprodukte (z. B. Plasma) zuständige Bundesbehörde, das Bundesamt für Sera und Impfstoffe (Paul-Ehrlich-Institut) in Langen bei Frankfurt

(§ 77 Abs. 2), das nach der Zulassung z. B. eines Serums oder eines Impfstoffes zusätzlich jede einzelne Charge derartiger Arzneimittel nach jeweiliger Prüfung einzeln freigeben muß, bevor sie vom pharmazeutischen Unternehmer in den Verkehr gebracht werden darf (§ 32).

4.4 Entscheidung über die Zulassung

Selbstverständlich haben die Bundesoberbehörden die Möglichkeit, eine Zulassung abzulehnen (§ 25 Abs. 2), vor allem dann, wen das zuzulassende Arzneimittel, orientiert an dem jeweiligen Stand der wissenschaftlichen Erkenntnisse nicht ausreichend geprüft wurde, oder wenn die Qualität nicht den anerkannten pharmazeutischen Regeln (s. 8) entspricht. Sehr wichtig ist auch, daß ein Ablehnungsgrund das Fehlen der angegebenen therapeutischen Wirksamkeit ist oder der begründete Verdacht, daß der bestimmungsgemäße Gebrauch des Arzneimittels schädliche Wirkungen (s. 2.1) hervorrufen kann. Letzteres jedoch mit der Einschränkung, daß diese schädlichen Wirkungen über ein nach den Erkenntnissen der medizinischen Wissenschaft vertretbares Maß hinausgehen. Diese Aussage muß richtig verstanden werden: Man weiß heute, daß wirksame Arzneimittel häufig – im Hinblick auf das zu behandelnde Krankheitsbild – unerwünschte Wirkungen und Nebenwirkungen haben können, die bei Patienten individuell unterschiedlich beobachtet werden können. Es ist jedoch selbstverständlich, daß in jedem Fall der therapeutische Nutzen höher sein muß als das mit der Einnahme des Arzneimittels verbundene Risiko, z. B. Nebenwirkungen.

4.5 Erlöschen der Zulassung

Eine Zulassung erlischt (§ 31), wenn von ihr zwei Jahre kein Gebrauch gemacht worden ist, das heißt, wenn das zugelassene Arzneimittel vom Inhaber der Zulassung innerhalb dieser Frist nicht in den Verkehr gebracht wurde. Grundsätzlich erlischt die Zulassung nach Ablauf von fünf Jahren, es sei denn, daß sie auf Antrag des Inhabers der Zulassung zuvor verlängert worden ist. In diesem Fall kann die zuständige Bundesoberbehörde verlangen, daß mit dem Verlängerungsantrag gegebenenfalls ergänzende Berichte zu den bereits eingereichten Zulassungsunterlagen vorgelegt werden.

4.6 Erweiterung der Zulassung und Freistellung von der Zulassung

Das Bundesministerium für Gesundheit wird durch das Arzneimittelgesetz ermächtigt, weitere Einzelheiten über das Zulassungsverfahren sowie sie staatliche Chargen-Prüfung (z. B. bei Sera und Impfstoffen) durch Verordnung zu regeln, das heißt, gegebenenfalls bei Bedarf die Vorschriften auch auf andere Arzneimittel (z. B. weitere Blutprodukte) auszudehnen (§ 35).

Es kann aber auch bestimmte Arzneimittel, Arzneimittelgruppen oder Arzneimittel in bestimmten Abgabeformen durch Verordnung von der Zulassungspflicht freistellen. Voraussetzung hierfür ist, daß eine gesundheitliche Unbedenklichkeit für Mensch und Tier besteht und zudem sichergestellt ist, daß das Arzneimittel hinsichtlich seiner Wirksamkeit und Qualität den Erfordernissen des Gesetzes und dem Stand der wissenschaftlichen Erkenntnisse entspricht (§ 36, Ermächtigung für Standardzulassungen).

Die Vorschrift über Standardzulassungen ist auch für den Einzelhandel mit Arzneimitteln außerhalb von Apotheken von Bedeutung: Ein sachkundiger Einzelhändler bezieht zum Beispiel ein großes Gebinde eines freiverkäuflichen Arzneimittels. In diesem Falle sind die Kriterien eines Fertigarzneimittels nicht erfüllt, da dieses Arzneimittel zwar im voraus hergestellt, jedoch nicht in abgabefertiger Packung geliefert wird. Wird es beim Einzelhändler unverändert zur Abgabe unmittelbar an den Verbraucher im voraus in kleine Packungseinheiten umgefüllt und gekennzeichnet, so liegt ein Fertigarzneimittel vor, das erst nach einer Zulassung in den Verkehr gebracht werden darf. Da dieser Vorgang bei gängigen Arzneimitteln wie Leinsamen oder Kamillenblüten nicht nur einmal, sondern bei jedem sachkundigen Einzelhändler vonstatten gehen kann, ist die Situation gegeben, daß Tausende von Einzelhändlern beim Bundesinstitut für Arzneimittel und Medizinprodukte eine Zulassung für das gleiche Arzneimittel beantragen. Um diese Arbeitsbelastung auszuschalten, besteht die Möglichkeit, daß der Verordnungsgeber bestimmte Arzneimittel als Fertigarzneimittel von der Pflicht der Einzelzulassung freistellt. Er erläßt hierzu produktbezogene Regelungen über die Qualität des Arzneimittels, die Verpackung, die Kennzeichnung und die Packungsbeilage in Form von sog. Monographien.

Soweit solche Arzneimittelformen freiverkäuflich sind, kann der Einzelhändler dann also ohne Konsequenzen hinsichtlich einer Zulassung aus einem großen Gebinde in eine abgabefertige Packung im voraus umfüllen, kennzeichnen und in den Verkehr bringen, wobei die Vorgaben der jeweiligen Monographie eingehalten werden müssen.

Selbstverständlich bezieht sich die Ermächtigung des § 36 nicht nur auf einzelne Drogen oder Stoffe, sondern auch auf Zubereitungen. Die Monographien z. B. folgender auch für den Einzelhandel außerhalb der Apotheken verfügbarer Arzneimittel sind in Kraft*):

Anis, Arnikablüten, Arnikatinktur, Baldriantinktur, Baldrianwurzel, Bärentraubenblätter, Beruhigungstee, Birkenblätter, Blasen- und Nierentee, Bohnenschalen, Brennesselkraut, Brombeerblätter, Brusttee, Eibischblätter, Eibischwurzel, Eichenrinde, Enzianwurzel, Erkältungstee, Ethanol, Eukalyptusblätter, Eukalyptusöl, Fenchel, Franzbranntwein, Gänsefingerkraut, Gallentee, Hamamelisblätter, Hamamelisrinde, Hauhechelwurzel, Heidelbeeren, Holunderblüten, Hopfenzapfen, Huflattichblätter, Husten- und Bronchialtee, Isländisches Moos, Johanniskraut, Kamillenblüten, Kampferspiritus, Kohletabletten, Korianderfrüchte, Kreuzdornbeeren, Kümmel, Lavendelblüten, Leinsamen, Lindenblüten, Löwenzahn, Magentee, Magen- und Darmtee, Magnesiumsulfat, Magnesiumtrisilikat-Tabletten, Malvenblätter, Melissenblätter, Myrrhentinktur, Orthosiphonblätter, Pfefferminzblätter, Queckenwurzel, Ratanhiatinktur, Ratanhiawurzel, Ringelblumenblüten, Rosmarinblätter, Salbeiblätter, Schachtelhalmkraut, Schafgarbenkraut, Sonnenhutwurzel, Spitzwegerichkraut, Süßholzwurzel, Tannin-Eiweiß-Tabletten, Tausendgüldenkraut, Thymian, Verdünnte Wasserstoffperoxid-Lösung, Vitamin-C-Pulver, Vitamin-C-Tabletten, Wacholderbeeren, Weißdornblätter und -blüten, Weiße Taubnesselblüten, Wermutkraut, Zinksalbe.

Die Freistellung von Fertigarzneimitteln von der Pflicht zur Zulassung läßt die Gefährdungshaftung (§ 84 ff. s. 16) des pharmazeutischen Unternehmers, im obigen Fall also des Einzelhändlers, unberührt.

---

* Vgl. R. Braun, Standardzulassung. Texte und Kommentare, Deutscher Apotheker Verlag, Stuttgart (Loseblattsammlung auf aktuellem Stand).

4.7 Registrierung

Neben der Zulassung gibt es für Fertigarzneimittel, die „homöopathische Arzneimittel“ sind, die Möglichkeit einer Registrierung (§§ 38, 39). In diesen Fällen sind ebenfalls alle Unterlagen vorzulegen, wie sie vergleichbar zur Zulassung erforderlich sind, jedoch mit der Ausnahme der Angaben über die Wirkung und Anwendungsgebiete sowie den Unterlagen und Gutachten über die pharmakologisch-toxikologische und klinische Prüfung.

In der Folge dürfen bei registrierten homöopathischen Fertigarzneimitteln keine Anwendungsgebiete angegeben werden. Außerdem müssen sie mit dem Hinweis „homöopathisches Arzneimittel“ gekennzeichnet sein.

Entsprechendes gilt für die Packungsbeilage homöopathischer Arzneimittel.

Die o. a. Einschränkung entfällt selbstverständlich, wenn ein homöopathisches Fertigarzneimittel vom Bundesinstitut für Arzneimittel und Medizinprodukte zugelassen wurde.

Die Herstellungs- und Prüfnormen für homöopathische Arzneimittel werden im Homöopathischen Arzneibuch festgelegt (s. 8).

4.8 Übergangsvorschriften

Alle Fertigarzneimittel, also Arzneimittel, die im voraus hergestellt und in abgabefertiger Packung in den Verkehr gebracht werden (Stichtag 1. 1. 1978), mußten vom pharmazeutischen Unternehmer innerhalb von sechs Monaten nach Inkrafttreten des Arzneimittelgesetzes, also bis zum 30. 6. 1978, mit der Bezeichnung und der Angabe der wirksamen Bestandteile nach Art und Menge sowie den Anwendungsgebieten der zuständigen Bundesoberbehörde (Bundesinstitut für Arzneimittel und Medizinprodukte, das Paul-Ehrlich-Institut) angezeigt werden. Sie gelten damit als zugelassen (§ 105 Abs. 2).

Soweit Einzelhändler also Fertigarzneimittel unter ihrem Namen in den Verkehr brachten, unterlagen sie dieser Anzeigepflicht. Dabei ist unerheblich, ob diese Fertigarzneimittel selbst hergestellt und im voraus abgepackt und gekennzeichnet wurden, etwa im Rahmen einer bisherigen Erlaubnis nach § 53 Arzneimittelgesetz 1961, oder ob die Fertigarzneimittel nur durch Umfüllen und/oder Kennzeichnen – z. B. Franzbranntwein, Baldrian-Tinktur, Kamillentee oder ähnliches – hergestellt wurden. Sobald der Einzelhändler gewissermaßen „auf Vorrat“ im statthaften Rahmen freiverkäufliche Arzneimittel „abfaßte“ stellte er Fertigarzneimittel her und mußte im genannten Sinne anzeigen.

Vor Ablauf der fiktiven Zulassung mußte ein Antrag auf Verlängerung gestellt werden (sog. Nachzulassung), andernfalls ist diese fiktive Zulassung erloschen.

Soweit Arzneimittel zur Anwendung an Tieren bestimmt sind, gelten die Übergangsbestimmungen gegebenenfalls auch für solche Arzneimittel, die keine Fertigarzneimittel sind, das heißt also, die nicht im voraus hergestellt, abgepackt und gekennzeichnet sind, aber nach dem Arzneimittelgesetz der Zulassungspflicht unterliegen (s. 4).

5. Schutz des Menschen bei der klinischen Prüfung

Die Prüfung eines Arzneimittels am Menschen ist für die Arzneimittelsicherheit ein unerläßlicher Bestandteil der Maßnahmen, die vor einem allgemeinen Inverkehrbringen eines Arzneimittels erforderlich sind. Die klinische Prüfung erreichen nur solche Arzneimittel, bei denen bereits im Rahmen von pharmakologisch-toxikologischen Prüfungen (s. 4.3) die Erkenntnis gewonnen wurde, daß die Risiken für die betreffenden Patienten so gering wie möglich sind.

Zum Schutz des Menschen hat der Gesetzgeber Vorschriften erlassen, wann und wie Arzneimittel durch Anwendung am Menschen auf ihre Wirksamkeit und Verträglichkeit geprüft werden dürfen (§§ 40, 41). Im Hinblick darauf, daß Nebenwirkungen mit schädlichen Folgen nicht absolut auszuschließen sind, hat der Gesetzgeber weitere Bestimmungen festgelegt, die u.a. auch sicherstellen, daß den betroffenen Personen bei Schäden, oder gegebenenfalls bei Tod den Hinterbliebenen, eine angemessene Entschädigung zusteht.

Die klinische Prüfung eines Arzneimittels gliedert sich in mehrere Phasen. Zunächst wird ein Arzneimittel unter strenger ärztlicher Überwachung an einer kleinen Zahl freiwilliger, gesunder Menschen (Probanden) auf seine Verträglichkeit geprüft. Daran schließt sich die Prüfung auf Wirksamkeit an, die ebenfalls nur eine kleine Zahl kranker Patienten einbezieht.

Erst dann setzt eine Prüfung an einer größeren Zahl von Patienten ein. Ist das betreffende Arzneimittel vom Bundesinstitut für Arzneimittel und Medizinprodukte zugelassen, wird die breite Prüfung fortgesetzt, indem die Beobachtungen die bei der Anwendung des Arzneimittels gemacht werden, weiterhin laufend gesammelt und ausgewertet werden. Diese letzte Phase stellt gewissermaßen eine Dauerbeobachtung dar, der das Arzneimittel solange unterworfen ist, wie es am Menschen angewandt wird bzw. im Verkehr ist.

Die klinische Prüfung eines Arzneimittels darf am Menschen nur durchgeführt werden, wenn sie zuvor von einer nach Landesrecht (Heilberufsgesetz) gebildeten unabhängigen Ethik-Kommission zustimmend bewertet worden ist und die Person, an der die klinische Prüfung durchgeführt werden soll, aufgeklärt wurde und ihre Einwilligung gegeben hat.

Die Einwilligung wird nur wirksam, wenn die Person geschäftsfähig ist und die Einwilligung schriftlich gegeben wurde. Selbstverständlich kann diese jederzeit widerrufen werden.

Die klinische Prüfung bei Minderjährigen darf sich nur auf solche Arzneimittel beziehen, die zum Erkennen oder zum Verhüten von Krankheiten bei Minderjährigen bestimmt sind. Voraussetzung hierfür ist jedoch, daß durch eine klinische Prüfung an Erwachsenen keine ausreichenden Ergebnisse zu erreichen sind. Die Einwilligung für eine Prüfung ist in diesen Fällen durch den gesetzlichen Vertreter oder Pfleger abzugeben.

Soweit kranke Personen in die klinische Prüfung einbezogen werden, ist Voraussetzung, daß das zu prüfende Arzneimittel das Leben des Kranken retten, seine Gesundheit wieder herstellen oder sein Leiden erleichtern kann. Im Falle einer kranken Person darf die klinische Prüfung auch dann durchgeführt werden, wenn diese nicht geschäftsfähig oder in der Geschäftsfähigkeit beschränkt ist. Für die klinische Prüfung ist in diesen Fällen die Einwilligung des gesetzlichen Vertreters oder Pflegers ausreichend. Auch hier gilt die Aufklärungspflicht. Lediglich in besonders schweren Fällen, wenn zum Beispiel durch die Aufklärung ein Behandlungserfolg gefährdet wird, kann die Aufklärung und die Einwilligung des Kranken entfallen.

Die Durchführung einer klinischen Prüfung an Personen, die in Justizvollzugsanstalten einsitzen oder in Psychiatrischen Kliniken auf gerichtliche oder behördliche Anordnung verwahrt werden, ist verboten.

Eine klinische Prüfung von Arzneimitteln muß von einem Arzt geleitet werden, der eine mindestens zweijährige Erfahrung mit derartigen Prüfungen nachweisen kann (Leiter der klinischen Prüfung).

6. Abgabe von Arzneimitteln

Arzneimittel, auch fiktive Arzneimittel (s. 1), dürfen im Einzelhandel mit genau festgelegten Ausnahmen (s. 6.1) nur in Apotheken in den Verkehr gebracht werden (§ 43 Abs. 1). Sie sind im Einzelhandel apothekenpflichtig (s. auch S. 167). Dieser Grundsatz gilt insbesondere für Arzneimittel, die auf Verschreibung eines Arztes, Zahnarztes oder Tierarztes abgegeben werden sollen (§ 43 Abs. 3). Eine Ausnahmeregelung besteht für Tierärzte, die apothekenpflichtige, also auch verschreibungspflichtige Arzneimittel und arzneimittelhaltige Gegenstände an Halter der von ihnen behandelten Tiere abgeben und zu diesem Zweck vorrätig halten dürfen (§ 43 Abs. 4).

6.1 Freiverkäuflichkeit

Nicht der Apothekenpflicht unterliegen die freiverkäuflichen Arzneimittel.

6.1.1 Sogenannte Vorbeugungsmittel

Mit der Einschränkung, daß sie nicht der Verschreibungspflicht unterliegen dürfen oder durch Rechtsverordnung (§ 46; s. Anhang Anlage 3, 2. Abschnitt) nicht vom Verkehr außerhalb von Apotheken ausgeschlossen sind, das heißt also, der Apothekenpflicht unterliegen – auch ohne verschreibungspflichtig zu sein – sind generell solche Arzneimittel freiverkäuflich, die vom pharmazeutischen Unternehmer ausschließlich zu anderen Zwecken als zur Beseitigung oder Linderung von Krankheiten, Leiden, Körperschäden oder krankhaften Beschwerden in den Verkehr gebracht werden (§ 44 Abs. 1). Im allgemeinen wird diese Gruppe von Arzneimitteln unter dem Begriff „Vorbeugungsmittel" zusammengefaßt. Hierzu gehören also solche Arzneimittel, die *ausschließlich* zur Vorbeugung oder Verhütung von Krankheiten bestimmt sind, die dazu dienen sollen, die Gesundheit und das Wohlbefinden zu erhalten oder zu steigern oder z. B. den Organismus und den Körper zu kräftigen.

Üblich, aber nicht unumstritten, sind in diesen Rahmen auch Begriffe wie „Verhütung von Darmträgheit oder Verstopfung" oder „zur Darmpflege", „zur Nervenpflege" etc. (s. auch S. 170).

Man kann zusammenfassend sagen, daß die Zweckbestimmung dieser Arzneimittel alle – zutreffenden – gesundheitsbezogenen Aussagen machen darf, nur nicht solche, die auf eine Heilung oder Linderung oder Beseitigung einer Krankheit hindeuten.

6.1.2 Weitere Ausnahmen von der Apothekenpflicht

Neben der Gruppe der „Vorbeugungsmittel" oder auch „Nicht-Heilmittel" ist im Arzneimittelgesetz ausdrücklich eine Reihe von Arzneimitteln unabhängig davon, ob sie „Heilmittel" oder „Nicht-Heilmittel" sind, für den Verkehr außerhalb der Apotheken zugelassen (§ 44 Abs. 2). Es muß jedoch bei jedem der nachfolgenden Beispiele berücksichtigt werden, daß die Freiverkäuflichkeit nur unter der Voraussetzung gilt, daß die aufgeführten Arzneimittel nicht der Verschreibungspflicht unterliegen bzw. keine

Stoffe oder Zubereitungen von Stoffen enthalten, die durch den zweiten Abschnitt der Rechtsverordnung über apothekenpflichtige und freiverkäufliche Arzneimittel (§ 46; s. 6.3 und Anhang, Anlage 3) vom Verkehr außerhalb der Apotheken ausgeschlossen sind.

Es handelt sich um:

Natürliche Heilwässer sowie deren Salze, auch als Tabletten oder Pastillen. Dies gilt auch für künstliche Heilwässer sowie deren Salze, auch als Tabletten oder Pastillen, jedoch nur, wenn sie in ihrer Zusammensetzung natürlichen Heilwässern entsprechen (§ 44 Abs. 2 Nr. 1). Eine Definition für natürliche Heilwässer geben die Begriffsbestimmungen für Kurorte, Erholungsorte und Heilbrunnen des Deutschen Bäderverbandes und des Deutschen Fremdenverkehrsverbandes. Hiernach stammen natürliche Heilwässer aus Quellen, die natürlich zu Tage treten oder künstlich erschlossen sind. Sie müssen nachweisbar krankheitsheilende, -lindernde oder -verhütende Eigenschaften haben. Hinsichtlich ihrer Zusammensetzung müssen sie mindestens 1 g pro kg gelöste feste Mineralstoffe enthalten.

Unabhängig von diesem Gesamtgehalt an Mineralstoffen können einzelne Wässer auch durch den Gehalt bestimmter wirksamer Bestandteile wie Eisen, Jod, Schwefel oder Kohlensäure hervortreten. Zu diesem Zweck sind im einzelnen Grenzwerte festgesetzt, die erreicht werden müssen, damit die Heilwässer als „eisenhaltig“, „jodhaltig“, „schwefelhaltig“ bzw. „Säuerlinge“ in den Verkehr gebracht werden können.

Die Definition in den Begriffsbestimmungen für Kurorte, Erholungsorte und Heilbrunnen haben zwar keinen rechtsverbindlichen Charakter, da sie sich nur an die Verbandsmitglieder richten, sie bilden jedoch weitgehend die Grundlage für die staatliche Anerkennung von Heilquellen (Heilwasser), die nach Landeswasserrecht ausgesprochen wird.

Eine Zulassung von Heilwässern als Arzneimittel orientiert sich nicht an diesen Begriffsbestimmungen, sondern hier ist – wie für alle Arzneimittel – der Nachweis der Wirksamkeit anhand der nach dem Gesetz erforderlichen Zulassungsunterlagen notwendig.

Eine Definition für natürliche Mineralwässer, Sauerbrunnen und Säuerlinge gibt die Mineral- und Tafelwasserverordnung. Hier handelt es sich zwar um Lebensmittel, jedoch können diese Definitionen zur Interpretation im Rahmen des Arzneimittelgesetzes hilfsweise herangezogen werden.

Die Einstufung als Arzneimittel geschieht unabhängig davon, ob es sich um ein natürliches oder ein künstliches Heilwasser handelt. Die überwiegende Mehrzahl der im Verkehr befindlichen Heilwässer sind jedoch sicherlich natürliche Heilwässer.

Zu den Salzen, die in natürlicher oder (nachgemachter) künstlicher Form als Arzneimittel Verwendung finden, gehören z. B. Emser Salz oder Karlsbader Salz. Diese Salze dürfen auch als Tabletten oder Pastillen in den Verkehr gebracht werden. In anderen Darreichungsformen, zum Beispiel als Dragees, würden sie der Apothekenpflicht unterliegen.

Weiter gehören zu der Gruppe von Arzneimitteln, die für den Verkehr außerhalb der Apotheken freigegeben sind, Heilerde, Bademoore und andere Peloide, Zubereitungen zur Herstellung von Bädern sowie Seifen zum äußeren Gebrauch (§ 44 Abs. 2 Nr. 2).

Heilerden sind Zubereitungen aus Ton oder Lehm oder aus deren Mischungen, die sowohl äußerlich als auch innerlich angewandt werden können.

Peloide sind Schlämme, die durch geologische oder geologische und biologische Vorgänge entstanden sind. Sie finden in der medizinischen Praxis in Form von schlamm- oder breiförmigen Bädern oder Packungen Verwendung.

Peloide können in der Natur sowohl wasserhaltig als auch trocken vorkommen. Zu ihnen gehören Torfe und Schlämme (sogenannte aquatische Peloide) oder als Heilerden (sogenannte terrestre Peloide), die aus Ton, Lehm, Mergel, Löß oder vulkanischem Tuff bestehen können.

Bei den Zubereitungen, die zur Herstellung von Bädern bestimmt sind, muß der Arzneimittelcharakter im Vordergrund stehen. Hierzu gehören also z. B. Beruhigungsbäder oder Bäder zur Verbesserung der Durchblutung oder zur Unterstützung der Herz-Kreislauf-Funktion.

Bäder, die überwiegend zur Pflege der Haut oder zur Reinigung der Haut bestimmt sind, sind Kosmetika im Sinne des Lebensmittel- und Bedarfsgegenständegesetzes und fallen insofern nicht unter die arzneimittelrechtlichen Bestimmungen (s. 1.1.2).

Auch bei Seifen zum äußeren Gebrauch muß der Arzneimittelcharakter im Vordergrund stehen. Hier kommen etwa Teer- oder Schwefelseifen in Frage, die zum Beispiel bei Akne eingesetzt werden.

Seifen also, die eine schöne oder wohlriechende Haut bewirken sollen, gehören nicht zu dieser Gruppe, da sie Kosmetika sind.

Nicht der Apothekenpflicht unterliegen auch, soweit sie mit ihren verkehrsüblichen deutschen Namen bezeichnet sind, folgende Stoffe und Zubereitungen (§ 44 Abs. 2 Nr. 3):

1. Pflanzen- und Pflanzenteile als Monodroge, auch in zerkleinertem Zustand. Hierunter sind entweder ganze Pflanzen oder deren Wurzeln, Blätter, Blüten, Samen, Stengel oder Wurzelstöcke zu verstehen (s. S. 157). Dies unabhängig davon, ob z. B. die Blätter in ihrer ursprünglichen Form oder geschnitten, oder eine Wurzel ganz oder zerkleinert in den Verkehr gebracht wird. Entsprechend der Vorgabe, daß die Freiverkäuflichkeit an einen verkehrsüblichen deutschen Namen geknüpft ist, muß die Bezeichnung lauten, z. B. „Kamillenblüten“, „Pfefferminzblätter“, „Leinsamen“ oder „Kamillentee“, „Pfefferminztee“.
2. Auch Mischungen von geschnittenen Pflanzen oder Pflanzenteilen sind frei verkäuflich, jedoch nur als Fertigarzneimittel. Dies bedeutet, daß zu der Voraussetzung der verkehrsüblichen deutschen Namen der enthaltenen Bestandteile auch die Zulassungspflicht kommt. Unter den Mischungen sind im allgemeinen Teemischungen zu verstehen, d. h., daß hierbei ein Herstellungsvorgang im Sinne des Arzneimittelgesetzes vorliegt. Dieser Herstellungsvorgang ist zwangsläufig an eine Erlaubnispflicht gebunden, der der Einzelhändler aufgrund der hierzu erforderlichen Sachkunde im allgemeinen nicht nachkommen kann. Der Einzelhändler darf also in keinem Fall einzelne Teedrogen miteinander mischen, sondern nur Teemischungen beziehen und diese allenfalls in unveränderter Form in kleinere Packungen abfüllen (s. 3.1.1). Diese müssen vom Bundesinstitut für Arzneimittel und Medizinprodukte zugelassen sein (s. u.). Vorbeugungsmittel sind freiverkäuflich, soweit sie keine verschreibungspflichtigen Bestandteile enthalten oder durch Rechtsverordnung vom Verkehr außerhalb der Apotheken ausgeschlossen sind (s. 6.1.1). Teemi-

schungen sind demnach als Vorbeugungsmittel auch dann freiverkäuflich, wenn sie keine Fertigarzneimittel sind. Soweit Teemischungen jedoch als Heilmittel freiverkäuflich in den Verkehr gebracht werden, müssen sie Fertigarzneimittel sein und unterliegen als solche der Zulassungspflicht beim Bundesinstitut für Arzneimittel und Medizinprodukte. Teemischungen, die keine Fertigarzneimittel sind und als Heilmittel in den Verkehr gebracht werden, unterliegen der Apothekenpflicht.

Der übliche Weg wird der sein, daß der Einzelhändler Teemischungen in abgabefertigen Packungen von einem pharmazeutischen Unternehmer oder pharmazeutischen Großhändler bezieht. Die enthaltenen Bestandteile müssen mit ihrem deutschen Namen bezeichnet sein. Der Produktname der Mischung ist frei. Es empfiehlt sich jedoch auch diesen verständlich zu wählen, wie etwa Brusttee, Magentee, Herz-Kreislauftee. Anderenfalls ist ebenfalls die Apothekenpflicht gegeben. Dies gilt ebenfalls nicht für Tees, die als Vorbeugungsmittel in den Verkehr gebracht werden (s. o.).

Es bleibt noch darauf hinzuweisen, daß Arzneimittel, die aus einzelnen abgepackten Teedrogen bestehen und gemäß Gebrauchsanweisung vor der Zubereitung eines Tees vom Verbraucher selbst gemischt werden sollen, als Mischung im Sinne dieser Vorschrift gelten. Dies bedeutet, daß derartige Arzneimittel nur als Fertigarzneimittel, also vom Bundesinstitut für Arzneimittel und Medizinprodukte zugelassen, freiverkäuflich sind. Die Bezeichnung muß selbstverständlich deutsch und verkehrsüblich sein.

3. Auch Destillate aus Pflanzen und Pflanzenteilen sind freiverkäuflich. Dies aber nur, wenn sie mit einem deutschen verkehrsüblichen Namen in den Verkehr gebracht werden.

   Bei einer Destillation werden flüchtige Stoffe in einer geschlossenen Anlage durch Erhitzen verdampft und der Dampf an einer anderen Stelle durch Abkühlen wieder verflüssigt (kondensiert). Der wiederverflüssigte Dampf ist das Destillat. Um die Ausbeute einer Destillation zu verbessern, werden im allgemeinen Alkohol oder Wasser als Hilfsmittel eingesetzt.

   Destillate aus Mischungen von Pflanzen und Pflanzenteilen sind gemäß dieser Vorschrift nicht freiverkäuflich (s. aber 6.2.3). Dies gilt gleichermaßen für Destillate aus Pflanzenbestandteilen, d. h. zum Beispiel Destillate isolierter ätherischer Öle.

   Ausgenommen sind wiederum Vorbeugungsmittel, da diese unabhängig von der Bezeichnung und Zusammensetzung freiverkäuflich sind (s. S. 182, aber auch S. 6.2.2).

4. Ebenfalls frei verkäuflich sind Preßsäfte aus frischen Pflanzen und Pflanzenteilen. Als Lösungsmittel ist lediglich Wasser zugelassen. Die Pflanzen oder Pflanzenteile müssen frisch sein. Das Auspressen getrockneter und anschließend wieder aufgeweichter Pflanzen oder Pflanzenteile ist im Hinblick auf die Freiverkäuflichkeit unzulässig. Dies gilt gleichermaßen für Alkoholzusatz. Preßsäfte frischer Pflanzen bzw. Pflanzenteile gibt es z. B. als Selleriesaft, Weißkrautsaft, Karottensaft oder Rhabarbersaft. Für die Freiverkäuflichkeit als Arzneimittel ist zudem Voraussetzung, daß eine verkehrsübliche deutsche Bezeichnung vorliegt.

   Die Mischung solcher Säfte hat die Apothekenpflicht zur Folge. Selbstverständlich kann eine Vielzahl von Preßsäften aus frischen Pflanzen und Pflan-

zenteilen auch als Lebensmittel im Verkehr sein.
Die genannten Einschränkungen gelten nicht für Vorbeugungsmittel (s. o.).

5. Auch ausschließlich oder überwiegend zum äußeren Gebrauch bestimmte Desinfektionsmittel sowie Mund- und Rachendesinfektionsmittel sind frei verkäuflich.
Unter Desinfektion versteht man das Unschädlichmachen von Krankheitserregern oder auch eine Entkeimung schlechthin. Hierzu zählen z. B. Jodtinktur oder jodfreie Desinfektionsmittel. Präparate zur Beseitigung von Parasiten am menschlichen oder tierischen Körper (Läuse, Zecken) und die im Arzneimittelverkehr außerhalb der Apotheken vertriebenen Hunde- und Katzenhalsbänder fallen nicht unter die Desinfektionsmittel. Letztere sind arzneimittelrechtlich als arzneimittelhaltige Gegenstände anzusehen.
Mund- und Rachendesinfektionsmittel werden im Menschen angewendet. Sie sind indirekt zur Beseitigung von Halsbeschwerden oder Heiserkeit bestimmt und befinden sich im allgemeinen als Tabletten, Dragees oder Flüssigkeiten im Verkehr.
Es ist darauf hinzuweisen, daß zu den Mund- und Rachendesinfektionsmitteln im allgemeinen nicht die Mundwässer gehören, da sie nicht überwiegend zur Mund- und Rachendesinfektion bestimmt sind, sondern zur Mund- und Rachenpflege dienen, und daher unter das Lebensmittel- und Bedarfsgegenständegesetz fallen. Dies gilt auch für eine Vielzahl gängiger „Hustenbonbons“, die nach der Rechtsprechung ebenfalls keine Arzneimittel sondern (meist vitaminisierte) Lebensmittel sind. Sie müssen insoweit mit einem Herstellungsdatum gekennzeichnet sein.

6.2 Freiverkäufliche Heilmittel

Da die Aufzählung der Voraussetzungen für die Freiverkäuflichkeit im Arzneimittelgesetz selbst nicht in jedem Fall erschöpft sein kann, hat das Bundesministerium für Gesundheit die Möglichkeit, weitere Arzneimittel als „Heilmittel“ (Arzneimittel, die teilweise oder ausschließlich zur Beseitigung oder Linderung von Krankheiten, Leiden, Körperschäden oder krankhaften Beschwerden bestimmt sind) zum Verkehr außerhalb der Apotheke zuzulassen.

Diese Ermächtigung von weiteren Ausnahmen von der Apothekenpflicht (§ 45) ist als Teil (erster Abschnitt) der Verordnung über apothekenpflichtige und freiverkäufliche Arzneimittel (s. Anhang Anlage 3) ausgeschöpft. Es handelt sich hierbei gewissermaßen um eine „Positivliste“. Im einzelnen ist genau festgelegt, in welcher Zusammensetzung, in welcher Darreichungsform und teilweise auch zu welchen Zwecken Arzneimittel als „Heilmittel“ freiverkäuflich sind.

Wichtig ist, daß ein Heilmittel auch dann vorliegt, wenn es nicht nur ausschließlich zur Beseitigung von Krankheiten bestimmt ist, sondern auch schon teilweise, d. h., es kann neben der Zweckbestimmung „zur Beseitigung von Krankheiten“ durchaus zur „Gesunderhaltung“ oder zur „Vorbeugung von Krankheiten“ bestimmt sein. Dabei ist es unerheblich, ob diese teilweise Zweckbestimmung überwiegenden Charakter hat. Sobald in eine Zweckbestimmung einfließt, daß das Arzneimittel z. B. zur Beseitigung einer Krankheit oder eines Leidens bestimmt ist, liegt ein „Heilmittel“ vor.

Die Verordnung (s. Anhang, Anlage 3) hat insgesamt 10 Anlagen (1 a bis 1 e, 2 a bis 2 c, 3 und 4). Mit Ausnahmen der Anlagen 1 b, 3 und 4, enthalten alle anderen Anlagen Stoffe und Zubereitungen aus Stoffen, die als „Heilmittel“ zum Verkehr außerhalb der Apotheken zugelassen sind. Es handelt sich bei den Anlagen 1a, 1c, 1d, 1e, 2a, 2b und 2c also um Positivlisten. Hinsichtlich verschiedener Darreichungsformen sei darauf hingewiesen, daß das Arzneibuch (s. 8) allgemeine Vorschriften (Monographien) über Extrakte, Sirupe, Tabletten und Tinkturen enthält.

6.2.1 Als Heilmittel freiverkäufliche Stoffe und Zubereitungen aus Stoffen

Die folgenden aufgeführten Stoffe und Zubereitungen aus Stoffen (Anlage 1 a zu § 1 Abs. 1 Nr. 1; siehe S. 285f.) sind ausschließlich in der aufgeführten Form mit der Zweckbestimmung „Heilmittel“ oder „teilweise Heilmittel“ zum Verkehr außerhalb der Apotheken zugelassen. Ausschließlich heißt in diesem Fall, daß die einzelnen Stoffe und Zubereitungen aus Stoffen nur in der Form freiverkäuflich sind, in der sie in den einzelnen Positionen beschrieben sind. Sie dürfen also zum Beispiel miteinander oder mit anderen Stoffen nur gemischt werden, wenn dies ausdrücklich gestattet ist.

Anlage 1 a

Stoff/Zubereitung	Anmerkung zur Freiverkäuflichkeit
Äthanol	Alkohol oder Weingeist oder Spiritus (siehe Arzneibuch: Ethanol 96 %); s. S. 50; freiverkäuflich auch als Nicht-Fertigarzneimittel; Standardzulassung.
Äthanol-Äther-Gemisch im Verhältnis 3:1 (Hoffmannstropfen)	Drei Teile Alkohol, ein Teil Äther (insgesamt vier Teile).
Äthanol-Wasser-Gemische	Ethanol-Wasser-Gemische; siehe Arzneibuch; freiverkäuflich auch als Nicht-Fertigarzneimittel.
Aloeextrakt a) zum äußeren Gebrauch als Zusatz in Fertigarzneimitteln b) zum inneren Gebrauch in einer Tagesdosis bis zu 20 mg als Bittermittel in wäßrig alkoholischen Pflanzenauszügen als Fertigarzneimittel	Eingesteller Aloeextrakt: s. Arzneibuch; freiverkäuflich nur als Fertigarzneimittel.
Aluminiumacetattartrat-Lösung	Stabilisierte Essigsaure-Tonerde (siehe Arzneibuch); freiverkäuflich auch als Nicht-Fertigarzneimittel.
Aluminiumacetattartrat, als Tabletten auch mit Zusatz arzneilich nicht wirksamer Stoffe oder Zubereitungen als Fertigarzneimittel	Reinsubstanz; in Zubereitungen als Tabletten (Zusatz von Hilfsstoffen zulässig) freiverkäuflich nur als Fertigarzneimittel.

Anlage 1 a (Fortsetzung)

Stoff/Zubereitung	Anmerkung zur Freiverkäuflichkeit
Aluminiumhydroxid, auch in Mischungen mit arzneilich nicht wirksamen Stoffen oder Zubereitungen als Fertigarzneimittel	Reinsubstanz; keine besondere Zubereitungsform vorgeschrieben; Zusatz von Hilfsstoffen zulässig, dann aber freiverkäuflich nur als Fertigarzneimittel; s. S. 51; Standardzulassung für Tabletten.
Aluminiumkaliumsulfat (Alaun), als blutstillende Stifte oder Steine auch mit Zusatz arzneilich nicht wirksamer Stoffe oder Zubereitungen	Reinsubstanz: siehe Arzneibuch: s. S. 51; in Zubereitungen als Stifte oder Steine (Zusatz von Hilfsstoffen zulässig); freiverkäuflich auch als Nicht-Fertigarzneimittel.
Aluminium-magnesium-silicat-Komplexe, als Tabletten auch mit Zusatz arzneilich nicht wirksamer Stoffe oder Zubereitungen als Fertigarzneimittel	In Zubereitungen als Tabletten (Zusatz von Hilfsstoffen zulässig) freiverkäuflich nur als Fertigarzneimittel.
Aluminiumsilicate, als Tabletten auch mit Zusatz arzneilich nicht wirksamer Stoffe oder Zubereitungen als Fertigarzneimittel	Reinsubstanz; in Zubereitungen als Tabletten (Zusatz von Hilfsstoffen zulässig) freiverkäuflich nur als Fertigarzneimittel; s. S. 51.
Ameisensäure-Äthanol-Wasser-Gemisch (Ameisenspiritus) mit einem Gehalt an Gesamtameisensäure bis zu 1,25 % mit mindestens 70 %igem Äthanol	
Ammoniaklösung bis 10 %ig	Ammoniak-Lösung 10 %; siehe Arzneibuch.
Ammoniak-Lavendel-Riechessenz	Riechstäbchen
Ammoniumchlorid	Siehe Arzneibuch; s. S. 52.
Angelikaöl, ätherisches	S. S. 39.
Anisöl, ätherisches	Siehe Arzneibuch; s. S. 40.
Aniswasser	
Arnika und ihre Zubereitungen zum äußeren Gebrauch, auch mit Zusatz arzneilich nicht wirksamer Stoffe oder Zubereitungen	Siehe Arzneibuch; nur zum äußeren Gebrauch; freiverkäuflich auch als Nicht-Fertigarzneimittel; Standardzulassung für Blüten und Tinktur.
Ascorbinsäure (Vitamin C), auch als Tabletten, auch mit Zusatz arzneilich nicht wirksamer Stoffe oder Zubereitungen, als Fertigarzneimittel	Reinsubstanz (siehe Arzneibuch); neben Zubereitungen als Tabletten auch andere Zubereitungsformen zulässig; Zusatz von Hilfsstoffen zulässig; freiverkäuflich nur als Fertigarzneimittel; Standardzulassung für Tabletten und Pulver.
Baldrianextrakt, auch in Mischungen mit Hopfenextrakt und mit arzneilich nicht wirksamen Stoffen oder Zubereitungen als Fertigarzneimittel	Reinsubstanz; Zusatz von Hopfenextrakt und Hilfsstoffen zulässig; keine besondere Zubereitungsform vorgeschrieben; freiverkäuflich nur als Fertigarzneimittel; s. S. 17, 93 und 110.

Anlage 1 a (Fortsetzung)

Stoff/Zubereitung	Anmerkung zur Freiverkäuflichkeit
Baldriantinktur, auch ätherische, mit Äthanol-Äther-Gemischen im Verhältnis 1:5	Siehe Arzneibuch; Ätherische Baldriantinktur wird im Verhältnis 1 (Teil Baldrianwurzel) : 5 (Teilen Ätheräthanol) gewonnen. Das verwendete Ätheräthanol-Gemisch besteht aus 1 Teil Äther und 3 Teilen Äthanol (= Hoffmannstropfen); Standardzulassung für Tinktur.
Baldrianwein als Fertigarzneimittel	Freiverkäuflich nur als Fertigarzneimittel.
Benediktiner Essenz als Fertigarzneimittel	Freiverkäuflich nur als Fertigarzneimittel.
Benzoetinktur mit Äthanol 90 % im Verhältnis 1:5	Siehe Arzneibuch.
Birkenteer zum äußeren Gebrauch bei Tieren	
Borsäure und ihre Salze zur Pufferung und/oder Isotonisierung in Benetzungslösungen oder Desinfektionslösungen für Kontaktlinsen	Reinsubstanz; Siehe Arzneibuch; Kontaktlinsen sind Medizinprodukte (s. auch 1.2).
Brausemagnesia	
Calciumcarbonat, als Tabletten auch mit Zusatz arzneilich nicht wirksamer Stoffe oder Zubereitungen als Fertigarzneimittel	Reinsubstanz; siehe Arzneibuch; s. S. 53, in Zubereitungen als Tabletten (Zusatz von Hilfsstoffen zulässig) freiverkäuflich nur als Fertigarzneimittel; s. S. 107.
Calciumcitrat, Calciumlactat, Calciumphosphate, auch gemischt, als Tabletten und Mischungen auch mit Zusatz von Ascorbinsäure und arzneilich nicht wirksamen Stoffen oder Zubereitungen als Fertigarzneimittel	Reinsubstanzen einzeln oder gemischt; in Zubereitungen als Tabletten (Zusatz von Vitamin C und Hilfsstoffen zulässig) freiverkäuflich nur als Fertigarzneimittel; soweit Mischungen Hilfsstoffe und Vitamin C zugesetzt werden, ebenfalls nur freiverkäuflich als Fertigarzneimittel.
Campherliniment, flüchtiges	
Campheröl zum äußeren Gebrauch	
Camphersalbe, auch mit Zusatz von ätherischen Ölen, Menthol und Äthylglykolsäurementhylester	Salbengrundlage (siehe Arzneibuch); Zusatz von ätherischen Ölen (ohne Beschränkung), Menthol und Äthylglykolsäuremethylester zulässig; freiverkäuflich auch als Nicht-Fertigarzneimittel.
Campherspiritus	Siehe Arzneibuch; Standardzulassung
Chinawein, auch mit Eisen, als Fertigarzneimittel	Freiverkäuflich nur als Fertigarzneimittel; Zusatz von Eisen zulässig.
Citronenöl, ätherisches	Siehe Arzneibuch.

Anlage 1 a (Fortsetzung)

Stoff/Zubereitung	Anmerkung zur Freiverkäuflichkeit
Colloidale Silberchloridlösung, eiweißfrei, bis 0,5 % auch mit Zusatz arzneilich nicht wirksamer Stoffe oder Zubereitungen, als Nasendesinfektionsmittel, als Fertigarzneimittel	Freiverkäuflich nur als Fertigarzneimittel in Form einer eiweißfreien Lösung; Zusatz von Hilfsstoffen zulässig; nur zur Nasendesinfektion; Höchstkonzentrat 0,5 %.
Eibischsirup als Fertigarzneimittel	Sirup: siehe Arzneibuch; freiverkäuflich nur als Fertigarzneimittel.
Enziantinktur aus Enzianwurzel mit Äthanol 70 % im Verhältnis 1:5	Siehe Arzneibuch.
2-(Ethylmercurithio)-benzoesäure, Natriumsalz (Thiomersal) bis zu 30 mg mit Zusatz arzneilich nicht wirksamer Stoffe oder Zubereitungen als Tabletten zur Bekämpfung der Nosemaseuche der Bienen als Fertigarzneimittel	Freiverkäuflich nur als Fertigarzneimittel.
Eukalyptusöl, ätherisches	Siehe Arzneibuch; s. S. 40; Standardzulassung.
Eukalyptuswasser im Verhältnis 1:1000	
Fangokompressen und Schlickpackungen	
Feigensirup, auch mit Manna, als Fertigarzneimittel	Freiverkäuflich nur als Fertigarzneimittel; Zusatz von Manna zulässig.
Fenchelhonig unter Verwendung von mindestens 50 % Honig, auch mit konzentrierten Lösungen von süßschmeckenden Mono-, Disacchariden und Glukosesirup, als Fertigarzneimittel	Freiverkäuflich nur als Fertigarzneimittel; Honig: siehe Arzneibuch; Moniggehalt mindestens 50 %; Zusatz konzentrierter Zuckerlösung zulässig; Glucosesirup: siehe Arzneibuch.
Fenchelöl, ätherisches	Siehe Arzneibuch; s. S. 40.
Fichtennadelöle, ätherische	Siehe Arzneibuch; s. S. 40.
Fichtennadelspiritus mit mindestens 70 %igem Alkohol	Freiverkäuflich auch als Nicht-Fertigarzneimittel; Alkoholgehalt mindestens 70 %.
Franzbranntwein, auch mit Kochsalz, Menthol, Campher, Fichtennadel- und Kiefernnadelöl bis zu 0,5 %, Geruchsstoffen oder Farbstoffen, mit mindestens 45 %igem Äthanol	Freiverkäuflich auch als Nicht-Fertigarzneimittel; Zusatz von Kochsalz, Menthol, Campher, Geruchsstoffen, Fichtennadelöl und Kiefernnadelöl bis 0,5 % oder Farbstoffen einzeln oder zusammen ist zulässig; Alkoholgehalt mindestens 45 %; Standardzulassung.

Anlage 1 a (Fortsetzung)

Stoff/Zubereitung	Anmerkung zur Freiverkäuflichkeit
Fumagilin-1,1'-bicylohexyl-4-ylamin-Salz (Bicylohexylammoniumfumagillin) mit Zusatz arzneilich nicht wirksamer Stoffe oder Zubereitungen zur Bekämpfung der Nosemaseuche der Bienen als Fertigarzneimittel	Freiverkäuflich nur als Fertigarzneimittel mit Zusatz von Hilfsstoffen und zur Bekämpfung der Nosemaseuche der Bienen.
Germerwurzelstock (Nieswurzel) in Zubereitungen mit einem Gehalt bis zu 3 % als Schneeberger Schnupftabak	Höchstgehalt 3 %; freiverkäuflich nur unter der Bezeichnung „Schneeberger Schnupftabak" auch als Nicht-Fertigarzneimittel.
Glycerol 85 % (Glyzerin), auch mit Zusatz von Wasser	Reinsubstanz (siehe Arzneibuch); s. S. 54; Zusatz von Wasser (siehe Arzneibuch) zulässig; freiverkäuflich auch als Nicht-Fertigarzneimittel.
Hartparaffin, auch mit Zusatz von Heilerde, Bademooren oder anderen Peloiden im Sinne des § 44 Abs. 2 Nr. 2 des Arzneimittelgesetzes oder von arzneilich nicht wirksamen Stoffen oder Zubereitungen, zum äußeren Gebrauch	Reinsubstanz (nur in fester Form); siehe Arzneibuch; s. S. 54; Zusatz von Heilerde, Bademooren oder anderen Poloiden oder von Hilfsstoffen zulässig; nur zur äußeren Anwendung; freiverkäuflich auch als Nicht-Fertigarzneimittel.
Hefe, als Tabletten auch mit Zusatz arzneilich nicht wirksamer Stoffe oder Zubereitungen als Fertigarzneimittel	Reinsubstanz; in Zubereitungen als Tabletten (Zusatz von Hilfsstoffen zulässig); freiverkäuflich nur als Fertigarzneimittel.
Heidelbeersirup als Fertigarzneimittel	Freiverkäuflich nur als Fertigarzneimittel.
Heilerde zur inneren Anwendung, auch in Kapseln	
Heublumenkompressen	
Holundersirup als Fertigarzeimittel	Freiverkäuflich nur als Fertigarzneimittel.
Holzteer zum äußeren Gebrauch bei Tieren	Nur zum äußeren Gebrauch bei Tieren; freiverkäuflich auch als Nicht-Fertigarzneimittel.
Johanniskraut oder Johanniskrautblüten, Auszüge mit Öl als Fertigarzneimittel	Freiverkäuflich nur als Fertigarzneimittel; Standardzulassung für Johanniskraut.
Kaliumcarbonat	Pottasche
Kaliumcitrat	S. S. 54.
Kaliumdihydrogenphosphat	Siehe Arzneibuch.
Kalium-(RR)-hydrogencarbonat (Weinstein)	
Kalium-Natrium-(RR)-tartrat	S. S. 54.
Kaliumsulfat	

Anlage 1 a (Fortsetzung)

Stoff/Zubereitung	Anmerkung zur Freiverkäuflichkeit
Kalmusöl, ätherisches	S. S. 40.
Kamillenauszüge, flüssige auch mit Zusatz arzneilich nicht wirksamer Stoffe oder Zubereitungen, als Fertigarzneimittel.	Reinsubstanz (nur flüssig); Zusatz von Hilfsstoffen zulässig; freiverkäuflich nur als Fertigarzneimittel.
Kamillenextrakt, auch mit Salbengrundlage, als Fertigarzneimittel	Extrakte: siehe Arzneibuch; Salben: siehe Arzneibuch; freiverkäuflich nur als Fertigarzneimittel.
Kamillenöl	
Kamillenwasser	
Karmelitergeist als Fertigarzneimittel	Freiverkäuflich nur als Fertigarzneimittel.
Kiefernnadelöle, ätherische	Siehe Arzneibuch; s. S. 41.
Knoblauch und seine Zubereitungen, auch mit Zusatz arzneilich nicht wirksamer Stoffe oder Zubereitungen	Reinsubstanz und Zubereitungen; Zusatz von Hilfsstoffen zulässig; keine besonderen Zubereitungsformen vorgeschrieben; freiverkäuflich auch als Nicht-Fertigarzneimittel; s. S. 46.
Kohle, medizinische, als Tabletten oder Granulat auch mit Zusatz arzneilich nicht wirksamer Stoffe oder Zubereitungen als Fertigarzneimittel	Reinsubstanz (siehe Arzneibuch); in Zubereitungen als Tabletten oder Granulat (Zusatz von Hilfsstoffen zulässig); freiverkäuflich nur als Fertigarzneimittel; Standardzulassung für Kohletabletten.
Kondurangowein als Fertigarzneimittel	Freiverkäuflich nur als Fertigarzneimittel.
Korianderöl, ätherisches	S. S. 41.
Krauseminzöl, ätherisches	S. S. 41.
Kühlsalbe als Fertigarzneimittel	Siehe Arzneibuch; freiverkäuflich nur als Fertigarzneimittel; s. S. 68.
Kümmelöl, ätherisches, auch in Mischungen mit anderen ätherischen Ölen – ausgenommen Terpentinöl – mit Glycerol, Leinöl, flüssigem Paraffin, fein verteiltem Schwefel oder Äthanol, für Tiere, als Fertigarzneimittel	Siehe Arzneibuch; Mischungen mit ätherischen Ölen (einzige Einschränkung: kein Terpentinöl) bei Zusatz von Glyzerin, Leinöl, flüssigem Paraffin, Schwefelblüte oder Weingeist; freiverkäuflich nur als Fertigarzneimittel zur Anwendung bei Tieren.
Lactose (Milchzucker)	Siehe Arzneibuch; s. S. 55.
Lanolin	Salbengrundlage; siehe Arzneibuch.
Lärchenterpentin zum äußeren Gebrauch bei Tieren	Nur zur äußeren Anwendung bei Tieren; freiverkäuflich auch als Nicht-Fertigarzneimittel.
Lavendelöl, ätherisches	Siehe Arzneibuch; s. S. 41.
Lavendelspiritus	
Lavendelwasser	

Anlage 1 a (Fortsetzung)

Stoff/Zubereitung	Anmerkung zur Freiverkäuflichkeit
Lebertran in Kapseln als Fertigarzneimittel	Freiverkäuflich nur in Kapseln als Fertigarzneimittel (Lebertran s. Arzneibuch); s. S. 119.
Lebertranemulsion, auch aromatisiert, als Fertigarzneimittel	In Zubereitungen als Emulsion; Zusatz von Hilfsstoffen (hier: Aromastoffe und Emulgatoren, Stabilisatoren) zulässig; freiverkäuflich nur als Fertigarzneimittel.
Lecithin, auch mit Zusatz arzneilich nicht wirksamer Stoffe oder Zubereitungen als Fertigarzneimittel	Reinsubstanz; keine besonderen Zubereitungsformen vorgeschrieben; Zusatz von Hilfsstoffen zulässig, dann aber freiverkäuflich nur als Fertigarzneimittel; s. S. 46, 122.
Leinkuchen	
Leinöl	
Leinöl, geschwefeltes, zum äußeren Gebrauch	Nur zur äußeren Anwendung; freiverkäuflich auch als Nicht-Fertigarzneimittel.
Liniment, flüchtiges	
Lorbeeröl	
Magnesiumcarbonat, basisches, leichtes und schweres, als Tabletten auch mit Zusatz arzneilich nicht wirksamer Stoffe oder Zubereitungen als Fertigarzneimittel	Reinsubstanzen (siehe Arzneibuch); in Zubereitung als Tabletten (Zusatz von Hilfsstoffen zulässig) freiverkäuflich nur als Fertigarzneimittel.
Magnesiumhydrogenphosphat	Siehe Arzneibuch.
Magnesiumoxid, leichtes (Magnesia, gebrannte)	Siehe Arzneibuch; s. S. 55.
Magnesiumperoxid, bis 15 %ig, als Tabletten auch mit Zusatz arzneilich nicht wirksamer Stoffe oder Zubereitungen als Fertigarzneimittel	Reinsubstanz (siehe Arzneibuch); in Zubereitungen als Tabletten (Zusatz von Hilfsstoffen zulässig) freiverkäuflich nur als Fertigarzneimittel; Höchstkonzentration 15 %.
Magnesiumsulfat · 7 H_2O (Bittersalz)	Magnesiumsulfat nur als Reinsubstanz (siehe Arzneibuch); s. S. 52; freiverkäuflich auch als Nicht-Fertigarzneimittel; Standardzulassung.
Magnesiumtrisilicat, als Tabletten auch mit Zusatz arzneilich nicht wirksamer Stoffe oder Zubereitungen als Fertigarzneimittel	Reinsubstanz: siehe Arzneibuch; in Zubereitungen als Tabletten (Zusatz von Hilfsstoffen zulässig) freiverkäuflich nur als Fertigarzneimittel; s. S. 55; Standardzulassung.
Mandelöl	Siehe Arzneibuch.
Mannasirup als Fertigarzneimittel	Freiverkäuflich nur als Fertigarzneimittel.
Melissengeist als Fertigarzneimittel Melissenspiritus	Freiverkäuflich nur als Fertigarzneimittel; s. S. 29, 108.
Melissenwasser	

Anlage 1 a (Fortsetzung)

Stoff/Zubereitung	Anmerkung zur Freiverkäuflichkeit
Mentholstifte	Menthol: siehe Arzneibuch.
Methenamin-Silbernitrat (Hexamethylentetraminsilbernitrat) als Streupulver 2 %ig mit Zusatz arzneilich nicht wirksamer Stoffe oder Zubereitungen in Wochenbettpackungen als Fertigarzneimittel	Freiverkäuflich nur als Fertigarzneimittel; nur in Zubereitungsform als Pulver bis zu einem Gehalt von 2 % und einem Zusatz von Hilfsstoffen; nur in Wochenbettpackungen.
Minzöl, ätherisches	S. S. 41.
Mischungen aus Dichlordifluormethan und Trichlorfluormethan in Desinfektionssprays zur Anwendung an der menschlichen Haut als Treib- und Lösungsmittel und in Mitteln zur äußeren Kälteanwendung bei Muskelschmerzen und Stauchungen, auch mit Zusatz von Latschenkiefernöl, Campher, Menthol und Arnikaauszügen oder Propan und Butan, als Fertigarzneimittel	Freiverkäuflich nur als Fertigarzneimittel, z. B. Kühlspray.
Mischungen von Äthanol-Äther, Campherspiritus, Seifenspiritus und wäßriger Ammoniaklösung oder von einzelnen dieser Flüssigkeiten für Tiere	Als Reinsubstanz einzeln oder in Mischungen nur zur Anwendung an Tieren; freiverkäuflich auch als Nicht-Fertigarzneimittel.
Molkekonzentrat mit Zusatz arneilich nicht wirksamer Stoffe oder Zubereitungen	Nur mit Zusatz von Hilfsstoffen; freiverkäuflich auch als Nicht-Fertigarzneimittel.
Muskatblütenöl (Macisöl), ätherisches	S. S. 41.
Muskatnußöl, ätherisches	S. S. 41.
Myrrhentinktur	Siehe Arzneibuch; Standardzulassung.
Natriumhydrogencarbonat, als Tabletten, Granulat oder in Kapseln auch mit Zusatz arzneilich nicht wirksamer Stoffe oder Zubereitungen als Fertigarzneimittel	Reinsubstanz; siehe Arzneibuch; in Zubereitungen als Tabletten, Granulat oder Kapseln (Zusatz von Hilfsstoffen zulässig) freiverkäuflich nur als Fertigarzneimittel; s. S. 57, 106.
Natriummonohydrogenphosphat	Siehe Arzneibuch; s. S. 57.
Natriumsulfat-Dekahydrat (Glaubersalz)	Natriumsulfat nur als Reinsubstanz (siehe Arzneibuch); s. S. 53; freiverkäuflich auch als Nicht-Fertigarzneimittel.
Nelkenöl, ätherisches	Siehe Arzneibuch; s. S. 41.
Nelkentinktur mit Äthanol 70 % im Verhältnis 1:5	Tinkturen; siehe Arzneibuch.

Anlage 1 a (Fortsetzung)

Stoff/Zubereitung	Anmerkung zur Freiverkäuflichkeit
Opodelok, flüssig	
Pappelsalbe	
Pepsinwein als Fertigarzneimittel	Freiverkäuflich nur als Fertigarzneimittel; Pepsin: siehe Arzneibuch; s. S. 48, 94.
Pfefferminzöl, ätherisches	Siehe Arzneibuch; s. S. 42; Standardzulassung.
Pfefferminzsirup als Fertigarzneimittel	Freiverkäuflich nur als Fertigarzneimittel.
Pfefferminzspiritus, aus Pfefferminzöl mit Äthanol 90 % im Verhältnis 1:10	
Pfefferminzwasser	
(3-sn-Phosphatidyl)-cholin (Lecithin), auch mit Zusatz arzneilich nicht wirksamer Stoffe oder Zubereitungen als Fertigarzneimittel	Reinsubstanz; keine besonderen Zubereitungsformen vorgeschrieben; Zusatz von Hilfsstoffen zulässig, dann aber freiverkäuflich nur als Fertigarzneimittel; s. S. 46, 122.
Pomeranzenblütenöl, ätherisches	S. S. 42.
Pomeranzenschalenöl, ätherisches	S. S. 42.
Pomeranzensirup, als Fertigarzneimittel	Freiverkäuflich nur als Fertigarzneimittel; Sirupe siehe Arzneibuch.
Pyrethrum-Extrakt zur Anwendung bei Tieren mit Zusatz arzneilich nicht wirksamer Stoffe oder Zubereitungen als Fertigarzneimittel	Freiverkäuflich nur als Fertigarzneimittel; nur zur Anwendung bei Tieren.
Ratanhiatinktur	Siehe Arzneibuch; Standardzulassung.
Riechsalz	
Rizinusöl, auch raffiniertes, auch in Kapseln	Reinsubstanz (siehe Arzneibuch); sonst nur in Kapseln; freiverkäuflich auch als Nicht-Fertigarzneimittel; s. S. 48, 113; Standardzulassung.
Rosenhonig	Freiverkäuflich auch als Nicht-Fertigarzneimittel. (Zusatz von Borax nicht zulässig!)
Rosmarinblätter und ihre Zubereitungen, auch mit Zusatz arzneilich nicht wirksamer Stoffe und Zubereitungen als Fertigarzneimittel	Blätter; keine besondere Zubereitungsform vorgeschrieben; Zusatz von Hilfsstoffen zulässig; freiverkäuflich nur als Fertigarzneimittel; Standardzulassung.
Rosmarinöl, ätherisches	Siehe Arzneibuch; s. S. 42.
Rosmarinspiritus	
Salbeiöl, ätherisches	S. S. 42.

Anlage 1 a (Fortsetzung)

Stoff/Zubereitung	Anmerkung zur Freiverkäuflichkeit
Salbeiwasser	
Salizyltalg	
Sauerstoff für medizinische Zwecke – auch zur Anwendung bei den in Anlage 3 genannten Krankheiten und Leiden –	S. 6.2.9.2.
Schwefel	Siehe Arzneibuch; s. S. 58.
Schwefel, feinverteilter (Schwefelblüte), zum äußeren Gebrauch	Feinverteilter Schwefel: siehe Arzneibuch; nur zum äußeren Gebrauch.
Seifenspiritus	
Silbernitratlösung, wäßrige 1 %ig, in Ampullen in Wochenbettpackungen	Nur als 1 %ige Lösung in Ampullen (nicht zur Injektion!) in Wochenbettpackungen.
Siliciumdioxid (Kieselsäure), als Streupulver auch mit Zusatz arzneilich nicht wirksamer Stoffe oder Zubereitungen als Fertigarzneimittel	Reinsubstanz: siehe Arzneibuch; in Zubereitungen als Streupulver (Zusatz von Hilfsstoffen zulässig) freiverkäuflich nur als Fertigarzneimittel.
Spitzwegerichauszug als Fertigarzneimittel	Freiverkäuflich nur als Fertigarzneimittel.
Spitzwegerichsirup als Fertigarzneimittel	Freiverkäuflich nur als Fertigarzneimittel. Sirupe: siehe Arzneibuch.
Talkum	Siehe Arzneibuch; s. S. 59.
Tamponadestreifen, imprägniert mit weißem Vaselin	Tamponadebinden: siehe Arzneibuch; als Imprägnierung nur mit weißem Vaselin freiverkäuflich.
Tannin-Eiweiß-Tabletten als Fertigarzneimittel	Freiverkäuflich nur als Fertigarzneimittel in Zubereitungen als Tabletten; Standardzulassung.
Thymianöl, ätherisches	S. S. 42.
Ton, weißer	Siehe Arzneibuch; s. S. 60.
Vaselin, weißes oder gelbes	Weißes Vaselin: siehe Arzneibuch; s. S. 60.
Vaselinöl, weißes oder gelbes zum äußeren Gebrauch, als Fertigarzneimittel	Freiverkäuflich nur als Fertigarzneimittel; nur zur äußeren Anwendung.
Wacholderextrakt	Extrakte: siehe Arzneibuch.
Wacholdermus als Fertigarzneimittel	Freiverkäuflich nur als Fertigarzneimittel.
Wacholdersirup als Fertigarzneimittel	Freiverkäuflich nur als Fertigarzneimittel; Sirupe: siehe Arzneibuch.
Wacholderspiritus	

Anlage 1 a (Fortsetzung)

Stoff/Zubereitung	Anmerkung zur Freiverkäuflichkeit
Watte, imprägniert mit Capsicumextrakt	Verbandwatte: siehe Arzneibuch.
Watte, imprägniert mit Eisen(III)-chlorid	Verbandwatte: siehe Arzneibuch.
Weinsäure	Siehe Arzneibuch.
Weizenkeimöl in Kapseln als Fertigarzneimittel, als Perlen auch mit Zusatz arzneilich nicht wirksamer Stoffe oder Zubereitungen als Fertigarzneimittel	In Kapseln oder in Zubereitung als Perlen; soweit Perlen Zusatz von Hilfsstoffen zulässig; freiverkäuflich nur als Fertigarzneimittel.
Zimtöl, ätherisches	S. S. 42.
Zimtsirup als Fertigarzneimittel	Freiverkäuflich nur als Fertigarzneimittel; Sirupe: siehe Arzneibuch.
Zinkoxid mit Zusatz arzneilich nicht wirksamer Stoffe oder Zubereitungen als Puder, auch mit Zusatz von Lebertran, als Fertigarzneimittel	Zinkoxid: siehe Arzneibuch; nur als Puder mit Zusatz von Hilfsstoffen; freiverkäuflich nur als Fertigarzneimittel.
Zinksalbe, auch mit Zusatz von Lebertran, als Fertigarzneimittel	Zinksalbe: siehe Arzneibuch; Zusatz von Lebertran zulässig; freiverkäuflich nur als Fertigarzneimittel; Standardzulassung.
Zitronellöl, ätherisches	

6.2.2 Heilmittel als Destillate (s. Anhang Anlage 3 § 1 Abs. 1 Nr. 2)

Auch Destillate, ausgenommen Trockendestillate, aus Mischungen von Pflanzen, Pflanzenteilen, ätherischen Ölen, Kampfer, Menthol, Balsamen oder Harzen sind als Fertigarzneimittel mit der Zweckbestimmung „Heilmittel" oder „teilweise Heilmittel" zum Verkehr außerhalb der Apotheken zugelassen.

Neben der Voraussetzung des Fertigarzneimittels, das bedeutet also Zulassungspflicht, gilt die Einschränkung, daß die Destillate nicht aus Pflanzen, deren Teilen oder Bestandteilen gewonnen sein dürfen, die in der Anlage 1 b (s. 6.2.9.3) aufgeführt sind.

Beachtet werden muß, daß Trockendestillate als Heilmittel nicht freiverkäuflich sind. Dies bedeutet, daß ein Übertreiben nur mit Wärme ohne eine Trägerflüssigkeit wie Wasser oder Alkohol nicht zulässig ist. Dies gilt zumindest, soweit es sich um die Freiverkäuflichkeit handelt.

Beachtet werden muß weiterhin, daß ein nachträgliches Mischen von Destillaten die Apothekenpflicht zur Folge hat.

6.2.3 Heilmittel als Dragees, Kapseln oder Tabletten (s. Anhang Anlage 3 § 1 Abs. 1 Nr. 3)

Die im folgenden aufgeführten Pflanzen und Pflanzenteile dürfen als freiverkäufliche Dragees, Kapseln oder Tabletten in den Verkehr gebracht werden. Bestimmte Anwendungsgebiete sind nicht vorgeschrieben (s. aber 6.2.9.2). Es gelten jedoch folgende Voraussetzungen:

1. Das Arzneimittel muß zugelassen sein (Fertigarzneimittel).
2. Es dürfen höchstens vier der genannten Pflanzen oder Pflanzenteile in der Tablette oder dem Dragee enthalten sein.
3. Der Durchmesser der Tablette oder des Drageekerns muß mindestens 3 mm betragen (um aus einem Drageekern ein fertiges Dragee herzustellen, werden noch Zucker- und Farbschichten aufgetragen).

Der Zusatz arzneilich nicht wirksamer Stoffe ist zulässig. Hierunter sind im vorliegenden Fall auch sogenannte Tablettierhilfsmittel zu verstehen: Um aus Pflanzen und Pflanzenteilen, die unbearbeitet oder bearbeitet vorliegen, Zubereitungsformen wie Tabletten oder Dragees herzustellen, müssen noch Hilfsmittel eingesetzt werden, die den mechanischen Zusammenhalt der einzelnen Bestandteile bewirken (Festigkeit) oder auch den Zerfall der Tablette bzw. das Auflösen verbessern (Sprengmittel).

Anlage 1 c (zu § 1 Abs. 1 Nr. 3)

Alantwurzelstock	Helenii rhizoma
Anis	Anisi fructus
Arnikablüten und -wurzel	Arnicae flos et radix
Bärentraubenblätter	Uvae ursi folium
Baldrianwurzel	Valerianae radix
Bibernellwurzel	Pimpinellae radix
Birkenblätter	Betulae folium
Bitterkleeblätter	Trifolii fibrini folium
Bohnenhülsen	Phaseoli pericarpium
Brennesselkraut	Urticae herba
Bruchkraut	Herniariae herba
Condurangorinde	Condurango cortex
Eibischwurzel	Althaeae radix
Enzianwurzel	Gentianae radix
Färberginsterkraut	Genistae tinctoriae herba
Fenchel	Foeniculi fructus
Gänsefingerkraut	Anserinae herba
Goldrutenkraut	Solidaginis herba
Hagebutten	Cynosbati fructus cum semine
Hamamelisblätter	Hamamelidis folium
Hauhechelwurzel	Ononidis radix
Hirtentäschelkraut	Bursae pastoris herba
Holunderblüten	Sambuci flos
Hopfendrüsen und -zapfen	Lupuli glandula et strobulus
Huflattichblätter (in Zubereitungen zum inneren Gebrauch, die in der Tagesdosis nicht mehr als 1 μg Pyrrolizidin-Alkaloide mit 1,2-ungesättigtem Necingerüst einschließlich ihrer N-Oxide enthalten)	Farfarce foluim
Ingwerwurzelstock	Zingiberis rhizoma
Isländisches Moos	Lichen islandicus
Johanniskraut	Hyperici herba
Kalmuswurzelstock	Calami rhizoma
Kamillenblüten	Matricariae flos
Knoblauchzwiebel	Allii sativi bulbus
Korianderfrüchte	Coriandri fructus
Kreuzdornbeeren	Rhamni cathartici fructus
Kümmel	Carvi fructus
Liebstöckelwurzel	Levistici radix
Löwenzahn-Ganzpflanze	Taraxaci radix cum herba
Lungenkraut	Pulmonariae herba
Majorankraut	Majoranae herba
Mariendistelkraut	Cardui mariae herba
Meisterwurzwurzelstock	Imperatoriae rhizoma
Melissenblätter	Melissae folium
Mistelkraut	Visci herba
Orthosiphonblätter	Orthosiphonis folium
Passionsblumenkraut	Passiflorae herba
Petersilienfrüchte	Petroselini fructus
Petersilienkraut	Petroselini herba
Petersilienwurzel	Petroselini radix
Pfefferminzblätter	Menthae piperitae folium
Pomeranzenblätter	Aurantii folium
Pomeranzenblüten	Aurantii flos
Pomeranzenschalen	Aurantii pericarpium
Queckenwurzelstock	Graminis rhizoma
Rettich	Raphani radix

Anlage 1 c (zu § 1 Abs. 1 Nr. 3) (Fortsetzung)

Rosmarinblätter	Rosmarinus officinalis	Tausendgüldenkraut	Centaurii herba
Salbeiblätter	Salviae folium	Thymian	Thymi herba
Schachtelhalmkraut	Equiseti herba	Vogelknöterichkraut	Polygoni avicularis herba
Schafgarbenkraut	Millefolii herba		
Schlehdornblüten	Puni spinosae flos	Wacholderbeeren	Juniperi fructus
Seifenwurzel, rote	Saponariae radix rubra	Wacholderholz	Juniperi lignum
		Walnußblätter	Juglandis folium
Sonnenhutwurzel	Echinaceae angustifoliae radix	Wegwartenwurzel (Zichorienwurzel)	Chichorii radix
Sonnentaukraut	Droserae herba	Weidenrinde	Salicis cortex
Spitzwegerichkraut	Plantaginis lanceolatae herba	Weißdornblätter	Crataegi folium
		Wermutkraut	Absinthii herba
Steinkleekraut	Meliloti herba	Ysopkraut	Hyssopi herba
Süßholzwurzel	Liquiritiae radix	Zitwerwurzelstock	Zedoariae rhizoma

6.2.4 Heilmittel als lösliche Teeaufgußpulver (s. Anhang Anlage 3 § 1 Abs. 2 Nr. 1 und 2)

Aus den folgenden Pflanzen und Pflanzenteilen dürfen zum Verkehr außerhalb der Apotheken lösliche Teeaufgußpulver als wäßrige Gesamtauszüge hergestellt werden. Die Freiverkäuflichkeit hängt davon ab, daß

1. jeweils nur eine Pflanze oder deren Teile zur Herstellung des Teeaufgußpulvers verwendet wurde und
2. das Arzneimittel beim Bundesinstitut für Arzneimittel und Medizinprodukte zugelassen ist (Fertigarzneimittel).

„Wäßriger Gesamtauszug" bedeutet, daß die Pflanzen oder deren Teile nur mit Wasser extrahiert werden dürfen. Der wäßrige Aufguß wird dann meist durch eine sogenannte Sprühtrocknung zu einem löslichen Teeaufgußpulver weiterverarbeitet.

Anlage 1 d (zu § 1 Abs. 2 Nr. 1)

Birkenblätter	Betulae folium
Baldrianwurzel	Valerianae radix
Eibischwurzel	Althaeae radix
Fenchel	Foeniculi fructus
Hagebutten	Cynosbati fructus cum semine
Holunderblüten	Sambuci flos
Hopfenzapfen	Lupuli strobulus
Huflattichblätter	Farfarae folium et flos

– in Zubereitungen zum inneren Gebrauch, die in der Tagesdosis nicht mehr als 10 µg Pyrrolizidin-Alkaloide mit 1,2-ungesättigtem Necin-Gerüst einschließlich ihrer N-Oxide enthalten –

Isländisches Moos	Lichen islandicus
Kamillenblüten	Matricariae flos
Lindenblüten	Tiliae flos
Mateblätter	Mate folium
Melissenblätter	Melissae folium
Orthosiphonblätter	Orthosiphonis folium
Pfefferminzblätter	Menthae piperitae folium
Salbeiblätter	Salviae folium
Schachtelhalmkraut	Equiseti herba
Schafgarbenkraut	Millefolii herba
Spitzwegerichkraut	Plantaginis lanceolatae herba
Tausendgüldenkraut	Centaurii herba
Weißdornblätter	Crataegi folium

Aus den vorher genannten Pflanzen und Pflanzenteilen (Anlage 1 d) sowie den im Folgenden aufgeführten Pflanzen und Pflanzenteilen sind Mischungen aus höchstens sieben der genannten Pflanzen oder Pflanzenteile als Teeaufgußpulver zum Verkehr außerhalb der Apotheke zugelassen, wenn sie ausschließlich zur Anwendung als Hustentee, Brusttee, Husten- und Brusttee, Magentee, Darmtee, Magen- und Darmtee, Beruhigungstee oder harntreibender Tee in den Verkehr gebracht werden.

Auch hier ist für die Freiverkäuflichkeit Voraussetzung, daß der Tee beim Bundesinstitut für Arzneimittel und Medizinprodukte zugelassen ist (Fertigarzneimittel; s. auch 4.6).

Es ist darauf hinzuweisen, daß z. B. die Anwendung als Hustentee nicht bedeutet, daß der Tee „Hustentee" heißen muß, die Namensbezeichnung kann frei gewählt werden. Lediglich das Anwendungsgebiet ist auf die Zweckbestimmung „gegen Husten" (Hustentee) festgelegt.

Soweit zu einem festgelegten Anwendungsgebiet andere Anwendungsgebiete hinzukommen, ergibt sich automatisch die Apothekenpflicht. Dies bedeutet jedoch nicht, daß z. B. eine teilweise Zweckbestimmung als „Vorbeugungsmittel" innerhalb der zulässigen Anwendungsgebiete auch die Apothekenpflicht zur Folge hätte.

Bei allen Teeaufgußstoffen dürfen arzneilich nicht wirksame Stoffe oder Zubereitungen aus Stoffen (Hilfsstoffe und deren Zubereitungen) zugesetzt werden. Dies ist notwendig, um z. B. die Rieselfähigkeit des Tees zu erhalten. Auch dürfen die bei der Herstellung der Aufgußpulver gegebenenfalls verlorengegangenen ätherischen Öle (leicht flüssig) nach Art und Umfang des Verlustes ersetzt werden.

Entsprechend den zuerst genannten löslichen Teeaufgußpulvern (s. S. 199) ist für die Herstellung als Extraktionsmittel ebenfalls Wasser vorgeschrieben.

Lösliche Teeaufgußpulver sind einem „Instant-Tee" gleichzusetzen.

Anlage 1 e (zu § 1 Abs. 2 Nr. 2)

Angelikawurzel	Angelicae radix
Anis	Anisi fructus
Bibernellwurzel	Pimpinellae radix
Brennesselkraut	Urticae herba
Bruchkraut	Herniariae herba
Brunnenkressenkraut	Nasturtii herba
Condurangorinde	Condurango cortex
Curcumawurzelstock (Gelbwurzelstock)	Curcumae longae rhizoma
Enzianwurzel	Gentianae radix
Eucalyptusblätter	Eucalypti folium
Gänsefingerkraut	Anserinae herba
Goldrutenkraut	Solidaginis herba
Hamamelisrinde	Hamamelidis cortex
Hauhechelwurzel	Ononidis radix
Heidekraut	Callunae herba
Herzgespannkraut	Leonuri cardiiae herba
Kalmuswurzelstock	Calami rhizoma
Korianderfrüchte	Coriandri fructus
Kümmel	Carvi fructus
Liebstöckelwurzel	Levistici radix
Löwenzahn-Ganzpflanze	Taraxaci radix cum herba
Malvenblätter	Malvae folium
Mariendistelkraut	Cardui mariae herba
Paprika (Spanisch Pfefferfrüchte)	Capsici fructus
Primelwurzel	Primulae radix
Queckenwurzelstock	Graminis rhizoma
Quendelkraut	Serphylli herba
Sonnenhutwurzel	Echinaceae angustifoliae radix
Süßholzwurzel	Liquiritiae radix
Thymian	Thymi herba
Tormentillwurzelstock	Tormentillae rhizoma
Wacholderbeeren	Juniperi fructus
Weidenrinde	Salicis cortex
Wermutkraut	Absinthii herba

6.2.5 Heilmittel gegen Husten oder Heiserkeit (s. Anhang Anlage 3 § 2 Abs. 1 Nr. 1)

Soweit freiverkäufliche Arzneimittel bei Husten oder Heiserkeit angewendet werden sollen, dürfen sie nur die nachfolgend genannten Stoffe und Zubereitungen enthalten. Die Arzneimittel müssen zugelassen sein (Fertigarzneimittel) und dürfen nur in Darreichungsformen zum Lutschen in den Verkehr gebracht werden. Arzneilich nicht wirksame Bestandteile in einer Darreichungsform „zum Lutschen" sind zulässig, was etwa durch Zusatz von Bonbongrundstoffen geschehen kann. Auch der Zusatz von Farbstoffen ist erlaubt.

Anlage 2 a (zu § 2 Abs. 1 Nr. 1)

Ätherische Öle, soweit sie in der Anlage 1 a genannt sind (s. S. 187 ff.)
Ammoniumchlorid
Anethol
Ascorbinsäure bis zu einer Einzeldosis von 20 mg und deren Calcium-, Kalium- und Natriumsalze
Benzylalkohol
Campher
Cetylpyridiniumchlorid
Cineol (Eucalyptol)
Citronensäure
α-Dodecyl-ω-hydroxypoly(oxethylen) (Oxypolyäthoxydodecan) bis zu einer Einzeldosis von 5 mg
Extrakte von Pflanzen und Pflanzenteilen, auch deren Mischungen, soweit sie nicht aus den in der Anlage 1 b bezeichneten Pflanzen oder deren Teilen gewonnen sind
Fenchelhonig
Menglytat (Äthylglykolsäurementhylester)
Menthol
Rosenhonig
Salze natürlicher Mineral-, Heil- und Meerwässer und die ihnen entsprechenden künstlichen Salze
Süßholzsaft
Thymol
Tolubalsam
Weinsäure

6.2.6 Heilmittel als Abführmittel (s. Anhang Anlage 3 § 2 Abs. 1 Nr. 2)

Die im folgenden genannten Stoffe dürfen in Arzneimitteln enthalten sein, die als Abführmittel außerhalb der Apotheke abgegeben werden sollen. Auch hier ist Voraussetzung, daß die Arzneimittel keine anderen arzneilich wirksamen Bestandteile enthalten und daß eine Zulassung durch das Bundesinstitut für Arzneimittel und Medizinprodukte erfolgt ist (Fertigarzneimittel). Der Zusatz von Hilfsstoffen ist zulässig.

Anlage 2 b (zu § 2 Abs. 1 Nr. 2)

Agar
Feigen und deren Zubereitungen
Fenchel
Kümmel
Lactose
Leinsamen und deren Zubereitungen
Manna
Paraffin, dick- und dünnflüssiges, bis zu einem Gehalt von 10 % in nichtflüssigen Zubereitungen
Pflaumen und deren Zubereitungen
Rizinusöl, auch raffiniertes
Tamarindenfrüchte und deren Zubereitungen
Tragant
Weizenkleie

6.2.7 Heilmittel gegen Hühneraugen und Hornhaut (s. Anhang Anlage 3 § 2 Abs. 1 Nr. 3)

Die in der folgenden Anlage aufgeführten Stoffe und Zubereitungen aus Stoffen dürfen als arzneilich wirksame Bestandteile in freiverkäuflichen Arzneimitteln, die bei Hühneraugen und Hornhaut angewandt werden sollen, enthalten sein. Diese Arzneimittel dürfen ebenfalls nur in den Verkehr gebracht werden, wenn sie beim Bundesinstitut für Arzneimittel und Medizinprodukte zugelassen sind (Fertigarzneimittel) und ausschließlich bei Hühneraugen und Hornhaut angewandt werden sollen.

Sobald sie z. B. zur Anwendung an Warzen bestimmt sind, unterliegen sie der Apothekenpflicht. Generell ist der Zusatz arzneilich nicht wirksamer Stoffe (Hilfsstoffe) zulässig.

Anlage 2 c (zu § 2 Abs. 1 Nr. 3)

2-Aminoethanol
Benzalkoniumchlorid
Benzocain
Benzylbenzoat
2,4-Dihydroxybenzoesäure
2,6-Dihydroxybenzoesäure
3,5-Dihydroxybenzoesäure
α-Dodecyl-ω-hydroxypoly(oxyethylen)
Essigsäure
Lärchenterpentin
Menthol
Milchsäure bis 10 %ig
Salicylsäure bis 40 %ig

6.2.8 Heilmittel zur Anwendung bei Heimtieren

Soweit Arzneimittel oder deren einzelne Bestandteile nicht der Verschreibungspflicht unterliegen, dürfen sie außerhalb von Apotheken in Verkehr gebracht werden, wenn sie ausschließlich zur Beseitigung oder Linderung von Krankheiten der Zierfische, Zier- oder Singvögel, Brieftauben, Terrarientiere oder Kleinnager bestimmt sind (s. auch 6.2.9.2). Derartige Arzneimittel dürfen also nicht zur Anwendung bei Tieren bestimmt sein, die der Gewinnung von Lebensmitteln dienen, oder auch nicht zur Anwendung an Hasen oder Haustieren wie Katzen oder Hunden, da sich sonst die Apothekenpflicht ergibt.

6.2.9 Einschränkungen für die Freiverkäuflichkeit von Heilmitteln

6.2.9.1 Verbot bestimmter Darreichungsformen (s. Anhang Anlage 3 § 3)

Unabhängig von den bisher genannten Bestimmungen über die Freiverkäuflichkeit ist es generell verboten, außerhalb der Apotheken Arzneimittel in Verkehr zu bringen, die folgende Darreichungsformen oder Anwendungsbestimmungen aufweisen:

1. Injektions- oder Infusionslösungen,
2. Rektale, vaginale oder intrauterine (in der Gebärmutter) Anwendung,
3. Intramammäre Anwendung bei Tieren (z. B. Anwendung im Kuheuter),
4. Wundstäbchen,
5. Implantate,
6. Aerosole bis zu einer mittleren Teilchengröße von nicht mehr als 5 µm.

6.2.9.2 Verbot bestimmter Anwendungsgebiete (s. Anhang Anlage 3 § 6)

Gleichermaßen ist es unabhängig von bisherigen Bestimmungen grundsätzlich verboten, Arzneimittel außerhalb der Apotheken in Verkehr zu bringen, wenn sie teilweise oder ausschließlich zur Beseitigung oder Linderung der nachfolgend genannten Krankheiten oder Leiden bei Mensch oder Tier bestimmt sind. Dies gilt auch dann, wenn sie zur Verhütung dieser Krankheiten bestimmt sind.

Ausnahmen bestehen im Hinblick auf freiverkäufliche Arzneimittel, die ausschließlich zur Anwendung bei Heimtieren bestimmt sind (s. 6.2.8) und bei Sauerstoff für medizinische Zwecke (s. 6.2.1; weitere Ausnahmen von der Krankheitsliste s. 6.3.1.).

Anlage 3 (zu § 6)

A. Krankheiten und Leiden beim Menschen

1. In dem Bundes-Seuchengesetz aufgeführte Krankheiten
2. Geschwulstkrankheiten
3. Krankheiten des Stoffwechsels und der inneren Sekretion, ausgenommen Vitamin- und Mineralstoffmangel und alimentäre Fettsucht
4. Krankheiten des Blutes und der blutbildenden Organe, ausgenommen Eisenmangelanämie
5. organische Krankheiten
   a) des Nervensystems
   b) der Augen und der Ohren, ausgenommen Blenorrhoe-Prophylaxe
   c) des Herzens und der Gefäße, ausgenommen allgemeine Arteriosklerose und Frostbeulen
   d) der Leber und des Pankreas
   e) der Harn- und Geschlechtsorgane
6. Geschwüre des Magens und des Darms
7. Epilepsie
8. Geisteskrankheiten, Psychosen, Neurosen
9. Trunksucht
10. Komplikationen der Schwangerschaft, der Entbindung und des Wochenbetts
11. Krankheiten des Lungenparenchyms
12. Wurmkrankheiten
13. Krankhafte Veränderungen des Blutdrucks
14. Ernährungskrankheiten des Säuglings
15. Ekzeme, Schuppenflechte, infektiöse Hautkrankheiten

B. Krankheiten und Leiden beim Tier

1. Übertragbare Krankheiten der Tiere, ausgenommen nach viehseuchenrechtlichen Vorschriften nicht anzeigepflichtige ektoparasitäre und dermatomykotische Krankheiten
2. Euterkrankheiten bei Kühen, Ziegen und Schafen, ausgenommen die Verhütung der Übertragung von Euterkrankheiten durch Arzneimittel, die zum äußeren Gebrauch bestimmt sind und deren Wirkung nicht auf der Resorption der wirksamen Bestandteile beruht
3. Kolik bei Pferden und Rindern
4. Stoffwechselkrankheiten und Krankheiten der inneren Sekretionsorgane, ausgenommen Vitamin- und Mineralstoffmangel
5. Krankheiten des Blutes und der blutbildenden Organe
6. Geschwulstkrankheiten
7. Fruchtbarkeitsstörungen bei Pferden, Rindern, Schweinen, Schafen und Ziegen

6.2.9.3 Verbot bestimmter Pflanzen (s. Anhang Anlage 3 § 1 Abs. 1 Nr. 2)

Nachfolgend sind Pflanzen aufgeführt, die als solche und deren Teile oder Bestandteile in Destillaten, die als Heilmittel außerhalb der Apotheken abgegeben werden sollen, nicht enthalten sein dürfen (s. 6.2.2; s. auch 6.3). Im allgemeinen unterliegen diese Pflanzen beziehungsweise deren Teile oder Stoffwechselprodukte der Verschreibungspflicht (zum Beispiel Mutterkorn, Tollkirsche, Brechwurzel, Digitalis-Arten).

Anlage 1 b (zu § 1 Abs. 1 Nr. 2)

Adonisröschen	Adonis vernalis
Aloe-Arten	
Alraune	Mandragora officinarum
Aristolochia-Arten	
Beinwell	Symphytum officinale

(ausgenommen Zubereitungen zum äußeren Gebrauch, die in der Tagesdosis nicht mehr als 100 µg Pyrrolizidin-Alkaloide mit 1,2-ungesättigtem Necin-Gerüst einschließlich ihrer N-Oxide enthalten)

Besenginster	Cytisus scoparius
Blasentang	Fucus vesiculosus
Cascararinde (Sagradarinde)	Rhamnus purshiana
Digitalis-Arten	
Eisenhut	Aconitum napellus
Ephedra	Ephedra distachya
Farnkraut-Arten	
Faulbaumrinde	Rhamnus frangula
Fleckenschierling	Conium maculatum
Fußblatt-Arten	Podophyllum peltatum Podophyllum hexandrum
Gartenrautenblätter	Ruta graveolens
Gelsemium (Gelber Jasmin)	Gelsemium sempervirens
Giftlattich	Lactuca virosa
Giftsumach	Toxicodendron quercifolium
Goldregen	Laburnum anagyroides
Herbstzeitlose	Colchium autumnale
Huflattich,	

(ausgenommen Zubereitungen aus Huflattichblättern zum inneren Gebrauch, die in der Tagesdosis als Frischpflanzensaft oder Extrakt nicht mehr als 1 µg und als Teeaufguß nicht mehr als 10 µg Pyrrolizidin-Alkaloide mit 1,2-ungesättigtem Necin-Gerüst einschließlich ihrer N-Oxide enthalten)

Hydrastis (Canadische Gelbwurz)	Hydrastis canadensis
Hyoscyamus-Arten	
Ignatiusbohne	
Immergrün-Arten (Vinca)	Cephaelis ipecacuanha
Ipecacuanha (Brechwurzel)	Cephaelis acuminata
Jakobskraut	Senecio jacobaea
Jalape	Ipomoea purga
Kaskarillabaum (Granatill)	Croton cascarilla Croton eluteria
Koloquinte	Citrullus colocynthis
Krotonölbaum (Granatill)	Croton tiglium
Küchenschelle	Pulsatilla pratensis Pulsatilla vulgaris
Lebensbaum	Thuja occidentalis
Lobelien-Arten	
Maiglöckchen	Convallaria majalis
Meerzwiebel, weiße und rote	Urginea maritima
Mutterkorn	Secale cornutum
Nachtschatten, bittersüßer	Solanum dulcamara
Nieswurz, grüne	Helleborus viridis
Nieswurz, schwarze (Christrose)	Helleborus niger
Oleander	Nerium oleander
Pestwurz (Petasites)	

(ausgenommen Zubereitungen aus Pestwurzelstock zum inneren Gebrauch, die in der Tagesdosis nicht mehr als 1 µg Pyrrolizidin-Alkaloide mit 1,2-ungesättigtem Necingerüst einschließlich ihrer N-Oxide enthalten)

Physostigma-Arten	
Pilocarpus-Arten	
Rainfarn	Chrysanthemum vulgare
Rauwolfia	Rauwolfia serpentina Rauwolfia tetraphylla Rauwolfia vomitoria
Rhabarber	Rheum palmatum Rheum officinale
Sadebaum	Juniperus sabina
Scammonia	Convolvulus scammonia
Schlafmohn	Papaver somniferum
Schöllkraut	Chelidonium majus
Senna	Cassia angustifoila Cassia senna
Stechapfel-Arten (Datura)	
Stephansrittersporn	Delphinium staphisagria

Anlage 1 b (zu § 1 Abs. 1 Nr. 2) (Fortsetzung)

Strophantus-Arten		Tollkraut-Arten (Scopolia)	
Strychnos-Arten		Wasserschierling	Cicuta virosa
Tollkirsche	Atropa bella-donna	Yohimbebaum	Pausinystalia yohimba

6.3 Ausschluß von der Freiverkäuflichkeit (Apothekenpflicht)

Wie bereits ausgeführt, sind grundsätzlich solche Arzneimittel freiverkäuflich, die vom pharmazeutischen Unternehmer, ausschließlich zu anderen Zwecken als nur Beseitigung oder Linderung von Krankheiten, Leiden, Körperschäden oder krankhaften Beschwerden („Vorbeugungsmittel") in Verkehr gebracht werden (s. 6.1.1). Es gilt jedoch die Einschränkung, daß diese Arzneimittel nicht der Verschreibungspflicht unterliegen dürfen oder durch den Zweiten Abschnitt der Rechtsverordnung über apothekenpflichtige und freiverkäufliche Arzneimittel (§ 46, s. Anhang Anlage 3 §§ 7 bis 10) vom Verkehr außerhalb der Apotheken ausgeschlossen sind. Diese Einschränkung gilt auch für die bereits genannten Arzneimittel, die im Arzneimittelgesetz ausdrücklich zum Verkehr außerhalb der Apotheken zugelassen sind, unabhängig davon, ob sie „Heilmittel" oder „Nichtheilmittel" sind (§ 44 s. 6.1).

Das Bundesministerium für Gesundheit ist ermächtigt, in dieser Rechtsverordnung Arzneimittel vom Verkehr außerhalb von Apotheken auszuschließen, soweit auch bei bestimmungsgemäßer oder gewohnheitsmäßiger Anwendung nach den Erkenntnissen der Wissenschaft eine Gefährdung der Gesundheit von Mensch oder Tier zu befürchten ist. Dies gilt nicht, wenn die Gefährdung nur in Folge besonderer Umstände des Einzelfalls besteht. Die dem Zweiten Teil der o. g. Rechtsverordnung (s. Anhang Anlage 3) zugeordneten Anlagen 1 b, 3 und 4 sind Negativlisten, das heißt, alle Pflanzen und deren Teile sowie Stoffe und Zubereitungen aus Stoffen, die in diesen Anlagen aufgeführt sind, dürfen nicht in Arzneimitteln enthalten sein, die außerhalb der Apotheken, also als freiverkäufliche Arzneimittel, abgegeben werden sollen. Freiverkäufliche Arzneimittel dürfen auch nicht gegen die im Anhang Anlage 3 aufgeführten Krankheiten und Leiden bestimmt sein. Es bleibt jedoch darauf hinzuweisen, daß bei mehreren Positionen der Anlagen 3 und 4 Ausnahmen zugelassen sind. Dies bedeutet, daß die ausgenommenen Stoffe und Zubereitungen aus Stoffen freiverkäuflich sind.

Die im folgenden aufgeführten Stoffe und Zubereitungen aus Stoffen (Anhang Anlage 3 §§ 7 und 8) sowie Pflanzen, deren Teile und Zubereitungen daraus oder Preßsäfte (Anhang Anlage 3 §§ 7 und 8) dürfen weder als solche noch in Form von Zubereitungen freiverkäufliche Arzneimittel oder Bestandteile freiverkäuflicher Arzneimittel sein. Dies bezieht sich sowohl auf die Arzneimittel, die im Arzneimittelgesetz direkt aufgeführt sind (§ 44 Abs. 2, s. 6.1.2), also auch auf solche, die ausschließlich zu anderen Zwekken als zur Beseitigung und Linderung von Krankheiten und Leiden (Nicht-Heilmittel, Vorbeugungsmittel) bestimmt sind (§ 44 Abs. 1, s. 6.1.1).

Anlage (zu § 7 Abs. 1 Nr. 1 und § 8 Abs. 1 Nr. 1)

α-(Aminomethyl)benzyalkohol (Phenylaminoäthan), dessen Abkömmlinge und Salze
p-Aminophenol, dessen Abkömmlinge und deren Salze
2-Amino-2-phenylpropanol (Phenylaminopropanol), dessen Abkömmlinge und Salze
Anthrachinon, dessen Abkömmlinge und deren Salze
Antimonverbindungen
Bisacodyl
Bleiverbindungen
Borsäure und ihre Salze, ausgenommen zur Pufferung und/oder Isotonisierung in Benetzungslösungen oder Desinfektionslösungen für Kontaktlinsen
Bromverbindungen, ausgenommen Invertseifen, ferner in Arzneimitteln, die dazu bestimmt sind, die Beschaffenheit, den Zustand oder die Funktionen des Körpers oder seelische Zustände erkennen zu lassen sowie in ausschließlich zum äußeren Gebrauch bestimmten Desinfektionsmitteln, Mund- und Rachendesinfektionsmitteln
Carbamidsäure-Abkömmlinge
Carbamidsäure-Ester und -Amide mit insektizider, akarizider oder fungizider Wirkung, ausgenommen in Fertigarzneimitteln zur äußeren Anwendung bei Hunden und Katzen
Chinin und dessen Salze, ausgenommen Chinin-Triquecksilber(II)-dioxid-sulfat in Zubereitungen bis zu 2,75 % zur Verhütung von Geschlechtskrankheiten, als Fertigarzneimittel
Chinolinabkömmlinge, ausgenommen in Zubereitungen zum äußeren Gebrauch, zur Mund- und Rachendesinfektion sowie in Zubereitungen bis zu 3 % zur Empfängnisverhütung als Fertigarzneimittel; die Ausnahme gilt nicht für halogenierte Hydroxychinoline
Chlorierte Kohlenwasserstoffe
6-Chlorthymol, ausgenommen zum äußeren Gebrauch
Dantron
2-Dimethylaminoethyl-benzilat (Benzilsäure-2-dimethylamino-äthylester)
Fluoride, lösliche, ausgenommen in Zubereitungen, sofern auf Behältnissen und äußeren Umhüllungen eine Tagesdosis angegeben ist, die einem Fluorgehalt bis zu 2 mg entspricht
Formaldehyd
Goldverbindungen
Heilbuttleberöl, ausgenommen zur Anwendung bei Menschen in Zubereitungen mit einer Tagesdosis von nicht mehr als 6000 I.E. Vitamin A und 400 I.E. Vitamin D sowie ausgenommen zur Anwendung bei Tieren in Zubereitungen mit einer Tagesdosis von nicht mehr als 4000 i.E. Vitamin A und 250 I.E. Vitamin D
Heilwässer, die 0,04 mg/l Arsen entsprechend 0,075 mg/l Hydrogenarsenat oder mehr enthalten
Heilwässer, natürliche, die mehr als 10^{-7} mg Radium 226 oder 370 Millibecquerel Radon 222 je Liter enthalten
Herzwirksame Glykoside
Jod, ausgenommen in Zubereitungen mit einem Gehalt von nicht mehr als 5 % Jod und in Arzneimitteln nach § 44 Abs. 2 Nr. 1 a und b des Arzneimittelgesetzes Jodverbindungen, ausgenommen in Arzneimitteln, die dazu bestimmt sind, die Beschaffenheit, den Zustand oder die Funktionen des Körpers oder seelische Zustände erkennen zu lassen, ferner in ausschließlich zum äußeren Gebrauch bestimmten Desinfektionsmitteln und in Arzneimitteln nach § 44 Abs. 2 Nr. 1 a und b des Arzneimittelgesetzes, ferner in Zubereitungen zur Herstellung von Bädern und Seifen, auch unter Verwendung von Jod, zum äußeren Gebrauch als Fertigarzneimittel
Natriumpicosulfat
Oxazin und seine Hydrierungsprodukte, ihre Salze, ihre Abkömmlinge sowie deren Salze
Paraffin, dick- und dünnflüssiges, ausgenommen zum äußeren Gebrauch oder bis zu einem Gehalt von 10 % in nichtflüssigen Zubereitungen
Paraformaldehyd
Pentetrazol
Phenethylamin, dessen Abkömmlinge
und Salze
Phenolphthalein
Phosphorsäure-, Polyphosphorsäure-, substituierte Phosphorsäure- (z. B. Thiophosphorsäure-)Ester und -Amide, einschließlich der Ester mit Nitrophenol und Methylhydroxycumarin mit insektizider, akarizider oder fungizider Wirkung, ausgenommen in Fertigarzneimitteln zur äußeren Anwendung bei Hunden oder Katzen

Anlage (zu § 7 Abs. 1 Nr. 1 und § 8 Abs. 1 Nr. 1) (Fortsetzung)

Procain und seine Salze zur oralen Anwendung

Pyrazol und seine Hydrierungsprodukte, ihre Salze, ihre Abkömmlinge sowie deren Salze

Resorcin

Salicylsäure, ihre Abkömmlinge und deren Salze, ausgenommen Zubereitungen zum äußeren Gebrauch, ferner Salicylsäureester in ausschließlich oder überwiegend zum äußeren Gebrauch bestimmten Desinfektionsmitteln, Mund- und Rachendesinfektionsmitteln

Senföle

Vitamin A, ausgenommen Zubereitungen mit einer Tagesdosis von nicht mehr als 5000 I.E. und einer Einzeldosis von nicht mehr als 3000 I.E., auch unter Zusatz von Vitamin D mit einer Tagesdosis von nicht mehr als 400 I.E., als Fertigarzneimittel für Menschen, sowie ausgenommen Zubereitungen mit einer Tagesdosis von nicht mehr als 4000 I.E., auch unter Zusatz von Vitamin D mit einer Tagesdosis von nicht mehr als 250 I.E. als Arzneimittel für Tiere

Vitamin D, ausgenommen Zubereitungen mit einer Tagesdosis von nicht mehr als 400 I.E. als Fertigarzneimittel für Menschen, sowie ausgenommen Zubereitungen mit einer Tagesdosis von nicht mehr als 250 I.E. als Arzneimittel für Tiere.

Hinsichtlich chemischer Verbindungen und Elemente bezieht sich das Verbot teilweise auch auf die Abkömmlinge und deren Salze. Teilweise sind auch Ausnahmen bis zu einer bestimmten Prozentgrenze zugelassen. Eine Definition für Abkömmlinge, Salze und Verbindungen gibt die amtliche Begründung der Rechtsverordnung: „Als Abkömmlinge im Sinne dieser Verordnung gelten alle Verbindungen, die aus den bezeichneten Stoffen dadurch entstehen, daß eine oder mehrere funktionelle Gruppen mit einem organischen oder anorganischen Stoff unter Beibehaltung der Oxidationsstufe der funktionellen Gruppe reagiert haben oder daß unter Beibehaltung des Grundgerüstes Wasserstoffatome durch Fluor, Chlor, Brom, Jod, Sauerstoff, Schwefel, Stickstoff oder durch Molekülreste substituiert worden sind, soweit es sich nicht um Salze handelt“.

Salze entstehen bei der Vereinigung von Metallen, Metalloxiden oder Metallhydroxiden mit Säuren oder Säureanhydriden. Bei der Auflösung in Wasser spalten sich Salze in positiv geladene (bei Anlegen einer Spannung zur Kathode wandernde) Metall-Ionen (Kationen) und in negativ geladene (bei Anlegung einer Spannung zur Anode wandernde) Säurerestionen (Anionen). Man unterscheidet zwischen neutralen („normalen“), sauren und basischen Salzen.

Verbindungen bilden sich durch die Vereinigung von zwei oder mehreren verschiedenen chemischen Elementen unter Abgabe oder Aufnahme von Energie (meist Wärme) nach meist einfachen stöchiometrischen Zahlenverhältnissen zu einem neuen Stoff mit neuen Eigenschaften. Zu den Verbindungen sind u. a. auch Salze zu zählen.

Anlage (zu § 7 Abs. 1 Nr. 2 und § 8 Abs. 1 Nr. 2)

Adonisröschen	Adonis vernalis
Aloe-Arten	
Alraune	Mandragora officinarum
Aristolochia-Arten	
Beinwell	Symphytum officinale

(ausgenommen Zubereitungen zum äußeren Gebrauch, die in der Tagesdosis nicht mehr als 100 µg Pyrrolizidin-Alkaloide mit 1,2-ungesättigtem Necin-Gerüst einschließlich ihrer N-Oxide enthalten)

Besenginster	Cytisus scoparius
Blasentang	Fucus vesiculosus
Cascararinde (Sagradarinde)	Rhamnus purshiana
Digitalis-Arten	
Eisenhut	Aconitum napellus
Ephedra	Ephedra distachya
Farnkraut-Arten	
Faulbaumrinde	Rhamnus frangula
Fleckenschierling	Conium maculatum
Flußblatt-Arten	Podophyllum peltatum Podophyllum hexandrum
Gartenrautenblätter	Ruta graveolens
Gelsemium (Gelber Jasmin)	Gelsemium sempervirens
Giftlattich	Lactuca virosa
Giftsumach	Toxicodendron quercifolium
Goldregen	Laburnum anagyroides
Herbstzeitlose	Colchicum autumnale
Huflattich	Tussilago farfara

(ausgenommen Zubereitungen aus Huflattichblättern zum inneren Gebrauch, die in der Tagesdosis als Frischpflanzensaft oder Extrakt nicht mehr als 1 µg und als Teeaufguß nicht mehr als 10 µg Pyrrolizidin-Alkaloide mit 1,2-ungesättigtem Necingerüst einschließlich ihrer N-Oxide enthalten)

Hydrastis (Canadische Gelbwurz)	Hydrastis canadensis
Hyoscyamus-Arten	
Ignatiusbohne	Strychnos ignatii
Immergrün-Arten (Vinca)	
Ipecacuanha (Brechwurzel)	Cephaelis ipecacuanha Cephaelis acuminata
Jakobskraut	Senecio jacobaea
Jalape	Ipomoea purga
Kaskarillabaum (Granatill)	Croton cascarilla Croton eluteria
Koloquinte	Citrullus colocynthis
Krotonölbaum (Granatill)	Croton tiglium
Küchenschelle	Pulsatilla pratensis Pulsatilla vulgaris
Lebensbaum	Thuja occidentalis
Lobelien-Arten	
Maiglöckchen	Convallaria majalis
Meerzwiebel, weiße und rote	Urginea maritima
Mutterkorn	Secale cornutum
Nachtschatten, bittersüßer	Solanum dulcamara
Nieswurz, grüne	Helleborus viridis
Nieswurz, schwarze (Christrose)	Helleborus niger
Oleander	Nerium oleander
Pestwurz	Petasites

(ausgenommen Zubereitungen aus Pestwurzwurzelstock zum inneren Gebrauch, die in der Tagesdosis nicht mehr als 1 µg Pyrrolizidin-Alkaloide mit 1,2-ungesättigtem Necingerüst einschließlich ihrer N-Oxide enthalten)

Physostigma-Arten	
Pilocarpus-Arten	
Rainfarn	Chrysanthemum vulgare
Rauwolfia	Rauwolfia serpentina Rauwolfia tetraphylla Rauwolfia vomitoria
Rhabarber	Rheum palmatum Rheum officinale
Sadebaum	Juniperus sabina
Scammonia	Convolvulus scammonia
Schlafmohn	Papaver somniferum
Schöllkraut	Chelidonium majus
Senna	Cassia angustifolia Cassia senna
Stechapfel-Arten (Datura)	
Stephansrittersporn	Delphinium staphisagria
Strophantus-Arten	
Strychnos-Arten	
Tollkirsche	Atropa bella-donna

Anlage (zu § 7 Abs. 1 Nr. 2 und § 8 Abs. 1 Nr. 2) (Fortsetzung)

Tollkraut-Arten (Scopolia)	
Wasserschierling	Cicuta virosa
Yohimbebaum	Pausinystalia yohimba

Zusätzlich dürfen die genannten Arzneimittel (s. 6.1) weder teilweise noch ausschließlich zur Beseitigung, Linderung oder Verhütung der im folgenden genannten Krankheiten oder Leiden beim Menschen oder Tier bestimmt sein:

Anlage (zu § 7 Abs. 1 Nr. 4, Abs. 2 Nr. 1 und § 8 Abs. 1 Nr. 4)

A. Krankheiten und Leiden von Menschen

1. In dem Bundes-Seuchengesetz aufgeführte Krankheiten
2. Geschwulstkrankheiten
3. Krankheiten des Stoffwechsels und der inneren Sekretion, ausgenommen Vitamin- und Mineralstoffmangel und alimentäre Fettsucht
4. Krankheiten des Blutes und der blutbildenden Organe, ausgenommen Eisenmangelanämie
5. organische Krankheiten
   a) des Nervensystems
   b) der Augen und Ohren, ausgenommen Blennorrhoe-Prophylaxe
   c) des Herzens und der Gefäße, ausgenommen allgemeine Arteriosklerose und Frostbeulen
   d) der Leber und des Pankreas
   e) der Harn- und Geschlechtsorgane
6. Geschwüre des Magens und des Darms
7. Epilepsie
8. Geisteskrankheit, Psychosen, Neurosen
9. Trunksucht
10. Komplikationen der Schwangerschaft, der Entbindung und des Wochenbetts
11. Krankheiten des Lungenparenchyms
12. Wurmkrankheiten
13. Krankhafte Veränderungen des Blutdrucks
14. Ernährungskrankheiten des Säuglings
15. Ekzeme, Schuppenflechten, infektiöse Hautkrankheiten

B. Krankheiten und Leiden beim Tier

1. Übertragbare Krankheiten der Tiere, ausgenommen nach viehseuchenrechtlichen Vorschriften nicht anzeigepflichtige ektoparasitäre und dermatomykotische Krankheiten
2. Euterkrankheiten bei Kühen, Ziegen und Schafen, ausgenommen die Verhütung der Übertragung von Euterkrankheiten durch Arzneimittel, die zum äußeren Gebrauch bestimmt sind und deren Wirkung nicht auf der Resorption der wirksamen Bestandteile beruht
3. Kolik bei Pferden und Rindern
4. Stoffwechselkrankheiten und Krankheiten der inneren Sekretionsorgane, ausgenommen Vitamin- und Mineralstoffmangel
5. Krankheiten des Blutes und der blutbildenden Organe
6. Geschwulstkrankheiten
7. Fruchtbarkeitsstörungen bei Pferden, Rindern, Schweinen, Schafen und Ziegen

6.3.1 Ausnahmen von der Krankheitsliste (Anhang Anlage 3 § 7 Abs. 2 und § 8 Abs. 2)

Heilwässer, die teilweise oder ausschließlich zur Beseitigung, Linderung oder Verhütung von Krankheiten des Stoffwechsels und der inneren Sekretion sowie organischer Krankheiten der Leber und des Pankreas sowie der Harn- und Geschlechtsorgane bestimmt sind, dürfen unabhängig von o. a. Krankheitsverbot außerhalb der Apotheken abgegeben werden.

Grundsätzlich gilt dieses Krankheitsverbot auch nicht für Heilerden, Bademoore, andere Peloide und Zubereitungen zur Herstellung von Bädern, wobei Voraussetzung ist, daß sie nicht im Reisegewerbe oder in Kleinpackungen im Einzelhandel in den Verkehr gebracht werden. Dies bedeutet, daß z. B. Badeeinrichtungen in Kurorten derartige „Kuren" anbieten können, ohne gegen die Apothekenpflicht zu verstoßen. Dem Einzelhandel bleibt der Vertrieb derartiger Heilerden, Bademoore etc. grundsätzlich verwehrt.

Weiterhin gilt das Krankheitsverbot nicht für ausschließlich oder überwiegend zum äußeren Gebrauch bestimmte Desinfektionsmittel sowie Mund- und Rachendesinfektionsmittel.

Letztlich gilt der Krankheitskatalog auch nicht für Arzneimittel, die zur Verhütung von Krankheiten der Zierfische, Zier- und Singvögel, Brieftauben, Terrarientiere oder Kleinnagern bestimmt sind (Anhang Anlage 3 § 8 Abs. 2; s. auch 6.2.8 und 6.2.9.2).

6.3.2 Apothekenpflicht bei bestimmten Arzneimittelwirkungen

Generell sind Arzneimittel, die teilweise oder ausschließlich zur Beseitigung oder Verhütung von Krankheiten oder Leiden bestimmt sind (§ 44 Abs. 1) sowie in § 44 Abs. 2 (s. 6.1.2) aufgeführt sind vom Verkehr außerhalb von Apotheken ausgeschlossen, wenn sie chemische Verbindungen sind, denen nach den Erkenntnissen der medizinischen Wissenschaft eine antibiotische, blutgerinnungsverzögernde, histaminwidrige, hormonartige, cholinergische oder adrenergische Wirkung auf den menschlichen oder tierischen Körper zukommt. Dies gilt gleichermaßen auch für Arzneimittel, denen solche chemische Verbindungen zugesetzt sind.

6.3.3. Apothekenpflicht bei bestimmten Darreichungsformen

Das Verbot der Freiverkäuflichkeit gilt ebenfalls für Arzneimittel, die als Injektions- oder Infusionslösungen, zur rektalen oder intrauterinen Anwendung, zur intramamamären oder vaginalen Anwendung bei Tieren, als Implantate oder als Aerosole bis zu einer mittleren Teilchengröße von nicht mehr als 5 µm in den Verkehr gebracht werden.

6.4 Sachverständige für die Abgrenzung Freiverkäuflichkeit/ Apothekenpflicht

Für die Entscheidung, welche Arzneimittel von der Apothekenpflicht befreit bzw. der Apothekenpflicht unterstellt werden, steht dem Bundesministerium für Gesundheit ein Sachverständigenausschuß zur Verfügung, der sich u. a. aus Vertretern der medizinischen und pharmazeutischen Wissenschaft sowie den beteiligten Wirtschaftskreisen, d. h. also auch Vertretern des Einzelhandels, zusammensetzt (§ 53).

6.5 Vertriebswege

Die mit den beschriebenen Ausnahmen (s. 6.1 und 6.2) generell geltende Apothekenpflicht im Einzelhandel kann aus organisatorischen wie aus fachlichen Gründen nicht immer eingehalten werden. Würde die Apothekenpflicht generell gelten, so könnte z. B. ein pharmazeutischer Unternehmer seine Arzneimittel nicht an einen Großhändler liefern, der als wichtiger Verteilungspunkt dann die Apotheken oder auch sonstige Einzelhandelsgeschäfte versorgt. Aus diesem Grunde ist ausdrücklich zugelassen, daß pharmazeutische Unternehmer und Großhändler Arzneimittel generell auch an andere pharmazeutische Unternehmer und Großhändler abgeben dürfen (§ 47 Abs. 1 Nr. 1).

Zudem dürfen pharmazeutische Unternehmer und Großhändler auch Krankenhäuser und Ärzte direkt, d. h. unter Auslassung der Apotheke, beliefern, soweit es sich z. B. um Blutkonserven zu Transfusionen oder auch um menschliches Gewebe, wie z. B. Nieren oder die Hornhaut des Auges, handelt. Mit dieser Regelung wird vermieden, daß diese sehr empfindlichen Organe durch einen zu langen Lieferweg in ihrer Funktionsfähigkeit beeinträchtigt werden, zumal der Transport im gekühlten Zustand erfolgen muß und zumindest bei einer Transplantation der Zeitraum zwischen Entnahme des Körpergewebes und der Übertragung auf den Empfänger so kurz wie möglich sein muß.

Auch Infusionslösungen in Behältnissen ab 500 ml können vom pharmazeutischen Unternehmer z. B. direkt an Krankenhäuser geliefert werden. Dies hat ebenfalls praktische Gründe, da im allgemeinen Infusionslösungen in Mengen angeliefert werden, die die räumlichen und organisatorischen Möglichkeiten einer Apotheke übersteigen (§ 47 Abs. 1 Nr. 2).

Weiterhin dürfen z. B. Krankenhäuser und Gesundheitsämter Impfstoffe, die für unentgeltliche und amtlich empfohlene Schutzimpfungen verwendet werden sollen, direkt vom Hersteller beziehen, was auch dann gilt, wenn z. B. Lebensgefahr besteht oder Akutmaßnahmen gegen eine Seuche ergriffen werden müssen (§ 47 Abs. 1 Nr. 3).

Da auch Tierärzte Arzneimittel an Halter der von ihnen behandelten Tiere direkt abgeben dürfen, ist es konsequenterweise gestattet, daß der pharmazeutische Unternehmer oder Großhändler Tierärzte auch direkt beliefern darf. Die Apotheke spielt dadurch im Bereich der apothekenpflichtigen Tierarzneimittel nicht die Rolle, wie bei Arzneimitteln zur Behandlung von Menschen (§ 47 Abs. 1 Nr. 6).

Gesundheitspolitisch ist wichtig, daß pharmazeutische Unternehmer Muster von Fertigarzneimitteln (Ärztemuster) nur auf schriftliche Anforderung zur Erprobung an Ärzte, Zahnärzte oder Tierärzte und nur bis zu 2 Stück der kleinsten Packungsgröße abgeben dürfen. Soweit es sich um nicht verschreibungspflichtige Arzneimittel handelt, dürfen Muster hiervon z. B. auch an Heilpraktiker oder Tierheilpraktiker abgegeben werden (§ 47 Abs. 3), jedoch auch nur auf schriftliche Anforderung. Pharmazeutische Unternehmer dürfen auch Pharmaberater (s. 14) beauftragen, Ärztemuster abzugeben. Ärztemuster müssen den Hinweis „unverkäufliches Muster" tragen (s. S. 168; s. auch S. 241).

6.6 Verschreibungspflicht

Zum Schutz der Gesundheit von Mensch und Tier besteht für bestimmte Arzneimittel die Verschreibungspflicht. Dies bedeutet, daß die betreffenden Arzneimittel nur auf Vorlage einer Verschreibung eines Arztes, Zahnarztes oder Tierarztes in Apotheken abgegeben werden dürfen (§ 48).

Die Verschreibungspflicht ist eine Maßnahme des Gesetzgebers, die der Tatsache Rechnung trägt, daß vor allem stark wirksame Arzneimittel in ihrer ganzen Wirkungsbreite erst nach langer intensiver Überwachung erkannt werden können, wobei der Mitwirkung des Arztes, Zahnarztes oder Tierarztes eine besondere Bedeutung zukommt.

Ein Arzneimittel wird daher dann der Verschreibungspflicht unterstellt, wenn die Gefahr besteht, daß die Gesundheit von Mensch und Tier auch bei bestimmungsgemäßem Gebrauch gefährdet werden kann, was im allgemeinen nicht von vornherein grundsätzlich auszuschließen ist. Mit zunehmender Anwendungsdauer eines Arzneimittels, d. h. mit immer größer werdender Zahl der Patienten und verschreibenden Ärzte werden die Erkenntnisse über die Eigenschaften des Arzneimittels immer besser und umfangreicher, so daß selbst nach langen Zeiten der Anwendung noch neue wichtige Erkenntnisse z. B. über unerwünschte Arzneimittelwirkungen, Gegenanzeigen oder Wechselwirkungen mit anderen Mitteln gewonnen werden können.

Eine weitere Möglichkeit, Arzneimittel der Verschreibungspflicht zu unterstellen, ist dann gegeben, wenn erkannt wird, daß bestimmte Arzneimittel häufig und erheblich mißbräuchlich verwendet werden und dadurch die Gesundheit von Mensch oder Tier gefährdet werden kann (§ 48 Abs. 2). So wird immer wieder bekannt, daß Arzneimittel, die bisher nur der Apothekenpflicht unterliegen, häufig in Verbindung mit Alkohol mißbräuchlich verwendet werden. Hier besteht also die Möglichkeit, die Verschreibungspflicht, d. h. die Kontrolle durch den Arzt einzuführen und damit auch die freie Verfügung durch Selbstmedikation zu beschränken.

Neben dieser „allgemeinen" Verschreibungspflicht, die nach Anhörung von Sachverständigen festgelegt wird, gibt es noch die sogenannte „automatische" Verschreibungspflicht (§ 49), die für alle solche Stoffe und Zubereitungen aus Stoffen gilt, die hinsichtlich ihrer Wirkung in der medizinischen Wissenschaft nicht allgemein bekannt sind. Die automatische Verschreibungspflicht wird also überall dort Platz greifen, wo neue Wirkstoffe oder neue Gemische auch bekannter Wirkstoffe, als Arzneimittel in den Verkehr gebracht werden. Die automatische Verschreibungspflicht gilt in der Regel fünf Jahre (§ 49 Abs. 3). Hiernach entscheidet der für die Verschreibungspflicht zuständige Sachverständigenausschuß, ob das Arzneimittel in die allgemeine Verschreibungspflicht überführt wird, oder ob es nur der Apothekenpflicht unterliegen soll. Sollte gegebenenfalls über die Freiverkäuflichkeit zu entscheiden sein, ist hierfür ein besonderes Gremium zu hören (s. S. 6.4).

6.7 Einzelhandel mit freiverkäuflichen Arzneimitteln (Sachkenntnis)

Jeder Einzelhändler, der mit freiverkäuflichen Arzneimitteln handeln will, muß entweder selbst einen Sachkenntnisnachweis erbringen oder eine beauftragte sachkundige Person nachweisen. Es können also nur solche Personen, die die erforderliche Sachkenntnis besitzen, für den Einzelhandel mit freiverkäuflichen Arzneimitteln außerhalb der Apotheken verantwortlich sein. Für Unternehmen, die mehrere Verkaufsstellen besitzen, also z. B. Ladenketten, bedeutet dies, daß in jeder Verkaufsstelle eine sachkundige Person vorhanden sein muß (§ 50 Abs. 1).

Die erforderliche Sachkenntnis besitzen solche Personen, die praktische und theoretische Kenntnisse über das ordnungsgemäße Abfüllen, Abpacken, Kennzeichnen, Lagern und Inverkehrbringen von freiverkäuflichen Arzneimitteln nachweisen (§ 50 Abs. 2).

Das Bundesministerium für Gesundheit hat hierzu eine Rechtsverordnung (s. Anhang Anlage 2) erlassen, in der im einzelnen festgelegt ist, welchen Umfang die Sachkenntnis haben muß, was also unter „erforderlicher Sachkenntnis" zu verstehen ist.

Die erforderliche Sachkenntnis muß im Rahmen einer Prüfung nachgewiesen werden. Die Abnahme der Prüfungen obliegt in fast allen Bundesländern den Industrie- und Handelskammern.

Entsprechend der genannten Verordnung (Verordnung über den Nachweis der Sachkenntnis im Einzelhandel mit freiverkäuflichen Arzneimitteln) werden folgende Prüfungszeugnisse über eine abgeleistete berufliche Ausbildung als Nachweis der erforderlichen Sachkenntnis im Einzelhandel mit freiverkäuflichen Arzneimitteln anerkannt:

1. Zeugnis über ein abgeschlossenes Hochschulstudium der Pharmazie sowie der Chemie, Biologie, Human- oder Veterinärmedizin in Verbindung mit Nachweisen nach § 15 Abs. 2 AMG (s. 3.2),
2. Zeugnis über eine nach abgeschlossenen Hochschulstudien der Veterinärmedizin abgelegte Prüfung, soweit es sich um – freiverkäufliche – Tierarzneimittel handelt,
3. Zeugnis über die bestandene pharmazeutische Vorprüfung (Apothekerassistent),
4. Zeugnis über die bestandene Prüfung für den Beruf des pharmazeutisch-technischen Assistenten oder den Nachweis eines entsprechenden Ausbildungsstandes,
5. Zeugnis zum staatlich anerkannten Ausbildungsberuf als Drogist,
6. Zeugnis über die Abschlußprüfung für den Beruf des Apothekenhelfers.

Den Nachweis der Sachkenntnis im Einzelhandel mit freiverkäuflichen Arzneimitteln hat auch erbracht, wer nachweist, daß er bis zum 1. 1. 1978 die Voraussetzungen der Sachkunde für den Einzelhandel mit Arzneimitteln nach den Vorschriften des Einzelhandelsgesetzes und der Verordnung über den Nachweis der Sachkunde für den Einzelhandel erfüllt hat (s. auch 3.4.2 und 6.11.1).

Dies bedeutet, daß z. B. nicht nur solche Personen, die die erforderliche Sachkunde im Zusammenhang mit einer Erlaubnis nach § 3 Abs. 3 Einzelhandelsgesetz nachgewiesen haben, als sachkundig zum Einzelhandel mit freiverkäuflichen Arzneimitteln auch im Sinne des Arzneimittelgesetzes gelten (Besitzstandswahrung; s. auch 6.11.1), sondern auch solche Personen, die zwar keine Erlaubnis nach § 3 Abs. 3 Einzelhandelsgesetz besaßen, jedoch am 1. 1. 1978 die Voraussetzungen hierfür erfüllt haben, wie z. B. Angestellte.

Nach Auffassung des Deutschen Industrie- und Handelstages (DIHT), die seitens der Aufsichtsbehörde nicht unumstritten ist, hat den Nachweis der Sachkenntnis zum Einzelhandel mit freiverkäuflichen Arzneimitteln erbracht, wer am 1. 1. 1978

a) nach Ablegung der Kaufmannsgehilfenprüfung (Abschlußprüfung als Kaufmann, – z. B. Einzelhandelskaufmann –, Industriekaufmann, Abschlußprüfung als Verkäufer/Verkäuferin im Einzelhandel) eine praktische Tätigkeit von mindestens drei Jahren in einem Handelsbetrieb des entsprechenden Warenzweiges (freiverkäufliche Arzneimittel) ausgeübt hat oder

b) eine für den Handel in dem entsprechenden Warenzweig (freiverkäufliche Arzneimittel) anerkannte Prüfung abgelegt und danach eine praktische Tätigkeit von mindestens zwei Jahren in einem Handelsbetrieb des entsprechenden Warenzweiges (freiverkäufliche Arzneimittel) ausgeübt hat oder

c) nach Ablegen der Meisterprüfung in einem Handwerk oder der Baumeisterprüfung oder der Prüfung des Gewerbelehrers oder des Landwirtschaftslehrers eine kaufmännische Tätigkeit von mindestens zwei Jahren in einem Betrieb des entsprechenden Warenzweiges (freiverkäufliche Arzneimittel) nachweist oder

d) eine mindestens fünfjährige kaufmännische Tätigkeit in einem Betrieb des entsprechenden Warenzweiges (freiverkäufliche Arzneimittel), davon eine zweijährige leitende Tätigkeit, nachweisen kann
(als leitende Tätigkeit ist anzusehen
- die Tätigkeit des Leiters eines gewerblichen Unternehmens oder seines Stellvertreters oder
- die Tätigkeit des Leiters eines gewerblichen Unternehmens oder seines Unternehmens oder seines Stellvertreters oder
- die Tätigkeit des Leiters einer Zweigniederlassung oder einer unselbständigen Zweigstelle eines gewerblichen Unternehmens oder seines Stellvertreters oder
- eine Tätigkeit, die einer der vorgenannten Tätigkeiten an kaufmännischer und wirtschaftlicher Verantwortung entspricht) oder

e) die Sachkunde für den Einzelhandel mit freiverkäuflichen Arzneimitteln in einer besonderen Prüfung vor der von der höheren Verwaltungsbehörde errichteten und ihrer Aufsicht unterstehenden Stelle nachgewiesen hat (Prüfung vor der Industrie- und Handelskammer) oder

f) die Prüfungen des
Diplom-Volkswirtes,
Diplom-Kaufmannes (Diplom-Betriebswirts),
Diplom-Handelslehrers,
Wirtschaftsprüfers,
vereidigten Buchprüfers (Bücherrevisors),
Steuerberaters,
Helfers in Steuersachen

nachweist und eine kaufmännische Tätigkeit in einem Handelsbetrieb mit freiverkäuflichen Arzneimitteln ausübt oder mindestens zwei Jahre ausgeübt hat.

Auch Personen, die bis zum 1. 1. 1978 ein Zeugnis über ein abgeschlossenes Hochschulstudium der Chemie, Biologie, Medizin, Zahmedizin oder Tiermedizin in Verbindung mit einer mindestens zweijährigen praktischen Tätigkeit in der Arzneimittelherstellung nachweisen können, haben die Sachkenntnis im Einzelhandel mit freiverkäuflichen Arzneimitteln erbracht.

Der Einzelhandel mit freiverkäuflichen Arzneimitteln ist vor Aufnahme dieser Tätigkeit bei der zuständigen Behörde anzuzeigen. Soweit Einzelhändler freiverkäufliche Arzneimittel zur unmittelbaren Abgabe an den Verbraucher in unveränderter Form umfüllen, abfüllen oder kennzeichnen, müssen sie die Bezeichnung und Zusammensetzung der Arzneimittel angeben. Nachträgliche Änderungen sind ebenfalls anzuzeigen (s. 6.11.2, 12).

6.8 Einzelhandel mit freiverkäuflichen Arzneimitteln (ohne Sachkenntnis)

Eine Sachkenntnis ist jedoch nicht erforderlich, wenn ein Einzelhändler außerhalb der Apotheken Fertigarzneimittel abgibt, die im Reisegewerbe (§ 51, s. 6.9) abgegeben werden dürfen. Dies gilt auch für ausschließlich zum äußeren Gebrauch bestimmte Desinfektionsmittel und Sauerstoff, ebenfalls jeweils als Fertigarzneimittel.

Ebenfalls keine Sachkenntnis ist erforderlich für die Abgabe von freiverkäuflichen Fertigarzneimitteln zur Verhütung von Schwangerschaften oder von Geschlechtskrankheiten beim Menschen. Hier kommen hauptsächlich Empfängnisverhütungsmittel in Frage, die als Gel, Schaum, Vaginal-Tabletten oder Vaginal-Zäpfchen in den Verkehr gebracht werden (§ 50 Abs. 3). Präservative fallen nicht unter das Arzneimittelgesetz; sie sind Medizinprodukte (s. 1.2).

Gleichfalls ohne Sachkenntnis dürfen freiverkäufliche Arzneimittel abgegeben werden, die ausschließlich zur Anwendung bei Zierfischen, Zier- und Singvögeln, Brieftauben, Terrarientieren oder Kleinnagern bestimmt sind (§ 60 Abs. 1, s. 9.3).

6.9 Abgabe im Reisegewerbe

Außerhalb der Apotheke dürfen Arzneimittel nicht nur im Einzelhandel sondern, wie bereits kurz angedeutet, auch im Reisegewerbe (§ 51) abgegeben werden. Während im Hinblick auf die Freiverkäuflichkeit von Arzneimitteln im Einzelhandel eine breite Palette besteht, erfährt die Abgabe von Arzneimitteln im Reisegewerbe aus verständlichen Gründen des Gesundheitsschutzes eine sehr enge Begrenzung.

Reisegewerbe ist das Feilbieten von Waren – hier Fertigarzneimittel – oder das Aufsuchen von Warenbestellungen außerhalb einer gewerblichen Niederlassung. Zum Reisegewerbe gehört der Verkauf an der Haustür (Aufsuchen von Bestellungen). Reisegewerbe kann auch im Rahmen von Jahrmärkten, Wochenmärkten und Volksfesten (Feilbieten) ausgeübt werden (s. auch 2.1).

Es dürfen nur folgende und soweit freiverkäufliche Fertigarzneimittel abgegeben werden: Pflanzen und Pflanzenteile – aber nicht als Mischungen – oder Preßsäfte aus frischen Pflanzen oder Pflanzenteilen, wobei für die Gewinnung der Preßsäfte nur Wasser als Lösungsmittel verwendet werden darf. Zudem dürfen diese Fertigarzneimittel nur mit den verkehrsüblichen deutschen Namen bezeichnet sein (z. B. Baldrianwurzel, Salbeiblätter, Leinsamen, Kamillenblüten, Krautsaft oder ähnliches; kein lateinischer Namen, keine Phantasiebezeichnungen!) und ihre Wirkungen müssen allgemein, d. h. nicht nur beim Arzt oder Apotheker, sondern auch bei jedermann bekannt sein (§ 51 Abs. 1 Nr. 1).

Weiterhin dürfen im Reisegewerbe vertrieben werden Heilwässer und deren Salze in ihren natürlichen Mischungsverhältnissen oder als Nachbildungen, d. h. künstlich hergestellt. Auch diese müssen als Fertigarzneimittel vorliegen, also im voraus abgefüllt und beim Bundesinstitut für Arzneimittel und Medizinprodukte zugelassen sein (§ 51 Abs. 1 Nr. 2). Die Bezeichnung spielt keine Rolle für die Abgabe im Reisegewerbe.

Es ist darauf hinzuweisen, daß die Tätigkeit eines Vertreters, der im Auftrag eines pharmazeutischen Unternehmers Einzelhändler zu Verkaufsgesprächen aufsucht, kein Reisegewerbe im Sinne dieser Bezeichnung ausübt, auch wenn er die Ware sofort aushändigt.

6.10 Selbstbedienung mit Arzneimitteln

Eine heute in fast allen Bereichen übliche Verkaufsform von Waren ist die Selbstbedienung. Für Arzneimittel sind hierfür Regelungen getroffen (§ 52). Im Interesse der Arzneimittelsicherheit und der Gesundheit der Bevölkerung sind Arzneimittel als Waren besonderer Art jedoch nicht generell zur Selbstbedienung freigegeben.

Allgemein zur Selbstbedienung, also auch zum Automatenverkauf freigegeben sind Fertigarzneimittel, die im Reisegewerbe abgegeben werden dürfen, sowie freiverkäufliche Fertigarzneimittel, die ausschließlich als äußerlich anzuwendende Desinfektionsmittel im Verkehr sind, freiverkäufliche Arzneimittel zur Verhütung der Schwangerschaft oder Geschlechtskrankheiten beim Menschen sowie Sauerstoff ebenfalls als Fertigarzneimittel (§ 52 Abs. 2 i. V. mit Abs. 1; s. auch 6.8).

Im Ergebnis sind auch zur Selbstbedienung – nicht aber zum Automatenverkauf – freiverkäufliche Arzneimittel zugelassen, die ausschließlich zur Anwendung bei Zierfischen, Zier- oder Singvögeln, Brieftauben, Terrarientieren oder Kleinnagern bestimmt sind (§ 60 Abs. 1 i. V. § 52 Abs. 3).

Für alle anderen Arzneimittel ist die Selbstbedienung in Einzelhandelsgeschäften nur dann zulässig, wenn dort eine Person mit der Sachkunde für den Einzelhandel mit freiverkäuflichen Arzneimitteln zur Verfügung steht (§ 52 Abs. 3). Zur Verfügung stehen bedeutet, daß eine sachkundige Person erreichbar ist, wenn ein Kunde hinsichtlich eines Arzneimittels, das er kaufen möchte, beraten werden will.

Für Filialbetriebe, die nach dem 1. 1. 1978 eröffnet werden, muß jeweils eine sachkundige Person vorhanden sein (§ 50 Abs. 1).

Die Selbstbedienung mit freiverkäuflichen Arzneimitteln in den Betriebsräumen einer Apotheke ist ebenfalls zulässig (§ 52 Abs. 3).

6.11 Übergangsvorschriften

(s. auch 18)

6.11.1 Einzelhandel mit freiverkäuflichen Arzneimitteln

Personen, die bei Inkrafttreten des Arzneimittelgesetzes berechtigt außerhalb der Apotheken Einzelhandel mit Arzneimitteln betrieben haben, dürfen dies weiterhin tun.

Voraussetzung ist, daß die Tätigkeit entsprechend den Vorschriften des Gesetzes über die Berufsausübung im Einzelhandel (EHG) ausgeübt wurde (§ 112).

Die Einzelhändler, die entweder eine Erlaubnis gemäß § 3 Abs. 3 des Einzelhandelsgesetzes (EHG) zum Einzelhandel mit Arzneimitteln und ärztlichen Hilfsmitteln besitzen oder den Einzelhandel mit Arzneimitteln und ärztlichen Hilfsmitteln aus einem amtsärztlich kontrollierten Drogenschrank angezeigt haben, sind demnach weiterhin berechtigt, diese Tätigkeit im bisherigen Rahmen auszuüben. Dies gilt auch für Filialbetriebe. Zur Verdeutlichung ist darauf hinzuweisen, daß derjenige, der bis zum 1. 1. 1978 Arzneimittel und ärztliche Hilfsmittel aus einem Drogenschrank verkauft hat, Arzneimittel auch weiterhin nicht in der Selbstbedienung abgeben darf – ausgenommen solche Arzneimittel, die zum Automatenverkauf und/oder zur Selbstbedienung freigegeben sind, ohne daß eine sachkundige Person (s. 6.7) zur Verfügung stehen muß (s. 6.10) – oder nicht wie Einzelhändler mit der bisherigen Erlaubnis nach § 3 Abs. 3 EHG Arzneimittel in unveränderter Form zur unmittelbaren Abgabe von Verbrauchern umfüllen, umpacken oder kennzeichnen darf (zur Sachkunde s. 6.7).

Sollte die Erweiterung eines Einzelhandelsbetriebes durch Filialen oder eines Filialbetriebes durch weitere Filialen vorgesehen sein, gilt für diese Fälle hinsichtlich der Abgabe freiverkäuflicher Arzneimittel die Vorschrift des Arzneimittelgesetzes, daß für jede Betriebsstelle eine sachkundige Person vorhanden sein muß (§ 50 Abs. 1).

6.11.2 Anzeigepflicht

Betriebe oder Personen, die bei Inkrafttreten des Arzneimittelgesetzes am 1. 1. 1978 Arzneimittel hergestellt, geprüft, gelagert, verpackt, in den Verkehr gebracht oder sonst mit ihnen gehandelt haben, mußten dies innerhalb von einem Monat nach Inkrafttreten des Gesetzes, also bis zum 31. 1. 1978, bei der zuständigen Behörde – in der Regel die Regierungspräsidien oder Bezirksregierungen – anzeigen (§ 114). Von der Anzeigepflicht ausgenommen waren Inhaber einer Erlaubnis zur Herstellung von Arzneimitteln und Apotheken (§ 16 i. V. mit § 67 Abs. 4).

Die Anzeigepflicht galt gleichermaßen für Einzelhändler, die bei Inkrafttreten des Arzneimittelgesetzes mit einer Erlaubnis nach § 3 Abs. 3 EHG, also sachkundig, Arzneimittel abgegeben oder in unveränderter Form zur unmittelbaren Abgabe an Verbraucher umgefüllt, abgepackt oder gekennzeichnet haben, wie für solche Einzelhändler, die einen Drogenschrank angezeigt und aus diesem Arzneimittel abgegeben haben.

Soweit Einzelhändler Arzneimittel im Rahmen ihrer Sachkunde in unveränderter Form zur unmittelbaren Abgabe an Verbraucher umfüllen, abpacken und kennzeichnen, waren diese Arzneimittel mit ihrer Bezeichnung und Zusammensetzung anzugeben (§ 11 i. V. mit § 67 Abs. 2).

Die Anzeigepflicht galt nicht für Betriebe und Personen, die Arzneimittel herstellen – was auch solche mit einer ehemaligen Erlaubnis nach § 53 Arzneimittelgesetz 1961 einschließt – sowie für Apotheken.

Soweit nach der pflichtgemäßen Anzeige Änderungen eingetreten sind, besteht insoweit ebenfalls eine Anzeigepflicht (s. 6.7, 12).

7. Sicherung und Kontrolle der Qualität

7.1 Betriebsordnung

Die Arzneimittelsicherheit und damit auch die Qualität von Arzneimitteln wird von einer Vielzahl einzelner Faktoren maßgeblich beeinflußt. Hierzu gehören nicht nur eine ordnungsgemäße Herstellung und Prüfung von Arzneimitteln, sondern gleichermaßen auch eine sachgerechte Verpackung und Lagerung.

Das Bundesministerium für Gesundheit kann daher für Betriebe, in denen Arzneimittel entwickelt, hergestellt, geprüft, gelagert oder verpackt oder in den Verkehr gebracht werden, eine „Betriebsordnung" erlassen (§ 54). Hierin können neben Anforderungen an die Arzneimittel selbst, auch Vorschriften über die Beschaffenheit, Größe und Einrichtung von Räumen erlassen werden. Es ist möglich, Hygieneanforderungen festzulegen. Auch die Beschaffenheit von Behältnissen, in denen Arzneimittel aufbewahrt werden, sowie deren Kennzeichnung, die Absonderung oder Vernichtung nicht verkehrsfähiger Arzneimittel können im Rahmen dieser Betriebsordnung geregelt werden.

Ein besonderer Schwerpunkt der Betriebsordnung ist die Übertragung der „Grundregeln der Weltgesundheitsorganisation für die Herstellung von Arzneimitteln und Sicherung ihrer Qualität" und entsprechender Regelwerke der Europäischen Union. Diese „Good Manufacturing Practices" (GMP) sollen bewirken, daß bei der Herstellung von Arzneimitteln bis zur Abgabe an den Verbraucher jede Tätigkeit in der Herstellung einschließlich der Umfüllung, des Abpakkens und Kennzeichnens, wozu auch das Etikettieren gehört, mit der nötigen Sorgfalt durchgeführt wird. Im Rahmen dieser Zielsetzung werden in den GMP-Regeln Anforderungen an die Räume, die technische Ausrüstung, die Hygiene, die bei der Herstellung eingesetzten Stoffe und Materialien, die Herstellungsvorgänge selbst, die Prüfung der hergestellten Arzneimittel sowie deren Verpakkung und Etikettierung gestellt.

Eine Betriebsordnung für Arzneimittelhersteller ist 1985, eine weitere für den pharmazeutischen Großhandel 1987 erlassen worden. Es ist selbstverständlich, daß erforderlichenfalls auch für den Einzelhandel mit Arzneimitteln außerhalb der Apotheke über eine Betriebsordnung fachliche Regelungen getroffen werden können.

8. Arzneibuch

Wie bereits eingangs erwähnt, wird die Qualität, Prüfung, Lagerung, Abgabe und Bezeichnung von Arzneimitteln nach dem „Arzneibuch“ als einer Sammlung anerkannter pharmazeutischer Regeln beurteilt (§ 55). Das Arzneibuch enthält auch Regeln für die Beschaffenheit von Behältnissen und Umhüllungen.

Die Regeln des Arzneibuchs werden von der Deutschen Arzneibuch-Kommission oder der Europäischen Arzneibuch-Kommission beschlossen und im Bundesanzeiger bekannt gemacht. Entsprechendes gilt für homöopathische Arzneimittel, für die die Deutsche Homöopatische Arzneibuch-Kommission die anerkannten pharmazeutischen Regeln beschließt.

Grundsätzlich dürfen Arzneimittel nur hergestellt und abgegeben werden, wenn sie den für sie geltenden Regeln des Arzneibuches entsprechen. Also auch der Einzelhändler, der freiverkäufliche Arzneimittel abgibt, ist an die Vorschriften des Arzneibuches gebunden.

9. Sondervorschriften für Arzneimittel, die zur Anwendung bei Tieren bestimmt sind

Es liegt im Interesse des Verbrauchers, daß der Gesetzgeber zwischen Arzneimitteln unterscheidet, die bei Tieren zur Anwendung kommen, die nicht zur Gewinnung von Lebensmitteln dienen und solchen, die bei Tieren zur Anwendung kommen, die zu Lebensmitteln weiterverarbeitet werden oder die Lebensmittel produzieren. Hierzu zählen Rinder, Schweine, Schafe, Geflügel, eßbares Wild und z.B. Hühner (Eier), Bienen (Honig), Kühe (Milch).

9.1 Fütterungsarzneimittel

Eine besondere Form von Arzneimitteln, die zur Anwendung bei Tieren bestimmt sind, sind die sogenannten „Fütterungsarzneimittel" (§ 56). Fütterungsarzneimittel (§ 4 Abs. 10) sind definiert als Arzneimittel in verfütterungsfertiger Form, die aus Arzneimittel-Vormischungen und Mischfuttermitteln hergestellt werden und die dazu bestimmt sind, zur Anwendung bei Tieren in den Verkehr gebracht zu werden. Sie setzen sich zusammen aus einer sogenannten „Vormischung" (§ 4 Abs. 11 – Arzneimittel, das dazu bestimmt ist, zur Herstellung von Fütterungsarzneimitteln verwendet zu werden) und einem „Mischfuttermittel", in das die „Vormischung" eingearbeitet wird. Die Einarbeitung erfolgt in der Regel auf Verschreibung eines Tierarztes, wobei dies z.B. bei einem Mischfuttermittelhersteller oder gegebenenfalls auch durch den Tierhalter selbst erfolgen kann. Die Verantwortung hierfür trägt in jedem Fall der Tierarzt. Für Fütterungsarzneimittel, die in industriellem Maßstab im voraus hergestellt werden, trägt der pharmazeutische Unternehmer, der in diesen Fällen meist auch der Hersteller ist, die arzneimittelrechtliche Verantwortung.

Die Vormischung und das Mischfuttermittel müssen füreinander bestimmt sein, d.h. es ist im einzelnen bei der Zulassung der Vormischung festgelegt, in welche Mischfuttermittel es eingearbeitet werden darf.

9.2 Erwerb apothekenpflichtiger Arzneimittel zur Anwendung bei Tieren

Ein Tierhalter darf nicht-freiverkäufliche, d.h. apothekenpflichtige, Arzneimittel zur Anwendung bei Tieren in der Apotheke und bei dem den Tierbestand behandelnden Tierarzt erwerben.

Auch sogenannte Tierheilpraktiker unterliegen dieser Vorschrift. Sie dürfen nicht-freiverkäufliche Arzneimittel zur Anwendung an Tieren ebenfalls nur in Apotheken erwerben (§ 57). Der Erwerb bei Tierärzten scheidet aus, da Tierärzte nicht-freiverkäufliche Arzneimittel nur an Halter der von ihnen behandelten Tiere abgeben dürfen.

Soweit Arzneimittel bei Tieren angewandt werden, die der Gewinnung von Lebensmitteln dienen, müssen sie für die Anwendung bei solchen Tieren besonders zugelassen sein (§ 58).

9.3 Ausnahmeregelungen für Arzneimittel zu Anwendung bei Heimtieren

Es sei in diesem Zusammenhang nochmals darauf hingewiesen, daß Arzneimittel ausschließlich zur Anwendung bei Zierfischen, Zier- oder Singvögeln, Brieftauben, Terrarientieren oder Kleinnagern, soweit sie keine verschreibungspflichtigen Bestandteile enthalten, freiverkäuflich sind (s. 6.2.8) und im Einzelhandel auch ohne den Sachkundennachweis für den Einzelhandel mit freiverkäuflichen Arzneimitteln abgegeben werden dürfen. Auch die Abgabe dieser Arzneimittel in Form der Selbstbedienung ist zulässig, ohne daß eine sachkundige Person zur Verfügung steht (s. 6.10). Der Verkauf mittels Automaten ist jedoch verboten. Zusätzlich bedürfen derartige Arzneimittel auch dann keiner Zulassung durch das Bundesinstitut für Arzneimittel und Medizinprodukte, wenn sie als Fertigarzneimittel in den Verkehr gebracht werden (§ 60 Abs. 1).

Der Gesetzgeber hat sich jedoch die Möglichkeit vorbehalten, derartige Arzneimittel der Zulassungspflicht zu unterstellen, soweit eine Gesundheitsgefährdung zu befürchten ist.

Die Herstellung dieser Arzneimittel kann ebenfalls unter erleichterten Bedingungen erfolgen: Der Herstellungsleiter kann zugleich auch Kontroll- und Vertriebsleiter sein. Eine zweijährige praktische Tätigkeit in der Arzneimittelherstellung oder Arzneimittelprüfung ist nicht erforderlich (§ 60 Abs. 2, s. auch 3.2.2).

10. Beobachtung, Sammlung und Auswertung von Arzneimittelrisiken

Da mit einer immer längeren und breiteren Anwendung von Arzneimitteln bei Mensch und Tier zunehmend neue Erfahrungen verbunden sind, die auch zu Erkenntnissen über zum Teil bis dahin unbekannte Risiken, wie Nebenwirkungen oder Wechselwirkungen mit anderen Mitteln (Arzneimittel und Lebensmittel) führen können, hat das Bundesinstitut für Arzneimittel und Medizinprodukte in Berlin die Aufgabe, alle mit Arzneimitteln verbundenen Risiken zentral zu erfassen, auszuwerten und die gegebenenfalls erforderlichen Maßnahmen zu koordinieren.

Das Bundesinstitut für Arzneimittel und Medizinprodukte hat dabei die Aufgabe, mit Einrichtungen der Weltgesundheitsorganisation (WHO), den Arzneimittelbehörden anderer Länder, mit den Gesundheits- und Veterinärbehörden in Deutschland, den Arzneimittelkommissionen der Kammern der Heilberufe sowie sonstigen Stellen, die Arzneimittelrisiken erfassen, zusammenzuarbeiten (§ 62).

Arzneimittelkommissionen der Heilberufe, die sich mit der Erfassung von Arzneimittelrisiken befassen, existieren bei den Ärzten, Zahnärzten, Tierärzten, Apothekern und Heilpraktikern.

Zu den sonstigen Stellen, die sich mit der Erfassung von Arzneimittelrisiken befassen, ist z.B. die Arzneimittelkommission zu zählen, die die Bundesverbände der Pharmazeutischen Industrie eingerichtet haben.

Eine bundeseinheitliche Verwaltungsvorschrift (Stufenplan) regelt die Zusammenarbeit aller beteiligten Behörden und Institutionen. Es werden für verschiedene Gefahrenstufen jeweils die zu ergreifenden Maßnahmen näher festgelegt (§ 63).

Eine Gefahrenstufe richtet sich nach Art und Umfang des festgestellten Arzneimittelrisikos. Werden etwa Arzneimittelnebenwirkungen festgestellt, die zu einer Beeinträchtigung der Gesundheit führen können, sind andere Maßnahmen zu veranlassen, als z.B. bei einer Arzneimittelverwechslung bei einem Hersteller, der die Charge eines Arzneimittels mit falscher Beschriftung versehen hat. Die hier zu veranlassenden Maßnahmen unterscheiden sich wiederum von denen, die zu ergreifen sind, wenn etwa ein Einzelhändler einem Verbraucher ein falsches Arzneimittel abgibt.

Pharmazeutische Unternehmer (s. 2.4) haben gegenüber der Aufsichtsbehörde (s. 11) eine Person zu benennen, die für die Sammlung und Bewertung von Arzneimittelrisiken sowie deren Meldung an das Bundesinstitut für Arzneimittel und Medizinprodukte verantwortlich ist (Stufenplanbeauftragter § 63 a, s. 10). Soweit Einzelhändler Arzneimittel ohne Erlaubnis herstellen dürfen (s. 3.1.1) unter ihrem Namen in den Verkehr bringen, ist ein Stufenplanbeauftragter nicht zu benennen (§ 63 a Abs. 1).

11. Überwachung

Wenn der Gesetzgeber eine Vielfalt von Anforderungen stellt, so muß er auch dafür Sorge tragen, daß die Einhaltung dieser Anforderungen überwacht wird. Die Überwachung der Durchführung der arzneimittelrechtlichen Vorschriften obliegt den Bundesländern, in denen in der Regel jeweils die mittlere Verwaltungsebene (Bezirksregierung, Regierungspräsidien), in den Stadtstaaten die Gesundheitssenatoren, im Saarland das Ministerium und in Schleswig-Holstein eine Landesoberbehörde, die für die Überwachung zuständigen Behörden sind. In Nordrhein-Westfalen liegt die Zuständigkeit für die Überwachung des Einzelhandels mit freiverkäuflichen Arzneimitteln bei den Gesundheitsämtern (Amtsapotheker).

Der Überwachung unterliegen alle Betriebe und Einrichtungen, in denen Arzneimittel hergestellt, geprüft, gelagert, verpackt, in den Verkehr gebracht werden oder in denen sonst Arzneimittelhandel (z.B. Handelsagenturen) getrieben wird (§64 Abs. 1). Dies bedeutet, daß nicht nur pharmazeutische Unternehmer, der Arzneimittelhersteller oder ein Kontrollabor für Arzneimittel der Überwachung unterliegen, sondern auch der pharmazeutische Großhändler und der Einzelhändler. Dies wiederum bezieht sich sowohl auf die Apotheke als auch auf die Drogerie, das Reformhaus, das Zoofachgeschäft sowie den sonstigen Einzelhandel mit Arzneimitteln, z.B. in Lebensmittelgeschäften.

Die Herstellung, Prüfung, Lagerung, Verpackung oder das Inverkehrbringen von Wirkstoffen sowie die Entwicklung von Wirkstoffen (§4 Abs. 19, s. 2.5) unterliegen der Überwachung, soweit sie durch Rechtsverordnung nach §54 (s. 7.1) geregelt ist.

Die zuständige Behörde hat nicht nur auf die Einhaltung der Vorschriften des Arzneimittelgesetzes zu achten, sondern auch die Werbung auf dem Gebiet des Heilwesens zu überprüfen (§64 Abs. 3).

Zur Wahrnehmung der Überwachungsaufgaben werden Besichtigungen durchgeführt, die in der Regel alle zwei Jahre vorgenommen werden. Hierbei können die mit der Überwachung beauftragten Personen – im allgemeinen der pharmazeutische Referent der zuständigen Behörde – im Rahmen ihrer Tätigkeit zu den üblichen Geschäftszeiten die Geschäfts- und Betriebsräume und, falls Gefahr im Verzug ist, auch die Wohnräume betreten. Insoweit wird das Grundrecht auf Unverletzlichkeit der Wohnung eingeschränkt (§64 Abs. 4 Nr. 1).

Bei Besichtigungen können Unterlagen über die Herstellung, Prüfung, den Erwerb, die Lagerung und das Inverkehrbringen eingesehen werden. Dies bezieht sich auch auf das im Verkehr befindliche Werbematerial (§64 Abs. 4 Nr. 2). Soweit der zur Auskunft Verpflichtete sich selbst durch Aussagen belasten muß, kann er die Beantwortung von Fragen verweigern (§64 Abs. 5).

Im Rahmen der von der Aufsichtsbehörde durchgeführten Besichtigungen kann der Überwachungsbeamte gegen Empfangsbescheinigung auch Proben zum Zwecke der Untersuchung entnehmen (§65). Die Proben können zum einen als Verdachtsproben entnommen werden, d.h. wenn sie den Anschein erwecken, daß sie gegebenenfalls in ihrer pharmazeutischen Qualität beeinträchtigt und dadurch nicht mehr verkehrsfähig sind oder als Planproben, d.h. Routineproben entnommen werden. Die analytische Überprüfung dieser Arzneimittelproben wird in den Arzneimittelprüfstellen der Länder, die sich überwiegend in einem chemischen Untersuchungsamt eines Bundeslandes befinden, durchgeführt.

Soweit eine Arzneimittelprobe bei einem pharmazeutischen Unternehmer entnommen wird, ist diesem, es sei denn, er verzichtet ausdrücklich darauf, ein Teil der Probe amtlich verschlossen zurückzulassen (§ 65 Abs. 1). Dies hat den Grund, daß im Falle einer Beanstandung der pharmazeutische Unternehmer diese ‚Gegenprobe' durch einen privaten Sachverständigen, der behördlich bestellt sein muß (§ 65 Abs. 3), begutachten lassen kann. Soweit ein Einzelhändler freiverkäufliche Arzneimittel unter seinem Namen in den Verkehr bringt, ist er pharmazeutischer Unternehmer (s. 2.4, 3.1.1).

Der Einzelhändler hat bei der Entnahme einer Probe eines Fertigarzneimittels eines anderen pharmazeutischen Unternehmers – dies ist im Einzelhandel der Regelfall – Anspruch auf eine angemessene Entschädigung (§ 65 Abs. 3). Diese besteht im allgemeinen im Einkaufspreis des Arzneimittels zuzüglich der jeweils gültigen Mehrwertsteuer.

Wichtig ist der Hinweis, daß derjenige, der der Überwachung nach dem Arzneimittelgesetz durch die zuständige Behörde unterliegt, verpflichtet ist, die Besichtigung als solche nicht nur zu dulden, sondern die in der Überwachung tätigen Personen bei ihrer Tätigkeit zu unterstützen (§ 66). Dies bezieht sich vor allem darauf, daß das Betreten der Geschäftsräume ermöglicht wird, daß Behältnisse geöffnet und Auskünfte erteilt werden sowie die Entnahme von Proben ermöglicht wird.

Über eine Besichtigung wird eine Niederschrift erstellt, in der ggfl. auch Beanstandungen festgehalten werden.

Werden bei der Besichtigung der Betriebsräume oder bei der Untersuchung der entnommenen Arzneimittelprobe Beanstandungen festgestellt, so kann die zuständige Behörde zur Beseitigung der festgestellten Verstöße und zur Verhütung künftiger Verstöße die notwendigen Anordnungen treffen (§ 69).

So kann z.B. das Inverkehrbringen eines Arzneimittels untersagt werden, wenn die erforderlichen Qualitätskontrollen nicht durchgeführt worden sind (§ 69 Abs. 1, Nr. 5). Dies kann solche Einzelhändler betreffen, die als pharmazeutische Unternehmer Arzneimittel unter ihrem Namen in den Verkehr bringen. Hierzu zählen vor allem solche Personen, die eine Erlaubnis zur Herstellung von Arzneimitteln nach § 53 Arzneimittelgesetz 1961 (z.B. Drogisten) besaßen und im Rahmen der Besitzstandswahrung auch nach dem jetzt gültigen Arzneimittelgesetz bis auf weiteres im bisherigen Umfang Arzneimittel herstellen dürfen (s. 3.4).

Neben anderen Maßnahmen können die zuständigen Behörden auch Werbematerial, das den Vorschriften über den Verkehr mit Arzneimittel und über die Werbung auf dem Gebiet des Heilwesens (s. Anhang Anlage 4) nicht entspricht, sicherstellen (§ 69 Abs. 3).

12. Anzeigepflicht

Betriebe, die Arzneimittel herstellen, prüfen, lagern, verpacken oder in den Verkehr bringen, also auch Einzelhandelsgeschäfte, haben ihre Tätigkeit der zuständigen pharmazeutischen Überwachungsbehörde (s. 11) anzuzeigen. Dies hat vor Aufnahme der Tätigkeit zu erfolgen. Bei der Anzeige ist anzugeben, um welche Art der Tätigkeit es sich handelt, ob z. B. Arzneimittel hergestellt oder umgefüllt und verpackt werden oder ob sie nur abgegeben werden, sowie die Betriebsstätte, also etwa die Geschäftsräume des Einzelhandels.

Einzelhändler, die beabsichtigen, Arzneimittel in unveränderter Form zur unmittelbaren Abgabe an den Verbraucher umzufüllen, abzupacken oder zu kennzeichnen, haben hierbei die Arzneimittel mit ihrer Bezeichnung und Zusammensetzung anzugeben.

Selbstverständlich sind im Nachgang zu dieser Tätigkeitsanzeige auch Änderungen bekanntzugeben, so z. B., wenn ein sachkundiger Einzelhändler das Arzneimittelsortiment, das von ihm in unveränderter Form zur unmittelbaren Abgabe an den Verbraucher umgefüllt, abgepackt oder gekennzeichnet wird, erweitert.

Der Anzeigepflicht unterliegt auch die Arzneimittelabgabe im Reisegewerbe, der Großhandel mit Arzneimitteln sowie das Sammeln von Arzneimitteln, z. B. durch gemeinnützige Organisationen.

Nicht anzeigepflichtig sind Apotheken – ausgenommen tierärztliche Hausapotheken – und Inhaber einer Erlaubnis zur Herstellung von Arzneimitteln (s. 6.11.2).

13. Einfuhr

Das Arzneimittelgesetz regelt nicht nur den Verkehr mit den Arzneimitteln, die im Geltungsbereich des Gesetzes, also in Deutschland, hergestellt und in den Verkehr gebracht werden, sondern auch die Einfuhr von Arzneimitteln aus dem Ausland (§§ 72–74). Aufgrund der Zugehörigkeit von Deutschland zur Europäischen Union, innerhalb der durch entsprechende Richtlinien einheitliche Voraussetzungen gegeben sind, wird hierbei zwischen Arzneimitteln, die aus EU-Staaten kommen, und solchen, die aus Nicht-EU-Staaten, den sogenannten Drittländern eingeführt werden, unterschieden.

Soweit Fertigarzneimittel aus Drittländern eingeführt werden sollen, muß der Importeur hierzu eine Erlaubnis beantragen, die von ähnlichen Voraussetzungen abhängig ist wie bei der Arzneimittelherstellung. Erleichternd gilt z. B., daß nur eine sachkundige Person vorhanden sein muß, die die Funktion des Herstellungs-, Kontroll- und Vertriebsleiters in einem ausüben kann (§ 72). Zudem muß sichergestellt sein, daß Arzneimittel entsprechend den „Grundregeln der Weltgesundheitsorganisation für die Herstellung von Arzneimitteln und die Sicherung ihrer Qualität" hergestellt worden sind (§ 72 a). Soweit Arzneimittel aus Mitgliedstaaten der Europäischen Union verbracht werden, ist ein Nachweis hierfür nicht erforderlich.

Bei der Herkunft von Arzneimitteln aus EU-Staaten muß der Empfänger pharmazeutischer Unternehmer, Großhändler oder Tierarzt sein oder eine Apotheke betreiben (§ 73 Abs. 1).

Zusätzlich muß grundsätzlich sichergestellt sein, daß die importierten Arzneimittel, soweit sie der Pflicht zur Zulassung oder Registrierung unterliegen, zum Verkehr in der Bundesrepublik Deutschland zugelassen bzw. registriert (homöopathische Arzneimittel) sind.

Der Einzelhändler kann demnach nur dann Arzneimittel aus dem Ausland (Drittland) direkt einführen, wenn er die o. g. Erlaubnis besitzt oder – bei EU-Importen – selbst pharmazeutischer Unternehmer ist, also Arzneimittel unter seinem Namen in den Verkehr bringt.

Von den einschränkenden Bestimmungen über die Einfuhr von Arzneimitteln ausgenommen sind solche Arzneimittel, die im Einzelfall in geringen Mengen zur Arzneimittelversorgung von Tieren, z. B. bei Tierschauen oder Turnieren, bestimmt sind, sowie solche Arzneimittel, die bei der Einreise zum persönlichen Bedarf mitgeführt werden. Auch dürfen Arzneimittel, die in einem EU-Mitgliedstaat zum Verkehr zugelassen sind, aus diesem Staat in einer dem üblichen persönlichen Bedarf entsprechenden Menge bezogen werden (§ 73 Abs. 2).

Die sonstige Einfuhr von Fertigarzneimitteln darf nur über Apotheken auf ärztliche Verschreibung und besondere Bestellung in geringen Mengen für einzelne Personen erfolgen. Diese Arzneimittel müssen dann nicht von der Bundesoberbehörde für den Verkehr in der Bundesrepublik Deutschland zugelassen sein (§ 73 Abs. 3).

Soweit ausländische Ärzte und Tierärzte ihren Beruf im kleinen Grenzverkehr in der Bundesrepublik Deutschland ausüben, dürfen sie nur solche Arzneimittel mitführen, d. h. einführen, die zum Verkehr in der Bundesrepublik Deutschland zugelassen sind (§ 73 Abs. 5).

Bei der Einfuhr von Arzneimitteln haben die Zolldienststellen mitzuwirken. Sie können im Interesse der Arzneimittelsicherheit bei Verdacht von Verstößen gegen Verbote und Beschränkungen des Arzneimittelgesetzes Sendungen anhalten und veranlassen, daß diese den zuständigen Behörden (in der Regel Bezirksregierungen, Regierungspräsidien; s. auch 11) vorgeführt werden (§ 74).

14. Informationsbeauftragter, Pharmaberater

Pharmazeutische Unternehmer (s. 2.4) haben gegenüber der Aufsichtsbehörde eine Person zu benennen, die für die wissenschaftliche Information über die in den Verkehr gebrachten Fertigarzneimittel verantwortlich ist (Informationsbeauftragter, § 74 a). Der Informationsbeauftragte ist insbesondere dafür verantwortlich, daß das Verbot der Irreführung (Verbote zum Schutz vor Täuschung, s. 2.3.2) beachtet wird und die Kennzeichnung (s. 2.5), die Packungsbeilage (s. 2.6) und die Fachinformation (s. 2.7) und die Werbung (s. S. 237 ff.) mit dem Inhalt der Zulassung (2.4) oder Registrierung (s. 4.7) übereinstimmen.

Im Arzneimittelgesetz sind auch die Tätigkeit des Pharmaberaters und dessen Berufspflichten geregelt (§§ 75, 76).

Der Pharmaberater (Ärztebesucher) hat zunächst die Aufgabe, Angehörige der Heilberufe, das sind Ärzte, Zahnärzte, Tierärzte, Heilpraktiker und Apotheker, über Arzneimittel zu informieren. Selbstverständlich geschieht diese Arzneimittelinformation primär in bezug auf Produkte des pharmazeutischen Unternehmers, für den der Pharmaberater tätig ist.

Neben dieser Funktion der Information, zu der auch die Aushändigung der Fachinformation (s. 2.7) gehört, hat der Pharmaberater die sehr wichtige Aufgabe, Mitteilungen über Nebenwirkungen und Gegenanzeigen oder sonstige Risiken bei Arzneimitteln, über die er bei seinem Informationsgespräch Kenntnis erlangt, schriftlich aufzunehmen und seinem pharmazeutischen Unternehmer mitzuteilen (§ 76 Abs. 1). Zudem kann der Pharmaberater im Auftrag des pharmazeutischen Unternehmers auf schriftliche Anforderung an den genannten Personenkreis Muster von Arzneimitteln zur Erprobung abgeben (s. S. 212).

Über Art, Umfang und Zeitpunkt der Abgabe von Ärztemustern hat der Pharmaberater Nachweise zu führen und diese auf Verlangen der zuständigen Behörde vorzulegen (§ 76 Abs. 2).

Die Tätigkeit als Pharmaberater ist – entsprechend der des Einzelhändlers – ebenfalls an eine Sachkenntnis gebunden (§ 75). Diese besitzen Personen, die ein Hochschulstudium abgeschlossen haben (Pharmazie, Chemie, Biologie, Medizin) sowie Personen mit einer Ausbildung als technische Assistenten in den Heilberufen. Daneben können Personen mit einer naturwissenschaftlichen, medizinischen oder einschlägigen kaufmännischen Ausbildung über eine spezielle Fortbildung den Beruf des „Geprüften Pharmareferenten“ erlernen und mit dieser geschützten Berufsbezeichnung als Pharmaberater tätig sein.

14.1 Übergangsvorschrift

Die Personen, die bei Inkrafttreten des Gesetzes am 1. 1. 1978 die Tätigkeit eines Pharmaberaters ausgeübt haben, können dies weiterhin tun, auch dann, wenn sie die vorgeschriebene Ausbildung nicht nachweisen können. Sie sind also vom Nachweis der Sachkenntnis im Sinne des Gesetzes befreit (§ 115).

15. Preise

Die Abgabepreise von apothekenpflichtigen Arzneimitteln sind für Apotheken, Großhandlungen und Tierärzte in der Verordnung über Preisspannen für Fertigarzneimittel festgelegt (§ 78).

Während der Großhandel auf den Herstellerpreis einen nach der Höhe dieses Preises degressiv gestaffelten Höchstzuschlag erheben kann, was auch für Tierärzte gilt, sind Apotheken an einen ebenfalls nach der Höhe des Einkaufspreises degressiv gestaffelten Festzuschlag gebunden. Dies bedeutet, daß zumindest der Großhandel innerhalb des gestaffelten Höchstzuschlages einen gewissen Wettbewerb betreiben kann (Rabatt, Skonto).

Der Apotheker ist demgegenüber an Festaufschläge gebunden. Das Arzneimittelgesetz bestimmt, daß ein einheitlicher Apothekenabgabepreis für Arzneimittel, die vom Verkehr außerhalb der Apotheke ausgeschlossen sind, zu gewährleisten ist (§ 78). Damit wird der Forderung Rechnung getragen, daß im Bereich der apothekenpflichtigen und verschreibungspflichtigen Arzneimittel ein Preiswettbewerb gegenüber dem Verbraucher vermieden wird. Der Tierarzt darf im Rahmen seines Dispensierrechts (s. 6; § 43 Abs. 4) höchstens Zuschläge in Höhe der Festaufschläge für Apotheken erheben.

Demgegenüber unterliegen Arzneimittel, die auch außerhalb der Apotheken abgegeben werden können, also solche, die freiverkäuflich sind, keiner Zuschlagsregelung. In allen Einzelhandelsgeschäften, Drogerien und Supermärkten – und auch Apotheken – können die Preise insoweit frei kalkuliert werden. Dies führt ohne Zweifel dazu, daß derjenige, der Arzneimittel in großen Mengen umsetzt, dem Endverbraucher günstigere Konditionen einräumen kann als derjenige, der sich auf kleine Abgabemengen beschränken muß. Eine gesetzliche Regelung ist ebenfalls nicht getroffen für die Preise, die der pharmazeutische Unternehmer bei der Abgabe z.B. an Großhändler oder Apotheken erhebt.

16. Haftung für Arzneimittelschäden

Für Arzneimittel, die der Zulassungspflicht unterliegen oder von dieser durch Rechtsverordnung befreit wurden, besteht eine sogenannte Gefährdungshaftung (§ 84 ff.). Schon länger besteht eine Gefährdungshaftung bereits im Bahn-, Bus- und Flugverkehr, d. h., der Betreiber dieser Verkehrsmittel muß im Interesse der Benutzer eine Versicherung abschließen, die bei Unglücksfällen den betroffenen Insassen bzw. deren Angehörigen zugute kommt und zwar unbhängig davon, ob der Betreiber schuldhaft gehandelt hat oder nicht. Nunmehr muß auch ein pharmazeutischer Unternehmer, der Fertigarzneimittel in den Verkehr bringt, eine Haftung für Schäden übernehmen, die bei bestimmungsgemäßen Gebrauch seiner Arzneimittel beim Menschen entstehen. Dies gilt selbstverständlich auch dann, wenn ein Mensch durch ein Arzneimittel zu Tode kommt.

Die Ersatzpflicht besteht, wenn die Schädigung bei bestimmungsgemäßem Gebrauch des Arzneimittels ein nach den Erkenntnissen der medizinischen Wissenschaft vertretbares Maß überschreitet und auf die Entwicklung oder Herstellung zurückzuführen ist oder wenn das Arzneimittel entgegen Erkenntnissen der medizinischen Wissenschaft nicht ausreichend gekennzeichnet oder die Gebrauchsinformation unvollständig war (§ 48 Abs. 1).

Wenn also die Schädigung eines Menschen durch mißbräuchliche Anwendung des Arzneimittels entsteht, haftet der pharmazeutische Unternehmer nicht.

Wird trotz bestimmungsgemäßer Einnahme eines Arzneimittels ein Mensch verletzt oder gar getötet, so haftet der pharmazeutische Unternehmer bis zu einem Kapitalbetrag von 1 Mio. DM oder bis zu einem Rentenbetrag von jährlich 60 000,– DM (§ 88 Nr. 1). Werden durch ein Arzneimittel bei bestimmungsgemäßem Gebrauch mehrere Menschen verletzt oder getötet, haftet der pharmazeutische Unternehmer bis zu einem Gesamtbetrag von 200 Mio. DM oder bis zu einem Rentenbetrag von jährlich 12 Mio. DM (§ 88 Nr. 2).

Um seiner Verpflichtung nachzukommen, muß der pharmazeutische Unternehmer eine Haftpflichtversicherung bei einem Versicherungsunternehmen abschließen oder eine Freistellungs- oder Gewährleistungsverpflichtung eines inländischen Kreditinstituts beibringen (§ 94).

Jeder Einzelhändler, der – sachkundig – z. B. im voraus Arzneimittel in unveränderter Form zur unmittelbaren Abgabe an den Verbraucher umfüllt, abpackt oder kennzeichnet und diese dann unter seinem Namen in den Verkehr bringt, unterliegt dieser Haftungsregelung. Dies gilt gleichermaßen, z. B. für Baldriantropfen, Pfefferminztee, Franzbranntwein oder ähnliches wie für freiverkäufliche Fertigarzneimittel, die durch einen Auftragshersteller (= Lohnhersteller) für einen Einzelhändler hergestellt werden.

Freiverkäufliche Arzneimittel, die der Einzelhändler nicht als Fertigarzneimittel vorrätig hält, sondern erst auf Wunsch dem Kunden abfüllt – z. B. Kamillenblüten, Leinsamen, Baldriantropfen, Franzbranntwein – unterliegen nicht dieser Haftungsregelung. Da keine Fertigarzneimittel vorliegen, besteht somit auch keine Zulassungspflicht.

Die Höhe der Versicherungsprämie wird im einzelnen, auf den jeweiligen Fall bezogen, vom Versicherer festgelegt. Sie wird sich nach dem Umsatz und der Art des Arzneimittels richten. Auf die Prämiengestaltung wirkt sich damit auch das Risiko aus, das mit einem Arzneimittel verbunden sein kann. Bei frei verkäuflichen Arzneimitteln ist dies im allgemeinen bei bestimmungsgemäßem Gebrauch geringer als z. B. bei verschreibungspflichtigen Arzneimitteln.

17. Straf- und Bußgeldvorschriften

Zuwiderhandlungen gegen das Arzneimittelgesetz können je nach Art und Umfang sowohl Straftatbestände (§§ 95, 96) oder auch Ordnungswidrigkeiten (§ 97) sein.

Straftatbestände werden zur Durchführung des Ermittlungsverfahrens durch die feststellende Behörde (im allgemeinen die zuständige Überwachungsbehörde) an die zuständige Staatsanwaltschaft übergeben. Diese kann nach pflichtgemäßem Ermessen das Ermittlungsverfahren einstellen, z. B. wegen Geringfügigkeit, oder Klage erheben.

Straftatbestände können sich sowohl aus vorsätzlichen als auch fahrlässig verletzten Rechtsvorschriften des Arzneimittelgesetzes ergeben, wobei teilweise bereits der Versuch strafbar ist. Straftaten können mit Freiheitsentzug bis zu 2 Jahren oder Geldstrafe geahndet werden.

Ordnungswidrigkeiten werden in der Regel nicht von der Staatsanwaltschaft verfolgt, sondern von der feststellenden Behörde selbst. Sie beziehen sich ebenfalls auf vorsätzlich oder fahrlässig begangene Handlungen gegen das Arzneimittelgesetz, wobei ein Teil der begangenen Straftatbestände (§ 96) bei Fahrlässigkeit als Ordnungswidrigkeit geahndet wird (§ 97). Die zuständige Behörde ist verpflichtet, dem Betroffenen eine Anhörung einzuräumen. Danach wird das Bußgeld festgesetzt. Gegen den Bußgeldbescheid kann innerhalb einer Woche Einspruch erhoben werden. Über den Einspruch entscheidet das Amtsgericht.

Ordnungswidrigkeiten können mit einer Geldbuße bis zu 50 000,– DM geahndet werden.

Insbesondere die nachfolgenden Straftatbestände und Ordnungswidrigkeiten, sind für den Einzelhandel mit freiverkäuflichen Arzneimitteln außerhalb der Apotheken beispielhaft:

Strafbar handelt, wer entgegen

- § 5 bedenkliche Arzneimittel in den Verkehr bringt (§ 95 Abs. 1 Nr. 1; s. auch 2.1)
- § 43 Abs. 3 verschreibungspflichtige Arzneimittel im Einzelhandel außerhalb einer Apotheke in den Verkehr bringt (§ 95 Abs. 1 Nr. 4; s. auch 6)

Strafbar handelt ebenfalls, wer entgegen

- § 8 Abs. 1 Nr. 1 Arzneimittel herstellt oder in den Verkehr bringt, die in ihrer Qualität nicht unerheblich von den anerkannten pharmazeutischen Regeln abweichen (§ 96 Nr. 2; s. auch 2.3.1)
- § 8 Abs. 1 Nr. 2 Arzneimittel herstellt oder in den Verkehr bringt, die mit irreführender Angabe, Bezeichnungen und Aufmachungen versehen sind (§ 96 Nr. 3; s. auch 2.3.2)
- § 13 Abs. 1 Arzneimittel ohne Erlaubnis herstellt (§ 96 Nr. 4; s. auch 3.1)
- § 21 Abs. 1 Fertigarzneimittel ohne Zulassung in den Verkehr bringt (§ 96 Nr. 5; s. auch 4).

Soweit eine der in § 96 bezeichneten Handlungen fahrlässig begangen wird, liegt eine Ordnungswidrigkeit vor.

Ordnungswidrig handelt außerdem, wer entgegen

- § 8 Abs. 2 Arzneimittel in den Verkehr bringt, deren Verfalldatum abgelaufen ist (§ 97 Abs. 2 Nr. 1; s. auch 2.3)
- § 9 Abs. 1 Arzneimittel in den Verkehr bringt, die nicht den Namen des pharmazeutischen Unternehmers tragen (§ 97 Abs. 2 Nr. 2; s. auch 2.4)
- § 10 Arzneimittel ohne die vorgeschriebene Kennzeichnung in den Verkehr bringt (§ 97 Abs. 2 Nr. 4; s. auch 2.5)
- § 11 Arzneimittel ohne die vorgeschriebene Packungsbeilage in den Verkehr bringt (§ 97 Abs. 2 Nr. 5; s. auch 2.6)
- § 43 Abs. 1 apothekenpflichtige Arzneimittel im Einzelhandel außerhalb einer Apotheke in den Verkehr bringt (§ 97 Abs. 2 Nr. 10; s. auch 6)
- § 50 Abs. 1 Einzelhandel mit Arzneimitteln betreibt (§ 97 Abs. 2 Nr. 14; s. auch 6.7)
- § 51 Abs. 1 Arzneimittel im Reisegewerbe feilbietet oder Bestellungen darauf aufsucht (§ 97 Abs. 2 Nr. 15; auch 6.9)
- § 52 Abs. 1 Arzneimittel im Wege der Selbstbedienung in den Verkehr bringt (§ 97 Abs. 2 Nr. 16; s. auch 6.10) oder
- einer Duldungs- oder Mitwirkungspflicht nach § 66 zuwiderhandelt (§ 97 Abs. 2 Nr. 26; s. auch S. 225)
- eine Anzeige nach § 67 nicht, nicht richtig, nicht vollständig oder nicht rechtzeitig erstattet (§ 97 Abs. 2 Nr. 7; s. auch 12).

18. Übergangsregelungen nach dem Einigungsvertrag

Gesetz zu dem Vertrag vom 31. August 1990 zwischen der Bundesrepublik Deutschland und der Deutschen Demokratischen Republik über die Herstellung der Einheit Deutschlands – Einigungsvertragsgesetz – und der Vereinbarung vom 18. September 1990 (BGBl. I S. 885)

Durch das o. a. Gesetz, das am 23. September 1990 verkündet wurde, ist das Arzneimittelgesetz mit seinen Folgeverordnungen in den fünf Bundesländern Brandenburg, Mecklenburg-Vorpommern, Sachsen, Sachsen-Anhalt und Thüringen sowie in Berlin-Ost in Kraft getreten. Im Rahmen der Rechtsangleichung sind eine Reihe arzneimittelrechtlicher Ergänzungen erfolgt. Bezogen auf den Einzelhandel mit freiverkäuflichen Arzneimitteln außerhalb der Apotheken sind folgende Bestimmungen von Interesse:

1. Einzelhandel mit freiverkäuflichen Arzneimitteln außerhalb der Apotheken (s. 6.7)

Wer bei Wirksamwerden des Beitritts Arzneimittel im Sinne des § 2 Abs. 1 oder Abs. 2 Nr. 1 des Arzneimittelgesetzes (s. 1), die zum Verkehr außerhalb der Apotheken zugelassen sind, in den fünf neuen Bundesländern (s. o.) im Einzelhandel außerhalb der Apotheken in den Verkehr bringt, konnte diese Tätigkeit dort bis zum 31. Dezember 1992 weiter ausüben, soweit er nach den Rechtsvorschriften der ehemaligen Deutschen Demokratischen Republik dazu berechtigt war.

2. Verordnung über den Nachweis der Sachkenntnis im Einzelhandel mit freiverkäuflichen Arzneimitteln (s. 6.7, s. Anhang Anlage 2)

Als Nachweis der erforderlichen Sachkenntnis im Einzelhandel mit freiverkäuflichen Arzneimitteln werden Erlaubnisse anerkannt, die als Pharmazieingenieur, Apothekenassistent, Pharmazeutischer Assistent oder Apothekenfacharbeiter vor dem Wirksamwerden des Beitritts nach den Vorschriften der ehemaligen Deutschen Demokratischen Republik erteilt worden sind oder nach Wirksamwerden des Beitritts in den fünf neuen Bundesländern (s. o.) erteilt werden (s. auch Anhang, Anlage 2).

3. Anzeigepflicht (s. 12)

Die Anzeigepflicht nach § 67 des Arzneimittelgesetzes gilt nicht für Betriebe, Einrichtungen und Personen in den fünf neuen Bundesländern (s. o.), die bereits bei Wirksamwerden des Beitritts eine Tätigkeit im Sinne der Vorschrift ausüben.

4. Überwachung (s. 11)

Die Überwachung des Einzelhändlers mit Arzneimitteln außerhalb der Apotheken obliegt in den fünf neuen Bundesländern (s. o.) den zuständigen Gesundheitsbehörden.

5. Herstellungserlaubnis (s. 3)

Eine Erlaubnis, die gem. der Zweiten Durchführungsbestimmung zum Arzneimittelgesetz der ehemaligen Deutschen Demokratischen Republik oder gem. der Anordnung über den Verkehr mit Gesundheitspflegemitteln erteilt worden ist und zum Zeitpunkt des Wirksamwerdens des Beitritts rechtsgültig bestand, gilt im bisherigen Umfang als Erlaubnis im Sinne des § 13 Abs. 1 Satz 1 des Arzneimittelgesetzes fort.

War die Herstellung von Arzneimitteln nach dem Arzneimittelgesetz der ehemaligen Deutschen Demokratischen Republik nicht von einer Erlaubnis abhängig, bedarf sie jedoch nach § 13 Abs. 1 des Arzneimittelgesetzes einer Erlaubnis, gilt sie demjenigen als erteilt, der die Tätigkeit der Arzneimittelherstellung beim Wirksamwerden des Beitritts seit mindestens drei Jahren befugt ausgeübt hat, jedoch nur, soweit die Herstellung auf bisher hergestellte oder nach der Zusammensetzung gleichartige Arzneimittel beschränkt bleibt. Der zuständigen Behörde waren die hergestellten Arzneimittel, die Betriebsstätte sowie Name, Beruf und Anschrift des Herstellungsleiters bis zum 3. April 1991 anzuzeigen. Ging die Anzeige nicht fristgerecht ein, ist die Erlaubnis erloschen. Die Behörde hatte den Eingang der Anzeige bis zum 3. Juli 1991 zu bestätigen. Eine Anzeige war nicht erforderlich für Gesundheitspflegemittel im Sinne der Anordnung über den Verkehr mit Gesundheitspflegemitteln.

Die vorstehenden fiktiven Erlaubnisse waren zum 3. April 1991 zu widerrufen, wenn nicht der zuständigen Behörde ein Vertriebsleiter benannt wurde. Entsprechendes galt zum 1. Januar 1993, wenn nicht die Einstellung eines Herstellungs- und eines Kontrolleiters nachgewiesen wurde, wobei der Kontrolleiter die im Arzneimittelgesetz geforderte Sachkunde besitzen muß. Wer bei Wirksamwerden des Beitritts in einem der fünf neuen Bundesländer (s. o.) die Tätigkeit des Herstellungsleiters befugt ausgeübt, darf diese Tätigkeit im bisherigen Umfang weiter ausüben.

B Gesetz über die Werbung auf dem Gebiet des Heilwesens (Heilmittelwerbegesetz)

Einleitung

Das Gesetz über die Werbung auf dem Gebiet des Heilwesens (Heilmittelwerbegesetz; s. Anhang Anlage 4) regelt nicht nur die Werbung für Arzneimittel, sondern auch für andere Mittel, Verfahren, Behandlungen und Gegenstände, soweit sie mit Aussagen beworben werden, die sich auf die Erkennung, Beseitigung oder Linderung von Krankheiten, Leiden, Körperschäden oder krankhafte Beschwerden bei Mensch oder Tier beziehen.

Das Heilmittelwerbegesetz hat in gleicher Weise wie das Arzneimittelgesetz den Zweck, im Interesse einer ordnungsgemäßen Arzneimittelversorgung von Mensch und Tier für die Sicherheit im Arzneimittelverkehr zu sorgen. Es dient der Gefahrenabwehr und spricht daher eine Vielzahl von Verboten aus, stellt aber auch – soweit es sich um die Sicherstellung der Information handelt – Gebote auf. Die Grundphilosophie des Heilmittelwerbegesetzes läßt sich in Bezug auf Arzneimittel wie folgt darstellen:

Werbung im Sinne des Heilmittelgesetzes ist Wirtschaftswerbung. Sie umfaßt Werbemaßnahmen und Informationen, durch die der Absatz sowie der sinnvolle Einsatz wirtschaftlicher Güter gefördert werden soll. Pharmazeutische Unternehmer haben, wie die Inverkehrbringer anderer Waren, ein selbstverständliches Interesse daran, den Verbraucher über ihre Produkte zu informieren und auch für den Verkauf zu werben.

Auf der anderen Seite hat jeder Bürger das Recht, sich im Krankheitsfalle im Rahmen einer Selbstmedikation zu behandeln. Hier besteht das berechtigte Interesse des Verbrauchers, einen Überblick über die Arzneimittel zu erhalten, die auf dem Markt verfügbar sind. Darüber hinaus möchte der Verbraucher auch informiert werden, in welchen Krankheitsfällen die Arzneimittel eingesetzt werden können.

Die beworbene Ware aber, das Arzneimittel, ist nach allgemeiner Verkehrsauffassung eine Ware besonderer Art, bei deren Anwendung Risiken nicht ausgeschlossen werden können. Die bestehenden Risiken haben zur Folge, daß das Recht des Inverkehrbringers, für den Absatz zu werben, nicht uneingeschränkt bestehen bleiben kann. Nicht wenige Arzneimittel enthalten Wirkstoffe, deren erwünschte oder unerwünschte Wirkungen durch den Verbraucher nicht beurteilt oder abgeschätzt werden können. Diese Arzneimittel, die dennoch nicht in jedem Fall der Verschreibungspflicht unterliegen müssen, dürfen im Interesse der Gesundheit der Bevölkerung nicht uneingeschränkt beworben werden. Andernfalls könnte der Verbraucher veranlaßt werden, solche Arzneimittel ohne den Rat eines Arztes in der Selbstmedikation anzuwenden.

Darüber hinaus gibt es eine Reihe von Krankheiten, bei denen eine Behandlung im Rahmen der Selbstmedikation, auch wenn sie mit erfahrungsgemäß harmlosen Arzneimitteln erfolgt, aus ärztlicher Sicht unerwünscht ist. Sie kann sogar für den einzelnen Betroffenen gefährliche Folgen haben.

In diesen Fällen muß der pharmazeutische Unternehmer eine Beschränkung der Werbungs- und Verkaufsförderungsmaßnahmen in Kauf nehmen, da hier das öffentliche Interesse, nämlich die Gesundheit der Bevölkerung, schwerer wiegt. Konsequenter Weise ist eine Werbung bei den Verbrauchern nur mit Einschränkungen zugelassen oder sie ist verboten. So darf zum Beispiel für Arzneimittel, die der Verschreibungspflicht unterliegen, nicht in der Laienpresse geworben werden; für Arzneimittel, deren Anwendung bei bestimmten Krankheiten erfolgen soll, darf ebenfalls keine Laienwerbung betrieben werden. In beiden Fällen ist nur Werbung in Fachkreisen zulässig.

Das Heilmittelwerbegesetz kann in drei große Abschnitte gegliedert werden:

1. Allgemeine Vorschriften, die bei jeder Werbung zu beachten sind,
2. Sondervorschriften, die die Fachwerbung betreffen,
3. Sondervorschriften, die die Publikumswerbung regeln.

Die Gebote und Verbote des Heilmittelwerbegesetzes lassen sich in den nachfolgend genannten drei Grundprinzipien zusammenfassen:

1. Für die Publikumswerbung und die Fachwerbung gibt es gleichermaßen keine Präventivkontrolle.
2. Es besteht das Verbot einer irreführenden Werbung; irreführend ist insbesondere die Überbetonung von Wirksamkeiten oder das Nichterwähnen von Nebenwirkungen bzw. Risiken allgemein.
3. Es muß Übereinstimmung eines Mindestinformationsblockes mit den im Arzneimittelgesetz für die Packungsbeilage vorgeschriebenen Angaben bestehen. Dies gilt insbesondere für die Heilanzeigen, Gegenanzeigen, Nebenwirkungen und Warnhinweise.

Der konkrete Auftrag, die Einhaltung der Vorschriften des Heilmittelwerbegesetzes zu kontrollieren, ist durch das Arzneimittelgesetz ergangen. Die Überwachung wird durch die Behörden der Länder durchgeführt, die gemäß Grundgesetz die Bundesgesetze als eigene Angelegenheit ausführen.

1. Geltungsbereich (§ 1)

Die Vorschriften des Heilmittelgesetzes finden Anwendung auf

1. Arzneimittel (s. A 1)
2. andere Mittel, Verfahren, Behandlungen und Gegenstände, soweit sich die Werbeaussagen auf die Erkennung, Beseitigung oder Linderung von Krankheiten, Leiden, Körperschäden oder krankhafte Beschwerden bei Mensch und Tier beziehen.

Unter anderen Mitteln werden kosmetische Mittel (s. A. 1.1.2) verstanden.

Das Heilmittelwerbegesetz gilt in der Regel z. B. nicht für Zahnpasten. Diese sind zwar Kosmetika – sie sind zur Pflege der Mundhöhle bestimmt –, sie sind jedoch zusätzlich nicht zur Erkennung, Beseitigung oder Linderung von Krankheiten (Parodontose, d. h. Zahnfleischschwund; Karies, d. h. Zahnfäule) bestimmt, sondern zu deren Verhütung. Entsprechendes gilt für Mundwässer. Auch Seifen oder Haarwässer sind meist nicht vom Heilmittelwerbegesetz erfaßt.

Sind Zahnpasten jedoch zur Beseitigung von Parodontose oder Karies bestimmt oder Haarwässer gegen Haarausfall, so fallen sie unter das Heilmittelwerbegesetz.

Soweit Kosmetika hinsichtlich der Werbeaussagen nicht unter das Heilmittelwerbegesetz fallen, enthält das Lebensmittel- und Bedarfsgegenständegesetz entsprechende Bestimmungen:

- Ermächtigung zum Schutz der Gesundheit
- Verbot zum Schutz vor Täuschungen
- Kennzeichnung von kosmetischen Mitteln.

Die Werbung für Lebensmittel wird ausschließlich im Lebensmittel- und Bedarfsgegenständegesetz geregelt.

Zu den Gegenständen können bei entsprechenden Werbeaussagen (s. o.) gehören:

Elektromedizinische Geräte, Gegenstände zur Kranken- und Säuglingspflege, Gegenstände der Hygiene (z. B. Präservative) sowie Gegenstände zur Körperpflege (Kämme, Schwämme, Zahnbürsten).

2. Fachwerbung (§ 2) – Laienwerbung

Das Heilmittelwerbegesetz unterscheidet zwischen einer Werbung für Fachkreise und einer Werbung außerhalb der Fachkreise, der sog. Publikums- oder Laienwerbung.

Fachkreise sind Angehörige der Heilberufe (Ärzte, Zahnärzte, Tierärzte, Apotheker, Heilpraktiker), die Fachberufe des Gesundheitswesens (u. a. Krankenschwestern, Masseure), Einrichtungen, die der Gesundheit dienen (Krankenhäuser, Sanatorien) und Personen, soweit sie z. B. mit Arzneimitteln oder anderen Mitteln im Sinne des Heilmittelwerbegesetzes (s. o.) erlaubterweise Handel treiben oder sie in Ausübung ihres Berufes anwenden.

Der Einzelhändler, der die Voraussetzungen des Arzneimittelgesetzes zum Einzelhandel mit freiverkäuflichen Arzneimitteln erfüllt (s. A 6.7), gehört insoweit zu den Fachkreisen. Personen, die in Ausübung ihres Berufes Arzneimittel anwenden, sind neben Ärzten u. a. auch Tierhalter, wie z. B. Landwirte oder Tierzüchter.

3. Irreführende Werbung (§ 3)

Das Heilmittelwerbegesetz verbietet eine irreführende Werbung. Die Verbotsnormen für Arzneimittel stimmen weitgehend mit denen des § 8 Arzneimittelgesetz (s. A 2.3) überein. Sie sind entsprechend dem Geltungsbereich des Heilmittelwerbegesetzes auf andere Mittel, Verfahren, Behandlungen und Gegenstände erweitert:

- es darf also nicht für eine therapeutische Wirksamkeit oder Wirkung geworben werden, die nicht vorhanden ist;
- es darf nicht fälschlich der Eindruck erweckt werden, daß ein Erfolg mit Sicherheit erwartet werden kann und bei bestimmungsgemäßem oder längerem Gebrauch keine schädlichen Wirkungen eintreten.

Zu Irreführungen im Sinne des Heilmittelwerbegesetzes gehören auch unwahre oder zur Täuschung geeignete Angaben über Arzneimittel, andere Mittel, Verfahren etc. oder über besondere Befähigungen oder Erfolge des Herstellers oder von Personen, die für diesen tätig (gewesen) sind.

4. Mindestinformationen – Informationsumfang (§ 4)

Speziell für die Arzneimittelwerbung schreibt das Heilmittelwerbegesetz eine Mindestinformation vor. Angegeben werden müssen

- der Name des pharmazeutischen Unternehmens,
- die Bezeichnung des Arzneimittels,
- die Zusammensetzung des Arzneimittel,
- die Anwendungsgebiete,
- die Gegenanzeigen,
- die Nebenwirkungen,
- die Wartezeit bei Arzneimitteln, soweit diese bei Tieren angewandt werden sollen, die der Gewinnung von Lebensmitteln dienen.

Die vorstehenden Angaben müssen mit denen übereinstimmen, die in der Gebrauchsinformation des Arzneimittels gemacht werden (s. A. 2.6).

Angaben über die Zusammensetzung des Arzneimittels können in der Publikumswerbung entfallen. Soweit Angaben über Nebenwirkungen oder bei Tierarzneimitteln über die Wartezeit nicht gemacht werden können, können auch diese entfallen.

Soweit über die Mindestinformation hinausgehend weitere Werbeaussagen gemacht werden, müssen diese deutlich abgesetzt, abgegrenzt und erkennbar sein. Diese Vorschrift gilt für die sog. Printwerbung (d.h. also Werbung in Zeitschriften oder Postwurfsendungen). Nach einer Werbung im Fernsehen und Rundfunk ist darauf hinzuweisen, daß zu Risiken und Nebenwirkungen die Packungsbeilage zu lesen und der Arzt oder Apotheker zu befragen ist. Für freiverkäufliche Arzneimittel gilt dies nur, wenn in der Packungsbeilage oder auf dem Behältnis Nebenwirkungen oder sonstige Risiken angegeben sind.

Sonderbestimmungen bestehen für die sog. Erinnerungswerbung. Diese liegt vor, wenn ausschließlich mit der Bezeichnung eines Arzneimittels oder zusätzlich mit dem Namen der Firma oder dem Warenzeichen des pharmazeutischen Unternehmers geworben wird. In diesem Zusammenhang ist die Angabe eines Verkaufspreises und der Packungsgröße unerheblich. Der Einzelhändler kann also ein freiverkäufliches Arzneimittel auch mit Angabe des Verkaufspreises und der Packungsgröße bewerben, ohne daß Angaben über die Anwendungsgebiete, Gegenanzeigen oder Nebenwirkungen gemacht werden müssen (s. o. – Mindestinformation).

5. Unzulässige Werbung (§§ 7, 9 und 11)

In der Publikumswerbung – dieses Verbot gilt also nicht für die Fachwerbung – darf nicht für Arzneimittel, andere Mittel, Verfahren und Behandlungen geworben werden (§ 11)

- mit wissenschaftlichen Gutachten,
- mit dem Hinweis, daß z.B. eine ärztliche Empfehlung vorliegt,
- mit der Wiedergabe von Krankengeschichten,
- mit der bildlichen Darstellung von Angehörigen der Heilberufe in Berufskleidung oder bei Ausübung ihres Berufes,
- mit vergleichenden Darstellungen des Körpers vor und nach einer Behandlung bzw. Anwendung,
- mit Werbeaussagen, die geeignet sind Angstgefühle hervorzurufen, z.B. durch Angaben, die auf besorgniserregende Zustände hinweisen,
- mit Werbemaßnahmen, die sich ausschließlich oder überwiegend an Jugendliche unter 14 Jahren richten,
- mit Dank-, Anerkennungs- oder Empfehlungsschreiben,

- mit Preisausschreiben oder Verlosungen, deren Ergebnis vom Zufall abhängig ist.

Arzneimittelproben dürfen nicht abgegeben werden. Dieses Verbot betrifft auch den Einzelhandel mit freiverkäuflichen Arzneimitteln. Arzneimittelproben sind keine unverkäuflichen Muster im Sinne des Arzneimittelgesetzes, die auf Anforderung an Ärzte abgegeben werden dürfen (s. S. 168, 212).

Eine unzulässige Werbung ist auch die nicht verlangte Abgabe von Mustern oder Proben oder Gutscheinen für andere Mittel oder Gegenstände.

Sowohl in der Fach- als auch in der Laienwerbung darf nicht für eine Ferndiagnose oder Fernbehandlung geworben werden (§ 9). Ebenfalls unzulässig ist das Angebot von Werbegaben, die nicht von geringem Wert sind (§ 7). Hierdurch soll die Beeinflussung des Käufers verhindert werden. Von diesem Verbot nicht betroffen sind also Werbegeschenke von geringem Wert, wie etwa Kundenzeitschriften, Kalender, kleine Bälle, Luftballons. Zu beachten bleibt, daß Proben von „anderen Mitteln oder Gegenständen“ als Werbegeschenke nur auf Verlangen des Kunden abgegeben werden dürfen (s. o.).
Für verschreibungspflichtig Arzneimittel (s. A 6.6) darf nur bei Ärzten, Zahnärzten, Tierärzten, Apothekern sowie anderen Personen geworben werden, die hiermit erlaubterweise Handel treiben, z. B. Großhändler (§ 10). Der vorgenannte Personenkreis ist kleiner als der Fachkreis im Sinne des Gesetzes (s. 2. – Fachkreise). Publikumswerbung sowie Werbung im Einzelhandel außerhalb der Apotheke scheidet grundsätzlich aus.

Entsprechendes gilt auch für Arzneimittel, die dazu bestimmt sind, beim Menschen die Schlaflosigkeit zu beseitigen. Das Verbot betrifft jegliche Publikumswerbung. Nach höchstrichterlicher Rechtsprechung sind Arzneimittel, die dazu bestimmt sind, beim Menschen die Schlaflosigkeit zu beseitigen, Schlafmittel im pharmakologischen Sinn. Stoffe, die nur eine gewisse beruhigende Wirkung auszuüben vermögen, wie Hopfen und Baldrian, sollen durch diese Bestimmung nicht erfaßt werden. Sie sind im allgemeinen richtigerweise als „Einschlafhilfe“ oder „zur Beruhigung“ bestimmt. Wird jedoch auf die Beseitigung der Schlaflosigkeit hingewiesen, greift das Verbot der Publikumswerbung.

6. Krankheitskatalog (§ 12)

In der Anlage zum Heilmittelwerbegesetz sind Krankheiten und Leiden beim Menschen und beim Tier aufgeführt, für die z. B. eine Arzneimittelwerbung außerhalb der Fachkreise nicht betrieben werden darf. Das Werbeverbot bezieht sich nicht nur auf die Erkennung, Beseitigung oder Linderung der aufgeführten Krankheiten oder Leiden, sondern auch auf deren Verhütung. Soweit die Anlage Krankheiten und Leiden beim Menschen betrifft, ist sie weitgehend übereinstimmend mit den Anlagen zu den Rechtsverordnungen nach §§ 45 und 46 des Arzneimittelgesetzes (s. S. 244, 252).

Das Verbot gilt auch für die Werbung für andere Mittel, Verfahren und Behandlungen oder Gegenstände, es sei denn, es handelt sich um eine Werbung für Verfahren oder Behandlungen in Heilbädern, Kurorten und Kuranstalten.

7. Residenzpflicht (§ 13)

Eine Werbung im Sinne des Heilmittelgesetzes ist nur zulässig, wenn hierfür im Geltungsbereich des Gesetzes oder in einem anderen Mitgliedstaat der Europäischen Gemeinschaften oder in einem anderen Vertragsstaat des Abkommens über den Europäischen Wirtschaftsraum eine Person oder ein Unternehmen verantwortlich zeichnet. Diese Bestimmung steht in Übereinstimmung mit § 9 des Arzneimittelgesetzes (s. A 2.4).

Dennoch ist die häufig zu beobachtende Werbung in deutschen Zeitschriften, die von Firmen mit Sitz außerhalb der Bundesrepublik Deutschland veranlaßt wird vielfach rechtswidrig, ohne daß dagegen erfolgreich vorgegangen werden kann.

8. Überwachung

Die Überwachung der Vorschriften des Heilmittelwerbegesetzes ist in § 64 Arzneimittelgesetz geregelt (s. A 11). Danach haben die zuständigen Behörden sich u. a. auch davon zu überzeugen, daß die Vorschriften über die Werbung auf dem Gebiet des Heilwesens beachtet werden.

Die Behörden können Werbematerialien auch zur Begutachtung entnehmen. Soweit die Werbematerialien nicht den Vorschriften des Heilmittelwerbegesetzes entsprechen, können sie von den zuständigen Behörden sichergestellt werden.

9. Zuwiderhandlungen (§ 15)

Strafbar macht sich, wer dem Verbot der irreführenden Werbung zuwiderhandelt. Ein Verstoß kann mit einer Freiheitsstrafe bis zu einem Jahr oder mit Geldstrafe bestraft werden. Liegt insoweit fahrlässiges Verhalten vor, kann dies mit einer Geldbuße bis zu 25 000,– DM geahndet werden.

Alle sonstigen Zuwiderhandlungen gegen die Bestimmungen des Heilmittelwerbegesetzes sind Ordnungswidrigkeiten; dies unabhängig davon, ob Vorsätzlichkeit oder Fahrlässigkeit vorliegt. Es können Geldbußen bis zu 50 000,– DM verhängt werden.

Anhang

Anlage 1
Neufassung des Gesetzes über den Verkehr mit Arzneimitteln

Vom 19. Oktober 1994 (BGBl. I S. 3018), geändert durch Art. 1 des Sechsten Gesetzes zur Änderung des Arzneimittelgesetzes vom 20. Dezember 1996 (BGBl. I S. 2084)

Gesetz über den Verkehr mit Arzneimitteln (Arzneimittelgesetz)

Erster Abschnitt
Zweck des Gesetzes und Begriffsbestimmungen

§1
Zweck des Gesetzes

Es ist der Zweck dieses Gesetzes, im Interesse einer ordnungsgemäßen Arzneimittelversorung von Mensch und Tier für die Sicherheit im Verkehr mit Arzneimitteln, insbesondere für die Qualität, Wirksamkeit und Unbedenklichkeit der Arzneimittel nach Maßgabe der folgenden Vorschriften zu sorgen.

§2
Arzneimittelbegriff

(1) Arzneimittel sind Stoffe und Zubereitungen aus Stoffen, die dazu bestimmt sind, durch Anwendung am oder im menschlichen oder tierischen Körper

1. Krankheiten, Leiden, Körperschäden oder krankhafte Beschwerden zu heilen, zu lindern, zu verhüten oder zu erkennen,
2. die Beschaffenheit, den Zustand oder die Funktionen des Körpers oder seelische Zustände erkennen zu lassen,
3. vom menschlichen oder tierischen Körper erzeugte Wirkstoffe oder Körperflüssigkeiten zu ersetzen,
4. Krankheitserreger, Parasiten oder körperfremde Stoffe abzuwehren, zu beseitigen oder unschädlich zu machen oder
5. die Beschaffenheit, den Zustand oder die Funktion des Körpers oder seelische Zustände zu beeinflussen.

(2) Als Arzneimittel gelten

1. Gegenstände, die ein Arzneimittel nach Absatz 1 enthalten oder auf die ein Arzneimittel nach Absatz 1 aufgebracht ist und die dazu bestimmt sind, dauernd oder vorübergehend mit dem menschlichen oder tierischen Körper in Berührung gebracht zu werden,

1a. tierärztliche Instrumente, soweit sie zur einmaligen Anwendung bestimmt sind und aus der Kennzeichnung hervorgeht, daß sie einem Verfahren zur Verminderung der Keimzahl unterzogen worden sind,

2. Gegenstände, die ohne Gegenstände nach Nummer 1 oder 1a zu sein, dazu bestimmt sind, zu den in Absatz 1 Nr. 2 oder 5 bezeichneten Zwecken in den tierischen Körper dauernd oder vorübergehend einge-

bracht zu werden, ausgenommen tierärztliche Instrumente,
3. (entfallen)
4. Stoffe und Zubereitungen aus Stoffen, die, auch im Zusammenwirken mit anderen Stoffen oder Zubereitungen aus Stoffen, dazu bestimmt sind, ohne am oder im menschlichen oder tierischen Körper angewendet zu werden,
   a) die Beschaffenheit, den Zustand oder die Funktionen des Körpers erkennen zu lassen oder der Erkennung von Krankheitserregern zu dienen,
   b) Krankheitserreger oder Parasiten zu bekämpfen, ausgenommen solche, die dazu bestimmt sind, der Bekämpfung von Mikroorganismen einschließlich Viren bei Bedarfsgegenständen im Sinne des § 5 Abs. 1 Nr. 1 des Lebensmittel- und Bedarfsgegenständegesetzes oder bei Medizinprodukten im Sinne des § 3 Nr. 1, 2, 6, 7 und 8 des Medizinproduktegesetzes zu dienen.

(3) Arzneimittel sind nicht

1. Lebensmittel im Sinne des § 1 des Lebensmittel- und Bedarfsgegenständegesetzes,
2. Tabakerzeugnisse im Sinne des § 3 des Lebensmittel- und Bedarfsgegenständegesetzes,
3. kosmetische Mittel im Sinne des § 4 des Lebensmittel- und Bedarfsgegenständegesetzes,
4. Stoffe oder Zubereitungen aus Stoffen, die ausschließlich dazu bestimmt sind, äußerlich am Tier zur Reinigung oder Pflege oder zur Beeinflussung des Aussehens oder des Körpergeruchs angewendet zu werden, soweit ihnen keine Stoffe oder Zubereitungen aus Stoffen zugesetzt sind, die vom Verkehr außerhalb der Apotheke ausgeschlossen sind,
5. (entfallen)
6. Futtermittel, Zusatzstoffe und Vormischungen im Sinne des § 2 Abs. 1 Nr. 1 bis 3 des Futtermittelgesetzes,
7. Medizinprodukte und Zubehör für Medizinprodukte im Sinne des § 3 des Medizinproduktegesetzes.

(4) Solange ein Mittel nach diesem Gesetz als Arzneimittel zugelassen oder registriert oder durch Rechtsverordnung von der Zulassung oder Registrierung freigestellt ist, gilt es als Arzneimittel. Hat die zuständige Bundesoberbehörde die Zulassung oder Registrierung eines Mittels mit der Begründung abgelehnt, daß es sich um kein Arzneimittel handelt, so gilt es nicht als Arzneimittel.

§ 3
Stoffbegriff

Stoffe im Sinne dieses Gesetzes sind

1. chemische Elemente und chemische Verbindungen sowie deren natürlich vorkommende Gemische und Lösungen,
2. Pflanzen, Pflanzenteile und Pflanzenbestandteile in bearbeitetem oder unbearbeitetem Zustand,
3. Tierkörper, auch lebender Tiere, sowie Körperteile, -bestandteile und Stoffwechselprodukte von Mensch und Tier in bearbeitetem oder unbearbeitetem Zustand,
4. Mikroorganismen einschließlich Viren sowie deren Bestandteile oder Stoffwechselprodukte.

§ 4
Sonstige Begriffsbestimmungen

(1) Fertigarzneimittel sind Arzneimittel, die im voraus hergestellt und in einer zur Abgabe an den Verbraucher bestimmten Packung in den Verkehr gebracht werden.

•
•
•

(10) Fütterungsarzneimittel sind Arzneimittel in verfütterungsfertiger Form, die aus Arzneimittel-Vormischungen und Mischfuttermitteln hergestellt werden und die dazu bestimmt sind, zur Anwendung bei Tieren in den Verkehr gebracht zu werden.

(11) Arzneimittel-Vormischungen sind Arzneimittel, die dazu bestimmt sind, zur Herstellung von Fütterungsarzneimitteln verwendet zu werden.

(12) Wartezeit ist die Zeit, innerhalb der bei bestimmungsgemäßer Anwendung von Arzneimitteln bei Tieren mit Rückständen nach Art und Menge gesundheitlich nicht unbedenklicher Stoffe, insbesondere in solchen Mengen, die festgesetzte Höchstmengen überschreiten, in den Lebensmitteln gerechnet werden muß, die von den behandelten Tieren gewonnen werden, einschließlich einer angemessenen Sicherheitsspanne.

(13) Nebenwirkungen sind die beim bestimmungsgemäßen Gebrauch eines Arzneimittels auftretenden unerwünschten Begleiterscheinungen.

(14) Herstellen ist das Gewinnen, das Anfertigen, das Zubereiten, das Be- oder Verarbeiten, das Umfüllen einschließlich Abfüllen, das Abpacken und das Kennzeichnen.

(15) Qualität ist die Beschaffenheit eines Arzneimittels, die nach Identität, Gehalt, Reinheit, sonstigen chemischen, physikalischen, biologischen Eigenschaften oder durch das Herstellungsverfahren bestimmt wird.

(16) Eine Charge ist die jeweils in einem einheitlichen Herstellungsgang erzeugte Menge eines Arzneimittels.

(17) Inverkehrbringen ist das Vorrätighalten zum Verkauf oder zu sonstiger Abgabe, das Feilhalten, das Feilbieten und die Abgabe in andere.

(18) Pharmazeutischer Unternehmer ist, wer Arzneimittel unter seinem Namen in den Verkehr bringt.

(19) Wirkstoffe sind Stoffe, die dazu bestimmt sind, bei der Herstellung von Arzneimitteln als arzneilich wirksame Bestandteile verwendet zu werden.

Zweiter Abschnitt
Anforderungen an die Arzneimittel

§ 5
Verbot bedenklicher Arzneimittel

(1) Es ist verboten, bedenkliche Arzneimittel in den Verkehr zu bringen.

(2) Bedenklich sind Arzneimittel, bei denen nach dem jeweiligen Stand der wissenschaftlichen Erkenntnisse der begründete Verdacht besteht, daß sie bei bestimmungsgemäßem Gebrauch schädliche Wirkungen haben, die über ein nach den Erkenntnissen der medizinischen Wissenschaft vertretbares Maß hinausgehen.

§ 6
Ermächtigung zum Schutz der Gesundheit

•
•
•

§ 7
Radioaktive und mit ionisierenden Strahlen behandelte Arzneimittel

(1) Es ist verboten, radioaktive Arzneimittel oder Arzneimittel, bei deren Herstellung ionisierende Strahlen verwendet worden sind, in den Verkehr zu bringen, es sei denn, daß dies durch Rechtsverordnung nach Absatz 2 zugelassen ist.

•
•
•

§ 8
Verbote zum Schutz vor Täuschung

(1) Es ist verboten, Arzneimittel herzustellen oder in den Verkehr zu bringen, die

1. durch Abweichung von den anerkannten pharmazeutischen Regeln in ihrer Qualität nicht unerheblich gemindert sind oder
2. mit irreführender Bezeichnung, Angabe oder Aufmachung versehen sind.
   Eine Irreführung liegt insbesondere dann vor, wenn
   a) Arzneimitteln eine therapeutische Wirksamkeit oder Wirkungen beigelegt werden, die sie nicht haben,
   b) fälschlich der Eindruck erweckt wird, daß ein Erfolg mit Sicherheit erwartet werden kann oder daß nach bestimmungsgemäßem oder längerem Gebrauch keine schädlichen Wirkungen eintreten,
   c) zur Täuschung über die Qualität geeignete Bezeichnungen, Angaben oder Aufmachungen verwendet werden, die für die Bewertung des Arzneimittels mitbestimmend sind.

(2) Es ist verboten, Arzneimittel in den Verkehr zu bringen, deren Verfalldatum abgelaufen ist.

§ 9
Der Verantwortliche für das Inverkehrbringen

(1) Arzneimittel, die im Geltungsbereich dieses Gesetzes in den Verkehr gebracht werden, müssen den Namen oder die Firma und die Anschrift des pharmazeutischen Unternehmens tragen.

(2) Arzneimittel dürfen im Geltungsbereich dieses Gesetzes nur durch einen pharmazeutischen Unternehmer in den Verkehr gebracht werden, der seinen Sitz im Geltungsbereich dieses Gesetzes oder in einem anderen Mitgliedstaat der Europäischen Gemeinschaft oder in einem anderen Vertragsstaat des Abkommens über den Europäischen Wirtschaftsraum hat.

§ 10
Kennzeichnung der Fertigarzneimittel

(1) Fertigarzneimittel, die Arzneimittel im Sinne des § 2 Abs. 1 oder Abs. 2 Nr. 1 sind, dürfen im Geltungsbereich dieses Gesetzes nur in den Verkehr gebracht werden, wenn auf den Behältnissen und, soweit verwendet, auf den äußeren Umhüllungen in gut lesbarer Schrift, allgemeinverständlich in deutscher Sprache und auf dauerhafte Weise angegeben sind

1. Der Name oder die Firma und die Anschrift des pharmazeutischen Unternehmers,
2. die Bezeichnung des Arzneimittels; sofern das Arzneimittel unter gleicher Bezeichnung in mehreren Darreichungsformen oder Stärken in den Verkehr gebracht wird, muß dieser Bezeichnung die Angabe der Darreichungsform, der Stärke oder der Personengruppe, für die das Arzneimittel bestimmt ist, folgen, es sei denn, daß diese Angabe bereits in der Bezeichnung enthalten ist,
3. die Zulassungsnummer mit der Abkürzung „Zul.-Nr.“,
4. die Chargenbezeichnung, soweit das Arzneimittel in Chargen in den Verkehr gebracht wird, mit der Abkürzung „Ch.-B.“, soweit es nicht in Chargen in den Verkehr gebracht werden kann, das Herstellungsdatum,
5. die Darreichungsform,
6. der Inhalt nach Gewicht, Rauminhalt oder Stückzahl,
7. die Art der Anwendung,
8. die arzneilich wirksamen Bestandteile nach Art und Menge und wei-

tere Bestandteile nach der Art, soweit dies durch Auflage der zuständigen Bundesoberbehörde nach § 28 Abs. 2 Nr. 1 angeordnet oder durch Rechtsverordnung nach § 12 Abs. 1 Nr. 4 oder nach § 36 Abs. 1 vorgeschrieben ist; bei Arzneimitteln zur Injektion oder zur topischen Anwendung, einschließlich der Anwendung am Auge, alle Bestandteile nach der Art,

8a. bei gentechnologisch gewonnenen Arzneimitteln der Wirkstoff und die Bezeichnung des bei der Herstellung verwendeten gentechnisch veränderten Mikroorganismus oder die Zellinie,

9. das Verfalldatum mit dem Hinweis „verwendbar bis“,

10. bei Arzneimitteln, die nur auf ärztliche, zahnärztliche oder tierärztliche Verschreibung abgegeben werden dürfen, der Hinweis „Verschreibungspflichtig“, bei sonstigen Arzneimitteln, die nur in Apotheken an Verbraucher abgegeben werden dürfen, der Hinweis „Apothekenpflichtig“,

11. bei Mustern der Hinweis „Unverkäufliches Muster“,

12. der Hinweis, daß Arzneimittel unzugänglich für Kinder aufbewahrt werden sollen, es sei denn, es handelt sich um Heilwässer,

13. soweit erforderlich besondere Vorsichtsmaßnahmen für die Beseitigung von nicht verwendeten Arzneimitteln.

Sofern die Angaben nach Satz 1 zusätzlich in einer anderen Sprache wiedergegeben werden, müssen in dieser Sprache die gleichen Angaben gemacht werden. Weitere Angaben sind zulässig, soweit sie mit der Verwendung des Arzneimittels in Zusammenhang stehen, für die gesundheitliche Aufklärung wichtig sind und den Angaben nach § 11 a nicht widersprechen.

(1a) Bei Arzneimitteln, die nur einen arzneilich wirksamen Bestandteil enthalten, muß der Angabe nach Absatz 1 Nr. 2 die Bezeichnung dieses Bestandteils mit dem Hinweis „Wirkstoff:“ folgen; dies gilt nicht, wenn in der Angabe nach Absatz 1 Nr. 2 die Bezeichnung des arzneilich wirksamen Bestandteils nach Absatz 1 Nr. 8 enthalten ist.

(2) Es sind ferner Warnhinweise, für die Verbraucher bestimmte Aufbewahrungshinweise und für die Fachkreise bestimmte Lagerhinweise anzugeben, soweit dies nach dem jeweiligen Stand der wissenschaftlichen Erkenntnisse erforderlich oder durch Auflagen der zuständigen Bundesoberbehörde nach § 28 Abs. 2 Nr. 1 angeordnet oder durch Rechtsverordnung vorgeschrieben ist.

(3) Bei Sera ist auch die Art des Lebewesens, aus dem sie gewonnen sind, bei Virusimpfstoffen das Wirtssystem, das zu Virusvermehrung gedient hat, anzugeben.

(4) Bei Arzneimitteln, die in das Register für homöopathische Arzneimittel eingetragen sind, muß bei der Bezeichnung nach Absatz 1 Satz 1 Nr. 2 der Hinweis „Homöopathisches Arzneimittel“ angegeben werden. An die Stelle der Angaben nach Absatz 1 Satz 1 Nr. 3 tritt die Registernummer mit der Abkürzung „Reg.-Nr.“. Angaben über Anwendungsgebiete dürfen nicht gemacht werden. Es ist die Angabe „Registriertes homöopathisches Arzneimittel, daher ohne Angabe einer therapeutischen Indikation“ und bei Arzneimitteln, die zur Anwendung bei Menschen bestimmt sind, der Hinweis an den Anwender, bei während der Anwendung des Arzneimittels fortdauernden Krankheitssymptomen medi-

zinischen Rat einzuholen, aufzunehmen. Die Angaben nach Absatz 1 Satz 1 Nr. 12 und 13 können entfallen. Die Sätze 1 und 3 bis 5 gelten entsprechend für Arzneimittel, die nach § 38 Abs. 1 Satz 3 von der Registrierung freigestellt sind. Arzneimittel, die nach einer homöopathischen Verfahrenstechnik hergestellt und nach § 25 zugelassen sind, sind mit einem Hinweis auf die homöopathische Beschaffenheit zu kennzeichnen.

(5) Bei Arzneimitteln, die zur Anwendung bei Tieren bestimmt sind, ist ferner anzugeben:

1. der Hinweis „Für Tiere“ und die Tierart, bei der das Arzneimittel angewendet werden soll,
2. die Wartezeit, soweit es sich um Arzneimittel handelt, die zur Anwendung bei Tieren bestimmt sind, die der Gewinnung von Lebensmitteln dienen; ist die Einhaltung einer Wartezeit nicht erforderlich, so ist dies anzugeben,
3. der Hinweis „Nicht bei Tieren anwenden, die der Gewinnung von Lebensmitteln dienen“, soweit die Arzneimittel ausschließlich zur Anwendung bei Tieren bestimmt sind, die nicht der Gewinnung von Lebensmitteln dienen.

•
•
•

4. bei Arzneimittel-Vormischungen der Hinweis „Arzneimittel-Vormischung“.

In der Angabe nach Absatz 1 Satz 1 Nr. 2 ist anstelle der Personengruppe die Tierart anzugeben. Abweichend von Absatz 1 Satz 1 Nr. 8 sind die wirksamen Bestandteile nach Art und Menge anzugeben.

(6) Für die Bezeichnung der Bestandteile gilt folgendes:

1. Zur Bezeichnung der Art sind die internationalen Kurzbezeichnungen der Weltgesundheitsorganisation oder, soweit solche nicht vorhanden sind, gebräuchliche wissenschaftliche Bezeichnungen zu verwenden. Der Bundesminister wird ermächtigt, durch Rechtsverordnung ohne Zustimmung des Bundesrates die einzelnen Bezeichnungen zu bestimmen.
2. Zur Bezeichnung der Menge sind Maßeinheiten zu verwenden; sind biologische Einheiten oder andere Angaben zur Wertigkeit wissenschaftlich gebräuchlich, so sind diese zu verwenden.

(7) Das Verfalldatum ist mit Monat und Jahr anzugeben.

(8) Durchdrückpackungen sind mit dem Namen oder der Firma des pharmazeutischen Unternehmers, der Bezeichnung des Arzneimittels, der Chargenbezeichnung und dem Verfalldatum mit dem Hinweis „verwendbar bis“: zu versehen. Bei Behältnissen von nicht mehr als drei Milliliter Rauminhalt und bei Ampullen, die nur eine einzige Gebrauchseinheit enthalten, brauchen die Angaben nach den Absätzen 1 bis 5 nur auf den äußeren Umhüllungen gemacht zu werden; jedoch müssen sich auf den Behältnissen und Ampullen mindestens die Angaben nach Absatz 1 Nr. 2, 4, 7, 9 und abweichend von Satz 1 auch Nummer 6 sowie nach Absatz 3 und Absatz 5 Nr. 1 befinden; es können geeignete Abkürzungen verwendet werden.

(9) Bei den Angaben nach den Absätzen 1 bis 5 dürfen im Verkehr mit Arzneimitteln übliche Abkürzungen verwendet werden. Die Firma nach Absatz 1 Nr. 1 darf abgekürzt werden, sofern das Unternehmen aus der Abkürzung allgemein erkennbar ist.

(10) Für Arzneimittel, die zur klinischen Prüfung oder zur Rückstandsprüfung bestimmt sind, finden Absatz 1 Nr. 1, 2 und 4 bis 7 sowie die Absätze 8 und 9, soweit sie sich hierauf beziehen, Anwendung. Arzneimittel, die zur klinischen Prüfung bestimmt sind, sind mit dem Hinweis „Zur klinischen Prüfung bestimmt“, und Arzneimittel, die zur Rückstandsprüfung bestimmt sind, mit dem Hinweis „Zur Rückstandsprüfung bestimmt“ zu versehen. Soweit zugelassene Arzneimittel nach Satz 2 den Hinweis „Zur klinischen Prüfung bestimmt“ tragen müssen, sind sie unter Verzicht auf die zugelassene mit einer von der Zulassung abweichenden Bezeichnung zu versehen. Durchdrückpackungen sind mit der Bezeichnung und der Chargenbezeichnung zu versehen; die Sätze 2 und 3 finden Anwendung.

§ 11
Packungsbeilage

(1) Fertigarzneimittel, die Arzneimittel im Sinne des § 2 Abs. 1 oder Abs. 2 Nr. 1 sind und nicht zur klinischen Prüfung oder zur Rückstandsprüfung bestimmt sind, dürfen im Geltungsbereich dieses Gesetzes nur mit einer Packungsbeilage in den Verkehr gebracht werden, die die Überschrift „Gebrauchsinformation“ trägt sowie folgende Angaben in der nachstehenden Reihenfolge allgemeinverständlich in deutscher Sprache und in gut lesbarer Schrift enthalten muß:

1. die Bezeichnung des Arzneimittels; § 10 Abs. 1 Nr. 2, Abs. 1 a und Abs. 10 Satz 3 findet entsprechende Anwendung,
2. die arzneilich wirksamen Bestandteile nach Art und Menge und die sonstigen Bestandteile nach der Art; § 10 Abs. 6 findet Anwendung,
3. die Darreichungsform und den Inhalt nach Gewicht, Rauminhalt oder Stückzahl,
4. die Stoff- oder Indikationsgruppe oder die Wirkungsweise,
5. den Namen oder die Firma und die Anschrift des pharmazeutischen Unternehmers sowie des Herstellers, der das Fertigarzneimittel für das Inverkehrbringen freigegeben hat,
6. die Anwendungsgebiete,
7. die Gegenanzeigen,
8. Vorsichtsmaßnahmen für die Anwendung, soweit diese nach dem jeweiligen Stand der wissenschaftlichen Erkenntnisse erforderlich sind,
9. Wechselwirkungen mit anderen Mitteln, soweit sie die Wirkung des Arzneimittels beeinflussen können,
10. Warnhinweise, insbesondere soweit dies durch Auflage der zuständigen Bundesbehörde nach § 28 Abs. 2 Nr. 2 angeordnet oder durch Rechtsverordnung vorgeschrieben ist,
11. die Dosierungsanleitung mit Art der Anwendung, Einzel- oder Tagesgaben und bei Arzneimitteln, die nur begrenzte Zeit angewendet werden sollen, die Dauer der Anwendung,
12. Hinweise für den Fall der Überdosierung, der unterlassenen Einnahme oder Hinweise auf die Gefahr von unerwünschten Folgen des Absetzens, soweit erforderlich,
13. die Nebenwirkungen; zu ergreifende Gegenmaßnahmen sind, soweit dies nach dem jeweiligen Stand der wissenschaftlichen Erkenntnisse erforderlich ist, anzugeben; den Hinweis, daß der Patient aufgefordert werden soll, dem Arzt oder Apotheker jede Nebenwirkung mitzuteilen, die in der Packungsbeilage nicht aufgeführt ist,
14. den Hinweis, daß das Arzneimittel nach Ablauf des auf Behältnis und äußerer Umhüllung angegebenen Verfalldatums nicht mehr anzuwenden ist, und, soweit erforderlich, die Angabe der Haltbarkeit nach Öff-

nung des Behältnisses oder nach Herstellung der gebrauchsfertigen Zubereitung durch den Anwender und die Warnung vor bestimmten sichtbaren Anzeichen dafür, daß das Arzneimittel nicht mehr zu verwenden ist,

15. das Datum der Fassung der Packungsbeilage.

Erläuternde Angaben zu den in Satz 1 genannten Begriffen sind zulässig. Sofern die Angaben nach Satz 1 in der Packungsbeilage zusätzlich in einer anderen Sprache wiedergegeben werden, müssen in dieser Sprache die gleichen Angaben gemacht werden. Satz 1 gilt nicht für Arzneimittel, die nach § 21 Abs. 2 Nr. 1 einer Zulassung nicht bedürfen. Weitere Angaben sind zulässig, soweit sie mit der Verwendung des Arzneimittels in Zusammenhang stehen, für die gesundheitliche Aufklärung wichtig sind und den Angaben nach § 11 a nicht widersprechen. Bei den Angaben nach Satz 1 Nr. 7 bis 9 ist, soweit dies nach dem jeweiligen Stand der wissenschaftlichen Erkenntnisse erforderlich ist, auf die besondere Situation bestimmter Personengruppen, wie Kinder, Schwangere oder stillende Frauen, ältere Menschen oder Personen mit spezifischen Erkrankungen einzugehen; ferner sind, soweit erforderlich, mögliche Auswirkungen der Anwendung auf die Fahrtüchtigkeit oder die Fähigkeit zur Bedienung bestimmter Maschinen anzugeben. Die Angaben nach Satz 1 Nr. 8 und 10 können zusammengefaßt werden.

(1a) Ein Muster der Packungsbeilage und geänderter Fassungen ist der zuständigen Bundesoberbehörde unverzüglich zu übersenden, soweit nicht das Arzneimittel von der Zulassung oder Registrierung freigestellt ist.

(2) Es sind ferner in der Packungsbeilage Hinweise auf Bestandteile, deren Kenntnis für eine wirksame und unbedenkliche Anwendung des Arzneimittels erforderlich ist, und für die Verbraucher bestimmte Aufbewahrungshinweise anzugeben, soweit dies nach dem jeweiligen Stand der wissenschaftlichen Erkenntnisse erforderlich oder durch Auflage der zuständigen Bundesoberbehörde nach § 28 Abs. 2 Nr. 2 angeordnet oder durch Rechtsverordnung vorgeschrieben ist.

(2 a) Bei radioaktiven Arzneimitteln sind ferner die Vorsichtsmaßnahmen aufzuführen, die der Verwender und der Patient während der Zubereitung und Verabreichung des Arzneimittels zu ergreifen haben, sowie besondere Vorsichtsmaßnahmen für die Entsorgung des Transportbehälters und nicht verwendeter Arzneimittel.

(3) Bei Arzneimitteln, die in das Register für homöopathische Arzneimittel eingetragen sind, muß bei der Bezeichnung nach Absatz 1 Nr. 1 der Hinweis „Homöopathisches Arzneimittel" angegeben werden. Angaben über Anwendungsgebiete dürfen nicht gemacht werden; an deren Stelle ist die Angabe „Registriertes homöopathisches Arzneimittel, daher ohne Angabe einer therapeutischen Indikation" und bei Arzneimitteln, die zur Anwendung bei Menschen bestimmt sind, der Hinweis an den Anwender, während bei der Anwendung des Arzneimittels fortdauernden Krankheitssymptomen medizinischen Rat einzuholen, aufzunehmen. Die Angaben nach Absatz 1 Satz 1 Nr. 4, 7, 9, 12, 13 und 15 können entfallen. Die Sätze 1 bis 3 gelten entsprechend für Arzneimittel, die nach § 38 Abs. 1 Satz 3 von der Registrierung freigestellt sind.

(3 a) Bei Sera ist auch die Art des Lebewesens, aus dem sie gewonnen sind, bei Virusimpfstoffen das Wirtssystem, das

zur Virusvermehrung gedient hat, anzugeben.

(4) Bei Arzneimitteln, die zur Anwendung bei Tieren bestimmt sind, müssen ferner folgende Angaben gemacht werden:

1. die Angaben nach § 10 Abs. 5,
2. bei Arzneimittel-Vormischungen Hinweise für die sachgerechte Herstellung der Fütterungsarzneimittel, die hierfür geeigneten Mischfuttermitteltypen und Herstellungsverfahren, die Wechselwirkungen mit nach Futtermittelrecht zugelassenen Zusatzstoffen sowie Angaben über die Dauer der Haltbarkeit der Fütterungarzneismittel,
3. soweit dies nach dem jeweiligen Stand der wissenschaftlichen Erkenntnisse erforderlich ist, besondere Vorsichtsmaßnahmen für die Beseitigung von nicht verwendeten Arzneimitteln.

Abweichend von Absatz 1 Satz 1 Nr. 2 sind die wirksamen Bestandteile nach Art und Menge anzugeben. Die Angabe nach Absatz 1 Satz 1 Nr. 4 und die Angabe des Herstellers nach Absatz 1 Satz 1 Nr. 5 können entfallen. Der Hinweis nach Absatz 1 Satz 1 Nr. 13 ist mit der Maßgabe anzugeben, daß der Tierhalter zur Mitteilung der genannten Nebenwirkungen an den Tierarzt oder Apotheker aufgefordert werden soll.

(5) Können die nach Absatz 1 Nr. 7, 9 und 13 vorgeschriebenen Angaben nicht gemacht werden, so können sie entfallen. Werden auf der Packungsbeilage weitere Angaben gemacht, so müssen sie von den Angaben nach den Absätzen 1 bis 4 deutlich abgesetzt und abgegrenzt sein.

(6) Die Packungsbeilage kann entfallen, wenn die nach den Absätzen 1 bis 4 vorgeschriebenen Angaben auf dem Behältnis oder auf der äußeren Umhüllung stehen. Absatz 5 findet entsprechende Anwendung.

§ 11 a
Fachinformation

(1) Der pharmazeutische Unternehmer ist verpflichtet, Ärzten, Zahnärzten, Tierärzten, Apothekern und, soweit es sich nicht um verschreibungspflichtige Arzneimittel handelt, anderen Personen, die die Heilkunde oder Zahnheilkunde berufsmäßig ausüben, für Fertigarzneimittel, die der Zulassungspflicht unterliegen oder von der Zulassung freigestellt sind, Arzneimittel im Sinne des § 2 Abs. 1 oder Abs. 2 Nr. 1 und für den Verkehr außerhalb der Apotheken nicht freigegeben sind, auf Anforderung eine Gebrauchsinformation für Fachkreise (Fachinformation) zur Verfügung zu stellen.

•
•
•

§ 12
Ermächtigung für die Kennzeichnung und die Packungsbeilage

(1) Der Bundesminister wird ermächtigt, im Einvernehmen mit dem Bundesminister für Wirtschaft und dem Bundesminister für Arbeit- und Sozialordnung durch Rechtsverordnung mit Zustimmung des Bundesrates

1. die Vorschriften der §§ 10 und 11 a auf andere Arzneimittel ... auszudehnen,
2. vorzuschreiben, daß die in den §§ 10 und 11 genannten Angaben dem Verbraucher auf andere Weise übermittelt werden,
3. für bestimmte Arzneimittel oder Arzneimittelgruppen vorzuschreiben, daß Warnhinweise, Warnzeichen oder Erkennungszeichen auf
   a) den Behältnissen, den äußeren Umhüllungen, der Packungsbeilage oder

b) der Fachinformation anzubringen sind,

4. vorzuschreiben, daß bestimmte Bestandteile nach der Art auf den Behältnissen und den äußeren Umhüllungen anzugeben sind oder auf sie in der Packungsbeilage hinzuweisen ist, soweit es geboten ist, um einen ordnungsgemäßen Umgang mit Arzneimitteln und deren sachgerechte Anwendung im Geltungsbereich dieses Gesetzes sicherzustellen und um eine unmittelbare oder mittelbare Gefährdung der Gesundheit von Mensch oder Tier zu verhüten, die infolge mangelnder Unterrichtung eintreten könnte.

•
•
•

Dritter Abschnitt
Herstellung von Arzneimitteln

§ 13
Herstellungserlaubnis

(1) Wer Arzneimittel im Sinne des § 2 Abs. 1 oder Abs. 2 Nr. 1, Testsera oder Testantigene oder Wirkstoffe, die menschlicher oder tierischer Herkunft sind oder auf gentechnischem Wege hergestellt werden, gewerbs- oder berufsmäßig zum Zwecke der Abgabe an andere herstellen will, bedarf einer Erlaubnis der zuständigen Behörde. Das gleiche gilt für juristische Personen, nicht rechtsfähige Vereine und Gesellschaften des bürgerlichen Rechts, die Arzneimittel zum Zwecke der Abgabe an ihre Mitglieder herstellen. Eine Abgabe an andere im Sinne des Satzes 1 liegt vor, wenn die Person, die das Arzneimittel herstellt, eine andere ist als die, die es anwendet.

(2) Einer Erlaubnis nach Absatz 1 bedarf nicht

1. der Inhaber einer Apotheke für die Herstellung von Arzneimitteln im Rahmen des üblichen Apothekenbetriebs,
2. der Träger eines Krankenhauses, soweit er nach dem Gesetz über das Apothekerwesen Arzneimittel abgeben darf,
3. der Tierarzt für die Herstellung von Arzneimitteln, die er für die von ihm behandelten Tiere abgibt; läßt er im Einzelfall für die von ihm behandelten Tiere unter seiner Aufsicht aus Arzneimittel-Vormischungen und Mischfuttermitteln Fütterungsarzneimittel durch einen anderen herstellen, so bedarf auch diese insoweit keiner Erlaubnis,
4. der Großhändler für das Umfüllen, Abpacken oder Kennzeichnen von Arzneimitteln in unveränderter Form, soweit es sich nicht um zur Abgabe an den Verbraucher bestimmte Packungen handelt,
5. der Einzelhändler, der die Sachkenntnis nach § 50 besitzt, für das Umfüllen, Abpacken oder Kennzeichnen von Arzneimitteln zur Abgabe in unveränderter Form unmittelbar an den Verbraucher.

•
•
•

(4) Die Entscheidung über die Erteilung der Erlaubnis trifft die zuständige Behörde des Landes, in dem die Betriebsstätte liegt oder liegen soll…

§ 14
Entscheidung über die Herstellungserlaubnis

•
•
•

§ 15
Sachkenntnis

•
•
•

§ 16
Begrenzung der Herstellungserlaubnis

Die Erlaubnis wird dem Hersteller für eine bestimmte Betriebsstätte und für bestimmte Arzneimittel und Arzneimittelformen erteilt, in den Fällen des § 14 Abs. 4 auch für eine bestimmte Betriebsstätte des beauftragten Betriebes.

•
•
•

§ 17
Fristen für die Erteilung

•
•
•

§ 18
Rücknahme, Widerruf, Ruhen

•
•
•

(2) Die zuständige Behörde kann vorläufig anordnen, daß die Herstellung eines Arzneimittels eingestellt wird, wenn der Hersteller die für die Herstellung und Prüfung zu führenden Nachweise nicht vorlegt. Die vorläufige Anordnung kann auf eine Charge beschränkt werden.

§ 19
Verantwortungsbereiche

(1) Der Herstellungsleiter ist dafür verantwortlich, daß die Arzneimittel entsprechend den Vorschriften über den Verkehr mit Arzneimitteln hergestellt, gelagert und gekennzeichnet werden sowie mit der vorgeschriebenen Packungsbeilage versehen sind.

(2) Der Kontrolleiter ist dafür verantwortlich, daß die Arzneimittel entsprechend den Vorschriften über den Verkehr mit Arzneimitteln auf die erforderliche Qualität geprüft sind.

(3) Der Vertriebsleiter ist, soweit nicht nach den Absätzen 1 und 2 die Verantwortung beim Herstellungsleiter oder beim Kontrolleiter oder nach § 74 a beim Informationsbeauftragten liegt, dafür verantwortlich, daß die Arzneimittel entsprechend den Vorschriften über den Verkehr mit Arzneimitteln in den Verkehr gebracht und die Vorschriften über die Werbung auf dem Gebiete des Heilwesens beachtet werden.

(4) In den Fällen des § 14 Abs. 4 bleibt die Verantwortung des Kontrolleiters bestehen.

§ 20
Anzeigepflichten

Der Inhaber der Erlaubnis hat jeden Wechsel in der Person des Herstellungs-, Kontroll- oder Vertriebsleiters unter Vorlage der Nachweise über die Anforderungen nach § 14 Abs. 1 Nr. 1 bis 5 sowie jede wesentliche Änderung der Räume oder Einrichtungen der in der Erlaubnis bestimmten Betriebsstätte der zuständigen Behörde vorher anzuzeigen. Bei einem unvorhergesehenen Wechsel in der Person des Herstellungs-, Kontroll- oder Vertriebsleiters hat die Anzeige unverzüglich zu erfolgen.

Vierter Abschnitt
Zulassung der Arzneimittel

§ 21
Zulassungspflicht

(1) Fertigarzneimittel, die Arzneimittel im Sinne des § 2 Abs. 1 oder Abs. 2 Nr. 1 sind, dürfen im Geltungsbereich dieses Gesetzes nur in den Verkehr gebracht werden, wenn sie durch die zuständige Bundesoberbehörde zugelassen sind. Das gilt auch für Arzneimittel, die keine Fertigarzneimittel und zur Anwendung bei Tieren bestimmt sind, sofern sie nicht an pharmazeutische Unternehmer abgegeben werden sollen, die eine Erlaubnis

zur Herstellung von Arzneimitteln besitzen.

•
•
•

§ 22
Zulassungsunterlagen

•
•
•

§ 23
Besondere Unterlagen bei Arzneimitteln für Tiere

•
•
•

§ 24
Sachverständigengutachten

•
•
•

§ 24 a
Verwendung von Unterlagen eines Vorantragstellers

•
•
•

§ 24 b
Nachforderungen

•
•
•

§ 24 c
Allgemeine Verwertungsbefugnis

•
•
•

§ 25
Entscheidung über die Zulassung

•
•
•

§ 25 a
Vorprüfung

•
•
•

§ 26
Arzneimittelprüfrichtlinien

•
•
•

§ 27
Fristen für die Erteilung

•
•
•

§ 28
Auflagenbefugnis

(1) Die zuständige Bundesoberbehörde kann die Zulassung mit Auflagen verbinden. Auflagen können auch nachträglich angeordnet werden.

(2) Auflagen nach Absatz 1 können angeordnet werden, um sicherzustellen, daß

1. die Kennzeichnung der Behältnisse und äußeren Umhüllungen den Vorschriften des § 10 entspricht; dabei kann angeordnet werden, daß angegeben werden müssen
   a) Hinweise oder Warnhinweise, soweit sie erforderlich sind, um bei der Anwendung des Arzneimittels eine unmittelbare oder mittelbare Gefährdung der Gesundheit von Mensch oder Tier zu verhüten,
   b) Aufbewahrungshinweise für den Verbraucher und Lagerhinweise für die Fachkreise, soweit sie geboten sind, um die erforderliche Qualität des Arzneimittels zu erhalten,
2. die Packungsbeilage den Vorschriften des § 11 entspricht; dabei kann angeordnet werden, daß angegeben werden müssen

a) die in der Nummer 1 Buchstabe a genannten Hinweise oder Warnhinweise,
b) die Aufbewahrungshinweise für den Verbraucher, soweit sie geboten sind, um die erforderliche Qualität des Arzneimittels zu erhalten,

•
•
•

3. die Angaben nach den §§ 10 und 11 und 11 a den für die Zulassung eingereichten Unterlagen entsprechen und dabei einheitliche und allgemein verständliche Begriffe verwendet werden, wobei die Angabe weiterer Gegenanzeigen, Nebenwirkungen und Wechselwirkungen zulässig bleibt;

•
•
•

4. das Arzneimittel in Packungsgrößen in den Verkehr gebracht wird, die den Anwendungsgebieten und der vorgesehenen Dauer der Anwendung angemessen sind,
5. das Arzneimittel in einem Behältnis mit bestimmter Form, bestimmtem Verschluß oder sonstiger Sicherheitsvorkehrung in den Verkehr gebracht wird, soweit es geboten ist, um die Einhaltung der Dosierungsanleitung zu gewährleisten oder um die Gefahr des Mißbrauchs durch Kinder zu verhüten.

•
•
•

(3) Die zuständige Bundesoberbehörde kann durch Auflagen ferner anordnen, daß weitere analytische, pharmakologisch-toxikologische oder klinische Prüfungen durchgeführt werden und über die Ergebnisse berichtet wird, wenn hinreichende Anhaltspunkte dafür vorliegen, daß das Arzneimittel einen großen therapeutischen Wert haben kann und deshalb ein öffentliches Interesse an seinem unverzüglichen Inverkehrbringen besteht, jedoch für die umfassende Beurteilung des Arzneimittels weitere wichtige Angaben erforderlich sind.

•
•
•

(3 a) Die zuständige Bundesbehörde kann, wenn dies im Interesse der Arzneimittelsicherheit erforderlich ist, durch Auflagen ferner anordnen, daß nach der Zulassung Erkenntnisse bei der Anwendung des Arzneimittels systematisch gesammelt, dokumentiert und ausgewertet werden und ihr über die Ergebnisse dieser Untersuchung innerhalb einer bestimmten Frist berichtet wird.

•
•
•

§ 29
Anzeigepflicht, Neuzulassung

(1) Der Antragsteller hat der zuständigen Bundesoberbehörde unter Beifügung entsprechender Unterlagen unverzüglich Anzeige zu erstatten, wenn sich Änderungen in den Angaben und Unterlagen nach den §§ 22 bis 24 ergeben. Er hat ferner der zuständigen Bundesoberbehörde unverzüglich, spätestens aber innerhalb von 15 Tagen nach Bekanntwerden, jeden ihm bekanntgewordenen Verdachtsfall einer schwerwiegenden Nebenwirkung oder einer schwerwiegenden Wechselwirkung mit anderen Mitteln anzuzeigen sowie häufigen oder im Einzelfall in erheblichem Umfang beobachteten Mißbrauch, wenn durch ihn die Gesundheit von Mensch und Tier unmittelbar gefährdet werden kann. Er hat über Verdachtsfälle anderer als schwerwiegender Nebenwirkungen oder Wechselwirkungen mit anderen Mitteln, die ihm von einem

Angehörigen eines Gesundheitsberufes zur Kenntnis gebracht werden, Aufzeichnungen zu führen. Sofern nicht durch Auflage anderes bestimmt ist, hat er diese Aufzeichnungen der zuständigen Bundesoberbehörde unverzüglich nach Aufforderung oder mindestens alle sechs Monate während der ersten beiden Jahre nach der Zulassung und einmal jährlich in den folgenden drei Jahren vorzulegen. Danach hat er die Unterlagen in Abständen von fünf Jahren zusammen mit dem Antrag auf Verlängerung der Zulassung oder unverzüglich nach Aufforderung vorzulegen. Der zuständigen Bundesoberbehörde sind alle zur Beurteilung von Verdachtsfällen oder beobachteten Mißbrauchs vorliegenden Unterlagen sowie eine wissenschaftliche Bewertung vorzulegen. Die Verpflichtung nach den Sätzen 2 bis 5 hat nach Erteilung der Zulassung der pharmazeutische Unternehmer zu erfüllen; sie besteht unabhängig davon, ob sich das Arzneimittel noch im Verkehr befindet. Die Sätze 2 bis 6 gelten entsprechend für denjenigen, der eine klinische Prüfung von Arzneimitteln veranlaßt oder durchführt.

(2) Bei einer Änderung der Bezeichnung des Arzneimittels ist der Zulassungsbescheid entsprechend zu ändern. Das Arzneimittel darf unter der alten Bezeichnung vom pharmazeutischen Unternehmer noch ein Jahr, von den Groß- und Einzelhändlern noch zwei Jahre, beginnend mit dem auf die Bekanntmachung der Änderung im Bundesanzeiger folgenden 1. Januar oder 1. Juli, in den Verkehr gebracht werden.

(2 a) Eine Änderung

1. der Angaben nach den §§ 10, 11 und 11 a über die Dosierung, die Art oder die Dauer der Anwendung, eine Einschränkung der Gegenanzeigen, Nebenwirkungen oder Wechselwirkungen mit anderen Mitteln, soweit sie Arzneimittel betrifft, die vom Verkehr außerhalb der Apotheken ausgeschlossen sind,
2. der wirksamen Bestandteile, ausgenommen der arzneilich wirksamen Bestandteile,
3. in eine mit der zugelassenen vergleichbaren Darreichungsform,
4. gentechnologischer Herstellungsverfahren und
5. der Packungsgröße

darf erst vollzogen werden, wenn die zuständige Bundesoberbehörde zugestimmt hat. Die Zustimmung gilt als erteilt, wenn der Änderung nicht innerhalb einer Frist von drei Monaten widersprochen worden ist.

(3) Eine neue Zulassung ist in folgenden Fällen zu beantragen:

1. bei einer Änderung der Zusammensetzung der arzneilich wirksamen Bestandteile nach Art oder Menge,
2. bei einer Änderung der Darreichungsform, soweit es sich nicht um eine Änderung nach Absatz 2 a Nr. 3 handelt,
3. bei einer Erweiterung der Anwendungsgebiete,

3 a. bei der Einführung gentechnologischer Herstellungsverfahren,

4. bei einer Änderung des Herstellungsverfahrens, soweit es sich um Sera, Impfstoffe, Blutzubereitungen und Testallergene handelt, und
5. bei einer Verkürzung der Wartezeit.

Über die Zulassungspflicht nach Satz 1 entscheidet die zuständige Bundesoberbehörde.

§ 30
Rücknahme, Widerruf, Ruhen

•
•
•

§ 31
Erlöschen

(1) Die Zulassung erlischt

1. (entfallen)
2. durch schriftlichen Verzicht,
3. nach Ablauf von fünf Jahren seit ihrer Erteilung, es sei denn, daß drei bis sechs Monate vor Ablauf der Frist ein Antrag auf Verlängerung gestellt wird,

•
•
•

4. wenn die Verlängerung der Zulassung versagt wird.

•
•
•

(4) Erlischt die Zulassung nach Absatz 1 Nr. 2 oder 3, so darf das Arzneimittel noch zwei Jahre, beginnend mit dem auf die Bekanntmachung des Erlöschens nach § 34 folgenden 1. Januar oder 1. Juli, in den Verkehr gebracht werden…

§ 32
Staatliche Chargenprüfung

•
•
•

§ 33
Kosten

•
•
•

§ 34
Bekanntmachung

•
•
•

§ 35
Ermächtigung zur Zulassung und Freistellung

•
•
•

§ 36
Ermächtigung für Standardzulassungen

(1) Der Bundesminister wird ermächtigt, nach Anhörung von Sachverständigen durch Rechtsverordnung mit Zustimmung des Bundesrates bestimmte Arzneimittel oder Arzneimittelgruppen oder Arzneimittel in bestimmten Abgabeformen von der Pflicht zur Zulassung freizustellen, soweit eine unmittelbare oder mittelbare Gefährdung der Gesundheit von Mensch oder Tier nicht zu befürchten ist, weil die Anforderungen an die erforderliche Qualität, Wirksamkeit und Unbedenklichkeit erwiesen sind. Die Freistellung kann zum Schutz der Gesundheit von Mensch oder Tier von einer bestimmten Herstellung, Zusammensetzung, Kennzeichnung, Packungsbeilage, Fachinformation oder Darreichungsform abhängig gemacht sowie auf bestimmte Anwendungsarten, Anwendungsgebiete oder Anwendungsbereiche beschränkt werden. Die Angabe weiterer Gegenanzeigen, Nebenwirkungen und Wechselwirkungen durch den pharmazeutischen Unternehmer ist zulässig.

(2) Bei der Auswahl der Arzneimittel, die von der Pflicht zur Zulassung freigestellt werden, muß den berechtigten Interessen der Arzneimittelverbraucher, der Heilberufe und der pharmazeutischen Industrie Rechnung getragen werden. In der Wahl der Bezeichnung des Arzneimittels ist der pharmazeutische Unternehmer frei.

(3) Die Rechtsverordnung nach Absatz 1 ergeht im Einvernehmen mit

dem Bundesminister für Wirtschaft, dem Bundesminister für Arbeit und Sozialordnung und, soweit es sich um radioaktive Arzneimittel und um Arzneimittel handelt, bei deren Herstellung ionisierende Strahlen verwendet werden, im Einvernehmen mit dem Bundesminister für Umwelt, Naturschutz und Reaktorsicherheit und, soweit es sich um Arzneimittel handelt, die zur Anwendung bei Tieren bestimmt sind, im Einvernehmen mit dem Bundesminister für Ernährung, Landwirtschaft und Forsten.

(4) Vor Erlaß der Rechtsverordnung nach Absatz 1 bedarf es nicht der Anhörung von Sachverständigen und der Zustimmung des Bundesrates, soweit dies erforderlich ist, um Angaben zu Gegenanzeigen, Nebenwirkungen und Wechselwirkungen unverzüglich zu ändern und die Geltungsdauer der Rechtsverordnung auf längstens ein Jahr befristet ist. Die Frist kann bis zu einem weiteren Jahr einmal verlängert werden, wenn das Verfahren nach Absatz 1 innerhalb der Jahresfrist nicht abgeschlossen werden kann.

§ 37
Zulassungen von Arzneimitteln aus anderen Staaten

•
•
•

Fünfter Abschnitt
Registrierung homöopathischer Arzneimittel

§ 38
Registrierungspflicht und Registrierungsunterlagen

•
•
•

§ 39
Entscheidung über die Registrierung

•
•
•

Sechster Abschnitt
Schutz des Menschen bei der klinischen Prüfung

§ 40
Allgemeine Voraussetzungen

•
•
•

§ 41
Besondere Voraussetzungen

•
•
•

§ 42
Ausnahmen

•
•
•

Siebenter Abschnitt
Abgabe von Arzneimitteln

§ 43
Apothekenpflicht, Inverkehrbringen durch Tierärzte

(1) Arzneimittel im Sinne des § 2 Abs. 1 oder Abs. 2 Nr. 1, die nicht durch die Vorschriften des § 44 oder der nach § 45 Abs. 1 erlassenen Rechtsverordnung für den Verkehr außerhalb der Apotheken freigegeben sind, dürfen im Einzelhandel nur in Apotheken in den Verkehr gebracht werden.

•
•
•

(3) Auf Verschreibung dürfen Arzneimittel im Sinne des § 2 Abs. 1 oder Abs. 2 Nr. 1 nur in Apotheken abgegeben werden. § 56 Abs. 1 bleibt unberührt.

(4) Arzneimittel im Sinne des § 2 Abs. 1 oder Abs. 2 Nr. 1 dürfen ferner durch Tierärzte an Halter der von ihnen behandelten Tiere abgegeben und zu diesem Zweck vorrätig gehalten werden. Dies gilt auch für die Abgabe von Arzneimitteln zur Durchführung tierärztlich gebotener und tierärztlich kontrollierter krankheitsvorbeugender Maßnahmen bei Tieren, wobei der Umfang der Abgabe den auf Grund tierärztlicher Indikation festgestellten Bedarf nicht überschreiten darf.

•

•

•

§ 44
Ausnahme von der Apothekenpflicht

(1) Arzneimittel, die von dem pharmazeutischen Unternehmer ausschließlich zu anderen Zwecken als zur Beseitigung oder Linderung von Krankheiten, Leiden, Körperschäden oder krankhaften Beschwerden zu dienen bestimmt sind, sind für den Verkehr außerhalb der Apotheken freigegeben.

(2) Ferner sind für den Verkehr außerhalb der Apotheken freigegeben:

1. a) natürliche Heilwässer sowie deren Salze, auch als Tabletten oder Pastillen,
   b) künstliche Heilwässer sowie deren Salze, auch als Tabletten oder Pastillen, jedoch nur, wenn sie in ihrer Zusammensetzung natürlichen Heilwässern entsprechen,
2. Heilerde, Bademoore und andere Peloide, Zubereitungen zur Herstellung von Bädern, Seifen zum äußeren Gebrauch,
3. mit ihren verkehrsüblichen deutschen Namen bezeichnete
   a) Pflanzen und Pflanzenteile, auch zerkleinert,
   b) Mischungen aus ganzen oder geschnittenen Pflanzen oder Pflanzenteilen als Fertigarzneimittel,
   c) Destillate aus Pflanzen und Pflanzenteilen,
   d) Preßsäfte aus frischen Pflanzen und Pflanzenteilen, sofern sie ohne Lösungsmittel mit Ausnahme von Wasser hergestellt sind,
4. (entfallen)
5. ausschließlich oder überwiegend zum äußeren Gebrauch bestimmte Desinfektionsmittel sowie Mund- und Rachendesinfektionsmittel.

(3) Die Absätze 1 und 2 gelten nicht für Arzneimittel, die

1. nur auf ärztliche, zahnärztliche oder tierärztliche Verschreibung abgegeben werden dürfen oder
2. durch Rechtsverordnung nach § 46 vom Verkehr außerhalb der Apotheken ausgeschlossen sind.

§ 45
Ermächtigung zu weiteren Ausnahmen von der Apothekenpflicht

(1) Der Bundesminister wird ermächtigt, im Einvernehmen mit dem Bundesminister für Wirtschaft nach Anhörung von Sachverständigen durch Rechtsverordnung mit Zustimmung des Bundesrates Stoffe, Zubereitungen aus Stoffen oder Gegenstände, die dazu bestimmt sind, teilweise oder ausschließlich zur Beseitigung oder Linderung von Krankheiten, Leiden, Körperschäden oder krankhaften Beschwerden zu dienen, für den Verkehr außerhalb der Apotheken freizugeben,

1. soweit sie nicht nur auf ärztliche, zahnärztliche oder tierärztliche Verschreibung abgegeben werden dürfen,
2. soweit sie nicht wegen ihrer Zusammensetzung oder Wirkung die Prüfung, Aufbewahrung und Abgabe durch eine Apotheke erfordern,

3. soweit nicht durch ihre Freigabe eine unmittelbare oder mittelbare Gefährdung der Gesundheit von Mensch oder Tier, insbesondere durch unsachgemäße Behandlung, zu befürchten ist oder
4. soweit nicht durch ihre Freigabe die ordnungsgemäße Arzneimittelversorgung gefährdet wird.

(2) Die Freigabe kann auf Fertigarzneimittel, auf bestimmte Dosierungen, Anwendungsgebiete oder Darreichungsformen beschränkt werden.

(3) Die Rechtsverordnung ergeht im Einvernehmen mit dem Bundesminister für Umwelt, Naturschutz und Reaktorsicherheit, soweit es sich um radioaktive Arzneimittel und um Arzneimittel handelt, bei deren Herstellung ionisierende Strahlen verwendet werden, und im Einvernehmen mit dem Bundesminister für Ernährung, Landwirtschaft und Forsten, soweit es sich um Arzneimittel handelt, die zur Anwendung bei Tieren bestimmt sind.

§ 46
Ermächtigung zur Ausweitung der Apothekenpflicht

(1) Der Bundesminister wird ermächtigt, im Einvernehmen mit dem Bundesminister für Wirtschaft nach Anhörung von Sachverständigen durch Rechtsverordnung mit Zustimmung des Bundesrates Arzneimittel im Sinne des § 44 vom Verkehr außerhalb der Apotheken auszuschließen, soweit auch bei bestimmungsgemäßem oder bei gewohnheitsgemäßem Gebrauch eine unmittelbare oder mittelbare Gefährdung der Gesundheit von Mensch oder Tier zu befürchten ist.

(2) Die Rechtsverordnung nach Absatz 1 kann auf bestimmte Dosierungen, Anwendungsgebiete oder Darreichungsformen beschränkt werden.

(3) Die Rechtsverordnung ergeht im Einvernehmen mit dem Bundesminister für Umwelt, Naturschutz und Reaktorsicherheit, soweit es sich um radioaktive Arzneimittel und um Arzneimittel handelt, bei deren Herstellung ionisierende Strahlen verwendet werden, und im Einvernehmen mit dem Bundesminister für Ernährung, Landwirtschaft und Forsten, soweit es sich um Arzneimittel handelt, die zur Anwendung bei Tieren bestimmt sind.

§ 47
Vertriebsweg

•
•
•

§ 48
Verschreibungspflicht

(1) Arzneimittel, die durch Rechtsverordnung nach Absatz 2 Nr. 1 bestimmte Stoffe, Zubereitungen aus Stoffen oder Gegenstände sind oder denen solche Stoffe oder Zubereitungen aus Stoffen zugesetzt sind, dürfen nur nach Vorlage einer ärztlichen, zahnärztlichen oder tierärztlichen Verschreibung an Verbraucher abgegeben werden. Das gilt nicht für die Abgabe zur Ausstattung von Kauffahrteischiffen durch Apotheken nach Maßgabe der hierfür geltenden gesetzlichen Vorschriften.

(2) Der Bundesminister wird ermächtigt, im Einvernehmen mit dem Bundesminister für Wirtschaft nach Anhörung von Sachverständigen durch Rechtsverordnung mit Zustimmung des Bundesrates

1. Stoffe, Zubereitungen aus Stoffen oder Gegenständen zu bestimmen,
   a) die die Gesundheit von Mensch oder Tier auch bei bestimmungsgemäßem Gebrauch unmittelbar oder mittelbar gefährden können, wenn

sie ohne ärztliche, zahnärztliche oder tierärztliche Überwachung angewendet werden oder

b) die häufig in erheblichem Umfange nicht bestimmungsgemäß gebraucht werden, wenn dadurch die Gesundheit von Mensch oder Tier unmittelbar oder mittelbar gefährdet werden kann.

•
•
•

§ 49
Automatische Verschreibungspflicht

•
•
•

§ 50
Einzelhandel mit freiverkäuflichen Arzneimitteln

(1) Einzelhandel außerhalb von Apotheken mit Arzneimitteln im Sinne des § 2 Abs. 1 oder Abs. 2 Nr. 1, die zum Verkehr außerhalb der Apotheken freigegeben sind, darf nur betrieben werden, wenn der Unternehmer, eine zur Vertretung des Unternehmens gesetzlich berufene oder eine von dem Unternehmer mit der Leitung des Unternehmens oder mit dem Verkauf beauftragte Person die erforderliche Sachkenntnis besitzt. Bei Unternehmen mit mehreren Betriebsstellen muß für jede Betriebsstelle eine Person vorhanden sein, die die erforderliche Sachkenntnis besitzt.

(2) Die erforderliche Sachkenntnis besitzt, wer Kenntnisse und Fertigkeiten über das ordnungsgemäße Abfüllen, Abpacken, Kennzeichnen, Lagern und Inverkehrbringen von Arzneimitteln, die zum Verkehr außerhalb der Apotheken freigegeben sind, sowie Kenntnisse über die für diese Arzneimittel geltenden Vorschriften nachweist. Der Bundesminister wird ermächtigt, im Einvernehmen mit dem Bundesminister für Wirtschaft und dem Bundesminister für Bildung und Wissenschaft und, soweit es sich um Arzneimittel handelt, die zur Anwendung bei Tieren bestimmt sind, im Einvernehmen mit dem Bundesminister für Ernährung, Landwirtschaft und Forsten durch Rechtsverordnung mit Zustimmung des Bundesrates Vorschriften darüber zu erlassen, wie der Nachweis der erforderlichen Sachkenntnis zu erbringen ist, um einen ordnungsgemäßen Verkehr mit Arzneimitteln zu gewährleisten. Er kann dabei Prüfungszeugnisse über eine abgeleistete berufliche Aus- oder Fortbildung als Nachweis anerkennen. Er kann ferner bestimmen, daß die Sachkenntnis durch eine Prüfung vor der zuständigen Behörde oder einer von ihr bestimmten Stelle nachgewiesen wird und das Nähere über die Prüfungsanforderungen und das Prüfungsverfahren regeln.

(3) Einer Sachkenntnis nach Absatz 1 bedarf nicht, wer Fertigarzneimittel im Einzelhandel in den Verkehr bringt, die

1. im Reisegewerbe abgegeben werden dürfen,
2. zur Verhütung der Schwangerschaft oder von Geschlechtskrankheiten beim Menschen bestimmt sind,
3. (entfallen)
4. ausschließlich zum äußeren Gebrauch bestimmte Desinfektionsmittel oder
5. Sauerstoff.

§ 51
Abgabe im Reisegewerbe

(1) Das Feilbieten von Arzneimitteln und das Aufsuchen von Bestellungen auf Arzneimittel im Reisegewerbe sind verboten; ausgenommen von dem Verbot sind für den Verkehr außerhalb der Apotheken freigegebene Fertigarzneimittel, die

1. mit ihren verkehrsüblichen deutschen Namen bezeichnete, in ihren Wirkungen allgemein bekannte Pflanzen oder Pflanzenteile oder Preßsäfte aus frischen Pflanzen oder Pflanzenteilen sind, sofern diese mit keinem anderen Lösungsmittel als Wasser hergestellt wurden, oder
2. Heilwässer und deren Salze in ihrem natürlichem Mischverhältnis oder ihre Nachbildungen sind.

(2) Das Verbot des Absatzes 1 erster Halbsatz findet keine Anwendung, soweit der Gewerbetreibende andere Personen im Rahmen ihres Geschäftsbetriebes aufsucht, es sei denn, daß es sich um Arzneimittel handelt, die für die Anwendung bei Tieren in land- und forstwirtschaftlichen Betrieben, in gewerblichen Tierhaltungen sowie in Betrieben des Gemüse-, Obst-, Garten- und Weinbaus, der Imkerei und der Fischerei feilgeboten oder daß bei diesen Betrieben Bestellungen auf Arzneimittel, deren Abgabe den Apotheken vorbehalten ist, aufgesucht werden. Dies gilt auch für Handlungsreisende und andere Personen, die im Auftrag und im Namen eines Gewerbetreibenden tätig werden.

§ 52
Verbot der Selbstbedienung

(1) Arzneimittel im Sinne des § 2 Abs. 1 oder Abs. 2 Nr. 1 dürfen

1. nicht durch Automaten und
2. nicht durch andere Formen der Selbstbedienung

in den Verkehr gebracht werden.

(2) Absatz 1 gilt nicht für Fertigarzneimittel, die

1. im Reisegewerbe abgegeben werden dürfen,
2. zur Verhütung der Schwangerschaft oder von Geschlechtskrankheiten beim Menschen bestimmt und zum Verkehr außerhalb der Apotheken freigegeben sind,
3. (entfallen)
4. ausschließlich zum äußeren Gebrauch bestimmte Desinfektionsmittel oder
5. Sauerstoff sind.

(3) Absatz 1 Nr. 2 gilt ferner nicht für Arzneimittel, die für den Verkehr außerhalb der Apotheken freigegeben sind, wenn eine Person, die die Sachkenntnis nach § 50 besitzt, zur Verfügung steht.

§ 53
Anhörung von Sachverständigen

•
•
•

Achter Abschnitt
Sicherung und Kontrolle der Qualität

§ 54
Betriebsordnungen

•
•
•

§ 55
Arzneibuch

(1) Das Arzneibuch ist eine vom Bundesministerium bekanntgemachte Sammlung anerkannter pharmazeutischer Regeln über die Qualität, Prüfung, Lagerung, Abgabe und Bezeichnung von Arzneimitteln und den bei ihrer Herstellung verwendeten Stoffen. Das Arzneibuch enthält auch Regeln für die Beschaffenheit von Behältnissen und Umhüllungen.

•
•
•

(3) Arzneimittel dürfen nur hergstellt und zur Abgabe an den Verbraucher im Geltungsbereich dieses Gesetzes in den Verkehr gebracht werden, wenn die in ihnen enthaltenen Stoffe und ihre Darrei-

chungsformen den anerkannten pharmazeutischen Regeln entsprechen. Arzneimittel dürfen ferner zur Abgabe an den Verbraucher im Geltungsbereich dieses Gesetzes nur in den Verkehr gebracht werden, wenn ihre Behältnisse und Umhüllungen, soweit sie mit den Arzneimitteln in Berührung kommen, den anerkannten pharmazeutischen Regeln entsprechen.

•
•
•

Neunter Abschnitt
Sondervorschriften für Arzneimittel, die zur Anwendung bei Tieren bestimmt sind

§ 56
Fütterungsarzneimittel

•
•
•

§ 56 a
Verschreibung, Abgabe und Anwendung von Arzneimitteln durch Tierärzte

•
•
•

§ 57
Erwerb durch Tierhalter

(1) Der Tierhalter darf Arzneimittel, die zum Verkehr außerhalb der Apotheken nicht freigegeben sind, zur Anwendung bei Tieren nur in Apotheken, bei dem den Tierbestand behandelnden Tierarzt oder in den Fällen des § 56 Abs. 1 bei Herstellern erwerben. Andere Personen, die in § 47 Abs. 1 nicht genannt sind, dürfen solche Arzneimittel nur in Apotheken erwerben.

•
•
•

§ 58
Anwendung bei Tieren, die der Gewinnung von Lebensmitteln dienen

•
•
•

§ 59
Klinische Prüfung und Rückstandsprüfung bei Tieren, die der Lebensmittelgewinnung dienen

•
•
•

§ 59 a
Verkehr mit Stoffen und Zubereitungen aus Stoffen

•
•
•

§ 59 b
Rückstandsnachweisverfahren

•
•
•

§ 60
Heimtiere

(1) Auf Arzneimittel, die ausschließlich zur Anwendung bei Zierfischen, Zier- oder Singvögeln, Brieftauben, Terrarientieren oder Kleinnagern bestimmt und für den Verkehr außerhalb der Apotheken zugelassen sind, finden die Vorschriften der §§ 21 bis 39 und 50 keine Anwendung.

(2) Die Vorschriften über die Herstellung von Arzneimitteln finden mit der Maßgabe Anwendung, daß der Herstellungsleiter gleichzeitig Kontroll- und Vertriebsleiter sein kann und der Nachweis einer zweijährigen praktischen Tätigkeit nach § 15 Abs. 1 entfällt.

•
•
•

§ 61
Befugnisse tierärztlicher Bildungsstätten

•
•
•

Zehnter Abschnitt
Beobachtung, Sammlung und Auswertung von Arzneimittelrisiken

§ 62
Organisation

Die zuständige Bundesoberbehörde hat zur Verhütung einer unmittelbaren oder mittelbaren Gefährdung der Gesundheit von Mensch oder Tier die bei der Anwendung von Arzneimitteln auftretenden Risiken, insbesondere Nebenwirkungen, Wechselwirkungen mit anderen Mitteln, Gegenanzeigen und Verfälschungen, zentral zu erfassen, auszuwerten und die nach diesem Gesetz zu ergreifenden Maßnahmen zu koordinieren. Sie wirkt dabei mit den Dienststellen der Weltgesundheitsorganisation, den Arzneimittelbehörden anderer Länder, den Gesundheits- und Veterinärbehörden der Bundesländer, den Arzneimittelkommissionen der Kammern der Heilberufe sowie mit anderen Stellen zusammen, die bei der Durchführung ihrer Aufgaben, Arzneimittelrisiken erfassen.

§ 63
Stufenplan

Der Bundesminister erstellt durch allgemeine Verwaltungsvorschrift mit Zustimmung des Bundesrates zur Durchführung der Aufgaben nach § 62 einen Stufenplan. In diesem werden die Zusammenarbeit der beteiligten Behörden und Stellen auf den verschiedenen Gefahrenstufen sowie die Einschaltung der pharmazeutischen Unternehmer näher geregelt und die jeweils nach den Vorschriften dieses Gesetzes zu ergreifenden Maßnahmen bestimmt. In dem Stufenplan können ferner Informationsmittel und -wege bestimmt werden.

§ 63 a
Stufenplanbeauftragter

(1) Wer als pharmazeutischer Unternehmer Fertigarzneimittel, die Arzneimittel im Sinne des § 2 Abs. 1 oder Abs. 2 Nr. 1 sind, in den Verkehr bringt, hat eine Person mit der erforderlichen Sachkenntnis und der zur Ausübung ihrer Tätigkeit erforderlichen Zuverlässigkeit (Stufenplanbeauftragter) zu beauftragen, bekanntgewordene Meldungen über Arzneimittelrisiken zu sammeln, zu bewerten und die notwendigen Maßnahmen zu koordinieren. Satz 1 gilt nicht für Personen, soweit sie nach § 13 Abs. 2 Satz 1 Nr. 1, 2, 3 oder 5 keiner Herstellungserlaubnis bedürfen. Der Stufenplanbeauftragte ist für die Erfüllung von Anzeigepflichten verantwortlich, soweit sie Arzneimittelrisiken betreffen. Das Nähere regelt die Betriebsverordnung für pharmazeutische Unternehmer.

•
•
•

Elfter Abschnitt
Überwachung

§ 64
Durchführung der Überwachung

(1) Betriebe und Einrichtungen, in denen Arzneimittel hergestellt, geprüft, gelagert, verpackt oder in den Verkehr gebracht werden oder in denen sonst mit ihnen Handel getrieben wird, unterliegen insoweit der Überwachung durch die zuständige Behörde; das gleiche gilt für Betriebe und Einrichtungen, die Arzneimittel entwickeln, klinisch prüfen, einer Rückstandsprüfung unterziehen oder zur Anwendung bei Tieren bestimmte Arzneimittel erwerben oder anwenden. Die

Herstellung, Prüfung, Lagerung, Verpackung oder das Inverkehrbringen von Wirkstoffen sowie die Entwicklung von Arzneimitteln und Wirkstoffen unterliegen der Überwachung, soweit sie durch eine Rechtsverordnung nach § 54 geregelt sind. Satz 1 gilt auch für Personen, die diese Tätigkeiten berufsmäßig ausüben oder Arzneimittel nicht ausschließlich für den Eigenbedarf mit sich führen sowie für Personen oder Personenvereinigungen, die Arzneimittel für andere sammeln.

(2) Die mit der Überwachung beauftragten Personen müssen diese Tätigkeit hauptberuflich ausüben. Die zuständige Behörde kann Sachverständige beiziehen. Soweit es sich um Blutzubereitungen, radioaktive Arzneimittel, gentechnisch hergestellte Arzneimittel, Sera, Impfstoffe, Testallergene, Testsera und Testantigene handelt, soll die zuständige Behörde Angehörige der zuständigen Bundesoberbehörde als Sachverständige beteiligen. Bei Apotheken, die keine Krankenhausapotheken sind oder die einer Erlaubnis nach § 13 nicht bedürfen, kann die zuständige Behörde Sachverständige mit der Überwachung beauftragen.

(3) Die zuständige Behörde hat sich davon zu überzeugen, daß die Vorschriften über den Verkehr mit Arzneimitteln, über die Werbung auf dem Gebiete des Heilwesens und über das Apothekenwesen beachtet werden. Sie hat in der Regel alle zwei Jahre Besichtigungen vorzunehmen und Arzneimittelproben amtlich untersuchen zu lassen.

(4) Die mit der Überwachung beauftragten Personen sind befugt

1. Grundstücke, Geschäftsräume, Betriebsräume, Beförderungsmittel und zur Verhütung dringender Gefahr für die öffentliche Sicherheit und Ordnung auch Wohnräume zu den üblichen Geschäftszeiten zu betreten und zu besichtigen, in denen eine Tätigkeit nach Absatz 1 ausgeübt wird; das Grundrecht des Artikels 13 des Grundgesetzes auf Unverletzlichkeit der Wohnung wird insoweit eingeschränkt,
2. Unterlagen über Entwicklung, Herstellung, Prüfung, Erwerb, Lagerung, Verpackung, Inverkehrbringen und sonstigen Verbleib der Arzneimittel sowie über das im Verkehr befindliche Werbematerial und über die nach § 94 erforderliche Deckungsvorsorge einzusehen und hieraus Abschriften oder Ablichtungen anzufertigen,
3. von natürlichen und juristischen Personen und nicht rechtsfähigen Personenvereinigungen alle erforderlichen Auskünftc, insbcsondcrc übcr dic in Nummer 2 genannten Betriebsvorgänge zu verlangen,
4. vorläufige Anordnungen, auch über die Schließung des Betriebes oder der Einrichtung zu treffen, soweit es zur Verhütung dringender Gefahren für die öffentliche Sicherheit und Ordnung geboten ist.

(5) Der zur Auskunft Verpflichtete kann die Auskunft auf solche Fragen verweigern, deren Beantwortung ihn selbst oder einen seiner in § 383 Abs. 1 Nr. 1 bis 3 der Zivilprozeßordnung bezeichneten Angehörigen der Gefahr strafrechtlicher Verfolgung oder eines Verfahrens nach dem Gesetz über Ordnungswidrigkeiten aussetzen würde.

§ 65
Probenahme

(1) Soweit es zur Durchführung der Vorschriften über den Verkehr mit Arzneimitteln, über die Werbung auf dem Gebiete des Heilwesens und über das

Apothekenwesen erforderlich ist, sind die mit der Überwachung beauftragten Personen befugt, gegen Empfangsbescheinigung Proben nach ihrer Auswahl zum Zwecke der Untersuchung zu fordern oder zu entnehmen. Diese Befugnis erstreckt sich auch auf die Entnahme von Proben bei lebenden Tieren, einschließlich der dabei erforderlichen Eingriffe bei diesen Tieren. Soweit der pharmazeutische Unternehmer nicht ausdrücklich darauf verzichtet, ist ein Teil der Probe oder, sofern die Probe nicht oder ohne Gefährdung des Untersuchungszwecks nicht in Teile von gleicher Qualität teilbar ist, ein zweites Stück der gleichen Art, wie das als Probe entnommene, zurückzulassen.

(2) Zurückzulassende Proben sind amtlich zu verschließen oder zu versiegeln. Sie sind mit dem Datum der Probenahme und dem Datum des Tages zu versehen, nach dessen Ablauf der Verschluß oder die Versiegelung als aufgehoben gelten.

(3) Für Proben, die nicht bei dem pharmazeutischen Unternehmer entnommen werden, ist eine angemessene Entschädigung zu leisten, soweit nicht ausdrücklich darauf verzichtet wird.

(4) Als privater Sachverständiger zur Untersuchung von Proben, die nach Absatz 1 Satz 2 zurückgelassen sind, kann nur bestellt werden, wer

1. die Sachkenntnis nach § 15 besitzt. Anstelle der praktischen Tätigkeit nach § 15 Abs. 1 und 4 kann eine praktische Tätigkeit in der Untersuchung und Begutachtung von Arzneimitteln in Arzneimitteluntersuchungsstellen oder in anderen gleichartigen Arzneimittelinstituten treten,
2. die zur Ausübung der Tätigkeit als Sachverständiger zur Untersuchung von amtlichen Proben erforderliche Zuverlässigkeit besitzt und
3. über geeignete Räume und Einrichtungen für die beabsichtigte Untersuchung und Begutachtung von Arzneimitteln verfügt.

§ 66
Duldungs- und Mitwirkungspflicht

Wer der Überwachung nach § 64 Abs. 1 unterliegt, ist verpflichtet, die Maßnahmen nach den §§ 64 und 65 zu dulden und die in der Überwachung tätigen Personen bei der Erfüllung ihrer Aufgaben zu unterstützen, insbesondere ihnen auf Verlangen die Räume und Beförderungsmittel zu bezeichnen, Räume, Behälter und Behältnisse zu öffnen, Auskünfte zu erteilen und die Entnahme der Proben zu ermöglichen. Die gleiche Verpflichtung besteht für den Herstellungsleiter, Kontrolleiter, Stufenplanbeauftragten und Leiter der klinischen Prüfung sowie deren Vertreter.

§ 67
Allgemeine Anzeigepflicht

(1) Betriebe und Einrichtungen, die Arzneimittel entwickeln, herstellen, klinisch prüfen oder einer Rückstandsprüfung unterziehen, prüfen, lagern, verpacken, in den Verkehr bringen oder sonst mit ihnen Handel treiben, haben dies vor der Aufnahme der Tätigkeit der zuständigen Behörde anzuzeigen. Die Entwicklung von Arzneimitteln ist anzuzeigen, soweit sie durch eine Rechtsverordnung nach § 54 geregelt ist. Das gleiche gilt für Personen, die diese Tätigkeiten selbständig und berufsmäßig ausüben, sowie für Personen oder Personenvereinigungen, die Arzneimittel für andere sammeln. In der Anzeige sind die Art der Tätigkeit und die Betriebsstätte anzugeben; werden Arzneimittel gesammelt, so ist das Nähere über die Art der Sammlung und über die Lagerstätte anzugeben. Ist nach

Satz 1 eine klinische Prüfung anzuzeigen, so ist auch deren Leiter namentlich zu benennen. Die Sätze 1 bis 4 gelten entsprechend für Betriebe und Einrichtungen, die Wirkstoffe herstellen, in den Verkehr bringen oder sonst mit ihnen Handel treiben, soweit diese Tätigkeiten durch eine Rechtsverordnung nach § 54 geregelt sind.

(2) Ist die Herstellung von Arzneimitteln beabsichtigt, für die es einer Erlaubnis nach § 13 nicht bedarf, so sind die Arzneimittel mit ihrer Bezeichnung und Zusammensetzung anzugeben.

(3) Nachträgliche Änderungen sind ebenfalls anzuzeigen.

(4) Die Absätze 1 bis 3 gelten mit Ausnahme der Anzeigepflicht für die klinische Prüfung nicht für diejenigen, die eine Erlaubnis nach §§ 13 oder 72 haben, und für Apotheken nach dem Gesetz über das Apothekenwesen. Absatz 2 gilt nicht für tierärztliche Hausapotheken.

(5) Wer als pharmazeutischer Unternehmer ein Arzneimittel, das nach § 36 Abs. 1 von der Zulassung freigestellt und für den Verkehr außerhalb der Apotheken nicht freigegeben ist, in den Verkehr bringt, hat dies unverzüglich der zuständigen Bundesbehörde anzuzeigen. In der Anzeige sind die verwendete Bezeichnung und die verwendeten nicht wirksamen Bestandteile anzugeben, soweit sie nicht in der Verordnung nach § 36 Abs. 1 festgelegt sind.

(6) Der pharmazeutische Unternehmer hat Untersuchungen, die dazu bestimmt sind, Erkenntnisse bei der Anwendung zugelassener oder registrierter Arzneimittel zu sammeln, den kassenärztlichen Bundesvereinigungen sowie der zuständigen Bundesoberbehörde unverzüglich anzuzeigen.

§ 68
Amtshilfe

•
•
•

§ 69
Maßnahmen der zuständigen Behörden

(1) Die zuständigen Behörden treffen die zur Beseitigung festgestellter Verstöße und die zur Verhütung künftiger Verstöße notwendigen Anordnungen. Sie können insbesondere das Inverkehrbringen von Arzneimitteln untersagen, deren Rückruf anordnen und diese sicherstellen, wenn

1. die erforderliche Zulassung oder Registrierung für das Arzneimittel nicht vorliegt oder deren Ruhen angeordnet ist,
2. das Arzneimittel nicht die nach den anerkannten pharmazeutischen Regeln angemessene Qualität aufweist,
3. dem Arzneimittel die therapeutische Wirksamkeit fehlt,
4. der begründete Verdacht besteht, daß das Arzneimittel bei bestimmungsgemäßem Gebrauch schädliche Wirkungen hat, die über ein nach den Erkenntnissen der medizinischen Wissenschaft vertretbares Maß hinausgehen,
5. die vorgeschriebenen Qualitätskontrollen nicht durchgeführt sind oder
6. die erforderliche Erlaubnis für das Herstellen des Arzneimittels oder das Verbringen in den Geltungsbereich des Gesetzes nicht vorliegt oder ein Grund zur Rücknahme oder zum Widerruf der Erlaubnis nach § 18 Abs. 1 gegeben ist.

Im Falle des Satzes 2 Nr. 4 kann die zuständige Bundesoberbehörde den Rückruf eines Arzneimittels anordnen, sofern ihr Tätigwerden im Zusammenhang mit

Maßnahmen nach § 28, § 30, § 31, Abs. 4 Satz 2 oder § 32 Abs. 5 zur Abwehr von Gefahren für die Gesundheit von Mensch oder Tier durch Arzneimittel geboten ist.

(2) Die zuständigen Behörden können das Sammeln von Arzneimitteln untersagen, wenn eine sachgerechte Lagerung der Arzneimittel nicht gewährleistet ist oder wenn der begründete Verdacht besteht, daß die gesammelten Arzneimittel mißbräuchlich verwendet werden. Gesammelte Arzneimittel können sichergestellt werden, wenn durch unzureichende Lagerung oder durch ihre Abgabe die Gesundheit von Mensch und Tier gefährdet wird.

(3) Die zuständigen Behörden können Werbematerial sicherstellen, das den Vorschriften über den Verkehr mit Arzneimitteln und über die Werbung auf dem Gebiete des Heilwesens nicht entspricht.

(4) Im Falle des Absatzes 1 Satz 3 kann auch eine öffentliche Warnung durch die zuständige Bundesoberbehörde erfolgen.

Zwölfter Abschnitt
Sondervorschriften für Bundeswehr, Bundesgrenzschutz, Bereitschaftspolizei, Zivilschutz

§ 70
Anwendung und Vollzug des Gesetzes

•
•
•

§ 71
Ermächtigung für Ausnahmen

•
•
•

Dreizehnter Abschnitt
Einfuhr und Ausfuhr

§ 72
Einfuhrerlaubnis

•
•
•

§ 72 a
Zertifikate

•
•
•

§ 73
Verbringungsverbot

(1) Arzneimittel, die der Pflicht zur Zulassung oder zur Registrierung unterliegen, dürfen in den Geltungsbereich dieses Gesetzes, ausgenommen in andere Zollfreigebiete als die Insel Helgoland, nur verbracht werden, wenn sie zum Verkehr im Geltungsbereich dieses Gesetzes zugelassen oder registriert oder von der Zulassung oder der Registrierung freigestellt sind und

1. der Empfänger in dem Fall des Verbringens aus einem Mitgliedstaat der Europäischen Gemeinschaften oder einem anderen Vertragsstaat des Abkommens über den Europäischen Wirtschaftsraum pharmazeutischer Unternehmer, Großhändler oder Tierarzt ist oder eine Apotheke betreibt oder
2. der Empfänger in dem Fall des Verbringens aus einem Land, das nicht Mitgliedstaat der Europäischen Gemeinschaften oder einem anderen Vertragsstaat des Abkommens über den Europäischen Wirtschaftsraum ist, eine Erlaubnis nach § 72 besitzt.

(2) Absatz 1 gilt nicht für Arzneimittel, die

1. im Einzelfall in geringen Mengen für die Arzneimittelversorgung bestimm-

ter Tiere bei Tierschauen, Turnieren oder ähnlichen Veranstaltungen bestimmt sind,

•

•

•

6. bei der Einreise in den Geltungsbereich dieses Gesetzes in einer dem üblichen persönlichen Bedarf entsprechenden Menge eingebracht werden,

6a. im Herkunftsland in Verkehr gebracht werden dürfen und in einer dem üblichen persönlichen Bedarf entsprechenden Menge aus einem Mitgliedstaat der Europäischen Gemeinschaft oder einem anderen Vertragsstaat des Abkommens über den Europäischen Wirtschaftsraum bezogen werden.

•

•

•

(3) Abweichend von Absatz 1 dürfen Fertigarzneimittel, die nicht zum Verkehr im Geltungsbereich dieses Gesetzes zugelassen oder registriert oder von der Zulassung oder der Registrierung freigestellt sind, in den Geltungsbereich dieses Gesetzes verbracht werden, wenn sie im Herkunftsland in den Verkehr gebracht werden dürfen und von Apotheken bestellt sind. Apotheken dürfen solche Arzneimittel nur in geringen Mengen und auf besondere Bestellung einzelner Personen beziehen und nur im Rahmen des üblichen Apothekenbetriebs abgeben sowie, soweit es sich nicht um Arzneimittel aus Mitgliedstaaten der Europäischen Gemeinschaft oder anderen Vertragsstaaten des Abkommens über den Europäischen Wirtschaftsraum handelt, nur auf ärztliche, zahnärztliche oder tierärztliche Verschreibung beziehen; das Nähere regelt die Apothekenbetriebsordnung. Satz 1 gilt nicht für Arzneimittel, die zur Anwendung bei Tieren bestimmt sind, die der Gewinnung von Lebensmitteln dienen.

•

•

•

§ 73 a
Ausfuhr

•

•

•

§ 74
Mitwirkung von Zolldienststellen

•

•

•

Vierzehnter Abschnitt
Informationsbeauftragter, Pharmaberater

§ 74 a
Informationsbeauftragter

•

•

•

§ 75
Sachkenntnis

•

•

•

§ 76
Pflichten

•

•

•

Fünfzehnter Abschnitt
Bestimmung der zuständigen Bundesoberbehörden und sonstige Bestimmungen

§ 77
Zuständige Bundesoberbehörde

(1) Zuständige Bundesoberbehörde ist das Bundesinstitut für Arzneimittel und Medizinprodukte, es sei denn, daß das

Paul-Ehrlich-Institut oder das Bundesinstitut für gesundheitlichen Verbraucherschutz und Veterinärmedizin zuständig ist.

(2) Das Paul-Ehrlich-Institut ist zuständig für Sera, Impfstoffe, Blutzubereitungen, Testallergene, Testsera und Testantigene.

(3) Das Bundesinstitut für gesundheitlichen Verbraucherschutz und Veterinärmedizin ist zuständig für Arzneimittel, die zur Anwendung bei Tieren bestimmt sind.

(4) Das Bundesministerium wird ermächtigt, durch Rechtsverordnung ohne Zustimmung des Bundesrates die Zuständigkeit der in den Absätzen 1 bis 3 genannten Behörden zu ändern, sofern dies erforderlich ist, um neueren wissenschaftlichen Entwicklungen Rechnung zu tragen oder wenn Gründe der gleichmäßigen Arbeitsauslastung eine solche Änderung erfordern.

§ 78
Preise

•
•
•

§ 79
Ausnahmeermächtigung für Krisenzeiten

•
•
•

§ 80
Ausnahmen vom Anwendungsbereich

•
•
•

§ 81
Verhältnis zu anderen Gesetzen

•
•
•

§ 82
Allgemeine Verwaltungsvorschriften

•
•
•

§ 83
Angleichung an Gemeinschaftsrecht

•
•
•

Sechzehnter Abschnitt
Haftung für Arzneimittelschäden

§ 84
Gefährdungshaftung

Wird infolge der Anwendung eines zum Gebrauch bei Menschen bestimmten Arzneimittels, das im Geltungsbereich dieses Gesetzes an den Verbraucher abgegeben wurde und der Pflicht zur Zulassung unterliegt oder durch Rechtsverordnung von der Zulassung befreit worden ist, ein Mensch getötet oder der Körper oder die Gesundheit eines Menschen nicht unerheblich verletzt, so ist der pharmazeutische Unternehmer, der das Arzneimittel im Geltungsbereich dieses Gesetzes in den Verkehr gebracht hat, verpflichtet, dem Verletzten den daraus entstandenen Schaden zu ersetzen. Die Ersatzpflicht besteht nur, wenn

1. das Arzneimittel bei bestimmungsgemäßem Gebrauch schädliche Wirkungen hat, die über ein nach den Erkenntnissen der medizinischen Wissenschaft vertretbares Maß hinausgehen und ihre Ursache im Bereich der Entwicklung oder der Herstellung haben oder
2. der Schaden infolge einer nicht den Erkenntnissen der medizinischen Wissenschaft entsprechenden Kennzeichnung, Fachinformation oder Gebrauchsinformation eingetreten ist.

§ 85
Mitverschulden

•
•
•

§ 86
Umfang der Ersatzpflicht bei Tötung

•
•
•

§ 87
Umfang der Ersatzpflicht bei Körperverletzung

•
•
•

§ 88
Höchstbeträge

Der Ersatzpflichtige haftet

1. im Falle der Tötung oder Verletzung eines Menschen nur bis zu einem Kapitalbetrag von einer Million Deutsche Mark oder bis zu einem Rentenbetrag von jährlich sechzigtausend Deutsche Mark,
2. im Falle der Tötung oder Verletzung mehrerer Menschen durch das gleiche Arzneimittel unbeschadet der in Nummer 1 bestimmten Grenzen bis zu einem Kapitalbetrag von zweihundert Millionen Deutsche Mark oder bis zu einem Rentenbetrag von jährlich zwölf Millionen Deutsche Mark.

Übersteigen im Falle des Satzes 1 Nr. 2 die den mehreren Geschädigten zu leistenden Entschädigungen die dort vorgesehenen Höchstbeträge, so verringern sich die einzelnen Entschädigungen in dem Verhältnis, in welchem ihr Gesamtbetrag zu dem Höchstbetrag steht.

§ 89
Schadensersatz durch Geldrenten

•
•
•

§ 90
Verjährung

•
•
•

§ 91
Weitergehende Haftung

•
•
•

§ 92
Unabdingbarkeit

•
•
•

§ 93
Mehrere Ersatzpflichtige

•
•
•

§ 94
Deckungsvorsorge

(1) Der pharmazeutische Unternehmer hat dafür Vorsorge zu tragen, daß er seinen gesetzlichen Verpflichtungen zum Ersatz von Schäden nachkommen kann, die durch die Anwendung eines von ihm in den Verkehr gebrachten, zum Gebrauch bei Menschen bestimmten Arzneimittels entstehen, das der Pflicht zur Zulassung unterliegt oder durch Rechtsverordnung von der Zulassung befreit worden ist (Deckungsvorsorge). Die Deckungsvorsorge muß in Höhe der in § 88 Satz 1 genannten Beträge erbracht werden. Sie kann nur

1. durch eine Haftpflichtversicherung bei einem im Geltungsbereich dieses Ge-

setzes zum Geschäftsbetrieb befugten Versicherungsunternehmens oder
2. durch eine Freistellungs- oder Gewährleistungsverpflichtung eines inländischen Kreditinstituts oder eines Kreditinstituts eines anderen Mitgliedstaates der Europäischen Gemeinschaften oder eines anderen Vertragsstaates des Abkommens über den Europäischen Wirtschaftsraum

erbracht werden.

•
•
•

(5) Die Bundesrepublik Deutschland und die Länder sind zur Deckungsvorsorge gemäß Absatz 1 nicht verpflichtet.

§ 94 a
Örtliche Zuständigkeit

•
•
•

Siebzehnter Abschnitt
Straf- und Bußgeldvorschriften

§ 95
Strafvorschriften

(1) Mit Freiheitsstrafe bis zu drei Jahren oder mit Geldstrafe wird bestraft, wer

1. entgegen § 5, auch in Verbindung mit § 73 Abs. 4 oder § 73 a, Arzneimittel, bei denen begründeter Verdacht auf schädliche Wirkungen besteht, in den Verkehr bringt,

•
•
•

4. Arzneimittel, die nur auf Verschreibung an Verbraucher abgegeben werden dürfen, entgegen § 43 Abs. 1 im Einzelhandel außerhalb einer Apotheke in den Verkehr bringt oder entgegen § 43 Abs. 2 oder 3 abgibt,

•
•
•

(2) Der Versuch ist strafbar.

(3) In besonders schweren Fällen ist die Strafe Freiheitsstrafe von einem Jahr bis zu zehn Jahren. Ein besonders schwerer Fall liegt in der Regel vor, wenn der Täter durch eine der in Absatz 1 bezeichneten Handlungen

1. die Gesundheit einer großen Zahl von Menschen gefährdet,
2. einen anderen in die Gefahr des Todes oder einer schweren Schädigung an Körper oder Gesundheit bringt oder
3. aus grobem Eigennutz für sich oder einen anderen Vermögensvorteile großen Ausmaßes erlangt.

(4) Handelt der Täter in den Fällen des Absatzes 1 fahrlässig, so ist die Strafe Freiheitsstrafe bis zu einem Jahr oder Geldstrafe.

§ 96
Strafvorschriften

Mit Freiheitsstrafe bis zu einem Jahr oder mit Geldstrafe wird bestraft, wer

•
•
•

2. entgegen § 8 Abs. 1 Nr. 1, auch in Verbindung mit § 73 Abs. 4 oder § 73 a, Arzneimittel herstellt oder in den Verkehr bringt, die in ihrer Qualität nicht unerheblich von den anerkannten pharmazeutischen Regeln abweichen,
3. entgegen § 8 Abs. 1 Nr. 2, auch in Verbindung mit § 73 Abs. 4 oder § 73 a, Arzneimittel herstellt oder in den Verkehr bringt, die mit irreführender Bezeichnung, Angabe oder Aufmachung versehen sind,

•
•
•

5. entgegen § 21 Abs. 1 Fertigarzneimittel oder Arzneimittel, die zur Anwendung bei Tieren bestimmt sind, oder in einer Rechtsverordnung nach § 35 Abs. 1 Nr. 2 oder § 60 Abs. 3 bezeichnete Arzneimittel ohne Zulassung in den Verkehr bringt,

•
•
•

§ 97
Bußgeldvorschriften

(1) Ordnungswidrig handelt, wer eine der in § 96 bezeichneten Handlungen fahrlässig begeht.

(2) Ordnungswidrig handelt auch, wer vorsätzlich oder fahrlässig

1. entgegen § 8 Abs. 2, auch in Verbindung mit § 73 Abs. 4, Arzneimittel in den Verkehr bringt, deren Verfalldatum abgelaufen ist,

•
•
•

14. entgegen § 50 Abs. 1 Einzelhandel mit Arzneimitteln betreibt,
15. entgegen § 51 Abs. 1 Arzneimittel im Reisegewerbe feilbietet oder Bestellungen darauf aufsucht,
16. entgegen § 52 Abs. 1 Arzneimittel im Wege der Selbstbedienung in den Verkehr bringt,

•
•
•

(3) Die Ordnungswidrigkeit kann mit einer Geldbuße bis zu fünfzigtausend Deutsche Mark geahndet werden.

§ 98
Einziehung

•
•
•

Achtzehnter Abschnitt
Überleitungs- und Übergangsvorschriften

•
•
•

§ 112

Wer am 1. Januar 1978 Arzneimittel im Sinne des § 2 Abs. 1 oder Abs. 2 Nr. 1 des Arzneimittelgesetzes, die zum Verkehr außerhalb der Apotheken freigegeben sind, im Einzelhandel außerhalb der Apotheken in den Verkehr bringt, kann diese Tätigkeit weiter ausüben, soweit er nach dem Gesetz über die Berufsausübung im Einzelhandel vom 5. August 1957 (Bundesgesetzbl. I S. 1121), geändert durch Artikel 150 Abs. 2 Nr. 15 des Einführungsgesetzes zum Gesetz über Ordnungswidrigkeiten vom 24. Mai 1968 (Bundesgesetzbl. I S. 503), dazu berechtigt war.

•
•
•

Anlage 2
Verordnung über den Nachweis der Sachkenntnis im Einzelhandel mit freiverkäuflichen Arzneimitteln

Vom 20. Juni 1978 (BGBl. I S. 753) i.d.F. des Einigungsvertrages vom 31. August 1990 (BGBl. II S. 882)

Auf Grund des § 50 Abs. 2 Satz 2 bis 4 des Arzneimittelgesetzes vom 24. August 1976 (BGBl. I S. 2445, 2448) wird im Einvernehmen mit dem Bundesminister für Wirtschaft, dem Bundesminister für Bildung und Wissenschaft und dem Bundesminister für Ernährung, Landwirtschaft und Forsten mit Zustimmung des Bundesrates verordnet:

§ 1
Nachweis der Sachkenntnis

Der Nachweis der Sachkenntnis für den Einzelhandel außerhalb von Apotheken mit Arzneimitteln im Sinne des § 2 Abs. 1 oder Abs. 2 Nr. 1 des Arzneimittelgesetzes, die zum Verkehr außerhalb der Apotheken freigegeben sind (freiverkäufliche Arzneimittel), kann durch eine Prüfung nach §§ 2 bis 9, durch Prüfungszeugnisse über eine andere abgeleistete berufliche Ausbildung nach § 10 oder in sonstiger Weise nach § 11 erbracht werden.

§ 2
Errichtung und Tätigkeit des Prüfungsausschusses

(1) Für die Abnahme der Prüfung errichtet die zuständige Behörde einen Prüfungsausschuß oder mehrere Prüfungsausschüsse. Mehrere Behörden können einen gemeinsamen Prüfungsausschuß errichten.

(2) Der Prüfungsausschuß besteht nach Bestimmung durch die zuständige Behörde aus mindestens drei, höchstens fünf Mitgliedern. Die Mitglieder müssen für die Prüfung sachkundig und für die Mitwirkung im Prüfungswesen geeignet sein. Dem Prüfungsausschuß müssen als Mitglieder ein von der zuständigen Behörde Beauftragter sowie mindestens je ein selbständiger Kaufmann und kaufmännischer Angestellter des Einzelhandels angehören. Ein Mitglied muß Apotheker sein. Jedes Mitglied hat einen Stellvertreter.

(3) Vorsitzender des Prüfungsausschusses ist das von der zuständigen Behörde beauftragte Prüfungsausschußmitglied oder dessen Stellvertreter.

(4) Die Mitglieder und stellvertretenden Mitglieder werden von der zuständigen Behörde für drei Jahre berufen. Die Tätigkeit im Prüfungsausschuß ist ehrenamtlich.

(5) Auf die ehrenamtliche Tätigkeit der Mitglieder und deren Stellvertreter im Prüfungsausschuß sind die §§ 83 bis 86, auf die Tätigkeit des Prüfungsausschusses die §§ 89 bis 91 und 93 des Verwaltungsverfahrensgesetzes anzuwenden.

§ 3
Prüfungstermine und Anmeldung zur Prüfung

(1) Die zuständige Behörde bestimmt die Termine für die Durchführung der Prüfung. Diese werden nach Bedarf, mindestens einmal im Jahr, angesetzt. Die zuständige Behörde gibt diese Termine und die Anmeldefristen in geeigneter Form rechtzeitig bekannt.

(2) Wird die Prüfung mit einheitlichen überregionalen Prüfungsaufgaben durchgeführt, sind einheitliche Prüfungstage von den zuständigen Behörden anzusetzen, soweit die Durchführbarkeit sichergestellt werden kann.

(3) Der Prüfungsbewerber hat sich bei derjenigen zuständigen Behörde anzumelden, in deren Bezirk sein Beschäftigungsort oder seine Aus- oder Fortbildungsstätte liegt oder der Bewerber seinen gewöhnlichen Aufenthalt hat oder zuletzt hatte.

§ 4
Prüfungsanforderungen

(1) Durch die Prüfung ist festzustellen, ob der Prüfungsteilnehmer ausreichende Kenntnisse und Fertigkeiten über das ordnungsgemäße Abfüllen, Abpacken, Kennzeichnen, Lagern und Inverkehrbringen von freiverkäuflichen Arzneimitteln sowie Kenntnisse über die für diese Arzneimittel gelteden Vorschriften besitzt.

(2) Im einzelnen ist festzustellen, ob der Prüfungsteilnehmer

1. das Sortiment freiverkäuflicher Arzneimittel übersieht,
2. die in freiverkäuflichen Arzneimitteln üblicherweise verwendeten Pflanzen und Chemikalien sowie die Darreichungsform kennt,
3. offensichtlich verwechselte, verfälschte oder verdorbene freiverkäufliche Arzneimittel erkennen kann,
4. freiverkäufliche Arzneimittel ordnungsgemäß, insbesondere unter Berücksichtigung der Lagertemperatur und des Verfalldatums, lagern kann,
5. über die für das ordnungsgemäße Abfüllen, Abpacken und die Abgabe freiverkäuflicher Arzneimittel erforderlichen Kenntnisse verfügt,
6. die mit dem unsachgemäßen Umgang mit freiverkäuflichen Arzneimitteln verbundenen Gefahren kennt,
7. die für freiverkäufliche Arzneimittel geltenden Vorschriften des Arzneimittelrechts der Werbung auf dem Gebiet des Heilwesens kennt.

§ 5
Durchführung der Prüfung

(1) Die Prüfung wird mündlich oder schriftlich abgelegt. Die Prüfungsteilnehmer haben sich auf Verlangen des Vorsitzenden über ihre Person auszuweisen. Sie sind vor Beginn der Prüfung über den Prüfungsablauf, die zur Verfügung stehende Zeit, die erlaubten Arbeits- und Hilfsmittel, die Folgen von Täuschungshandlungen und Ordnungsverstößen zu belehren.

(2) Teilnehmer, die sich einer Täuschungshandlung oder einer erheblichen Störung des Prüfungsablaufs schuldig machen, kann der Aufsichtsführende von der Prüfung vorläufig ausschließen.

(3) Über den endgültigen Ausschluß und die Folgen entscheidet der Prüfungsausschuß nach Anhören des Prüfungsteilnehmers. In schwerwiegenden Fällen, insbesondere bei vorbereiteten Täuschungshandlungen, kann die Prüfung für nicht bestanden erklärt werden. In diesen Fällen kann die Prüfung nachträglich für nicht bestanden erklärt werden, wenn die Täuschung innerhalb eines Jahres nach Abschluß der Prüfung festgestellt wird.

(4) Die zuständige Behörde kann einen Beobachter zur Prüfung entsenden. Der Vorsitzende soll Personen, die sich auf die Prüfung vorbereiten, als Gäste bei einer mündlichen Prüfung zulassen. Bei der Beratung über die Prüfungsergebnisse dürfen nur die Mitglieder des Prüfungsausschusses anwesend sein.

§ 6
Rücktritt, Nichtteilnahme

(1) Der Prüfungsbewerber kann nach der Anmeldung vor Beginn der Prüfung durch schriftliche Erklärung zurücktreten. In diesem Fall gilt die Prüfung als nicht abgelegt.

(2) Tritt der Prüfungsbewerber nach Beginn der Prüfung zurück oder nimmt er an der Prüfung nicht teil, ohne daß ein wichtiger Grund vorliegt, so gilt die Prüfung als nicht bestanden. Über das Vorliegen eines wichtigen Grundes entscheidet der Prüfungsausschuß.

§ 7
Prüfungsergebnis und Prüfungszeugnis

(1) Die Prüfung ist bestanden, wenn mindestens ausreichende Leistungen erbracht sind.

(2) Nach Beendigung der Prüfung hat der Vorsitzende des Prüfungsausschusses dem Prüfungsteilnehmer unverzüglich eine Bescheinigung auszuhändigen, ob er die Prüfung ‚bestanden' oder ‚nicht bestanden' hat. Im Fall einer mündlichen Prüfung soll der Prüfungsausschuß das Ergebnis dem Teilnehmer bereits am Prüfungstag mitteilen.

(3) Über die bestandene Prüfung erhält der Prüfungsteilnehmer von der zuständigen Behörde ein Zeugnis nach dem Muster der Anlage.

(4) Bei nicht bestandener Prüfung erhält der Prüfungsteilnehmer von der zuständigen Behörde einen schriftlichen Bescheid. Auf die Vorschriften über die Wiederholungsprüfung in § 8 ist hinzuweisen.

§ 8
Wiederholung der Prüfung

Eine nicht bestandene Prüfung kann wiederholt werden. Die Prüfung kann frühestens zum nächsten Prüfungstermin wiederholt werden.

§ 9
Zuständige Stelle

Wird von der zuständigen Behörde eine Stelle bestimmt, vor der die Prüfung abzulegen ist, so gelten für diese die §§ 2 bis 8 entsprechend. Die zuständige Behörde kann einen Beobachter zur Prüfung entsenden.

§ 10
Anerkennung anderer Nachweise

Folgende Prüfungszeugnisse über eine abgeleistete berufliche Ausbildung werden als Nachweis der erforderlichen Sachkenntnis im Einzelhandel mit freiverkäuflichen Arzneimitteln anerkannt:

1. Das Zeugnis über eine nach abgeschlossenem Hochschulstudium der Pharmazie abgelegte Prüfung,
2. das Zeugnis über eine nach abgeschlossenem Hochschulstudium der Chemie, der Biologie, der Human- oder der Veterinärmedizin abgelegte Prüfung in Verbindung mit den Nachweisen nach § 15 Abs. 2 des Arzneimittelgesetzes,
3. das Zeugnis über die nach abgeschlossenem Hochschulstudium der Veterinärmedizin abgelegte Tierärztliche Prüfung, soweit es sich um Arzneimittel handelt, die zur Anwendung bei Tieren bestimmt sind,
4. das Zeugnis über die bestandene pharmazeutische Vorprüfung im Sinne des § 1 des Gesetzes über die Rechtsstellung vorgeprüfter Apothekenanwärter vom 4. Dezember 1973 (BGBl. I S. 1813),
5. das Zeugnis über die bestandene Prüfung für den Beruf des pharmazeutisch-technischen Assistenten nach § 10 Abs. 3 der Ausbildungs- und Prüfungsordnung für pharmazeutisch-technische Assistenten vom 12. August 1969 (BGBl. I S. 1200) oder der Nachweis der Gleichwertigkeit des Ausbildungs-

standes nach § 2 Abs. 2 des Gesetzes über den Beruf des pharmazeutisch-technischen Assistenten vom 18. März 1968 (BGBl. I S. 228),
6. das Zeugnis zum staatlich anerkannten Ausbildungsberuf als Drogist,
7. das Zeugnis über die Abschlußprüfung nach § 8 der Verordnung über die Berufsausbildung zum Apothekenhelfer vom 28. November 1972 (BGBl. I S. 2217).

Satz 1 gilt entsprechend für Erlaubnisse als Pharmazieingenieur, Apothekenassistent, Pharmazeutischer Assistent oder Apothekenfacharbeiter, die vor dem Wirksamwerden des Beitritts nach den Vorschriften der Deutschen Demokratischen Republik erteilt worden sind oder nach Wirksamwerden des Beitritts in dem in Artikel 3 des Einigungsvertrages genannten Gebiet erteilt werden (s. auch 18).

§ 11
Sonstiger Nachweis der Sachkenntnis

Den Nachweis der Sachkenntnis im Einzelhandel mit freiverkäuflichen Arzneimitteln hat auch erbracht, wer nachweist, daß er bis zum 1. Januar 1978 die Voraussetzungen

1. der Sachkunde für den Einzelhandel mit Arzneimitteln nach den Vorschriften des Gesetzes über die Berufsausübung im Einzelhandel und der Verordnung über den Nachweis der Sachkunde für den Einzelhandel, jeweils in ihrer bis zum 1. Januar 1978 geltenden Fassung, oder
2. der Sachkenntnis als Herstellungsleiter nach § 14 Abs. 1 Nr. 2 des Arzneimittelgesetzes 1961

erfüllt hat.

§ 12
Berlin-Klausel
(entfallen)

§ 13
Inkrafttreten

§§ 10 und 11 treten mit Wirkung vom 1. Januar 1978 in Kraft.

Im übrigen tritt diese Verordnung am Tage nach der Verkündigung in Kraft.

Anlage
zu § 7 Abs. 3

Prüfungszeugnis über die Sachkenntnis im Einzelhandel mit freiverkäuflichen Arzneimitteln nach § 50 des Arzneimittelgesetzes

____
(Familienname und Vorname)

geboren am ______________ in ______________

hat die Prüfung der Sachkenntnis im Einzelhandel mit freiverkäuflichen Arzneimitteln

am ______________ bestanden.

______________, den ______________

______________ ______________
(Unterschrift) (Unterschrift)

(Siegel)

Begründung

Nach § 50 des Arzneimittelgesetzes vom 24. August 1976 (BGBl. I S. 2445, 2448) darf der Einzelhandel außerhalb von Apotheken mit Arzneimitteln im Sinne des § 2 Abs. 1 oder Abs. 2 Nr. 1, die zum Verkehr außerhalb der Apotheken freigegeben sind (freiverkäufliche Arzneimittel), nur betrieben werden, wenn der Unternehmer, eine zur Vertretung des Unternehmens gesetzlich berufene oder eine von dem Unternehmer mit der Leistung des Unternehmens oder mit dem Verkauf beauftragte Person die erforderliche Sachkenntnis besitzt. Bei Unternehmen mit mehreren Betriebsstellen muß für jede Betriebsstelle eine Person vorhanden sein, die die erforderliche Sachkenntnis besitzt (Absatz 1).

Die erforderliche Sachkenntnis besitzt, wer Kenntnisse und Fertigkeiten über das ordnungsgemäße Abfüllen, Abpacken, Kennzeichnen, Lagern und Inverkehrbringen von Arzneimitteln, die zum Verkehr außerhalb der Apotheken freigegeben sind, sowie Kenntnisse über die für diese Arzneimittel geltenden Vorschriften nachweist. Der Bundesminister für Gesundheit ist ermächtigt, im Einvernehmen mit dem Bundesminister für Wirtschaft und dem Bundesminister für Bildung und Wissenschaft und, soweit es sich um Arzneimittel handelt, die zur Anwendung bei Tieren bestimmt sind, im Einvernehmen mit dem Bundesminister für Ernährung, Landwirtschaft und Forsten durch Rechtsverordnung mit Zustimmung des Bundesrates Vorschriften darüber zu erlassen, wie der Nachweis der erforderlichen Sachkenntnis zu erbringen ist, um einen ordnungsgemäßen Verkehr mit Arzneimitteln zu gewährleisten. Er kann dabei Prüfungszeugnisse über eine abgeleistete berufliche Aus- oder Fortbildung als Nachweis anerkennen. Er kann ferner bestimmen, daß die Sachkenntnis durch eine Prüfung vor der zuständigen Behörde oder einer von ihr bestimmten Stelle nachgewiesen wird und das Nähere über die Prüfungsanforderungen und das Prüfungsverfahren regeln (Absatz 2).

Diese neue Regelung der Sachkenntnis im Einzelhandel mit freiverkäuflichen Arzneimitteln beruht auf der Grundlage des Arzneimittelgesetzes und löst die bisherigen Vorschriften über Arzneimittel im Gesetz über die Berufsausübung im Einzelhandel (Einzelhandelsgesetz) vom 5. August 1957 (BGBl. S. 1121) und der Verordnung über den Nachweis der Sachkunde für den Einzelhandel (Einzelhandelsverordnung) vom 4. März 1960 (BGBl. I S. 172) ab, die nach Artikel 9 Nr. 3 und 4 des Gesetzes zur Neuordnung des Arzneimittelrechts vom 24. August 1976 (BGBl. I S. 2445) am 1. Januar 1978 außer Kraft getreten sind, soweit sie sich nicht auf ärztliche Hilfsmittel beziehen.

Nach Artikel 3 § 14 (jetzt § 112) der Überleitungsvorschriften kann eine Person, die am 1. Januar 1978 freiverkäufliche Arzneimittel im Einzelhandel außerhalb der Apotheke in den Verkehr bringt, diese Tätigkeit weiter ausüben, soweit sie nach dem Einzelhandelsgesetz dazu berechtigt war.

Einzelhändler, die eine Sachkenntnis nach § 50 des Arzneimittelgesetzes besitzen, bedürfen keiner Erlaubnis nach § 13 Abs. 1 des Arzneimittelgesetzes für das Umfüllen, Abpacken oder Kennzeichnen von Arzneimitteln zur Abgabe in unveränderter Form unmittelbar an den Verbraucher (§ 13 Abs. 2 Nr. 5).

Zu § 1

Im Einklang mit der Ermächtigung nach § 50 Abs. 2 des Arzneimittelgesetzes ist im Verordnungsentwurf vorgesehen, daß die Sachkenntnis auf Grund einer

Prüfung neu erworben oder auf Grund von Nachweisen über eine andere berufliche Ausbildung oder in sonstiger Weise anerkannt werden kann.

Zu §§ 2 bis 9

Die Prüfungsordnung regelt entsprechend der Verordnungsermächtigung das Nähere über die Prüfungsanforderungen und das Prüfungsverfahren.

Für die Abnahme der Prüfung errichtet die zuständige Behörde einen oder mehrere Prüfungsausschüsse (§ 2). Soweit eine zuständige Stelle mit der Abnahme der Prüfung beauftragt wird, tritt diese an die Stelle der zuständigen Behörde (§ 9).

Für die ehrenamtliche Tätigkeit der Mitglieder und deren Stellvertreter im Prüfungsausschuß und die Tätigkeit des Prüfungsausschusses sind die einschlägigen Bestimmungen des Verwaltungsverfahrensgesetzes vom 25. Mai 1976 (BGBl. I S. 1253) anzuwenden. Diese regeln die Ausübung ehrenamtlicher Tätigkeit (§ 86) sowie die Ordnung in den Sitzungen des Prüfungsausschusses (§ 89), dessen Beschlußfähigkeit (§ 90) und Beschlußfassung (§ 91) und schließlich die Verpflichtung zur Anfertigung einer Niederschrift über die Sitzungen des Prüfungsausschusses (§ 93). Die Bestimmungen des Verwaltungsverfahrensgesetzes über die Befangenheit (§ 21 i. V. m. § 20 Abs. 4) gelten für die Mitglieder des Prüfungsausschusses und deren Stellvertreter unmittelbar.

Die Vorschriften über die Anmeldung zur Püfung (§ 3) besagen, daß sich der Prüfling auch bei der Behörde oder einer von ihr bestimmten Stelle zur Ablegung der Prüfung melden kann, in deren Zuständigkeitsbereich der Beschäftigungsort oder der Aus- und Fortbildungsort des Prüfungsbewerbers liegt.

Die Prüfungsanforderungen (§ 4) enthalten eine Präzisierung derjenigen Kenntnisse und Fertigkeiten, die nach dem Arzneimittelgesetz als Sachkenntnis über das ordnungsgemäße Abfüllen, Abpacken, Kennzeichnen, Lagern und Inverkehrbringen von freiverkäuflichen Arzneimitteln außerhalb der Apotheken erforderlich sind. Außerdem sind in der Prüfung Kenntnisse über die für freiverkäufliche Arzneimittel geltenden Vorschriften nachzuweisen. Bei der Festlegung der Prüfungsanforderungen steht der Gesichtspunkt der Arzneimittelsicherheit im Vordergrund. Mit diesen Prüfungsanforderungen wird eine spezifische Sachkenntnis für den Verkehr mit freiverkäuflichen Arzneimitteln außerhalb von Apotheken fixiert. Eine weitere Detaillierung der Prüfungsanforderungen soll zunächst nicht vorgenommen werden. Sie scheint auch im Interesse einer einheitlichen Durchführung der Prüfungsordnung vorerst nicht erforderlich zu sein. Sollte sich jedoch im Laufe der Zeit eine solche Forderung ergeben, so könnten dann bereits die inzwischen gesammelten Erfahrungen in die Diskussion einbezogen und berücksichtigt werden.

Die Prüfungsanforderungen gehen von einer einheitlichen Mindestsachkenntnis für den Verkehr mit freiverkäuflichen Arzneimitteln aus. Deshalb sind spezifische Kenntnisse und Fertigkeiten, etwa bezogen auf bestimmte Branchen oder Arzneimittelsortimente, nicht aufgenommen worden. Eine derartige Spezifizierung wäre von der Verordnungsermächtigung nicht gedeckt. Die Prüfungsanforderungen (§ 4) und das Prüfungsverfahren (§ 5) sind unter dem Gesichtspunkt der Verhältnismäßigkeit für den Prüfling zumutbar. Dies gilt umso mehr, als das Sortiment freiverkäuflicher Arzneimittel, für deren Abgabe eine Sachkenntnis verlangt wird, sehr begrenzt ist. Außerdem ist für die Ablegung der Prüfung keine

Aus- oder Fortbildung vorgeschrieben (§ 4) und die Prüfung unbegrenzt wiederholbar (§ 8).

Die Fachkunde ist bisher mündlich geprüft worden. Dieses Verfahren hat sich bewährt. Um jedoch andere Prüfungsmodalitäten für die Zukunft nicht auszuschließen, die eine rationelle Prüfung mit der notwendigen Objektivität ermöglichen (z. B. multiple-choice-Verfahren), kann die Prüfung auch schriftlich durchgeführt werden. Eine Ungleichbehandlung der Prüflinge in der Prüfung ist dadurch nicht zu befürchten, da die Prüfungsanforderungen hinreichend präzise festgelegt sind. Soweit überregional Prüfungsaufgaben gestellt werden, soll die Durchführbarkeit durch § 3 Abs. 2 sichergestellt werden.

Die Prüfung der Sachkenntnis wird vor der durch Landesrecht bestimmten zuständigen Behörde abgelegt. Die zuständige Behörde kann auch eine Stelle mit der Durchführung der Prüfung beauftragen (§ 9). Die Industrie- und Handelskammern, die bisher bereits die Fachkundenprüfungen abgenommen haben, können somit mit der Abnahme der Prüfungen von der zuständigen Behörde beauftragt werden.

Zu §§ 10 und 11

In § 10 wird geregelt, welche Prüfungszeugnisse über eine abgeleistete berufliche Ausbildung als Nachweis der Sachkenntnis anerkannt werden. Bei den in § 10 anerkannten Prüfungszeugnissen kann die erforderliche Sachkenntnis über den Einzelhandel mit freiverkäuflichen Arzneimitteln als nachgewiesen gelten. Unter Humanmedizin im Sinne des § 10 Nr. 2 ist auch die Zahnmedizin zu verstehen.

In § 11 wird festgelegt, wie der Nachweis der erforderlichen Sachkenntnis außerdem erbracht werden kann. In § 11 Nr. 1 sind die Fallgruppen der Sachkenntnis nach dem Einzelhandelsgesetz und der Einzelhandelsverordnung aufgenommen, bei denen die Sachkenntnis aus Gründen des Schutzes des Besitzstandes unterstellt werden muß.

Da die Prüfungsanforderungen nach § 4 besonders den Gesichtspunkt der Arzneimittelsicherheit berücksichtigen, müssen nach dem Inkrafttreten des Arzneimittelgesetzes in Zukunft alle diese Mindestsachkenntnisse nachweisen. Soweit Prüfungsanforderungen in anderen Ausbildungs- oder Fortbildungsordnungen (§ 25 oder § 46 des Berufsbildungsgesetzes) festgelegt werden und mindestens denen des § 4 entsprechen, können derartige Prüfungszeugnisse in Erweiterung des § 10 als Nachweis der erforderlichen Sachkenntnis zusätzlich anerkannt werden.

Zu § 12

(entfallen)

Zu § 13

Die §§ 10 und 11 sollen zum Schutz des Besitzstandes rückwirkend bereits am 1. Januar 1978 in Kraft treten; im übrigen soll die Verordnung am Tage nach der Verkündung in Kraft treten.

Zu den Kosten

Bund, Ländern und Gemeinden entstehen durch diese Verordnung keine Kosten. Die Länder beabsichtigen, die Durchführung der Prüfungen auf die Industrie- und Handelskammern zu delegieren, die ihrerseits kostendeckende Prüfungsgebühren erheben werden.

Anlage 3
Verordnung über apothekenpflichtige und freiverkäufliche Arzneimittel

Bekanntmachung der Neufassung der Verordnung über apothekenpflichtige und freiverkäufliche Arzneimittel

Vom 24. November 1988 i.d.F. der Berichtigung vom 17. Februar 1989 (BGBl. I S. 254) geändert durch Verordnung vom 28. September 1993 (BGBl. I S. 1671) i.d.F. vom 22. Januar 1996 (BGBl. I S. 101)

Auf Grund des Artikels 3 der Dritten Verordnung zur Änderung der Verordnung über die Zulassung von Arzneimitteln für den Verkehr außerhalb der Apotheken und zur Änderung der Verordnung über den Ausschluß von Arzneimitteln vom Verkehr außerhalb der Apotheken vom 26. Oktober 1988 (BGBl. I S. 2103) wird nachstehend der Wortlaut der Verordnung über apothekenpflichtige und freiverkäufliche Arzneimittel in der seit 12. November 1988 an geltenden Fassung bekanntgemacht. Die Neufassung berücksichtigt:

1. die am 1. Oktober 1969 in Kraft getretenen Verordnungen vom 19. September 1969 (BGBl. I S. 1651, 1662),
2. die am 22. Dezember 1977 in Kraft getretenen Verordnungen vom 13. Dezember 1977 (BGBl. I S. 2585, 2587),
3. die am 25. Dezember 1977 in Kraft getretene Verordnung vom 19. Dezember 1977 (BGBl. I S. 2760),
4. die am 12. November 1988 in Kraft getretene eingangs genannte Verordnung.

Die Rechtsvorschriften wurden erlassen auf Grund

zu 1. bis 3. der §§ 30 und 32 des Arzneimittelgesetzes vom 16. Mai 1961 (BGBl. I S. 533), die durch das Gesetz vom 29. Juli 1964 (BGBl. I S. 560) geändert worden sind,

zu 4. der §§ 45 und 46 des Arzneimittelgesetzes vom 24. August 1976 (BGBl. I S. 2445, 2448), von denen § 45 durch Artikel 1 Nr. 26 des Gesetzes vom 16. August 1986 (BGBl. I S. 1296) geändert worden ist.

Bonn, den 24. November 1988

Der Bundesminister für Jugend, Familie, Frauen und Gesundheit
Rita Süssmuth

Verordnung über apothekenpflichtige und freiverkäufliche Arzneimittel

Erster Abschnitt
Freigabe aus der Apothekenpflicht

§ 1

(1) Folgende Arzneimittel im Sinne des § 2 Abs. 1 oder Abs. 2 Nr. 1 des Arzneimittelgesetzes, die dazu bestimmt sind, zur Beseitigung oder Linderung von Krankheiten, Leiden, Körperschäden oder krankhaften Beschwerden zu dienen, werden für den Verkehr außerhalb der Apotheken freigegeben:

1. Stoffe und Zubereitungen aus Stoffen sowie Arzneimittel im Sinne des § 2 Abs. 2 Nr. 1 des Arzneimittelgesetzes, die in der Anlage 1 a zu dieser Verordnung bezeichnet sind, nach näherer Bestimmung dieser Anlage; die Stoffe und Zubereitungen aus Stoffen dürfen miteinander oder mit anderen Stoffen oder Zubereitungen aus Stoffen nur gemischt werden, soweit dies in der Anlage ausdrücklich gestattet ist.
2. Destillate, ausgenommen Trockendestillate, aus Mischungen von Pflanzen, Pflanzenteilen, ätherischen Ölen, Campher, Menthol, Balsamen oder Harzen als Fertigarzneimittel, es sei denn, daß sie aus verschreibungspflichtigen oder den in der Anlage 1 b zu dieser Verordnung bezeichneten Pflanzen, deren Teilen oder Bestandteilen gewonnen sind und
3. Pflanzen und Pflanzenteile in Form von Dragees, Kapseln oder Tabletten als Fertigarzneimittel unter Zusatz arzneilich nicht wirksamer Stoffe oder Zubereitungen aus Stoffen, wenn sie aus höchstens vier der in der Anlage 1 c zu dieser Verordnung bezeichneten Pflanzen und Pflanzenteilen hergestellt sind und der Durchmesser des Drageekerns oder der Tablette mindestens 3 Millimeter beträgt.

(2) Ferner werden für den Verkehr außerhalb der Apotheken lösliche Teeaufgußpulver als wäßrige Gesamtauszüge in Form von Fertigarzneimitteln freigegeben, die aus

1. einer der in der Anlage 1 d zu dieser Verordnung bezeichneten Pflanzen oder deren Teilen hergestellt sind oder
2. Mischungen von höchstens sieben der in den Anlagen 1 d und 1 e zu dieser Verordnung bezeichneten Pflanzen oder deren Teilen hergestellt sind und ausschließlich zur Anwendung als „Hustentee“, „Brusttee“, „Husten- und Brusttee“, „Magentee“, „Darmtee“, „Magen- und Darmtee“, „Beruhigungstee“ oder „Harntreibender Tee“ in den Verkehr gebracht werden.

Der Zusatz von arzneilich nicht wirksamen Stoffen oder Zubereitungen aus Stoffen ist zulässig. Die bei der Herstellung verlorengegangenen ätherischen Öle der Ausgangsdrogen dürfen nach Art und Menge ersetzt werden.

§ 2

(1) Arzneimittel im Sinne des § 2 Abs. 1 oder Abs. 2 Nr. 1 des Arzneimittelgesetzes sind als Fertigarzneimittel für den Verkehr außerhalb der Apotheken auch freigegeben, wenn sie ausschließlich dazu bestimmt sind:

1. bei Husten oder Heiserkeit angewendet zu werden, sofern sie an arzneilich wirksamen Bestandteilen keine anderen als die in der Anlage 2 a zu dieser Verordnung genannten Stoffe oder Zubereitungen enthalten und sofern sie in

Darreichungsformen zum Lutschen in den Verkehr gebracht werden,

2. als Abführmittel angewendet zu werden, sofern sie an arzneilich wirksamen Bestandteilen keine anderen als die in der Anlage 2b zu dieser Verordnung genannten Stoffe oder Zubereitungen enthalten,
3. bei Hühneraugen oder Hornhaut angewendet zu werden, sofern sie an arzneilich wirksamen Bestandteilen keine anderen als die in der Anlage 2c zu dieser Verordnung genannten Stoffe oder Zubereitungen enthalten.

(2) Den in Absatz 1 genannten Arzneimitteln dürfen auch arzneilich nicht wirksame Stoffe oder Zubereitungen aus Stoffen zugesetzt sein.

§ 3

Die §§ 1 und 2 gelten nicht für Arzneimittel, die zur Injektion oder Infusion, zur rektalen, vaginalen oder intrauterinen Anwendung, zur intramammären Anwendung bei Tieren, als Wundstäbchen, als Implantate sowie als Aerosole bis zu einer mittleren Teilchengröße von nicht mehr als 5 µm zur unmittelbaren Anwendung am oder im Körper in den Verkehr gebracht werden.

§ 4

Arzneimittel im Sinne des § 2 Abs. 1 oder Abs. 2 Nr. 1 des Arzneimittelgesetzes, die nicht nur auf ärztliche, zahnärztliche oder tierärztliche Verschreibung abgegeben werden dürfen, sind für den Verkehr außerhalb der Apotheken freigegeben, wenn sie ausschließlich zur Beseitigung oder Linderung von Krankheiten der Zierfische, Zier- oder Singvögel, Brieftauben, Terrarientiere oder Kleinnager bestimmt sind.

§ 5

Die Freigabe der in den §§ 1, 2 und 4 genannten Arzneimittel für den Verkehr außerhalb der Apotheken wird nicht dadurch ausgeschlossen, daß sie dazu bestimmt sind, teilweise auch zu anderen Zwecken als zur Beseitigung oder Linderung von Krankheiten, Leiden, Körperschäden oder krankhaften Beschwerden zu dienen.

§ 6

Die Freigabe der in den §§ 1, 2 und 5 genannten Arzneimittel für den Verkehr außerhalb der Apotheken ist, soweit in dieser Verordnung nichts anderes bestimmt ist, ausgeschlossen, wenn sie teilweise oder ausschließlich zur Beseitigung oder Linderung oder wenn sie teilweise zur Verhütung der in der Anlage 3 genannten Krankheiten oder Leiden bestimmt sind.

Zweiter Abschnitt
Einbeziehung in die Apothekenpflicht

§ 7

(1) Die in § 44 Abs. 2 des Arzneimittelgesetzes genannten Arzneimittel sind vom Verkehr außerhalb der Apotheken ausgeschlossen, wenn

1. sie die in der Anlage 4 zu dieser Verordnung genannten Stoffe oder Zubereitungen aus Stoffen sind,
2. sie die in der Anlage 1b zu dieser Verordnung genannten Pflanzen, deren Teile, Zubereitungen daraus oder Preßsäfte sind,
3. ihnen die in den Nummern 1 oder 2 genannten Stoffe oder Zubereitungen aus Stoffen zugesetzt sind,
4. sie teilweise oder ausschließlich zur Beseitigung, Linderung oder Verhütung der in der Anlage 3 genannten Krankheiten oder Leiden bestimmt sind.

(2) Von den in § 44 Abs. 2 des Arzneimittelgesetzes genannten Arzneimitteln, die teilweise oder ausschließlich zur Beseitigung, Linderung oder Verhütung

der in der Anlage 3 genannten Krankheiten oder Leiden bestimmt sind (Absatz 1 Nr. 4), sind jedoch für den Verkehr außerhalb der Apotheken freigegeben:

1. Heilwässer gegen die in der Anlage 3 unter Abschnitt A Nr. 3 und 5 Buchstaben d und e aufgeführten Krankheiten und Leiden,
2. Heilerden, Bademoore, andere Peloide und Zubereitungen zur Herstellung von Bädern, soweit sie nicht in Kleinpackungen im Einzelhandel in den Verkehr gebracht werden,
3. die in § 44 Abs. 2 Nr. 5 des Arzneimittelgesetzes bezeichneten Arzneimittel.

§ 8

(1) Die in § 44 Abs. 1 des Arzneimittelgesetzes genannten Arzneimittel sind vom Verkehr außerhalb der Apotheken ausgeschlossen, wenn

1. sie die in der Anlage 4 zu dieser Verordnung genannten Stoffe oder Zubereitungen aus Stoffen sind,
2. sie die in der Anlage 1 b zu dieser Verordnung genannten Pflanzen, deren Teile, Zubereitungen daraus oder Preßsäfte sind,
3. ihnen die in den Nummern 1 und 2 genannten Stoffe oder Zubereitungen aus Stoffen zugesetzt sind,
4. sie teilweise oder ausschließlich zur Verhütung der in der Anlage 3 genannten Krankheiten oder Leiden bestimmt sind.

(2) Absatz 1 Nr. 4 gilt nicht für Arnzeimittel, die zur Verhütung von Krankheiten der Zierfische, Zier- oder Singvögel, Brieftauben, Terrarientiere oder Kleinnager bestimmt sind.

§ 9

Die in § 44 des Arzneimittelgesetzes genannten Arzneimittel sind ferner vom Verkehr außerhalb der Apotheken ausgeschlossen, wenn sie chemische Verbindungen sind, denen nach den Erkenntnissen der medizinischen Wissenschaft eine

- antibiotische,
- blutgerinnungsverzögernde,
- histaminwidrige,
- hormonartige,
- parasympathikomimetische (cholinergische) oder parasympathikolytische,
- sympathikomimetische (adrenergische) oder sympathikolytische

Wirkung auf den menschlichen oder tierischen Körper zukommt. Das gleiche gilt, wenn ihnen solche chemischen Verbindungen zugesetzt sind.

§ 10

Die in § 44 des Arzneimittelgesetzes genannten Arzneimittel sind ferner vom Verkehr außerhalb der Apotheken ausgeschlossen, wenn sie zur Injektion oder Infusion, zur rektalen oder intrauterinen Anwendung, zur intramammären oder vaginalen Anwendung bei Tieren, als Implantate oder als Aerosole bis zu einer mittleren Teilchengröße von nicht mehr als 5 µm in den Verkehr gebracht werden.

Dritter Abschnitt
Übergangs- und Schlußvorschriften

§ 11

Arzneimittel, die durch diese Verordnung*) apothekenpflichtig werden, bleiben noch bis zum zweiten Jahrestag des Inkrafttretens für den Verkehr außerhalb der Apotheken freigegeben.

*) Artikel 5 Abs. 2 in Verbindung mit Artikel 3 der Dritten Verordnung zur Änderung der Verordnung über die Zulassung von Arzneimitteln für den Verkehr außerhalb der Apotheken und zur Änderung der Verordnung über den Ausschluß von Arzneimitteln vom Verkehr außerhalb der Apotheken vom 26. Oktober 1988 (BGBl. I S. 2103).

§ 12
(entfallen)

Anlage 1 a
(zu § 1 Abs. 1 Nr. 1; s. S. 185 ff.)

Äthanol

Äthanol-Äther-Gemisch im Verhältnis 3:1 (Hoffmannstropfen)

Äthanol-Wasser-Gemische

Aloeextrakt
a) zum äußeren Gebrauch als Zusatz in Fertigarzneimitteln
b) zum inneren Gebrauch in einer Tagesdosis bis zu 20 mg als Bittermittel in wäßrig alkoholischen Pfanzenauszügen als Fertigarzneimittel

Aluminumacetat-tartrat-Lösung

Aluminiumacetat-tartrat,
als Tabletten auch mit Zusatz arzneilich nicht wirksamer Stoffe oder Zubereitungen als Fertigarzneimittel

Auminiumhydroxid,
auch in Mischungen mit arzneilich nicht wirksamen Stoffen oder Zubereitungen als Fertigarzneimittel

Aluminiumkaliumsulfat (Alaun),
als blutstillende Stifte oder Steine auch mit Zusatz arzneilich nicht wirksamer Stoffe oder Zubereitungen

Aluminium-magnesium-silicat-Komplexe,
als Tabletten auch mit Zusatz arzneilich nicht wirksamer Stoffe oder Zubereitungen als Fertigarzneimittel

Aluminiumsilicate,
als Tabletten auch mit Zusatz arzneilich nicht wirksamer Stoffe oder Zubereitungen als Fertigarzneimittel

Ameisensäure-Äthanol-Wasser-Gemisch (Ameisenspiritus)
mit einem Gehalt an Gesamtameisensäure bis zu 1,25 % mit mindestens 70%igem Äthanol

Ammoniaklösung bis 10%ig

Ammoniak-Lavendel-Riechessenz

Ammoniumchlorid

Angelikaöl, ätherisches

Anisöl, ätherisches

Aniswasser

Arnika,
und ihre Zubereitungen zum äußeren Gebrauch, auch mit Zusatz arzneilich nicht wirksamer Stoffe oder Zubereitungen

Ascorbinsäure (Vitamin C),
auch als Tabletten, auch mit Zusatz arzneilich nicht wirksamer Stoffe oder Zubereitungen, als Fertigarzneimittel

Baldrianextrakt,
auch in Mischungen mit Hopfenextrakt und mit arzneilich nicht wirksamen Stoffen oder Zubereitungen, als Fertigarzneimittel

Baldriantinktur,
auch ätherische, mit Äthanol-Äther-Gemischen im Verhältnis 1:5

Baldrianwein
als Fertigarzneimittel

Benediktiner Essenz
als Fertigarzneimittel

Benzoetinktur,
mit Äthanol 90 % im Verhältnis 1:5

Birkenteer,
zum äußeren Gebrauch bei Tieren

Borsäure,
und ihre Salze zur Pufferung und/oder Isotonisierung in Benetzungslösungen oder Desinfektionslösungen für Kontaktlinsen

Brausemagnesia

Calciumcarbonat,
als Tabletten auch mit Zusatz arzneilich nicht wirksamer Stoffe oder Zubereitungen als Fertigarzneimittel

Calciumcitrat, Calciumlactat, Calciumphosphate,
auch gemischt als Tabletten und Mischungen auch mit Zusatz von Ascorbinsäure und arzneilich nicht wirksamen Stoffen oder Zubereitungen als Fertigarzneimittel

Campherliniment, flüchtiges

Campheröl
zum äußeren Gebrauch

Camphersalbe,
auch mit Zusatz von ätherischen Ölen, Menthol und Menglytat (Äthylglykolsäurementhylester)

Campherspiritus

Chinawein,
auch mit Eisen, als Fertigarzneimittel

Citronenöl, ätherisches

Colloidale Silberchloridlösung, eiweißfrei, bis zu 0,5 %
auch mit Zusatz arzneilich nicht wirksamer Stoffe oder Zubereitungen, als Nasendesinfektionsmittel, als Fertigarzneimittel

Eibischsirup,
als Fertigarzneimittel

Enziantinktur,
aus Enzianwurzel mit Äthanol 70 % im Verhältnis 1 : 5

2-(Ethylmercurithio)benzoesäure, Natriumsalz (Thiomersal)
bis zu 30 mg mit Zusatz arzneilich nicht wirksamer Stoffe oder Zubereitungen als Tabletten zur Bekämpfung der Nosemaseuche der Bienen als Fertigarzneimittel

Eucalyptusöl, ätherisches

Eucalyptuswasser im Verhältnis 1 : 1000

Fangokompressen und Schlickpackungen

Feigensirup,
auch mit Manna, als Fertigarzneimittel

Fenchelhonig,
unter Verwendung von mindestens 50 % Honig, auch mit konzentrierten Lösungen von süßschmeckenden Mono-, Disacchariden und Glukosesirup, als Fertigarzneimittel

Fenchelöl, ätherisches

Fichtennadelöle, ätherische

Fichtennadelspiritus,
mit mindestens 70%igem Äthanol

Franzbranntwein,
auch mit Kochsalz, Menthol, Campher, Fichtennadel- und Kiefernnadelöl bis zu 0,5 %, Geruchsstoffen oder Farbstoffen, mit mindestens 45%igem Äthanol

Fumagillin-1,1′-bicyclohexyl-4-ylamin-Salz (Bicyclohexylammoniumfumagillin),
mit Zusatz arzneilich nicht wirksamer Stoffe oder Zubereitungen zur Bekämpfung der Nosemaseuche der Bienen als Fertigarzneimittel

Germerwurzelstock (Nieswurzel),
in Zubereitungen mit einem Gehalt bis zu 3 % als Schneeberger Schnupftabak

Glycerol 85 % (Glycerin),
auch mit Zusatz von Wasser

Hartparaffin,
auch mit Zusatz von Heilerde, Bademooren oder anderen Peloiden im Sinne des § 44 Abs. 2 Nr. 2 des Arzneimittelgesetzes oder von arzneilich nicht wirksamen Stoffen oder Zubereitungen, zum äußeren Gebrauch

Hefe,
als Tabletten auch mit Zusatz arzneilich nicht wirksamer Stoffe oder Zubereitungen als Fertigarzneimittel

Heidelbeersirup,
als Fertigarzneimittel

Heilerde,
zur inneren Anwendung, auch in Kapseln

Heublumenkompressen

Holundersirup,
als Fertigarzneimittel

Holzteer,
zum äußeren Gebrauch bei Tieren

Johanniskraut oder Johanniskrautblüten,
Auszüge mit Öl als Fertigarzneimittel

Kaliumcarbonat

Kaliumcitrat

Kaliumdihydrogenphosphat

Kalium-(RR)-hydrogentartrat (Weinstein)

Kalium-natrium-(RR)-tartrat

Kaliumsulfat

Kalmusöl, ätherisches

Kamillenauszüge, flüssige,
auch mit Zusatz arzneilich nicht wirksamer Stoffe oder Zubereitungen, als Fertigarzneimittel

Kamillenextrakt,
auch mit Salbengrundlage, als Fertigarzneimittel

Kamillenöl

Kamillenwasser

Karmelitergeist,
als Fertigarzeimittel

Kiefernnadelöle, ätherische

Knoblauch,
und seine Zubereitungen, auch mit Zusatz arzneilich nicht wirksamer Stoffe und Zubereitungen

Kohle, medizinische
als Tabletten oder Granulat auch mit Zusatz arzneilich nicht wirksamer Stoffe oder Zubereitungen als Fertigarzneimittel

Kondurangowein,
als Fertigarzneimittel

Korianderöl, ätherisches

Krauseminzöl, ätherisches

Kühlsalbe,
als Fertigarzneimittel

Kümmelöl, ätherisches,
auch in Mischungen mit anderen ätherischen Ölen – ausgenommen Terpentinöl –, mit Glycerol, Leinöl, flüssigem Paraffin, feinverteiltem Schwefel oder Äthanol, für Tiere, als Fertigarzneimittel

Lactose (Milchzucker)

Lanolin

Lärchenterpentin,
zum äußeren Gebrauch bei Tieren

Lavendelöl, ätherisches

Lavendelspiritus

Lavendelwasser

Lebertran,
in Kapseln als Fertigarzneimittel

Lebertranemulsion,
auch aromatisiert, als Fertigarzneimittel

Lecithin
auch mit Zusatz arzneilich nicht wirksamer Stoffe oder Zubereitungen als Fertigarzneimittel

Leinkuchen

Leinöl

Leinöl, geschwefeltes,
zum äußeren Gebrauch

Liniment, flüchtiges

Lorbeeröl

Magnesiumcarbonat, basisches, leichtes und schweres,
als Tabletten auch mit Zusatz arzneilich nicht wirksamer Stoffe oder Zubereitungen als Fertigarzneimittel

Magnesiumhydrogenphosphat

Magnesiumoxid, leichtes (Magnesia, gebrannte)

Magnesiumperoxid, bis 15%ig,
als Tabletten auch mit Zusatz arzneilich nicht wirksamer Stoffe oder Zubereitungen als Fertigarzneimittel

Magnesiumsulfat 7 H_2O (Bittersalz)

Magnesiumtrisilicat,
als Tabletten auch mit Zusatz arzneilich nicht wirksamer Stoffe oder Zubereitungen als Fertigarzneimittel

Mandelöl

Mannasirup,
als Fertigarzneimittel

Melissengeist,
als Fertigarzneimittel

Melissenspiritus

Melissenwasser

Mentholstifte

Methenamin-Silbernitrat (Hexamethylentetraminsilbernitrat)
als Streupulver 2%ig mit Zusatz arzneilich nicht wirksamer Stoffe oder Zubereitungen in Wochenbettpackungen als Fertigarzneimittel

Minzöl, ätherisches

Mischungen aus Dichloridifluormethan und Trichlorfluormethan,
in Desinfektionssprays zur Anwendung an der menschlichen Haut als Treib- und Lösungsmittel und in Mitteln zur äußeren Kälteanwendung bei Muskelschmerzen und Stauchungen, auch mit Zusatz von Latschenkiefernöl, Campher, Menthol und Arnikaauszügen oder Propan und Butan, als Fertigarzneimittel

Mischungen von Äthanol-Äther, Campherspiritus, Seifenspiritus und wäßriger Ammoniaklösung oder von einzelnen dieser Flüssigkeiten für Tiere

Molkekonzentrat,
mit Zusatz arzneilich nicht wirksamer Stoffe oder Zubereitungen

Muskatblütenöl (Macisöl), ätherisches

Muskatnußöl, ätherisches

Myrrhentinktur

Natriumhydrogencarbonat,
als Tabletten, Granulat oder in Kapseln auch mit Zusatz arzneilich nicht wirksamer Stoffe oder Zubereitungen als Fertigarzneimittel

Natriummonohydrogenphosphat

Natriumsulfat-Dekahydrat (Glaubersalz)

Nelkenöl, ätherisches

Nelkentinktur,
mit Äthanol 70 % im Verhältnis 1:5

Opodeldok, flüssiger

Pappelsalbe

Pepsinwein,
als Fertigarzneimittel

Pfefferminzöl, ätherisches

Pfefferminzsirup,
als Fertigarzneimittel

Pfefferminzspiritus,
aus Pfefferminzöl mit Äthanol 90 % im Verhältnis 1:10

Pfefferminzwasser
auch mit Zusatz arzneilich nicht wirksamer Stoffe oder Zubereitungen als Fertigarzneimittel

Pomeranzenblütenöl, ätherisches

Pomeranzenschalenöl, ätherisches

Pomeranzensirup,
als Fertigarzneimittel

Pyrethrum-Extrakt
zur Anwendung bei Tieren mit Zusatz arzneilich nicht wirksamer Stoffe oder Zubereitung als Fertigarzneimittel

Ratanhiatinktur

Riechsalz

Rizinusöl,
auch raffiniertes, auch in Kapseln

Rosenhonig

Rosmarinblätter,
und ihre Zubereitungen, auch mit Zusatz arzneilich nicht wirksamer Stoffe oder Zubereitungen als Fertigarzncimittel

Rosmarinöl, ätherisches

Rosmarinspiritus

Salbeiöl, ätherisches

Salbeiwasser

Salicyltalg

Sauerstoff,
für medizinische Zwecke – auch zur Anwendung bei den in Anlage 3 genannten Krankheiten und Leiden –

Schwefel

Schwefel, feinverteilter (Schwefelblüte),
zum äußeren Gebrauch

Seifenspiritus

Silbernitratlösung, wäßrige 1%ig,
in Ampullen in Wochenbettpackungen

Siliciumdioxid (Kieselsäure),
als Streupulver auch mit Zusatz arzneilich nicht wirksamer Stoffe oder Zubereitungen als Fertigarzneimittel

Spitzwegerichauszug,
als Fertigarzneimittel

Spitzwegerichsirup,
als Fertigarzneimittel

Talkum

Tamponadestreifen,
imprägniert mit weißem Vaselin

Tannin-Eiweiß-Tabletten,
als Fertigarzneimittel

Thymianöl, ätherisches

Ton, weißer

Vaselin, weißes oder gelbes

Vaselinöl, weißes oder gelbes,
zum äußeren Gebrauch, als Fertigarzneimittel

Wacholderextrakt

Wacholdermus,
als Fertigarzneimittel

Wacholdersirup,
als Fertigarzneimittel

Wacholderspiritus

Watte,
imprägniert mit Capsicumextrakt

Watte,
imprägniert mit Eisen(III)-chlorid

Weinsäure

Weizenkeimöl,
in Kapseln als Fertigarzneimittel, als Perlen auch mit Zusatz arzneilich nicht wirksamer Stoffe oder Zubereitungen, als Fertigarzneimittel

Zimtöl, ätherisches

Zimtsirup,
als Fertigarzneimittel

Zinkoxid,
mit Zusatz arzneilich nicht wirksamer Stoffe oder Zubereitungen als Puder,

auch mit Zusatz von Lebertran, als Fertigarzneimittel

Zinksalbe,
auch mit Zusatz von Lebertran, als Fertigarzneimittel

Zitronellöl, ätherisches

Anlage 1 b

(zu § 1 Abs. 1 Nr. 2, § 7 Abs. 1 Nr. 2 und § 8 Abs. 1 Nr. 2; s. S. 197, 204, 208)

Adonisröschen	Adonis vernalis
Aloe-Arten	
Alraune	Mandragora officinarum
Aristolochia-Arten	
Beinwell	Symphytum officinale
(ausgenommen Zubereitungen zum äußeren Gebrauch, die in der Tagesdosis nicht mehr als 100 μg Pyrrolizidin-Alkaloide mit 1,2-ungesättigtem Necingerüst einschließlich ihrer N-Oxide enthalten)	
Besenginster	Cytisus scoparius
Blasentang	Fucus vesiculosus
*Cascararinde (Sagradarinde)	Rhamnus purshiana
Digitalis-Arten	
Eisenhut	Aconitum napellus
Ephedra	Ephedra distachya
Farnkraut-Arten	
*Faulbaumrinde	Rhamnus frangula
Fleckenschierling	Conium maculatum
Fußblatt-Arten	Podophyllum peltatum Podophyllum hexandrum
Gartenrautenblätter	Ruta graveolens
Gelsemium (Gelber Jasmin)	Gelsemium sempervirens
Giftlattich	Lactuca virosa
Giftsumach	Toxicodendron quercifolium
Goldregen	Laburnum anagyroides
Herbstzeitlose	Colchicum autumnale
Huflattich	Tussilago farfara
(ausgenommen Zubereitungen aus Huflattichblättern zum inneren Gebrauch, die in der Tagesdosis als Frischpflanzenpreßsaft oder Extrakt nicht mehr als 1 μg und als Teeaufguß nicht mehr als 10 μg Pyrrolizidin-Alkaloide und 1,2-ungesättigtem Necingerüst einschließlich ihrer N-Oxide enthalten)	
Hydrastis (Canadische Gelbwurz)	Hydrastis canadensis
Hyoscyamus-Arten	
Ignatiusbohne	Strychnos ignatii
Immergrün-Arten (Vinca)	
Ipecacuanha (Brechwurz)	Cephaelis ipecacuanha Cephaelis acuminata
Jakobskraut	Senecio jacobaea
Jalape	Ipomoea purga
Kaskarillabaum (Granatill)	Croton cascarilla Croton eluteria
Koloquinte	Citrullus colocynthis
Krotonölbaum (Granatill)	Croton tiglium
Küchenschelle	Pulsatilla pratensis Pulsatilla vulgaris
Lebensbaum	Thuja occidentalis
Lobelien-Arten	
Maiglöckchen	Convallaria majalis
Meerzwiebel, weiße und rote	Urginea maritima
Mutterkorn	Secale cornutum
Nachtschatten, bittersüßer	Solanum dulcamara
Nieswurz, grüne	Helleborus viridis
Nieswurz, schwarze (Christrose)	Helloborus niger

Oleander	Nerium oleander
Pestwurz (Petasites) (in Zubereitungen zum inneren Gebrauch, die in der Tagesdosis nicht mehr als 1 µg Pyrrolizidin-Alkaloide mit 1,2-ungesättigtem Necingerüst einschließlich ihrer N-Oxide enthalten)	
Physostigma-Arten	
Pilocarpus-Arten	
Rainfarn	Chrysanthemun vulgare
Rauwolfia	Rauwolfia serpentina Rauwolfia tetraphylla Rauwolfia vomitoria
*Rhabarber	Rheum palmatum Rheum officinale
Sadebaum	Juniperus sabina
Scammonia	Convolvulus scammonia
Schlafmohn	Papaver somniferum
Schöllkraut	Chelidonium majus
*Senna	Cassia angustifolia Cassia senna
Stechapfel-Arten (Datura)	
Stephansrittersporn	Delpinium staphisagria
Stropanthus-Arten	
Strychnos-Arten	
Tollkirsche	Atropa bella-donna
Tollkraut-Arten (Scopolia)	
Wasserschierling	Cicuta virosa
Yohimbebaum	Pausinystalia yohimba

Anlage 1c

(zu § 1 Abs. 1 Nr. 3; s. S. 197 f.)

Alantwurzelstock	Helenii rhizoma
Anis	Anisi fructus
Arnikablüten und -wurzel	Arnicae flos et radix
Bärentraubenblätter	Uvae ursi folium
Baldrianwurzel	Valerianae radix
Bibernellwurzel	Pimpinellae radix
Birkenblätter	Betulae folium
Bitterkleeblätter	Trifolii fibrini folium
Bohnenhülsen	Phaseoli pericarpium
Brennesselkraut	Urticae herba
Bruchkraut	Herniariae herba
Condurangorinde	Condurango cortex
Eibischwurzel	Althaeae radix
Enzianwurzel	Gentianae radix
Färberginsterkraut	Genistae tinctoriae herba
Fenchel	Foeniculi fructus
Gänsefingerkraut	Anserinae herba
Goldrutenkraut	Solidaginis herba
Hagebutten	Cynosbati fructus cum semine
Hamamelisblätter	Hamamelidis folium
Hauhechelwurzel	Ononidis radix
Hirtentäschelkraut	Bursae pastoris herba
Holunderblüten	Sambuci flos
Hopfendrüsen und -zapfen	Lupuli glandula et strobulus
Huflattichblätter) (in Zubereitungen zum inneren Gebrauch, die in der Tagesdosis nicht mehr als 1 µg Pyrrolizidin-Alkaloide mit 1,2-ungesättigtem Necingerüst einschließlich ihrer N-Oxide enthalten)	Farfarae folium
Ingwerwurzelstock	Zingiberis rhizoma
Isländisches Moos	Lichen islandicus
Johanniskraut	Hyperici herba
Kalmuswurzelstock	Calami rhizoma

Kamillenblüten	Matricariae flos
Knoblauchzwiebel	Allii sativi bulbus
Korianderfrüchte	Coriandri fructus
Kreuzdornbeeren	Rhamni cathartici fructus
Kümmel	Carvi fructus
Liebstöckelwurzel	Levistici radix
Löwenzahn-Ganzpflanze	Taraxaci radix cum herba
Lungenkraut	Pulmonariae herba
Majorankraut	Majoranae herba
Meisterwurz-wurzelstock	Imperatoriae rhizoma
Melissenblätter	Melissae folium
Mistelkraut	Visci herba
Orthosiphon-blätter	Orthosiphonis folium
Passionsblumen-kraut	Passiflorae herba
Petersilienfrüchte	Petroselina fructus
Petersilienkraut	Petroselina herba
Petersilienwurzel	Petroselina radix
Pfefferminzblätter	Menthae piperitae folium
Pomeranzen-blätter	Aurantii folium
Pomeranzenblüten	Aurantii flos
Pomeranzen-schalen	Aurantii pericarpium
Queckenwurzel-stock	Graminis rhizoma
Rettich	Raphani radix
Rosmarinblätter	Rosmarinus officinalis
Salbeiblätter	Salviae folium
Schachtelhalm-kraut	Equiseti herba
Schafgarbenkraut	Millefolii herba
Schlehdornblüten	Pruni spinosae flos
Seifenwurzel, rote	Saponariae radix rubra
Sonnenhutwurzel	Echinaceae angusti-foliae radix
Sonnentaukraut	Droserae herba
Spitzwegerich-kraut	Plantaginis lanceo-latae herba
Steinkleekraut	Meliloti herba
Süßholzwurzel	Liquiritiae radix
Tausendgülden-kraut	Centaurii herba
Thymian	Thymi herba
Vogelknöterich-kraut	Polygoni avicularis herba
Wacholderbeeren	Junperi fructus
Wacholderholz	Juniperi lignum
Walnußblätter	Juglandis folium
Wegwartenwurzel (Zichiorienwur-zel)	Chichorii radix
Weidenrinde	Salicis cortex
Weißdornblätter	Crataegi folium
Wermutkraut	Absinthii herba
Ysopkraut	Hyssopi herba
Zitwerwurzelstock	Zedoariae rhizoma

Anlage 1 d

(zu § 1 Abs. 2 Nr. 1 und 2; s. S. 199)

Birkenblätter	Betulae folium
Baldrianwurzel	Valerianae radix
Eibischwurzel	Althaeae radix
Fenchel	Foeniculi fructus
Hagebutten	Cynosbati fructus cum semine
Holunderblüten	Sambuci flos
Hopfenzapfen	Lupuli strobulus
Huflattichblätter	Farfarae folium

(in Zubereitungen zum inneren Gebrauch, die in der Tagesdosis nicht mehr als 10 µg Pyrrolizidin-Alkaloide mit 1,2-ungesättigtem Necingerüst einschließlich ihrer N-Oxide enthalten)

Isländisches Moos	Lichen islandicus
Kamillenblüten	Matricariae flos
Lindenblüten	Tiliae flos
Mateblätter	Mate folium
Melissenblätter	Melissae folium
Orthosiphon-blätter	Orthosiphonis folium
Pfefferminzblätter	Menthae piperitae folium
Salbeiblätter	Salviae folium

Schachtelhalmkraut	Equiseti herba
Schafgarbenkraut	Millefolii herba
Spitzwegerichkraut	Plantaginis lanceolatae herba
Tausendgüldenkraut	Centaurii herba
Weißdornblätter	Crataegi folium

Anlage 1 e

(zu § 1 Abs. 2 Nr. 2; s. S. 200)

Angelikawurzel	Angelicae radix
Anis	Anisi fructus
Bibernellwurzel	Pimpinellae radix
Brennesselkraut	Urticae herba
Bruchkraut	Herniariae herba
Brunnenkressenkraut	Nasturtii herba
Condurangorinde	Condurango cortex
Curcumawurzelstock (Gelbwurzelstock)	Curcumae longae rhizome
Enzianwurzel	Gentianae radix
Eucalyptusblätter	Eucalypti folium
Gänsefingerkraut	Anserinae herba
Goldrutenkraut	Solidaginis herba
Hamamelisrinde	Hamamelidis cortex
Hauhechel	Ononidis radix
Heidekraut	Callunae herba
Herzgespannkraut	Leonuri cardiacae herba
Kalmuswurzelstock	Calami rhizoma
Korianderfrüchte	Coriandri fructus
Kümmel	Carvi fructus
Liebstöckelwurzel	Levistici radix
Löwenzahn-Ganzpflanze	Taraxaci radix cum herba
Malvenblätter	Malvae folium
Mariendistelkraut	Cardui mariae herba
Paprika (Spanisch Pfefferfrüchte)	Capsici fructus
Primelwurzel	Primulae radix
Queckenwurzelstock	Graminis rhizoma
Quendelkraut	Serpylii herba
Sonnenhutwurzel	Echinaceae angustifolia radix
Süßholzwurzel	Liquiritiae radix
Thymian	Thymi herba
Tormentillwurzelstock	Tormentillae rhizome
Wacholderbeeren	Juniperi fructus
Weidenrinde	Salicis cortex
Wermutkraut	Absinthii herba

Anlage 2 a

(zu § 2 Abs. 1 Nr. 1; s. S. 201)

Ätherische Öle, soweit sie in der Anlage 1 a genannt sind
Ammoniumchlorid
Anethol
Ascorbinsäure bis zu einer Einzeldosis von 20 mg und deren Calcium-, Kalium- und Natriumsalze
Benzylalkohol
Campher
Cetylpyridiniumchlorid
Cineol (Eucalyptol)
Citronensäure
α-Dodecyl-ω-hydroxypoly(oxyethylen) (Oxypolyäthoxydodecan) bis zu einer Einzeldosis von 5 mg
Extrakte von Pflanzen und Pflanzenteilen, auch deren Mischungen, soweit sie nicht aus den in der Anlage 1 b bezeichneten Pflanzen oder deren Teilen gewonnen sind
Fenchelhonig
Menglytat (Äthylglykolsäurementhylester)
Menthol
Rosenhonig
Salze natürlicher Mineral-, Heil- und Meerwässer und die ihnen entsprechenden künstlichen Salze
Süßholzsaft
Thymol
Tolubalsam
Weinsäure

Anlage 2b
(zu § 2 Abs. 1 Nr. 2; s. S. 202)

Agar
Feigen und deren Zubereitungen
Fenchel
Kümmel
Lactose
Leinsamen und deren Zubereitungen
Manna
Paraffin, dick- und dünnflüssiges, bis zu einem Gehalt von 10 % in nichtflüssigen Zubereitungen
Pflaumen und deren Zubereitungen
Rizinusöl, auch raffiniertes
Tamarindenfrüchte und deren Zubereitungen
Tragant
Weizenkleie

Anlage 2c
(zu § 2 Abs. 1 Nr. 3; s. S. 202)

2-Aminoethanol
Benzalkoniumchlorid
Benzocain
Benzylbenzoat
2,4-Dihydroxybenzoesäure
2,6-Dihydroxybenzoesäure
3,5-Dihydroxybenzoesäure
α-Dodecyl-ω-hydroxypoly(oxyethylen)
Essigsäure
Lärchenterpentin
Menthol
Milchsäure bis 10%ig
Salicylsäure bis 40%ig

Anlage 3
(zu §§ 6, 7 Abs. 1 Nr. 4, Abs. 2 Nr. 1 und § 8 Abs. 1 Nr. 4; s. S. 203, 210)

A. Krankheiten und Leiden beim Menschen

1. In dem Bundes-Seuchengesetz aufgeführte Krankheiten
2. Geschwulstkrankheiten
3. Krankheiten des Stoffwechsels und der inneren Sekretion, ausgenommen Vitamin- und Mineralstoffmangel und alimentäre Fettsucht
4. Krankheiten des Blutes und der blutbildenden Organe, ausgenommen Eisenmangelanämie
5. organische Krankheiten
   a) des Nervensystems
   b) der Augen und Ohren, ausgenommen Blennorrhoe-Prophylaxe
   c) des Herzens und der Gefäße, ausgenommen allgemeine Arteriosklerose und Frostbeulen
   d) der Leber und des Pankreas
   e) der Harn- und Geschlechtsorgane
6. Geschwüre des Magens und des Darms
7. Epilepsie
8. Geisteskrankheiten, Psychosen, Neurosen
9. Trunksucht
10. Komplikationen der Schwangerschaft, der Entbindung und des Wochenbetts
11. Krankheiten des Lungenparenchyms
12. Wurmkrankheiten
13. Krankhafte Veränderungen des Blutdrucks
14. Ernährungskrankheiten des Säuglings
15. Ekzeme, Schuppenflechten, infektiöse Hautkrankheiten

B. Krankheiten und Leiden beim Tier

1. Übertragbare Krankheiten der Tiere, ausgenommen nach viehseuchenrechtlichen Vorschriften nicht anzeigepflichtige ektoparasitäre und dermatomykotische Krankheiten
2. Euterkrankheiten bei Kühen, Ziegen und Schafen, ausgenommen die Verhütung der Übertragung von Euterkrankheiten durch Arzneimittel, die zum äußeren Gebrauch bestimmt sind und deren Wirkung nicht auf der Resorption der wirksamen Bestandteile beruht

3. Kolik bei Pferden und Rindern
4. Stoffwechselkrankheiten und Krankheiten der inneren Sekretionsorgane, ausgenommen Vitamin- und Mineralstoffmangel
5. Krankheiten des Blutes und der blutbildenden Organe
6. Geschwulstkrankheiten
7. Fruchtbarkeitsstörungen bei Pferden, Rindern, Schweinen, Schafen und Ziegen

Anlage 4
(zu § 7 Abs. 1 Nr. 1 und § 8 Abs. 1 Nr. 1; s. S. 206)

α-(Aminomethyl)benzylalkohol (Phenylaminoäthan), dessen Abkömmlinge und Salze

p-Aminophenol, dessen Abkömmlinge und deren Salze

2-Amino-1-phenylpropanol (Phenylaminopropanol), dessen Abkömmlinge und Salze

Anthrachinon, dessen Abkömmlinge und deren Salze

Antimonverbindungen

* Bisacodyl

Bleiverbindungen

Borsäure und ihre Salze, ausgenommen zur Pufferung und/oder Isotonisierung in Benetzungslösungen oder Desinfektionslösungen für Kontaktlinsen

Bromverbindungen, ausgenommen Invertseifen, ferner in Arzneimitteln, die dazu bestimmt sind, die Beschaffenheit, den Zustand oder die Funktionen des Körpers oder seelische Zustände erkennen zu lassen sowie in ausschließlich zum äußeren Gebrauch bestimmten Desinfektionsmitteln, Mund- und Rachendesinfektionsmitteln

Carbamidsäure-Abkömmlinge

Carbamidsäure-Ester und -Amide mit insektizider, akarizider oder fungizider Wirkung, ausgenommen in Fertigarzneimitteln zur äußeren Anwendung bei Hunden und Katzen

Chinin und dessen Salze, ausgenommen Chinin-Triquecksilber(II)-dioxid-sulfat in Zubereitungen bis zu 2,75 % zur Verhütung von Geschlechtskrankheiten, als Fertigarzneimittel

Chinolinabkömmlinge, ausgenommen in Zubereitungen zum äußeren Gebrauch, zur Mund- und Rachendesinfektion sowie in Zubereitungen bis zu 3 % zur Empfängnisverhütung als Fertigarzneimittel; die Ausnahme gilt nicht für halogenierte Hydroxychinoline

Chlorierte Kohlenwasserstoffe

6-Chlorthymol, ausgenommen zum äußeren Gebrauch

* Dantron

2-Dimethylaminoethyl-benzilat (Benzilsäure-2-dimethyl-amino-äthylester)

* Fluoride, lösliche ausgenommen in Zubereitungen, sofern auf Behältnissen und äußeren Umhüllungen eine Tagesdosis angegeben ist, die einem Fluorgehalt bis zu 2 mg entspricht

Formaldehyd

Goldverbindungen

* Heilbuttleberöl, ausgenommen zur Anwendung bei Menschen in Zubereitungen mit einer Tagesdosis von nicht mehr als 6 000 I. E. Vitamin A und 400 I. E. Vitamin D sowie ausgenommen zur Anwendung bei Tieren in Zubereitungen mit einer Tagesdosis von nicht mehr als 4 000 I. E. Vitamin A und 250 I. E. Vitamin D

Heilwässer, die 0,04 mg/l Arsen entsprechend 0,075 mg/l Hydrogenarsenat oder mehr enthalten

Heilwässer, natürliche, die mehr als 10^{-7} mg Radium 226 oder 370 Millibecquerel Radon 222 je Liter enthalten

Herzwirksame Glykoside

Jod, ausgenommen in Zubereitungen mit einen Gehalt von nicht mehr als 5 % Jod und in Arzneimitteln nach § 44 Abs. 2 Nr. 1 a und b des Arzneimittelgesetzes

Jodverbindungen, ausgenommen in Arzneimitteln, die dazu bestimmt sind, die Beschaffenheit, den Zustand oder die Funktionen des Körpers oder seelische Zustände erkennen zu lassen, ferner in ausschließlich zum äußeren Gebrauch bestimmten Desinfektionsmitteln und in Arzneimitteln nach § 44 Abs. 2 Nr. 1 a und b des Arzneimittelgesetzes, ferner in Zubereitungen zur Herstellung von Bädern und von Seifen, auch unter Verwendung von Jod, zum äußeren Gebrauch, als Fertigarzneimittel

* Natriumpicosulfat

Oxazin und seine Hydrierungsprodukte, ihre Salze, ihre Abkömmlinge sowie deren Salze

Paraffin, dick- und dünnflüssiges, ausgenommen zum äußeren Gebrauch oder bis zu einem Gehalt von 10 % in nichtflüssigen Zubereitungen

Paraformaldehyd

Pentetrazol

Phenethylamin, dessen Abkömmlinge und Salze

* Phenolphthalein

Phosphorsäure-, Polyphosphorsäure-, substituierte Phosphorsäure- (z.B. Thiophosphorsäure-) Ester und -Amide, einschließlich der Ester mit Nitrophenol und Methylhydroxycumarin mit insektizider, akarizider oder fungizider Wirkung, ausgenommen in Fertigarzneimitteln zur äußeren Anwendung bei Hunden und Katzen

* Procain und seine Salze zur oralen Anwendung

Pyrazol und seine Hydrierungsprodukte, ihre Salze, ihre Abkömmlinge sowie deren Salze

Resorcin

Salicylsäure, ihre Abkömmlinge und deren Salze, ausgenommen Zubereitungen zum äußeren Gebrauch, ferner Salicylsäureester in ausschließlich oder überwiegend zum äußeren Gebrauch bestimmten Desinfektionsmitteln, Mund- und Rachendesinfektionsmitteln

Senföle

Vitamin A, ausgenommen Zubereitungen mit einer Tagesdosis von nicht mehr als 5 000 I. E. und einer Einzeldosis von nicht mehr als 3 000 I. E., auch unter Zusatz von Vitamin D mit einer Tagesdosis von nicht mehr als 400 I. E., als Fertigarzneimittel für Menschen, sowie ausgenommen Zubereitungen mit einer Tagesdosis von nicht mehr als 4 000 I. E., auch unter Zusatz von Vitamin D mit einer Tagesdosis von nicht mehr als 250 I. E., als Arzneimittel für Tiere

Vitamin D, ausgenommen Zubereitungen mit einer Tagesdosis von nicht mehr als 400 I. E. als Fertigarzneimittel für Menschen, sowie ausgenommen Zubereitungen mit einer Tagesdosis von nicht mehr als 250 I. E. als Arzneimittel für Tiere.

Anlage 4
Gesetz über die Werbung auf dem Gebiet des Heilwesens vom 18. Oktober 1978

i.d.F. der Bekanntmachung vom 19. Oktober 1994 (BGBl. I S. 3069)

Die Neufassung berücksichtigt:

1. Die Fassung der Bekanntmachung des Gesetzes vom 18. Oktober 1978 (BGBl. I S. 1677),
2. Den am 1. Februar 1987 in Kraft getretenen Artikel 3 des Zweiten Gesetzes zur Änderung des Arzneimittelgesetzes vom 16. August 1986 (BGBl. I S. 1296),
3. Den am 20. April 1990 in Kraft getretenen Artikel 5 des Vierten Gesetzes zur Änderung des Arzneimittelgesetzes vom 11. April 1990 (BGBl. I S. 717),
4. Den am 17. August 1994 in Kraft getretenen Artikel 2 des Fünften Gesetzes zur Änderung des Arzneimittelgesetzes vom 9. August 1994 (BGBl. I S. 2071).

Gesetz über die Werbung auf dem Gebiet des Heilwesens (Heilmittelwerbegesetz)

Artikel 1

§1

(1) Dieses Gesetz findet Anwendung auf die Werbung für

1. Arzneimittel im Sinne des § 2 des Arzneimittelgesetzes,
2. andere Mittel, Verfahren, Behandlungen und Gegenstände, soweit sich die Werbeaussage auf die Erkennung, Beseitigung oder Linderung von Krankheiten, Leiden, Körperschäden oder krankhaften Beschwerden bei Menschen oder Tier bezieht.

(2) Andere Mittel im Sinne des Absatzes 1 Nr. 2 sind kosmetische Mittel im Sinne des § 4 des Lebensmittel- und Bedarfsgegenständegesetzes. Gegenstände im Sinne des Absatzes 1 Nr. 2 sind auch Gegenstände zur Körperpflege im Sinne des § 5 Abs. 1 Nr. 4 des Lebensmittel- und Bedarfsgegenständegesetzes.

(3) Eine Werbung im Sinne dieses Gesetzes ist auch das Ankündigen oder Anbieten von Werbeaussagen, auf die dieses Gesetz Anwendung findet.

(4) Dieses Gesetz findet keine Anwendung auf die Werbung für Gegenstände zur Verhütung von Unfallschäden.

§2

Fachkreise im Sinne dieses Gesetzes sind Angehörige der Heilberufe oder des Heilgewerbes, Einrichtungen, die der Gesundheit von Mensch oder Tier dienen, oder sonstige Personen, soweit sie mit Arzneimitteln, Verfahren, Behandlungen, Gegenständen oder anderen Mitteln erlaubterweise Handel treiben oder sie in Ausübung ihres Berufes anwenden.

§ 3

Unzulässig ist eine irreführende Werbung. Eine Irreführung liegt insbesondere dann vor,

1. wenn Arzneimitteln, Verfahren, Behandlungen, Gegenständen und anderen Mitteln eine therapeutische Wirksamkeit oder Wirkungen beigelegt werden, die sie nicht haben,
2. wenn fälschlich der Eindruck erweckt wird, daß
   a) ein Erfolg mit Sicherheit erwartet werden kann,
   b) bei bestimungsgemäßem oder längerem Gebrauch keine schädlichen Wirkungen eintreten,
   c) die Werbung nicht zu Zwecken des Wettbewerbs veranstaltet wird,
3. wenn unwahre oder zur Täuschung geeignete Angaben
   a) über die Zusammensetzung oder Beschaffenheit von Arzneimitteln, Gegenständen oder anderen Mitteln oder über die Art und Weise der Verfahren oder Behandlungen oder
   b) über die Person, Vorbildung, Befähigung oder Erfolge des Herstellers, Erfinders oder der für sie tätigen oder tätig gewesen Personen

gemacht werden.

§ 3a

Unzulässig ist eine Werbung für Arzneimittel, die der Pflicht zur Zulassung unterliegen und die nicht nach den arzneimittelrechtlichen Vorschriften zugelassen sind oder als zugelassen gelten.

§ 4

(1) Jede Werbung für Arzneimittel im Sinne des § 2 Abs. 1 oder Abs. 2 Nr. 1 des Arzneimittelgesetzes muß folgende Angaben enthalten:

1. den Namen oder die Firma und den Sitz des pharmazeutischen Unternehmers,
2. die Bezeichnung des Arzneimittels,
3. die Zusammensetzung des Arzneimittels gem. § 11 Abs. 1 Satz 1 Nr. 2 der Arzneimittelgesetzes
4. die Anwendungsgebiete,
5. die Gegenanzeigen,
6. die Nebenwirkungen,
7. Warnhinweise, soweit sie für die Kennzeichnung der Behältnisse und äußeren Umhüllungen vorgeschrieben sind,

7a. bei Arzneimitteln, die nur auf ärztliche, zahnärztliche oder tierärztliche Verschreibung abgegeben werden dürfen, den Hinweis „Verschreibungspflichtig",

8. die Wartezeit bei Arzneimitteln, die zur Anwendung bei Tieren bestimmt sind, die der Gewinnung von Lebensmitteln dienen.

(1a) Bei Arzneimitteln, die nur einen arzneilich wirksamen Bestandteil enthalten, muß der Angabe nach Absatz 1 Nr. 2 die Bezeichnung dieses Bestandteils mit dem Hinweis: „Wirkstoff:" folgen; dies gilt nicht, wenn in der Angabe nach Absatz 1 Nr. 2 die Bezeichnung des Wirkstoffs enthalten ist.

(2) Die Angaben nach den Absätzen 1 und 1 a müssen mit denjenigen übereinstimmen, die nach § 11 oder § 12 des Arzneimittelgesetzes für die Packungsbeilage vorgeschrieben sind.

(3) Bei einer Werbung außerhalb der Fachkreise können die Angaben nach Absatz 1 Nr. 3 entfallen. Können die nach Absatz 1 Nr. 5, 6 und 8 vorgeschriebenen Angaben nicht gemacht werden, so können sie entfallen.

(4) Die nach Absatz 1 vorgeschriebenen Angaben müssen von den übrigen

Werbeaussagen deutlich abgesetzt, abgegrenzt und erkennbar sein.

(5) Nach einer Werbung in audivisuellen Medien ist folgender Text einzublenden, der im Fernsehen vor neutralem Hintergrund gut lesbar wiederzugeben und gleichzeitig zu sprechen ist: „Zu Risiken und Nebenwirkungen lesen Sie die Packungsbeilage und fragen Sie Ihren Arzt oder Apotheker." Bei einer Werbung für Heilwässer tritt an die Stelle der Angabe „die Packungsbeilage" die Angabe „das Etikett" und bei der Werbung für Tierarzneimittel an die Stelle der Angabe „Ihren Arzt" die Angabe „den Tierarzt". Satz 1 findet keine Anwendung auf Arzneimittel, die für den Verkehr außerhalb der Apotheken freigegeben sind, es sei denn, daß in der Packungsbeilage oder auf dem Behältnis Nebenwirkungen oder sonstige Risiken angegeben sind. Die Angaben nach Absatz 1 können entfallen.

(6) Die Absätze 1 und 5 gelten nicht für eine Erinnerungswerbung. Eine Erinnerungswerbung liegt vor, wenn ausschließlich mit der Bezeichnung eines Arzneimittels oder zusätzlich mit dem Namen, der Firma oder dem Warenzeichen des pharmazeutischen Unternehmers geworben wird.

§ 4a

Unzulässig ist es, in der Packungsbeilage eines Arzneimittels für andere Arzneimittel zu werben.

§ 5

Für homöopathische Arzneimittel, die nach dem Arzneimittelgesetz registriert oder von der Registrierung freigestellt sind, darf mit der Angabe von Anwendungsgebieten nicht geworben werden.

§ 6

Unzulässig ist eine Werbung, wenn

1. Gutachten oder Zeugnisse veröffentlicht oder erwähnt werden, die nicht von wissenschaftlich oder fachlich hierzu berufenen Personen erstattet worden sind und nicht die Angabe des Namens, Berufes und Wohnortes des Gutachters oder Ausstellers des Zeugnisses sowie den Zeitpunkt der Ausstellung des Gutachtens oder Zeugnisses enthalten,
2. auf wissenschaftliche, fachliche oder sonstige Veröffentlichung Bezug genommen wird, ohne daß aus der Werbung hervorgeht, ob die Veröffentlichung das Arzneimittel, das Verfahren, die Behandlung, den Gegenstand oder ein anderes Mittel selbst betrifft, für die geworben wird, und ohne daß der Name des Verfassers, der Zeitpunkt der Veröffentlichung und die Fundstelle genannt werden,

Aus der Fachliteratur entnommene Zitate, Tabellen oder sonstige Darstellungen nicht wortgetreu übernommen werden.

§ 7

(1) Es ist unzulässig, Zuwendungen und sonstige Werbeangaben (Waren oder Leistungen) anzubieten, anzukündigen oder zu gewähren, es sei denn, daß es sich um Gegenstände von geringem Wert, die durch eine dauerhafte und deutlich sichtbare Bezeichnung des Werbenden oder des Arzneimittels oder beider gekennzeichnet sind, um geringwertige Kleinigkeiten oder um Werbegaben handelt, die als Zugaben zulässig wären. Werbegaben für Angehörige der Heilberufe sind unbeschadet des Satzes 1 nur dann zulässig, wenn sie zur Verwendung in der ärztlichen, tierärztlichen oder pharmazeutischen Praxis bestimmt sind. § 47 Abs. 3 des Arzneimittelgesetzes bleibt unberührt.

(2) Absatz 1 gilt nicht für Zuwendungen im Rahmen ausschließlich berufsbezogener wissenschaftlicher Veranstaltungen, sofern diese einen vertretbaren Rahmen nicht überschreiten, insbesondere in bezug auf den wissenschaftlichen Zweck der Veranstaltung von untergeordneter Bedeutung sind und sich nicht auf andere als im Gesundheitswesen tätige Personen erstrecken.

§ 8

(1) Unzulässig ist eine Werbung, die darauf hinwirkt, Arzneimittel, deren Abgabe den Apotheken vorbehalten ist, im Wege des Versandes zu beziehen. Dieses Verbot gilt nicht für eine Werbung, die sich auf die Abgabe von Arzneimitteln in den Fällen des § 47 des Arzneimittelgesetzes bezieht.

(2) Unzulässig ist ferner die Werbung, bestimmte Arzneimittel im Wege der Einzeleinfuhr nach § 73 Abs. 2 Nr. 6 a oder § 73 Abs. 3 des Arzneimittelgesetzes zu beziehen.

§ 9

Unzulässig ist eine Werbung für die Erkennung oder Behandlung von Krankheiten, Leiden, Körperschäden oder krankhaften Beschwerden, die nicht auf eigener Wahrnehmung an dem zu behandelnden Menschen oder Tier beruht (Fernbehandlung).

§ 10

(1) Für verschreibungspflichtige Arzneimittel darf nur bei Ärzten, Zahnärzten, Tierärzten, Apothekern und Personen, die mit diesen Arzneimitteln erlaubterweise Handel treiben, geworben werden.

(2) Für Arzneimittel, die dazu bestimmt sind, beim Menschen die Schlaflosigkeit oder psychische Störungen zu beseitigen oder die Stimmungslage zu beeinflussen, darf außerhalb der Fachkreise nicht geworben werden.

§ 11

Außerhalb der Fachkreise darf für Arzneimittel, Verfahren, Behandlungen, Gegenstände oder andere Mittel nicht geworben werden

1. mit Gutachten, Zeugnissen, wissenschaftlichen oder fachlichen Veröffentlichungen sowie mit Hinweisen darauf,
2. mit Angaben, daß das Arzneimittel, das Verfahren, die Behandlung, der Gegenstand oder das andere Mittel ärztlich, zahnärztlich, tierärztlich oder anderweitig fachlich empfohlen oder geprüft ist oder angewendet wird,
3. mit der Wiedergabe von Krankengeschichten sowie mit Hinweisen darauf,
4. mit der bildlichen Darstellung von Personen in der Berufskleidung oder bei der Ausübung der Tätigkeit von Angehörigen der Heilberufe, des Heilgewerbes oder des Arzneimittelhandels,
5. mit der bildlichen Darstellung
   a) von Veränderungen des menschlichen Körpers oder seiner Teile durch Krankheiten, Leiden oder Körperschäden,
   b) der Wirkung eines Arzneimittels, eines Verfahrens, einer Behandlung, eines Gegenstandes oder eines anderen Mittels durch vergleichende Darstellung des Körperzustands oder des Aussehens vor und nach der Anwendung,
   c) des Wirkungsvorganges eines Arzneimittels, eines Verfahrens, einer Behandlung, eines Gegenstandes oder eines anderen Mittels am menschlichen Körper oder an seinen Teilen,

6. mit fremd- oder fachsprachlichen Bezeichnungen, soweit sie nicht in den allgemeinen deutschen Sprachgebrauch eingegangen sind,
7. mit einer Werbeaussage, die geeignet ist, Angstgefühle hervorzurufen oder auszunutzen,
8. durch Werbevorträge, mit denen ein Feilbieten oder eine Entgegennahme von Anschriften verbunden ist,
9. mit Veröffentlichungen, deren Werbezweck mißverständlich oder nicht deutlich erkennbar ist,
10. mit Veröffentlichungen, die dazu anleiten, bestimmte Krankheiten, Leiden, Körperschäden oder krankhafte Beschwerden beim Menschen selbst zu erkennen und mit den in der Werbung bezeichneten Arzneimitteln, Gegenständen, Verfahren, Behandlungen oder anderen Mitteln zu behandeln sowie mit entsprechenden Anleitungen in audiovisuellen Medien,
11. mit Äußerungen Dritter, insbesondere mit Dank-, Anerkennungs- oder Empfehlungsschreiben, oder mit Hinweisen auf solche Äußerungen,
12. mit Werbemaßnahmen, die sich ausschließlich oder überwiegend an Kinder oder an Jugendliche unter 14 Jahren richten,
13. mit Preisausschreiben, Verlosungen oder anderen Verfahren, deren Ergebnis vom Zufall abhängig ist,
14. durch die Abgabe von Mustern oder Proben von Arzneimitteln oder durch Gutscheine dafür,
15. durch die nicht verlangte Abgabe von Mustern oder Proben von anderen Mitteln oder Gegenständen oder durch Gutscheine dafür.

§ 12

(1) Die Werbung für Arzneimittel außerhalb der Fachkreise darf sich nicht auf die Erkennung, Verhütung, Beseitigung oder Linderung der in der Anlage zu diesem Gesetz aufgeführten Krankheiten oder Leiden beim Menschen oder Tier beziehen.

(2) Die Werbung für andere Mittel, Verfahren, Behandlungen oder Gegenstände außerhalb der Fachkreise darf sich nicht auf die Erkennung, Beseitigung oder Linderung dieser Krankheiten oder Leiden beziehen. Dies gilt nicht für die Werbung für Verfahren oder Behandlungen in Heilbädern, Kurorten und Kuranstalten.

§ 13

Die Werbung eines Unternehmens mit Sitz außerhalb des Geltungsbereichs dieses Gesetzes ist unzulässig, wenn nicht ein Unternehmen mit Sitz oder eine natürliche Person mit gewöhnlichem Aufenthalt im Geltungsbereich dieses Gesetzes oder in einem anderen Mitgliedstaat der Europäischen Gemeinschaften oder in einem anderen Vertragsstaat des Abkommens über den Europäischen Wirtschaftsraum, die nach diesem Gesetz unbeschränkt strafrechtlich verfolgt werden kann, ausdrücklich damit betraut ist, die sich aus diesem Gesetz ergebenden Pflichten zu übernehmen.

§ 14

Wer dem Verbot der irreführenden Werbung (§ 3) zuwiderhandelt, wird mit Freiheitsstrafe bis zu einem Jahr oder mit Geldstrafe bestraft.

§ 15

(1) Ordnungswidrig handelt, wer vorsätzlich oder fahrlässig

1. eine Werbung betreibt, die die nach § 4 vorgeschriebenen Angaben nicht enthält oder entgegen § 5 mit der Angabe von Anwendungsgebieten wirbt,

2. in einer nach § 6 unzulässigen Weise mit Gutachten, Zeugnissen oder Bezugnahmen auf Veröffentlichungen wirbt,
3. entgegen § 7 Abs. 1 eine mit Zuwendungen oder sonstigen Werbegaben verbundene Werbung betreibt,
4. entgegen § 8 eine Werbung betreibt, die auf einen Bezug von Arzneimitteln im Wege des Versandes oder im Wege der Einzeleinfuhr hinwirkt,
5. entgegen § 9 für eine Fernbehandlung wirbt,
6. entgegen § 10 für die dort bezeichnenden Arzneimittel wirbt,
7. auf die durch § 11 verbotenen Weise außerhalb der Fachkreise wirbt,
8. entgegen § 12 eine Werbung betreibt, die sich auf die in der Anlage zu § 12 aufgeführten Krankheiten oder Leiden bezieht,
9. eine nach § 13 unzulässige Werbung betreibt.

(2) Ordnungswidrig handelt ferner, wer fahrlässig dem Verbot der irreführenden Werbung (§ 3) zuwiderhandelt.

(3) Die Ordnungswidrigkeit nach Absatz 1 kann mit einer Geldbuße bis zu fünfzigtausend Deutsche Mark, die Ordnungswidrigkeit nach Absatz 2 mit einer Geldbuße bis zu fünfundzwanzigtausend Deutsche Mark geahndet werden.

§ 16

Werbematerial, auf das sich eine Straftat nach § 14 oder eine Ordnungswidrigkeit nach § 15 bezieht, kann eingezogen werden.

§ 17

Unberührt bleiben:

1. das Gesetz gegen den unlauteren Wettbewerb in der im Bundesgesetzblatt Teil III, Gliederungsnummer 43-1, veröffentlichten bereinigten Fassung, zuletzt geändert durch Artikel 14 des Gesetzes vom 10. März 1975 (BGBl. I S. 685),
2. § 21 des Gesetzes zur Bekämpfung der Geschlechtskrankheiten in der im Bundesgesetzblatt Teil III, Gliederungsnummer 2126-4, veröffentlichten bereinigten Fassung, zuletzt geändert durch Artikel 66 des Gesetzes vom 2. März 1974 (BGBl. I S. 469),
3. die Zugabeverordnung in der im Bundesgesetzblatt Teil III, Gliederungsnummer 43-3-1, veröffentlichten bereinigten Fassung, zuletzt geändert durch Artikel 141 des Gesetzes vom 2. März 1974 (BGBl. I S. 469).

Anlage zu § 12

Krankheiten und Leiden, auf die sich die Werbung gemäß § 12 nicht beziehen darf:

A. Krankheiten und Leiden beim Menschen

1. Nach dem Bundes-Seuchengesetz in der im Bundesgesetzblatt Teil III, Gliederungsnummer 2126-1, veröffentlichten bereinigten Fassung, zuletzt geändert durch Artikel 4 des Gesetzes vom 10. August 1978 (BGBl. I S. 1217), meldepflichtige Krankheiten,
2. Geschwulstkrankheiten,
3. Krankheiten des Stoffwechsels und der inneren Sekretion, ausgenommen Vitamin- und Mineralstoffmangel und alimentäre Fettsucht,
4. Krankheiten des Blutes und der blutbildenden Organe, ausgenommen Eisenmangelanämie,
5. organische Krankheiten
   a) des Nervensystems,
   b) der Augen und Ohren,
   c) des Herzens und der Gefäße, ausgenommen allgemeine Arteriosklerose, Varikose und Frostbeulen,

d) der Leber und des Pankreas,
e) der Harn- und Geschlechtsorgane,

6. Geschwüre des Magens und des Darms,
7. Epilepsie,
8. Geisteskrankheiten,
9. Trunksucht,
10. krankhafte Komplikationen der Schwangerschaft, der Entbindung und des Wochenbetts.

B. Krankheiten und Leiden beim Tier

1. Nach dem Viehseuchengesetz in der Fassung der Bekanntmachung vom 23. Februar 1977 (BGBl. I S. 313, 437) meldepflichtige Krankheiten,
2. ansteckender Scheidenkatarrh der Rinder,
3. Fruchbarkeitsstörungen der Pferde und Rinder,
4. infektiöse Aufzuchtkrankheiten der Tiere,
5. bakterielle Eutererkrankungen bei Kühen, Ziegen und Schafen,
6. Kolik bei Pferden und Rindern.

Anlage 5
Empfehlung des Bundesministeriums für Jugend, Familie und Gesundheit über Lagerungshinweise für Fertigarzneimittel

Bekanntmachung vom 1. März 1989 (BAnz. S. 1216)

Der Bundesminister für Jugend, Familie, Frauen und Gesundheit empfiehlt den am Arzneimittelverkehr Beteiligten, folgende Hinweise für die Lagerung von Fertigarzneimitteln zu beachten, sofern nicht andere Vorschriften entgegenstehen. Die Empfehlung bezweckt, unnötige und nicht sachgerechte Lagerungshinweise für Fertigarzneimittel zu vermeiden und die erforderlichen Hinweise zu vereinheitlichen.

Unter Lagerung im Sinne dieser Empfehlung wird eine länger dauernde Aufbewahrung durch die Fachkreise verstanden. Während kurzfristiger Unterbrechung (z.B. beim Transport) kann von der Beachtung der nachfolgenden Hinweise abgesehen werden, es sei denn, daß ausdrücklich auf deren Einhaltung hingewiesen wird (z.B. Kühlkette).

1. Fertigarzneimittel sind im Normalfall bei Raumtemperatur lagerungsfähig. Sie bedürfen dann keines besonderen Lagerungshinweises. Dabei wird davon ausgegangen, daß eine Lagerungstemperatur von +2°C nicht unterschritten wird, es sei denn, daß ein anderslautender Hinweis angebracht ist.
2. Soweit im Interesse der Erhaltung einer einwandfreien Beschaffenheit der Fertigarzneimittel die Überschreitung einer bestimmten Temperatur vermieden werden soll, sollen folgende Hinweise verwendet werden:

1. „Nicht über 25 °C lagern!"
2. „Nicht über 20 °C lagern!"
3. „Nicht über 8 °C lagern!"

3. Zäpfchen sollen nur in besonders begründeten Fällen einen Lagerungshinweis erhalten, weil in Fachkreisen bekannt ist, daß sie nicht – auch nicht kurzfristig – über 30 °C gelagert werden dürfen.

4. Lagerungshinweise sind an gut sichtbarer Stelle auf dem Behältnis und, soweit verwendet, auf der äußeren Umhüllung in gut lesbarer Schrift anzugeben.

Die vorstehende Bekanntmachung ersetzt die Bekanntmachung vom 14. März 1972 (BAnz. Nr. 59 vom 24. März 1972).

Stichwortverzeichnis

A

Abführdrogen 14
abführende Wirkung 11
-, schwache 15
Abführmittel 8, 12, 47 ff., 52, 112, 201
-, Antiabsorptiva 113
-, Füll- und Quellmittel 112
-, Gleitmittel 112
-, Hydragoga 113
-, salinische 113
Abfüllen 4, 75, 77, 171, 173
- im voraus 75 f.
Abgabe 4, 6, 75, 80, 164, 172, 178, 182, 251
-, unmittelbare 171
Abhusten 38
Abpacken 4, 75, 77, 171 ff., 251
Absinth 30
Absinthii herba 30
Absinthin 30
Abszesse 15
Abwehr 6
-, unspezifische 38
- von Parasiten 158
Abwehrsystem, körpereigenes 22
Acetophenon 32
Acetylcholin 24, 32
Acetylsalicylsäure 9
Achillea millefolium 28
Achilleskraut 28
Acidum ascorbicum 52
- lactium 55
- salicylicum 58
Ackerminze 28, 41
Ackerschachtelhalm 31 f.
Ackerzichorie 30
Adermin 63
Aderminze 28
Aerosol 69
Aescin 151
Agar 43
Agar-Agar 9, 15
Agrumenöl 43
Aktivkohle 54
Alaun 51, 188
Alkaloide 13
Alkohol 50, 142, 187
Alkoholgehalt 82
Alkoholismus 62
Alkoholkonzentration 69
Alkoholsüchtige 81
Allantoin 36
Allergien 13
Allicin 24, 124
Alliin 24, 124
Allii sativi bulbus 23
Aloe 9, 11 ff., 17, 37
Aloes extractum siccum normatum 43
Aloetrockenextrakt, eingestellter 43
Altersherz 23
Althaeae radix 19
Alumen 51
Aluminiumacetat-tartrat 187
- - Lösung 51
Aluminiumhydroxid 51, 188
Aluminiumkaliumsulfat 51, 188
Aluminiummagnesium-silikat-Komplexe 51
Aluminiumsilikat 51, 188
Amarogentin 26, 29
Ameisensäure 32, 188
Ameisenspiritus 51
p-Aminobenzoesäureäthylester 51
2-Aminoethanol 51
Ammi-visnaga-Früchte 108
Ammoniakflüssigkeit 51
Ammoniaklösung 51, 188
Ammonium chloratum 52
Ammoniumchlorid 52, 188
Amselbaum 16
Amygdalae oleum 47
Anabsinthin 30
Anaesthesin 51
Analyse 86
analytische Prüfung 176
Anämie, hyperchrome 63
-, perniziöse 63
Ananaspflanze 44
Anethol 27, 52
Aneurin 62
Angelikaöl 188
-, ätherisches 39
Angelikawurzel 76
Angstzustände 17
Anionen 132
Anis 25, 37 f., 76
Anisfrüchte 10, 21, 25, 27, 37
Anisi aetheroleum 40
- fructus 21, 25, 27
Anisöl 52, 188
-, ätherisches 40
Anrikazubereitungen 39
Antazida 106
Anthocyane 37
Anthracenderivate 16
Anthrachinone 12
Anthrachinonglykoside 12
Anthranole 16
Anthranoide 12
Anthrone 16
Antiabsorptiva 113
antibakterielle Wirkung 10, 38
Antioxidans 61
Antitussiva 18
Anthraglykoside 12
Antriebslosigkeit 25
Anwendung 78
-, Art 167
Anwendungsgebiet 169, 179
Anzeigepflicht 225, 234, 252, 265
-, allgemeine 84
Anzeige von Fertigarzneimitteln 85
Apothekenpflicht 79, 167, 182, 185, 205, 210, 257
-, Ausnahme 182, 258
-, Ausweitung der 84
apothekenpflichtig 12
appetitanregende Wirkung 10
appetitfördernde Mittel 94

Appetitlosigkeit 19, 28 ff.
Applikation 90
-, zeitversetzte 82
Arbeitsplatz 77
Arbutin 33, 102
Arnicae flos sine receptaculis 35
- tinctura 43
Arnicae flos 35
Arnika 188
- Allergie 35
-, mexikanische 35
-, portugiesische 35
Arnikablüten 13, 35, 39, 71, 76
Arnikablütenzubereitungen 13
Arnikatinktur 8, 35, 43, 69 f., 76, 78, 130
Arnikazubereitungen, innerliche Einnahme 35
aromatisches Bittermittel 30, 37
Arterienmittel 38
Arterienverkalkung 124
Arteriosklerose 23 f., 38, 46, 124
Arterioskleroseprophylaxe 24
Artischocke 99
Artischockenblätter 11, 38
Artischockenpreßsaft 38
Artischockenwurzeln 11, 38
Arzneibuch 10, 14, 84, 165, 219, 261
Arzneibuchqualität 14
Arzneidrogen 9
Arznei-Fenchel 26
Arzneikürbis 34
arzneilich wirksamer Bestandteil 167, 169
Arzneimittel 159 f.
-, alkoholhaltige 81
-, apothekenpflichtige 280
-, bedenkliche 164, 244
-, fiktive 6, 158, 182
-, freiverkäufliche 280
-, homöopathisches 168, 179
- in unveränderter Form 75
-, radioaktive 164
-, Tiere 220
-, verdorbene 4, 70
-, verfälschte 4, 70
-, verfallene 74
-, verwechselte 4, 70
Arzneimittelbegriff 83, 157, 242
Arzneimittelbehörden, zuständige 171, 173
Arzneimittelgesetz 83, 155, 242
arzneimittelhaltige Gegenstände 158
Arzneimittelmißbrauch 81
Arzneimittelprobe 86, 224
Arzneimittelrecht 83
Arzneimittelrisiken 222
Arzneimittelschäden, Haftung 230
Arzneipflanzen, durchblutungsfördernde 22
-, getrocknete 9
- und Stoffe zur Behandlung rheumatischer Beschwerden 39
- zur kurzfristigen Behandlung unspezifischer Durchfallerkrankungen 39
- zur Wundbehandlung und bei unblutigen Verletzungen 39
Ärztemuster 168, 211
Ascorbinsäure 52, 63, 188
Atemwege 26
Äthanol 50, 187
- Äther-Gemisch 187
- Wasser-Gemisch 187
Äthanolamin 51
Ätheralkohol 43
Ätherische Baldriantinktur 70
ätherische Öle 8 ff., 38 f., 68
Äthylalkohol 50
Äthylglykolsäurementhylester 51
Aucubin 20
Aufbewahrungshinweis 246
Aufsichtsbehörde 160
Auftragsherstellung 166, 172, 175
Ausflocken 72
Ausnahmen für Einzelhändler 171
äußere Umhüllung 166
auswurffördernde Wirkung 10, 38

B

Babenkern 33
Badekonzentrat 43, 65
Bademoor 173, 183, 191, 210
Bäder 8, 11, 148, 184
- bei Durchblutungsstörungen 40
- bei Erkältungskrankheiten 40
-, medizinische 65
Badezubereitungen, medizinische 65
Badezusatz 159
Bakterien 141
Balderbracken 17
Balderjahn 17
Baldrian 108
- Arten, nicht-offizinelle 17
Baldrianextrakt 43, 188
Baldriantinktur 8, 17, 43, 69 f., 76, 78, 189
-, ätherische 43, 70
Baldrianwein 8, 17, 44, 189
Baldrianwurzel 9f, 17, 39, 76, 110
-, mexikanische 17
Ballaststoffe 14
Balneotherapie 18
Bärendreck 19
Bärentraubenblätter 33, 38, 70, 76, 82, 102
Basilikumkraut 76
Baumflechte 38
Bearbeiten 171
Bearbeitung 158
bedenkliche Arzneimittel 164
Beerenzapfen 32
Begriffsbestimmungen 243
Behältnis 76, 166
Behörden
-, Maßnahmen 266
-, zuständige 266
Beifuß, Bitterer 30
Beinwellblätter 36, 39
Beinwellblätteraufguß 36
Beinwellsalben 36
Beinwellwurzel 11, 36, 39
Beinwellwurzelpulver 68
Beinwurz 36
Benzalkoniumchlorid 52
Benzocain 51
Benzoesäuresulfimid 57
Benzylalkohol 52
Benzylbenzoat 52
Bergamottöl, ätherisches 40
Bergdotterblume 35
Berg-Gamander 23
Bergwohlverleih 35

Bergwurzkraut 35
Beruhigungs-Instanttee 67
Beruhigungsmittel 17, 39, 110
Beruhigungstee 76
Beschriftung 78
Besenbaum 31
Besitzstandsklauseel 75
Besitzstandsregelung 75
Besserung des Befindens 8
Bestandteile, arzneilich wirksame 167, 169
Betriebsordnung 218
Bettlägerigkeit 16
Betulae folium 31
Bewegungsapparat, degenerative Erkrankungen 30
Bezeichnung 167, 175, 245
Bickbeeren 37
Bienenkraut 29
Bierhefe 45
Bierhopfen 17
Bindegewebsfestigung 59
Biotransformation 91
Birkenblätter 13, 31, 38 f., 76
Birkensaft 31
Birkenteer 44
Birnenblätter 33
Bisabolol 26
Bisabololoxide 26
Bittermittel 94
-, aromatisches 30, 37
Bitter-Rezeptoren 10
Bittersalz 52, 113, 193
Bittersäuren 17
Bitterstoffe 10, 30
Bitterwert 11, 26, 29 f.
Bitterwirkung 11
Bitterwurzel 26
Blähungen 25 ff., 37
blähungstreibendes Mittel 27
blähungstreibende Wirkung 10
Blase, Funktionsanregung 34
-, Kräftigung 34
Blasenfunktion, Stärkung 38
Blasenmittel 31, 101
Blasentee 76
Blätter 9
Blattgemüse 63
Blaubeeren 37
Blockbodenbeutel, geklebte 76
Blutarmut 104
Blutbildung 59
Blutdrucksenkung 23
Blüten 9, 157
Bluterguß 35f.
Bluthochdruck 24
Blutreinigung 32
Blutspiegel 91
Blutwurz 12, 37
Bodensatz, übermäßiger 72
Bohnenschalen 31, 38
Bohnenschalentee 82
Bolus alba 60
Bonbons 65
Borneol 23
Bornylacetat 23
Borsäure 52, 189
Brandbinden 138 f.
Brandlattich 20
Brandwunden 35
Brauerei-Hopfen 17
Brausemagnesia 53
Brechreiz 26
Brechwegdorn 16
Brennesselblätter 32
Brennesselkraut 38 f., 76, 82
Brombeerblätter 12, 76
Bromelain 44
Bronchienmittel 38, 96
Bronchitis 19, 24
Brotsamen 25 f.
Bruchkraut 33
Bruchweide 22
Brustlattich 20
Brusttee 76
Buchs, Wilder 33
Buchweizenkraut 13, 24, 38 f.
Bundesinstitut für Arzneimittel und Medizinprodukte 164
Bundesoberbehörde 164, 169, 175, 268
Bußgeldvorschriften 232, 272
Buttersäure 32

C

Calcium 56
- carbonicum 53
-, kohlensaures 53
Calciumcarbonat 53, 107, 189
Calciumcitrat 189
Calciumlactat 53, 189
Calciumphosphat 53, 189
Calciumtartrat 53
Calendula 34
Calendulae flos 34
Camphen 23
Campher 44, 68
Campherliniment, flühtiges 44
Campherlösung 44
Campheröl 44
Camphersalbe 44, 189
Campherspiritus 44, 76, 189
Capsicumextrakt 49
Carbamate 144
Carotin 119
Carotinoid 34
- Farbstoffe 35
Carum carvi 27
Carvacrol 19
Carvi fructus 21, 27
(+)-Carvon 27
Caryophylli floris aetheroleum 41
Cascararinde 70
Catechingerbstoffe 36 f.
Centaurii herba 29
Cetylpyridiniumchlorid 53, 97, 128
Chamazulen 9, 26, 28
Charge 167, 244 f.
Chargenbezeichnung 79, 167
Chemikalien 9, 65
chemische Elemente 6
- Verbindungen 6
Chilipfeffer 39
Chinawein 44, 189
- mit Eisen 44
Chinin 11
Cholagoga 25
Cholecalciferol 61
Cholekinetica 99
Choleretica 99
Choleretikum 30
Cholin 24
Chrom 59
Cineol 23, 27 f., 53
Citral 29
Citronellal 29
Coenzym A 62
Comfrey 36
Cortex quercus 36
- salicis 150
Crataegi folium cum flore 22
- fructus 22
Cremes 66, 68
Cross-Contamination 77
Cucurbitae semen 34
Cucurbitin 34

Curaçao-Aloe 17
Cyanocobalamin 63

D

Damianablätter 126
Darmbeschwerden 37
Darmkrämpfe 25, 27 f.
Darmperistaltik 11
Darmschleimhaut 11
Darmträgheit 10, 15
-, chronische 14, 38
Darreichungsform 64, 167, 245
-, apothekenpflichtige 69
-, verbotene 8
degenerative Erkrankungen, Bewegungsapparat 30
Delta-7-Sterine 34
depressive Zustände 39
Dequaliniumchlorid 97
Desinfektionsmittel 6, 8, 158, 186, 210
desinfizierende Drogen 33
- Wirkung, Halsschmerzen 38
- -, Husten 38
Destillate 8, 66, 93, 185, 197
- aus Frischpflanzen 64
Destillationsblaste 66
Detergentien 141
Deutsche Kamille 26
Diabetiker 82
- Tee 31
Diabetikertabletten 82
Diagnostika 6
Diagnostikum 158
diaphoretische Wirkung 32
Diätetikum 160
diätetische Lebensmittel 7
Dihydroxybenzoesäure 53
Dimpylat 145
Diuretika 31
diuretische Wirkung 32
Dokumentation 173 f.
Donnernessel 32
doppeltkohlensaures Natron 57
Dosierungsanleitung 78
Dragee 8, 65 f., 71, 92, 197
Drageedecke, gerissene 71
Drogen, freiverkäufliche 14
-, miktionsbeeinflussende 33
-, minderwertige 9, 14
-, pflanzliche 9
Drogengewinnung 9
Drogenherkunft 9
Drogenkunde 9
Drogenprüfung 9
Drogenschädlinge 71
Drogenverfälschung 9, 14, 26, 35, 70 f.
Drogenwirkstoffe, Eigenschaften 10
Drogenzertifikat 70
drug 9
durchblutungsfördernde Arzneipflanzen 22
- Einreibemittel 130
Durchblutungsstörungen 18
-, Gehirnarterien 38
Durchfall 37
Durchfallerkrankungen 150
-, akute 36 f.
Durchführungsbestimmung 4
Durchlässigkeit 12
Duschlotion 43
dyspeptische Beschwerden 28
dysurische Beschwerden 31

E

Ebereschenfrüchte 71
Echinacea 38
- purpurea 22, 149
- radix angustifoliae 22
Echinacosid 22
Echter Baldrian 17
- Kümmel 27
Edel-Salbei, Salver 27
Eibischblätter 11, 19, 70, 76
Eibischblüten 11, 19
Eibischsirup 44, 68
Eibischwurzel 11, 19, 38, 76
Eichenrinde 11 f., 36, 39, 76
Eichenrinden-Auszüge 36
Eichenrindenpulver 36
Eigelb 47, 61
Eigenschaften, verbotene 8
Einfuhr 226
Einigungsvertrag 234
Einnahme, nicht bestimmungsgemäße 81
Einreibemittel, durchblutungsfördernde 130
Einschlafstörungen 18, 39
Einzelhandel 182, 234, 260
- mit freiverkäuflichen Arzneimitteln 4, 212, 215
Einzelhändler 83, 165 f., 171 ff., 178, 185, 223 f., 251
-, Ausnahmen 171
Eisen 56
- II-gluconat 104
- III-Salze 104
- III-sulfat 104
Eisenmangel 104
Eiweiß-Gerbstoffverbindungen 11
Elemente, chemische 6
Eleutherococci radix 25
Eleutherokokkuswurzeln 13, 25, 39
Elimination 91
Elixier 72, 92
empfängnisverhütende Mittel 134
Emulgator 66
Emulgatorwirkung 13
Emulsion 65 f., 72, 92
Engelwurz 39
Englische Minze 28
Englisches Salz 52
Entkalkung 61
Entschlackungsmittel 115
Entzündungen 15
-, Genital- und Analbereich 36
-, Mund- und Rachenraum 36
entzündungshemmende Wirkung 10 f., 38
-, Halsschmerzen 38
-, Heiserkeit 38
Enziantinktur 45, 69 f.
Enzianwurzel 11, 26, 37, 76
Enzympräparat 94
Epsom-Salz 52
Equiseti herba 31
Erbrechen 42
Erdbeerblätter 12
Erdnüsse 63
Erdrauchkraut 76
Ergocalciferol 61
Erinnerungswerbung 86
Erkältungskrankheiten 18, 38, 149
-, Adjuvantien 21 f.
-, Linderung 26
Erkältungstee 76
Erkennen 6
Ernährung 7

Ernährungserfordernisse 7
Erschöpfung 25
Erschöpfungszustände, nervöse 17
Esels-Fenchel 27
Essigsäure 32
Essigsaure-Tonerde 187
Essigweinsaure Tonerdelösung 51
Ethanol 50
Ethanol 70% 76
Ethylalkohol 50
Eucalypti aetheroleum 40
Eucalyptol 53
Eucalyptusblätter 76
Eucalyptusöl 76, 190
-, ätherisches 40
Eukalyptusblätter 38
Europäisches Arzneibuch Ph. Eur. 1997 10
Expektorantien 18, 96
expektorierende Wirkung 13
Extractum Chamomillae fluidum 46
Extrakte 66
-, zähflüssige 65 f.

F

Fachinformation 166, 170, 250
Fagopyri herba 24
Fallkraut 35
Fango 190
Fangokompresse 53
Farbblindheit 61
Färberdistelblüten 71
Färberginsterkraut 76
Farfarae flos 20
- folium 20 f.
Faserlein 14
Faulbaumrinde 12, 16, 37, 70
-, Amerikanische 17
Feigen 15
Feigenpaste 15
Feigensirup 15, 45, 68
- mit Manna 45
Feilbieten 164
Feilhalten 164
Feindesinfektion 141
Feindesinfektionsmittel 141
Feinschnitt 65, 67
Feldkümmel 27
Fenchel 37 f., 76
Fenchelfrüchte 9f, 26, 37
-, Bittere 21
-, Süße 21
Fenchelhonig 8, 27, 45, 190
Fenchelöl 27, 190
-, ätherisches 40
Fenchon 27
Fertigarzneimittel 6, 8, 79, 83, 165 f., 172, 175 f., 178, 243
-, Anzeige 85
Fertilitäts-Vitamin 61
fette Öle 9, 68
Fettsäuren, mehrfach ungesättigte 34
Feuchtigkeit, relative 73
Fichtennadelduft 40
Fichtennadelöl 39, 190
-, ätherisches 40
Fichtennadelspiritus 45, 190
Ficus carica 15
Fieber 38
Fieberkraut 29
fiebersenkende Wirkung 11
Fieberwurzel 26
Filipendula ulmaria 21
Filterbeutel 67, 74
Fingernägel 32
Fischleberöl 61
Flächendesinfektion 141
Flächendesinfektionsmittel 158
Flaschen, braunes Glas 78
Flavonoide 9, 12, 32 f., 35
Fliedertee 21
Flöhe 143
Flohsamen 11, 15, 38, 76, 113
Flores Althaeae 19
- Aurantii 18
- Calendulae cum Calycibus 35
- - sine Calycibus 35
- Farfarae 21
- Primulae 21
- - sine calycibus 21
Fluor 59
Foeniculi aetheroleum 40
- amari fructus 21, 26
- dulcis fructus 21, 26
Folia Althaeae 19
- Vitis idaeae 33
Folsäure 60, 63
Frangulae cortex 16
Frangulin A 16
Frangulin B 16
Franzbranntwein 45, 70, 76, 130, 190
- mit ätherischem Öl 76
Frauenfenchel 26
Frauenmantelkraut 76
Freiverkäuflichkeit 171, 182
Frischpflanzenpreßsaft 31, 64, 67, 81
Früchte 9, 157
Früchtewürfel 15
Fruchtzucker 53
Fructose 53
Fructus Sabal serrulatae 34
Frühjahrs-Blutreinigungskur 31
Frühjahrskur 32
Frühlingsbaum 31
Füllmittel 112
Fungizide 9
Funktionsstörungen der Venen 38
Furunkeln 15, 35
Fußbad 11
Fußpuder 68
Futtermittel 7, 158, 160

G

Galleflüssigkeit, mangelnde Produktion 29
Gallemittel 25, 28, 38, 99
Gallensaftsekretion 11
Gallentee 76
Galleproduktion 23
Gallerkrankungen 31
galletreibende Wirkung 10
Gallussäuregerbstoffe 36
Gamskraut 35
Gänsefingerkraut 12, 37, 70, 76
Ganzdroge 65, 67
Garmille 26
Gartenbohnenhüllen, samenfreie 76
Gartenminze 28
Gärungserscheinungen 72
Gärungsmilchsäure 55
Gebrauchsanweisung 81
Gebrauchsinformation 169, 248
Gefährdungshaftung 83
Gefahren 4, 81

Gefahrstoffverordnung 80
Gegenanzeigen 89
Gegenstände, arzneimittelhaltige 158, 186
Gel 65, 68, 72
Gelatinekapseln 67
Gelbes Vaselin 60
Gelbwurz 38
-, Javanische 99
Gelee 65
Gelenkschmerzen 23
Gemisch 158
Gentianae radix 26
- tinctura 45
Gentiopikrin 26
Gentiopikrosid 26, 29
Genußmittelflaschen 80
Gerbstoffe 31, 33, 36
Gerbstoffgehalt 12
gerebelte Ware 18
Geriatrika 121
Geruch, aromatischer 10
Geschmacksnerven 11
geschönte Wurzel 19
Gespinste 71
gewebereizende Wirkung, örtliche 13
Gewebestreifen 59
Gewürz 19
Gichtholt 16
Ginkgo biloba 38
- folium 24
Ginkgoblätter 24
Ginseng 122
-, amerikanischer 25
-, asiatischer 25
-, japanischer 25
-, Korea 25
-, russischer 25
- radix 25
Ginsengwurzel 13, 25, 39
Ginsenoside 25
Glandulae Lupuli 17
Glanzrinde 36
Glatter Wegdorn 16
Glaubersalz 53, 113, 194
Gleitmittel 112
Glukofrangulin A 16
Glukofrangulin B 16
Glycerin 54
Glycerol 54
Glycyrrhizin 19
Glykoside, cyanogene 14
-, herzwirksame 13
Glyzerin 191
Goldblume 34
Goldrutenkraut 13, 25, 33, 38, 76
Granulate 34
Grobdesinfektionsmittel 141
Grobschnitt 65, 67
Grüner Tee 39
Gruserich 23
Guarbohne 15
Guar-Mehl 15
Gurgeln 42
Gutachten 86

H

Haarausfall 59
Haare 32
Haftpflichtversicherung 83
Haftung 172, 230, 269
Hagebuttenfrüchte 64
Hagedorn 22
Halsentzündungen 42
Haltbarkeit 169
Hamamelisblätter 76
Hamamelisrinde 76
Hämoglobin 104
Hanfnessel 32
Hängebirke 31
Harn 101
Harnausscheidung, vermehrte 33
Harndesinfizienz 33
harndesinfizierende Wirkung 38
Harngrieß 33
harntreibende Mittel 31
- Wirkung 10, 38
harntreibender Instanttee 67
Harnwege, Desinfektion 33
Harnwegsinfektion 101
Harpagophyti radix 29
Harpagophytumwurzel 29
Harpagosid 30
Hartgelatinekapseln 65, 67
Hartheu 17
Hartparaffin 54, 57
Harz 9
Hauhechelwurzel 33, 76
Hautfunktion, Unterstützung 34
Hautreizung, örtliche 13
Haut, rissige 62
Hefe 8, 45, 61 ff., 191
Heidekraut 33
Heidelbeerblättertee 82
Heidelbeeren 37, 39, 76
Heidelbeersirup 191
Heilberufe 176
heilen 6
Heilerde 54, 150, 183, 191, 210
Heilkräuter 9
Heilmittel 6, 8, 10, 158, 185 ff., 197, 199, 201 f.
-, Einschränkungen der Freiverkäuflichkeit 202
Heilmittelwerbegesetz 4, 83, 236
Heilwasser 8, 132, 173, 183, 210
Heimtier 173, 202, 221, 262
Heiserkeit 8, 186, 201
-, desinfizierende Wirkung 38
-, entzündungshemmende Wirkung 38
Helenalin 35
Herba Epilobii 34
- Ericae 33
- Leonuri cardiacae 18, 23
- Passiflorae 18
- Plantaginis lanceolatae 20
- Visci albi 24
Herbizide 9
Herkulessamen 33
Herniariae herba 33
Herrgottsblut 17
Herstellen 75, 83, 171, 244
Herstellungserlaubnis 75, 83, 171, 235
-, Einzelhändler 83
Herstellungsleiter 172, 252
Herzbeschwerden 38
Herzdiät 15
Herzgespannkraut 18, 23
herzkräftigende Wirkung 38
Herzleistungsschwäche, beginnende 22 f.
Herzmittel 22, 108
Herztätigkeit, Kräftigung 23
Herzwirksame Glykoside 13
Heteroxylan 22
Heublumenkompressen 45, 191
Heusack 45
Hexenbesen 24
Hexenkraut 17
Hexennest 24

Hibiscusblüten 9
Hilfsstoffe 68, 169
Himbeerblätter 12
Himmelsschlüssel 21
Hippocastani semen 25
Hirschhorngeist 51
Hirtentäschelkraut 76
Histamin 32
Hoffmannstropfen 50, 70, 77, 187
Holunderblüten 13, 21, 38, 70, 76
Holundersaft 38
Holundersirup 191
Holz 157
Holzbock 143
Holzkohle 54
Holzteer 45
Homöopathie 22
homöopathische Arzneimittel 168, 179
Homöopathisches Arzneibuch 179
Hopfen 17, 108, 110
Hopfenaroma 17
Hopfendrüsenschuppen 17
Hopfenextrakt 188
Hopfenkissen 17
Hopfentee 17
Hopfenzapfen 17, 39, 76
Hornhaut 8, 136, 201
Huflattichblätter 11, 20, 38, 70 f., 76
Huflattichblüten 11
Hühneraugen 8, 136, 201
Hühneraugenpflaster 136
Humulen 17
Hundskamille 26
Husten 8, 40, 201
-, desinfizierende Wirkung 38
- Instanttee 67
- mit starker Verschleimung 18
Hustenbonbons 29, 97, 186
Hustenmittel 38, 40, 96
- für Kinder 48
Hustensirup 68
Hustentee 76
Husten- und Bronchialtee 76
Hydragoga 113
Hygiene, persönliche 77
hyperchrome Anämie 63
Hyperforin 34
Hyperici herba 17
- oleum 34
Hypericine 18, 34
Hyperosid 31
Hypertonie 23
Hypokaliämie 19

I

Identität 10
Identitätsprüfung 70
Immenblatt 29
Immenkraut 18
Immunstimulanzien 149
Impfstoffe 73
Implantat 69
Im-voraus-Abfüllen 75 f.
Indikation 169
Indischer Flohsamen 76
- Nierentee 33, 38
Indisches Süßholz 19
Infektionskrankheiten 64
Informationsbeauftragter 228
Infusion 69
Inhalation 40
Inhaltsstoffe, pharmakologisch relevante 10
Injektion 69
Insektenstiche 35
Insektizide 9
Instanttee 65 f.
Interaktionen 82
Inulin 30
Inverkehrbringen 164, 166, 244 f., 257
Iridoide 30
Irreführung 165
Isländisch Moos 11, 38, 76

J

Jamaikasüßholz 19
Japanisches Minzöl, ätherisches 41
Javanische Gelbwurz 99
Jod 59, 142
Jodtinktur 142
Johannisblume 35
Johannisblut 17
Johanniskraut 10, 17, 39, 76, 191
Johanniskrautblüten 191
Johanniskrautöl 18, 34, 46
Johanniskrauttee 18
juckreizstillende Puder 68
Juniperi fructus 32
Juniperus oxycedrus 32

K

Käfer 71
Kalium 56
- citricum 54
- Natrium-(RR)-tartrat 191
- Natrium, Weinsaures 54
-, Zitronensaures 54
Kaliumalaun 51
Kaliumcitrat 54, 191
Kaliumnatriumtartrat 54
Kalmusöl 192
-, ätherisches 40
Kalmuswurzel 37
Kalmuswurzelstock 10
Kaltansatz 33, 65
Kältespray 54
Kaltmazerat 65
Kamillenauszüge 192
Kamillenblüten 9ff, 13, 26, 37, 76
Kamillenextrakt 46, 192
Kamillenfluidextrakt 46
Kamillenöl 192
-, ätherisches 40
Kamillensalbe 46
Kamillenwasser 192
Kamille, Römische 76
Kampfer 39, 131
Kaolin 60
Kap-Aloe 17
Kapillarelastizität 12 f.
Kapillarfragilität 12
Kapillarwände 12
Kapsel 8, 65, 197
-, Weichgelatine 72
Kardiaka 22
Karmelitergeist 46, 130, 192
karminative Wirkung 29
Katarrh der Luftwege 20, 25
Kationen 132
Katzenkraut 17, 28
Katzenmelisse 29
Kegelblume 22
Kennzeichnen 75, 171 ff., 251
Kennzeichnung 78, 83, 166, 245
Kennzeichnungsvorschrift 78

Keratolytika 136
Kiefernadelöl 76, 192
-, ätherisches 41
Kieselsäure 32, 58
Kinderpuder 68
Kinetosen 63
Kleinblütiges Weidenröschen 34, 38
Kleiner Speik 18
Klettenwurzel 70
klinische Prüfung 176, 180
-, Leiter 181
Knoblauch 39, 46, 124, 192
Knoblauchgeruch 24
Knoblauchmazerat 24
Knoblauchöl 24
Knoblauchpulver 24
Knoblauchzwiebel 23
Knochenkohle 54
Knofel 23
Koagulationsmembran 11
Kobalt 59
Kohle 54
-, medizinische 192
Kohlenhydratgrundbausteine 11
Kohlensaures Calcium 53
Kollagenfasern 11
Kollodium 136
Kölnisch Wasser 40
Kompressen, bei Schwellungen 35
Kondom 134
Konduragowein 46
Königs-Salbei 27
Konradskraut 17
Kontaktdermatitis 13, 35
Kontraindikationen 89, 169
Kontrolleiter 172, 252
Kopfschmerzen 29, 41
Korbweide 22
Korea Ginseng 25
Korianderfrüchte 37, 76
Korianderöl 192
-, ätherisches 41
Körpergeruch 7
Kosmetika 7, 159
Kostumstellung 16
Kot 112
Kräftigung 8
-, allgemein 39
Kräftigungsmittel 25, 47
Krammetsbeeren 32
Krämpfe 26
Krampfhusten 19
krampflösende Wirkung 10, 13
Krampfzustände 15
Kranawitten 32
Krankengeschichten 86
Krankheitskatalog 240
Krankheitsliste 8, 82, 86, 210
Krankheitszustand, veränderter 86
Kranzenkraut 23
Krauseminzeblätter 70
Krauseminzöl 192
-, ätherisches 41
Kräuterduftkissen 41
Kräuterliköre 41
Kräutermedizinaltees 65
Kräutertee 10
Kräuterteemischungen 74
Krebserkrankungen 35
kreislaufanregende Wirkung 38
Kreislaufbeschwerden 38
Kreislaufdiät 15
Kreislaufmittel 22, 108
Kreuzdornbeeren 17
Kreuzdornfrüchte 12
Kropf 59
Kuhblume 30
Kühlsalbe 68, 192
Kühlschrank 73
Kühlspray 194
Kümmel 27, 37, 76
Kümmelfrüchte 10, 21, 27, 37
Kümmich 27
Kupfer 59
Kürbiskerne, hartschalige 34
Kürbissamen 33, 74, 76
-, weichschalige 38

L

Labiatengerbstoffe 29
Labordiagnostika 158
Lactoflavin 62
Lactose 55, 77, 114, 192
Lagerhinweise 79
Lagertemperatur 4, 73
Lagerung 73
-, Drogen 73
-, unsachgemäße 72
Lagerungshinweise 165, 168, 302
Lakritze 19, 49
Laktobiose 55
Lanolin 54, 68
Lärchenterpentin 46
Läuse 144
Lavander 18
Lavandula aetheroleum 41
- angustifolia 18
Lavandulae flos 18
Lavendelblüten 10, 18, 38, 77
Lavendelheide 23
Lavendel-Hybriden 18
Lavendelöl 192
-, ätherisches 18, 41
Lävulose 53
Laxantien 12, 112
Laxantienabusus 81
laxierende Wirkung 32
Lebensmittel 7, 158 f.
-, diätetische 7
Leber 63
-, Dorsch 61
-, Heilbutt 61
- Stärkungsmittel 31
Leberbeschwerden 38
Lebererkrankungen 31
Lebermittel 25, 28, 38, 99
Leberschutzwirkung 13
Lebertran 119, 193, 197
Lebertranemulsion 193
Lecithin 46, 122, 193, 195
Leinkuchen 47
Leinkuchenmehl 47
Leinöl 47, 74
Leinölgewinnung 15
Leinsamen 10 f., 14, 38, 74, 77, 113
-, geschroteter 15
Leinsamenschleim 11, 37
Levistici radix 33
Liebstöckelwurzel 33, 77
Lignum Muira puama 25
(+)-Limonen 27
Limonis aetheroleum 42
Linalool 18
Linalylacetat 18
Lindenblätter 12
Lindenblüten 11, 13, 21, 38, 71, 77
Lindenblütentee 10
Liniment, flüssiges 55
Linimentum ammoniato-camphoratum 44
Lini semen 14
Linolensäure 14

α-Linolensäure 15
Linustatin 14
Liquida 72
Liquiritiae radix 19
Liquiritiae radix sine cortice 19
Loranthus europaeus 24
Lorbeeröl 47
Lösungen 65, 158
Lösungsvermittler 13
Löwenzahn 77, 99
-, Rauher 30
Löwenzahnkraut 11, 38
Löwenzahnwurzeln 11
- mit Kraut 30
Lungen-Magen-Nerv 11
Lupuli strobulus 17

M

Macisöl 41
-, ätherisches 41
Maden 71
Mädesüß 21
Mädesüßblüten 77
Magdeblume 26
Magenbeschwerden 37
Magenbitterliköre 39
Magen-Darm-Instanttee 67
-, nervöser 37
-, Übersäuerung 106
- und Darmtee 77
Magendruck 30
Magendrücken 25
Magengeschwüre 19
Magenkrämpfe 25, 27 f.
Magenkraut 29
Magenmittel 25
-, appetitanregendes 28
Magensaft 23, 106
-, mangelnde Produktion 29
Magensäuremangel 37
Magensäureüberproduktion 37
Magenschleimhaut 11
Magentee 77
Magenübersäuerung 81
Magnesia, gebrannte 55
- usta 55
Magnesium 56
- citricum effervescens 53
-, schwefelsaures 52
Magnesiumcarbonat 193
-, basisches 55
Magnesiumoxid 55, 193
Magnesiumperoxid 55, 193
Magnesiumpolysilikat 59
Magnesiumsulfat 52, 77
Magnesiumtrisilikat 44, 107, 193
Maibaum 31
Malvenblätter 38, 77
Malvenblüten 38
Mandelöl 47, 193
Mangan 59
Manna 113
- Feigensirup 38
Mannasirup 47
Mariendistel 99
Mariendistelfrüchte 13, 38, 77
Matricariae aetheroleum 40
- flos 26
Mäusedorn 13
Mäusedornwurzel 38
Mäusedornwurzelstock 13, 25
Mazerat 69
Mazeration 69
Medizinalwein 65, 68
medizinische Bäder 65
- Hefe 45
- Kohle 54
Medizinprodukt 7, 146, 160, 162
Medizinproduktegesetz 139
Meerrettich-Destillat 64
Mehlbeere 22
Melissae folium 18, 23, 29
Melisse 108
-, Türkische 29
Melissenblätter 10, 18, 23, 29, 39, 70, 77, 110
Melissengeist 8, 10, 29, 47, 130, 193
Melissenöl 29
Melissenspiritus 47
Melonenbaumfrüchte 57
Mel rosatum 48
Menglytat 51
Mentha arvensis var. piperascens 28
Menthae arvensis aetheroleum 48
- piperitae aetheroleum 42
- - piperitae folium 28
Menthol 9, 28 f., 39, 55, 68, 131
Mentholstifte 47
Metholester 28
Methylarbutin 33
2-Methyl-3-buten-2-ol 17
n-Methylphenon 32 f.
mexikanische Arnika 71
Migräne 29
Migränestifte 29, 47
miktionsbeeinflussende Drogen 34
Milchsäure 55
Milchzucker 8, 55, 114
Millifolii herba 28
Mineralfett, ungebleichtes 60
Mineralstoffe 56, 65
Minzenrost 28
Minzöl 194
-, ätherisches 48
-, japanisches 41
Mistel 82, 124
Mistelkraut 13, 24, 39
Mistellektine 24
Mite-Phytopharmaka 13
Mittel gegen Eisenmangel-anämie 104
Molybdän 59
Mondwurzel 17
Moorbirke 31
Motten 71
Mullkompressen 138
Munddesinfektionsmittel 128, 186
Mundentzündungen 42
Mundgeruch 42
Mundschleimhaut-entzündungen 62
Mundsoor 49
Mundwässer 29
Mundwasserzusatz 42
Muskatblütenöl 194
Muskatnuß 41
Muskatnußöl 194
Muskatöl 46
-, ätherisches 41
Muskelkater 131
Muskelschmerzen 23
Muskelzerrungen 35
Muster 168
-, unverkäufliches 246
Mutterblätter 16
Muttersennesblätter 16
Myalgien 34
Myrcen 17
Myrrhae tinctura 48
Myrrhentinktur 48, 69 f., 77, 194
Myrtilli fructus 37

N

Nachtblindheit 61
Nachweis der Sachkenntnis 4
Nagelbettentzündung 36
Nahrungsergänzungsmittel 160
Naphthodianthrone 34
Natrium 56
- Eisen-III-citrat 104
- phosphoricum 57
-, schwefelsaures 53
Natriumbicarbonat 57
Natriumhydrogencarbonat 57, 106, 194
Natriummonohydrogenphosphat 57
Natriumphosphat, sekundäres 57
Natriumsulfat 77, 194
- Dekahydrat 53
Natron 106
-, doppeltkohlensaures 57
Nebenwirkungen 89, 169, 244
Negativlisten 5, 8
Nelkenöl 46, 194
-, ätherisches 41
Nervenentzündungen 62 f.
Nervenschmerzen 29, 49
Nervensystem, Stärkung 39
-, Störungen 63
nervöse Erscheinungen, Dämpfung 39
Nervus vagus 11, 13
Netzwirkung 13
Niacinamid 62
Nickel 59
Nicotinsäureamid 60, 62
Nicotinsäure-Ester 126
Nierenerkrankungen, akute 32
Nierengewebe, Reizung 13
Nierengrieß 33
Nierenkranke 82
Nierenmittel 31, 38, 101
nierenreizende Wirkung 32
Nieswurzel 191
Nonoxiol 9 134

O

Oberbauchbeschwerden, funktionelle 18
Ödembildung 19
Ödeme 101
ödemhemmende Wirkung 13
Odermennigkraut 70
Öl, kaltgepreßtes 15
-, ätherisches 68
-, fettes 68
- in-Wasser-Emulsionen 66
Oleum camphoratum 44
- Cinnamomi 42
- Hyperici 46
- Juniperi 32
- Lauri 47
- Lini 47
Ölkürbis, steirischer 34
Öllein 14
Opodeldok, flüssiger 48
Ordnungswidrigkeiten 86
Organfunktion, Unterstützung 8
organische Phosphorsäureester 144
Orthosiphonblätter 38, 77
Orthosophonis folium 33
Ovula 134
Oxipropionsäure 55

P

Packungsbeilage 166, 169, 176, 248
Panax ginseng 25
- japonicus 25
- pseudoginseng 25
- quinquefolius 25
- trifolius 25
Pantothensäure 60, 62
Papain 57
Papaya-Früchte 57
Papiermaterial, nichtdurchfettendes 78
Paraffin 54
-, flüssiges 57
-, hartes 57
Parasiten, Abwehr 158
Parimunitätsinducer 22
Passionsblumenkraut 13, 18, 39, 77
Pasten 65, 68
Pastillen 65
Paul-Ehrlich-Institut 164
Pearl-Index 134
Pektine 11, 19 f.
Peloid 173, 184, 191
Pepsin 48, 94
Pepsinwein 48, 68, 195
Peptidtoxine 24
Perkolat 69
Perkolation 69
Permeabilität 12
Perniziöse Anämie 63
Pestwurzblätter 20, 71
Petersilienfrüchte 33, 38
Petersilienkraut 33
Petersilienwurzel 33, 38
Petroselini herba 33
- radix 33
- fructus 33
Pfefferminzblätter 9 f, 28, 37, 77
Pfefferminzkultivar 28
Pfefferminzöl 29, 77, 195
-, ätherisches 29, 42
Pfefferminzspiritus 29
Pfefferminztee 29
Pferdefuß 20
Pferdeschwanz 31
Pflanzen 4, 6, 9, 157, 184 f.
-, verbotene 8
-, Zubereitungen 39
Pflanzenbestandteile 6, 9, 39, 157
Pflanzenpreßsäfte 8, 10, 72
Pflanzenschutz, integrierter 9
Pflanzenteile 6, 157, 184 f.
-, getrocknete 9
pflanzliche Drogen 9
Pflaster 138 f.
Pflastersprays 139
Pflege 7
Pharmaberater 228
pharmakologisch-toxikologische Prüfung 176
pharmazeutischer Unternehmer 83, 166, 172, 174, 178
Phaseoli fructus sine semine 31
Phaseolin 31
Phaseolus vulgaris 31
Phenole 141
Phenolglykoside 33
Phloroglucinderivat 34
Phosphor 56
Phosphorsäureester, organische 144
Phytoalexine 31
Phytopharmaka 9
Phytosterine 34

Piceae aetheroleum 40
Pille 134
Pilze 141
Pilzerkrankungen 24
Pimpinella anisum 25
α-Pinen 32
β-Pinen 32
Pini aetheroleum 41
Pinselungen 11
Piperonylbutoxid 144
Pix liquida 45
- betulae 44
Placenta Seminis Lini 47
Plantaginis lanceolatae herba 20
Polyethylenglykole 68
Polysulfide 24
Pomeranzenblüten 18
Pomeranzenblütenöl 195
-, ätherisches 42
Pomeranzenschalen 37, 70, 77
Pomeranzenschalenöl 195
-, ätherisches 42
Positivlisten 5, 8
Potenzholz 25, 126
Potenzmittel 25
Preiselbeerblätter 33, 70
Prellungen 36
Preßsaft 8, 92, 185
Primelblüten 13, 21
Primelwurzel 13, 21, 38, 71
Primulae radix 21
Primulasäure A 21
Probenahme 84, 264
Prodrug-Charakter 22
Prophylaktika 6
Prostata-Adenom 38
- I 34
Protozoen 141
Prüfung 173
-, analytische 176
-, klinische 176, 180
-, -, Leiter 181
-, pharmakologisch-toxikologische 176
Psyllii semen 15
Pteroylglutaminsäure 63
Puccinia menthae 28
Puder 68
- zur Verhütung von Wundsein 68
Pulpa Tamarindorum 15
Pulver 65
Pulverpräparate 71
-, Verfestigung 71
-, Verklumpung 71
Purpursonnenhut 149
Purpurweide 22
Pusteblume 30
Pyrethrum 48
- Präparate 144
Pyrethrumextrakt 48
Pyridoxin 63
Pyrrolizidinalkaloid 20, 36

Q

Qualität 83, 176, 244
Qualitätsminderung 165
Qualitätsprüfung 14
Queckenwurzelstock 77
Quelleffekt 11
Quellmittel 14, 112
Quendel 70
-, römischer 18
Quercus cortex 36
Quetschungen 35 f.

R

Rachendesinfektionsmittel 8, 128, 186, 210
Rachenentzündungen 42
Rachenschleimhaut 11
Rachitis 61, 119
radioaktive Arzneimittel 164
Radix Bardanae 70
- Belladonna 70
- Consolidae 36
- Ononidis 33
Ratanhiae tinctura 48
Ratanhiatinktur 48, 70, 77
Räume, geeignete 173
Raumtemperatur, übliche 73
Rauschbeere 37
Rauschgift 9
Reaktionsmechanismus, osmotischer 13
refo-Arzneimittel-Sicherheitssystem 84
Registriernummer 168
Registrierung 175, 179
Reinigung 7
Reisegewerbe 84, 215, 260
Reisekrankheit 63
Reisen 16
Reizblase 38
Reizhusten 11, 18, 38, 96
Reizkörpertherapie, unspezifische 22
Reizmagen 18
reizmildernde wirkung 11
Rekonvaleszenz 25
relative Feuchtigkeit 73
Residenzpflicht 240
Resorption 90
Retinol 61
Rhabarberwurzel 12, 17, 37
Rhamni catharticia fructus 17
- purshianae cortexi17
Rhei radix 17
Rheuma 49, 115
-, begleitende Maßnahmen 33
Rheumapflaster 139
rheumatische Beschwerden 35, 49
Riboflavin 62
Ricini oleum hydrogenatum 48
- - raffinatum 48
Ricinusöl 113
Riechsalz 195
Riechstäbchen 188
Riesengoldrutenkraut 77
Rinde 9, 157
Ringelblumen 34, 39
Ringelblumenblüten 71, 77
Rißwunden 35
Rizinusöl 48, 195
-, raffiniertes 77
Rizinussamen 48
Roborantien 39, 121
Römischer Quendel 18
Rosenhonig 48, 195
Rosmarin 10, 23, 38, 108
- Bad 23
- Wein 23
Rosmarinblätter 77
Rosmarini aetheroleum 23, 42
- folium 23
Rosmarinöl 23, 49, 195
-, ätherisches 42
Rosmarinspiritus 39, 42, 49
Roßkastanien 151
Roßkastaniensamen 13, 25, 38
Rotalgen 15
Rotdorn 23
Rotdornfrüchte 71
Rotöl 18, 34
Rückruf 84

Rudbeckia-Arten 22
Ruhrkrautblüten 77
Rusci aculeati rhizoma 25
Russischer Ginseng 25
Rutin 39

S

Sabalfrüchte 34
Saccharin 57
Saccharum Lactis 55
Sachkenntnis 4, 84, 171, 212, 260
- im Einzelhandel 273
Safran 71
Sal ammoniacum 52
Salbe 65, 68, 72
Salbei, Dalmatinischer 27 f., 70 f.
-, dreilappiger 70 f.
-, Griechischer 27, 70 f.
Salbeiblätter 10 f., 27, 37, 77
Salbeiöl 195
-, ätherisches 42
Salicin 22
Salicis cortex 22
Salicylalkohol 22
Salicylsäure 22, 58, 68, 136
Salicylsäureabkömmlinge 58
Salicylsäureester 58
Salicyltalg 58
Saligenin 150
salinische Abführmittel 113
Salizylsäure 58
Salmiak 52
Salmiakgeist 51
Salviae folium 27
- trilobae folium 27
Salvia officinalis 27 f.
- triloba 27
Sambuci flos 21
samenfreie Gartenbohnenhülsen 31
Sandbeere 33
Sanddornfrüchte 64
sapo 13
Saponine 13, 19, 21, 31 f.
Säuerlinge 132
Sauerstoff für medizinische Zwecke 57
Schachtelhalmkraut 13, 31, 71, 77
Schafgarbenblüten 10
Schafgarbenkraut 11, 28, 37 f., 77
Schafrippe 28
Scheuergras 31
Schimmel 72
Schimmelbefall 71
Schlaflosigkeit 86
Schlafmittel, Verbot der Publikumswerbung 86
Schlehdorn 23
Schlehdornblüten 70
Schleim 19 f., 36
Schleimstoffe 11, 14
Schleimwurzel 19
Schlickpackungen 53
Schlüsselblume 21
Schlüsselblumenblüten 77
Schmalblättriges Weidenröschen 38
Schmerzen 150
Schmerzzustände 15
Schusterholz 16
Schutzfilm 11
Schutz vor Täuschung 83
Schwäche, allgemeine 62
Schwalbenwurz 21, 71
Schwarzbeeren 37
Schwarze Johannisbeerblätter 77
Schwarzer Holunder 21
Schwarztee 37
Schwedenbitter 11
Schwefel 68, 196
-, gereinigter 58
Schwefelsaures Magnesium 52
- Natrium 53
Schweineschmalz 68
Schweißdrüsen 12
schweißtreibende Mittel 22
Schwermetalle 9
Schwitztee 38
Sedativa 17
Seife 13, 184
Seifenspiritus 70
Seignettesalz 54
sekretionsfördernde Wirkung 10
sekundäres Natriumphosphat 57
Sekundärkontamination 71
Selbstbedienung 84, 216, 261
Selbstmedikation 37
Selen 59
Sennae folium 16
- fructus acutifoliae 16
- - angustifoliae 16
Sennastrauch 16
Sennesbälge 16
Sennesblätter 9, 12 f., 16, 37
Sennesblätteraufguß 12
Sennesblätterextrakt 15
Sennesfrüchte 16, 37
Sennesschoten 12, 16
Sennoside 16
Serotonin 32
Sesquiterpenlactone 28, 35
Sexualstörung 126
Sexualtonika 126
Seydlitz-Salz 52
Silberlinde 21
Silberlindenblüten 21, 71
Silbernitratlösung 58
Silberweide 22
Silicium 59
Siliciumdioxid 58
Sirup 65, 68, 93
Sirupus Althaeae 44
- Mannae 47
Sodbrennen 106
Sojabohne 46
Solidaginis herba 25, 33
Sommerlinde 21
Sonnenbrand 12, 34
Sonnenhutwurzel 22, 38
Sonnwendkraut 17
Sorbit 58
d-Sorbit 58
Sorbitol 58
Sortiment 4 f.
Spannungszustände 17
Spearmint 41
Speicheldrüsen 11
Speichelsekretion 128
Speik, Kleiner 182
Speiseöl 15
Spermizid 134
Spiegelrinde 36
Spierblüten 70
Spießkraut 20
Spiklavendel 18
Spillbaum 16
Spiritus 50, 187
- aromaticus compositus 46
- camphoratus 44
- Melissae 47
- - compositum 47
- Rosmarini 49

- saponato-camphoratus 48
Spitzfederich 20
Spitzkerne 34
Spitz-Wegeblatt 20
Spitzwegerich 20
- Frisch-Pflanzenpreßsaft 20
Spitzwegerichauszug 49
Spitzwegerichblätter 20
Spitzwegerichkraut 20, 38, 77
Spitzwegerichsirup 20, 49, 68
Sporen 141
Sportverletzungen 29
Sprickel 16
Sproßzwiebel 24
Spurenelemente 59, 65
Standardzulassung 6, 76, 78, 84, 178, 256
Stangenschwefel 58
Stärke 11, 19
Stärkung 8
Steinbeere 33
Steineiche 36
Steinkleekraut 38
Steinlinde 21
Stiefmütterchenkraut 77
Stieleiche 36
Stinkwurz 17
Stoff 157
Stoffbegriff 83, 243
Stoffwechsel 115
Stoffwechselmittel 115
Stoffwechselprodukte 6
Stomachika 25, 41
Störungen des Nervensystemes 63
Straf- und Bußgeldvorschriften 84
Strafvorschriften 232, 271
Strahlenlose Kamille 26
Streß 39
Streßsituationen 16
Studentenblume 34
Stufenplanbeauftragter 263
Succus Liquiritiae 49
Sumpfporst 23
Sumpfschachtelhalm 32, 71
Süßer Kümmel 25
Süßholz, indisches 19
-, Jamaika 19
Süßholzsaft 49, 128
Süßholzwurzel 13, 19, 38, 77
-, geschälte 70
-, ungeschälte 70
Süßholzzubereitungen 19
Süßstoff 57
Süßungsmittel 58
Symphyti radix 36

T

Tabakerzeugnis 159
Tablette 8, 65, 68, 71, 92, 197
-, Verfärbung 71
Taigawurzel 25
Talcum 59, 196
Talk 59
Tamarindenmus 15, 38
Tamarindus indicus 15
Tamponadestreifen 59
Tannin-Eiweiß-Tabletten 60
Tara 78
Taraxaci radix 30
Taraxerol 30
Taubnesselkraut, weißes 77
Täuschung 72, 165, 245
Tausendblatt 28
Tausendgüldenkraut 11, 29, 37, 77
Teeabkochung 65
Teeaufguß 65
Teeaufgußpulver 8, 65 f., 199
Teekaltansatz 16
Teeminze 28
Teemischungen 8, 184 f.
Tee, Schwarzer 37
-, Grüner 39
Teichschachtelhalm 32
Tephritis arnicae 35
Terebinthinde laricina 46
Terpene 32
Terpinen-4-ol 32
Tetrachlorvinvos 145
Tetrametrin 145
Teufelskralle 29
-, Südafrikanische 29
Teufelskrallenwurzel 29, 39
Thiamin 62
Thujon 28, 30
Thujylalkohol 30
Thymian 10, 18, 70, 77
Thymiankraut 38
Thymianöl 196
-, ätherisches 42
Thymiansirup 42
Thymi herba 18
Thymol 19, 60
Thymolgeruch 42
Tierarzneimittel 143, 168, 220
Tierkörper 6, 157
Tiliae flos 21
Tinctura Valerianae aetherea 43
Tinktur 65, 69 f.
Tocopherole 61
Ton 196
-, weißer 60
Tonika 25, 39, 121
Tonikum 69, 72
-, alkoholfreies 81
Tormentillwurzel 37
Tormentillwurzelstock 77
Tragacantha 15, 49
Tragant 49
Trägersubstanzen 67
Tranquillantien 17
trans-Anethol 25
Triterpensaponine 25, 35
Trockendestillate 66
Trockenextrakte 66
Tropfen 92
Tüpfelhartheu 17
Tussilago farfara 20

U

Übelkeit 42
Überdosierung 61
Übersäuerung des Magens 106
Überwachung 84, 223, 234, 241, 263
-, zuständige Behörden 223
Ulcustherapie 19
Umfüllen 75, 77, 171 f., 251
Umgang, unsachgemäßer 81
Umhüllung, äußere 166
Umwidmung 171
Unbedenklichkeit 176
Ungeziefer 71
- Halsbänder 143
Unguentum camphoratum 44
- leniens 68
unmittelbare Abgabe 171
Unruhezustände 18
unsachgemäßer Umgang 81
Unterlagen, schriftliche 173
Unternehmer, pharmazeutischer 83, 166, 172, 174, 178, 244 f.
Unterstützung der Organfunktion 8

unverkäufliches Muster 168, 246
unzulässige Werbung 86
Urologika 31
Urticae herba 32
Uvae ursi folium 33

V

Valepotriate 17
Valerianae extractum siccum 43
- radix 17
- tinctura 43
Vanadium 59
Vaselin 60, 68, 196
-, gebleichtes 60
Vaselinöl 60
Vegetabilien 9
Venenmittel 38, 151
venentonisierende Wirkung 13
Verarbeiten 171
Verbandmull 138
Verbandpäckchen 139
Verbandstoffe 138
Verbindungen, chemische 6
Verbot bestimmter Anwendungsgebiete 202
- - Darreichungsformen 202
- - Pflanzen 203
verbotene Darreichungsformen 8
- Eigenschaften 8
- Pflanzen 8
Verbrennungen, 1. Grades 34
verdauungsanregende Mittel 94
Verdauungsbeschwerden 41
Verdauungsstörungen 62
verdorbene Arzneimittel 4, 70
Verfalldatum 4, 73 f., 79, 165, 167, 169, 247
-, Überwachung 74
verfälschte Arzneimittel 4, 70
Verfärbung 71
Verfestigung 71
Verflüssigung 72
Verhüten 6
Verklumpen 71
Verletzungen, scharfe 34
-, stumpfe 34, 36
-, unblutige 34, 36
Veröffentlichung, wissenschaftliche 86
Verrenkungen 36
Verschreibungspflicht 167, 211, 259
Verstauchungen 36
Verstopfung 16, 37, 112
Vertriebsleiter 172, 252
Vertriebswege 211
verwechselte Arzneimittel 4, 70
Verzehren 159
Vinum Condurango 46
- Pepsini 48
Vinyl-1,3-dithiin 24
Viren 141
Viscotoxine 24
- A_2 24
- A_3 24
- B 24
Viscum-Lektin G1 24
Vitamin A 60 f., 118
- B_1 60, 62, 118
- B_2 60, 62, 118
- B_6 60, 63, 119
- B_{12} 60, 63, 119
- C 22, 38, 52, 60, 63, 119, 188
- D 60 f., 119
- E 60 f., 119
- P-Faktoren 12
Vitamine 60, 65
-, fettlösliche 60 f.
-, wasserlösliche 60, 62
Vitaminpräparate 116
Vitaminpräparate 73
-, flüssige 74
Vogelbeeren 23
Vollbad 36
Völlegefühl 25, 27, 30
Vorbeugung 8
Vorbeugungsmittel 6, 10, 158, 171, 182, 184 f.

W

Waage, geeichte 77
Wacholderbeeren 10, 32, 38, 77, 102
Wacholderextrakt 8, 32
Wacholderöl 32
Wacholderspiritus 39, 49, 70
Wachse 68
Wallwurz 36
Walpurgiskraut 17
Warnhinweis 12, 79, 168, 246
Wartezeit 168, 244
Warzen 136
Wasser-in-Öl-Emulsionen 66
Wasserlassen, häufiges nächtliches 34
Wasserstoffperoxid-Lösung 3% 77
wassertreibende Wirkung 13
Watte, imprägniert mit Capsicumextrakt 49
-, - - Eisen-(III)-chlorid 64
Wechselwirkungen 81 f., 169
- mit Alkohol 82
Wegwarte 30
Weichgelatinekapseln 65, 67
Weidenblätter 22
Weidenrinde 22, 39, 150
Weidenröschen, Kleinblütiges 38
-, Schmalblättriges 38
Weihrauchkraut 23
Weingeist 50, 77, 187
Wein, medizinischer 65
Weinsäure 64
Weinsaures Kalium-Natrium 54
Weißdorn 82, 124
Weißdornbeeren 23
Weißdornblätter 13, 22, 38, 108
- mit Blüten 23, 77
Weißdornblüten 13, 22, 38, 108
Weißdornfrüchte 22, 38, 71, 108
Weiße Malve 19
Weißes Vaselin 60
Weizenkeime 62
Weizenkeimöl 49, 197
Weizenkleie 15, 49, 113
Werbematerial 86
Werbung außerhalb der Fachkreise 86
-, Fach- 238
-, irreführende 238
-, Laien- 238
-, unzulässige 86, 239
Wermutkraut 10 f., 30, 37 f., 77
Wintereiche 36
Winterlinde 21
Wirksamkeit 176
Wirtschaftskontrolldienst 73
wissenschaftliche Veröffentlichung 86
Wollblumen 38

Wundbehandlung 18, 34
Wunden, schlecht heilende 36
Wundheilmittel 35
Wundöl 34
Wundschnellverbände 139
Wundsein, Verhütung 35
Wundversorgung 138
Wurzel 9, 157
Wurzelstock 9, 157

Z

Zahnersatzhaftmittel 146
Zahnfleischbluten 12
Zahnfleisch, entzündetes 48
Zahnpasta 60, 159
Zahnprothese 146
Zahnpulver 42
Zahnschmelz 59
Zahnschmerzen 41 f.
Zahnstocherammeifrüchte 108
Zäpfchen 69, 93
Zapfen 157
Zaunhopfen 17
Zecken 143
Zerkleinern 75
Zerrungen 36
Zertifikat 10
Zeugnis 86
Zimtöl 46, 197
-, ätherisches 42
Zimtrinde 42, 77
Zimtsirup 42
Zink 59
Zinkoxid 64, 68
Zinksalbe 8, 197
Zinnkraut 31
Zitronenmelisse 29
Zitronenöl, ätherisches 42
Zitronensaures Kalium 54
Zitronenschalen 70
Zubereitung 157 f.
Zubereitungen aus Pflanzen 39
Zuckerabbau 62
Zulassung 84, 175
-, Antragsteller 175
Zulassungsnummer 79, 167
Zulassungspflicht 252
-, Ausnahmen 175
Zulassungsunterlagen 176
Zunge, rissige 62
Zusammensetzung 81, 86
zuständige Arzneimittelbehörden 171, 173
Zweckbestimmung 158
Zwergmispel 23
Zwergpalmenfrüchte 34